Sven Loerzer/Monika Berger
Berichte aus dem Jenseits

Sven Loerzer/Monika Berger

Berichte aus dem Jenseits

Vom Leben nach dem Tod

Pattloch Verlag

Pattloch Verlag, Augsburg

Satz: Uhl + Massopust, Aalen
Gesamtherstellung: Wiener Verlag, Himberg bei Wien
Printed in Austria

ISBN 3-629-00561-6

Inhaltsverzeichnis

Vorwort

Was geschieht nach dem Tod? Die meisten Menschen klammern diese Frage aus. Der Tod ist tabu, hat in unserem Leben nichts zu suchen, weil er uns an die eigene Sterblichkeit erinnert. Der Gedanke an den Tod hat keinen Platz in unserem Bewußtsein. In unserer heutigen Welt ist deshalb der Umgang mit Sterbenden, die Beschäftigung mit dem Tod, schwieriger geworden. Das Sterben haben wir aus unserem unmittelbaren Umfeld weitgehend verbannt. So kann man der Auseinandersetzung mit existentiellen Fragen nahezu vollkommen entrinnen.

Doch der Verdrängungsmechanismus funktioniert nur so lange, wie wir selbst mit der Frage »Was ist danach« nicht konfrontiert werden. Kommt überhaupt etwas »danach«? Die modernen Naturwissenschaften warten mit Fortschritten in allen Forschungsbereichen auf, doch zu diesem Thema können sie keine verläßlichen Informationen bieten. Sie lassen den Menschen in seiner Ungewißheit allein. Wie unzureichend unsere Erkenntnis ist, spiegelt sich schon in dem banalen Begriffspaar »Diesseits – Jenseits« wider. Es enthält eine vorsichtige Umschreibung, vermeidet aber jegliche konkrete Aussage.

Die Wissenschaft beschränkt sich darauf, festzustellen, daß mit dem Tod das körperliche Leben endgültig beendet ist. Andererseits aber nährt sie den Zweifel, weil sie viele Vorgänge entmythologisiert hat. Skepsis macht sich breit. Was sich wissenschaftlicher Erkenntnis verschließt, das scheint auch nicht zu existieren. Doch wenn überhaupt »etwas« danach kommt, dann muß es sich auch zwangsläufig unserer begrenzten Vorstellungswelt verschließen. Denn im Tod stehen wir an der Grenze zum transzendenten Bereich. Der erlösende Beweis für ein Weiterleben, der geeignet wäre, dem Menschen die Urangst vor dem Sterben zu nehmen, ist und kann nicht erbracht werden. Nur der Glaube vermag Licht in die Finsternis zu bringen. Der Tod aber wird zum letzten Prüfstein des Glaubens, des Vertrauens in Gott.

Die Frage nach dem »danach« ist in keiner Epoche der Menschheitsgeschichte und in keinem Kulturkreis ausgeklammert geblieben. Uralt ist das Verlangen, über die Grenze, die der Tod zieht, hinauszuschauen. Schon aus prähistorischen Gräbern können wir schließen, daß die Menschen an ein Fortleben glaubten. Freilich mutet uns deren Vorstellung aus heutiger Sicht sehr naiv an: Mit Lebensmitteln und Getränken, Schmuck und Waffen als Grabbeigaben demonstrierten die Menschen dieser Epochen, daß sie sich das Leben nach dem Tod schlicht als Fortsetzung des irdischen Lebens im Grab erklärten. Das Haus ist gewissermaßen der Aufenthaltsort des Toten. Langsam löst sich diese Individualisierung der Unsterblichkeit auf: Der Gedanke an eine gemeinsame Heimstatt aller Toten nimmt immer stärker Form an. Mit dem Ende der Individualisierung rückt aber, über das Fortleben des Einzelnen hinaus, das Überdauern, die Existenz des Stammes und schließlich des Volkes im Diesseits immer stärker in den Blickpunkt. In den alten Volksreligionen ist dieser Schritt bereits vollzogen: Die Einzelgräber der Toten sind in einem Totenreich verschmolzen. Diese Welt der Abgeschiedenen, die Schattenwelt, aus der es kein Entrinnen mehr gibt, ist in der Unterwelt angesiedelt und wird überwiegend negativ betrachtet. Ob griechischer Hades, römischer Orkus, jüdischer Scheol oder germanischer Hel – die Beschreibungen dieser düsteren Welten ähneln sich. Allein das Diesseits hat Wert, erscheint erstrebenswert. Allenfalls einzelne, auserlesene Menschen werden nach dem Tod ein glückliches Dasein finden, wie auf den »Inseln der Seligen« im griechischen Mythos oder im Walhall der Germanen.

Erst in den Universalreligionen entsteht eine neue Auffassung vom Jenseits, eine Umkehrung gegenüber den Volksreligionen. Das Jenseits bietet den Ort des ewigen Heils, gilt somit nach allem Unheil im Diesseits als erstrebenswert. Die Unterwelt verschwindet nicht aus der Vorstellungswelt der Universalreligionen, sondern wird mit der sittlichen Idee der Vergeltung verbunden. Übergeordnet ist das Prinzip der Gerechtigkeit, der Ausgleich zwischen der sittlichen Tat und dem tatsächlichen Schicksal des Einzelnen. Da die Lebenserfahrung immer wieder erweist, daß gute Menschen auf der Erde schlecht und ungerecht behandelt werden, während sich die Bösen häufig eines angenehmen Lebens erfreuen, muß dieser Gegensatz im Jenseits seinen Ausgleich finden. Sonst gäbe es keine absolute Gerechtigkeit. Die Unterwelt wird nach Vollzug des göttlichen Gerichts über die Menschen endgültig zum Strafort für die Bösen. Das Christentum zeigt den Menschen nach dem Tod und dem entscheidenden Gericht Gottes nur zwei Möglichkeiten auf: Die ewige Seligkeit im Himmel oder die ewige Verdammnis.

Das Sterben kann, allein schon um der ausgleichenden Gerechtigkeit willen, gar nicht das Ende sein. Wer den größeren Zusammenhang der menschlichen Existenz, die Erlösungshoffnung leugnet, bricht einer Vereinzelung, einer sinnlosen Existenz ohne jegliche Werte, Bahn. Die Angst davor, daß mit dem Tod alles zu Ende ist, resultiert aber aus der Frage nach dem Sinn der menschlichen Existenz. Sinnloses Leben steht vor demjenigen, der den Tod als sinnlos begreift.

Blicke ins Jenseits zu werfen, beschäftigte ganze Generationen, besonders auch der jüngsten Zeit. Solange die Gesetze der Natur noch nicht erforscht waren, war der Blick ins Jenseits nicht verdunkelt. Doch je mehr die Wissenschaft den menschlichen Lebensbereich erhellte und die Welt bis in ihre Atome und deren letzte Bruchstücke zerlegte, desto weniger Platz blieb für die Seele, für das Jenseits.

Schon immer gab es Menschen, die von Jenseitsvisionen berichten. Ihre Erfahrungen aber können nur Anhaltspunkte geben. Denn wie auch jede Reisebeschreibung von der Person und dem Horizont des Autors gefärbt ist, so kann auch dieses Grenzerlebnis niemals völlig objektiv dargestellt werden. Wenn der Mensch an der Schwelle vom Leben zum Tod, vom Diesseits zum Jenseits, steht, so fürchtet er zwar das Nichts, er vergißt dabei aber, daß jede Grenze zwei Seiten hat: Wo das körperliche Leben aufhört, fängt ein anderes Leben an. »Stimmen aus dem Jenseits«, so sehr sie mit Vorsicht zu behandeln sind, ermöglichen kleine Ausblicke in eine transzendente Welt. Erschließen wird sich das Jenseits erst nach dem endgültigen Grenzübertritt.

Die Jenseitsvorstellungen der alten Ägypter

Die Hoffnung der alten Ägypter auf ein Weiterleben im Jenseits und das mit hoher Perfektion praktizierte Ritual der Einbalsamierung hängen eng mit dem Mythos des Gottes Osiris zusammen. Sein Todesschicksal prägte die Vorstellung der Ägypter grundlegend.

Osiris, der Gott der Fruchtbarkeit, war der Gemahl seiner Schwester Isis. Deren Bruder Seth und ihre Schwester Nephthys waren ebenfalls Eheleute. Osiris verdankten die im Niltal siedelnden Ägypter die Errettung aus großer Not. Denn er war es, der den Mythos nach Ackerbau und Viehzucht einführte. Der gütige und gerechte Osiris begnügte sich aber nicht damit, nur den Bewohnern des Niltals zu helfen, sondern ging danach auch in die angrenzenden Länder. Sein Bruder Seth, Inbegriff des Bösen, zettelte in der Zwischenzeit eine Verschwörung an. Er ließ eine sargähnliche hölzerne Lade bauen, die genauestens den Körpermaßen von Osiris entsprach. Bei einem Festmahl schlug Seth heimtückisch zu: Es gelang ihm unter einem Vorwand, Osiris dazu zu bringen, sich in die Lade zu legen. Sekunden später schloß die Verschwörerbande den Deckel. Die Lade wurde mit flüssigem Blei ummantelt. Der ermordete Osiris wurde samt Kiste in den Nil geworfen. Die hölzerne Lade trieb schließlich bei Byblos in die Äste eines Baumes. Der Baum wuchs und wuchs. Sein Stamm umhüllte den »Sarg« des Osiris. Der Stamm mit den sterblichen Überresten des Gottes wurde gefällt und diente in dem Palast des Königs von Byblos als Säule.

Nachdem Isis von dem grausamen Mord erfahren hatte, begab sie sich auf die Suche nach der Leiche ihres Gemahls. Dank der Mithilfe der Königin von Byblos fand sie den Toten. Sie holte ihn nach Ägypten zurück, um ihn dort zu bestatten. Doch dem bösartigen und jähzornigen Seth blieb das nicht verborgen. Er zerstückelte die Leiche in 14 Teile und verstreute sie in alle Himmelsrichtungen.

Isis aber gelang es, alle Leichenteile, bis auf eines, wiederzufinden und zusammenzusetzen. Nur der Penis von Osiris blieb unauffindbar, da ihn Seth den Fischen zum Fraß vorgeworfen hatte. Deshalb versah sie die Leiche mit einem künstlich angefertigten Penis. In Vogelgestalt verwandelt, schwebte Isis über ihrem geliebten Gemahl und holte ihn durch magische Formeln zurück ins Leben.

Der nach dem Tod gezeugte Sohn von Isis und Osiris, Horus, rächte seinen Vater und besiegte nach einem erbitterten Kampf Seth. Der wiederbelebte Osiris, der auch in Horus fortlebte, aber wurde Herrscher über das Totenreich. In seinem Beispiel fanden die alten Ägypter Hoffnung auf die endgültige Überwindung des Todes.

Der Osiris-Mythos wurde für die Ägypter des Alten Reiches (2660 bis 2160 v. Chr.) zum Ausgangspunkt der rituellen Bestattungspraxis. Die Hoffnung auf Unsterblichkeit fand ihren Ausdruck in den gewaltigen Grabbauten, den Pyramiden, ebenso wie in der überaus sorgfältigen Einbalsamierung des Leichnams, um den Körper möglichst unversehrt für die Ewigkeit zu erhalten, und in den umfangreichen Grabbeigaben. Möglicherweise hängt auch der Brauch, den Sarg den Umrissen eines Menschen ähnlich (wie bei Osiris) zu gestalten, mit dem Mythos zusammen.

Die besten Schilderungen über den Ritus der Einbalsamierung, der zur Mumifizierung der Leiche führt, verdanken die Forscher dem griechischen Geschichtsschreiber Herodot, der sie nach einem Besuch um 500 v. Chr. in Ägypten in seinen »Historien« schildert. Wie sorgfältig die Einbalsamierung der Leiche erfolgt, darüber entscheidet, ob der Tote wohlhabend oder arm war. Herodot berichtet von drei verschiedenen Methoden.

Um den Zerfall des Leichnams zu verhindern, wurden – zumindest bei den Reichen in der Zeit des Neuen Reichs (1552 bis 1070 v. Chr.) – die Organe und Eingeweide dem Körper entnommen. Damit wurde dem Körper bereits ein großer Teil Flüssigkeit entzogen. Der Rest wurde durch Einlegen in Natronlauge oder später in trockenes Natron entfernt. Die Organe wurden getrennt einbalsamiert und in mit Natronlauge gefüllten Krügen aufbewahrt.

Während bei der Einbalsamierungstechnik im Alten Reich noch das Gehirn im Kopf des Toten verblieb, so wurde es in späteren Zeiten entfernt. Das Gehirn war für die Ägypter ohne Belang, denn sie schrieben das Denken dem Herzen zu, das für sie deshalb auch erhaltenswert war. Nachdem die Leiche völlig ausgetrocknet war, wurde sie mit Palmöl und Gewürzen gesäubert. In den Leib stopften die Balsamierer mit verschiedenen Duftstoffen behandeltes Leinen und nähten ihn anschließend zu. Dann wurde die Leiche mit Harz behandelt, um so die Aufnahme von Feuchtigkeit zu verhindern. Mit zahlreichen Duftölen versehen, folgte dann die Bandagierung der Leiche mit Leinenbinden. Während der gesamten Prozedur wurden magische Sprüche aufgesagt.

Die Vorbereitungen für die Reise ins Jenseits und damit für ein ewiges Leben wurden auch von zahlreichen Riten begleitet, wie auch die Beisetzung in der Pyramide. Bereits in den Pyramiden des Alten Reichs fanden sich umfangreiche Inschriften in Form von Hieroglyphen. Sie kreisen vor allem um die Wiedererweckung des Königs in seiner Pyramide, dem Aufstieg über den Himmel ins Jenseits und die Aufnahme in die Gemeinschaft der Götter. Die magischen Formeln wurden offenkundig bei der Beisetzung aufgesagt. Die Totensprüche entfalteten ihre Wirkung aber nach Auffassung der Ägypter nicht nur durch das Aufsagen, sondern auch durch die bloße Tatsache, daß sie an den Wänden geschrieben standen.

Waren im Alten Reich nur die Könige und deren hochstehende Verwandte in den Genuß der von den Priestern als Geheimnis bewahrten Sprüche gekommen, so erlangte in den Wirren der Ersten Zwischenzeit (2160 bis 2040 v. Chr.) auch der Adel Kenntnis von den bedeutungsvollen Pyramidentexten – wahrscheinlich durch die zahlreichen Plünderungen von Pyramiden während dieser Epoche.

Mit Anbruch des Mittleren Reiches (2040 bis 1785 v. Chr.) begann der Adel, ähnlich lautende magische Formeln auf den Särgen verewigen zu lassen. Auch sie sollten, wie die Pyramidentexte, dazu dienen, dem Toten auf seiner Reise ins Jenseits Wohlergehen zu garantieren. Da die Formeln immer umfangreicher wurden, kam schließlich der Zeitpunkt, als der Platz auf einem Sarg nicht mehr ausreichte.

Die in Jahrtausenden entstandenen Sprüche, von denen viele dazu gedacht waren, dem Toten die unabdingbar für das Jenseits notwendigen magischen Fähigkeiten zu bewahren, wurden mit Beginn des Neuen Reichs (1552 bis 1070 v. Chr.) im Totenbuch zusammengefaßt.

Im eigentlichen Sinn des Wortes war das ägyptische Totenbuch selbstverständlich noch kein Buch. Die Spruchsammlung war handschriftlich mit Hieroglyphen auf Papyrusrollen von bis zu 30 Metern Länge niedergelegt. Das, was wir heute als ägyptisches Totenbuch kennen, ist eine Zusammenstellung aus mehreren verschiedenen Handschriften, die der deutsche Ägypotologe Richard Lepsius 1842 vornahm und in Kapitel einteilte. Jeweils eine Auswahl von Sprüchen wurde den Toten in den Sarg gelegt.

Die immer wiederkehrenden Motive in diesen Spruchsammlungen sind magische Formeln zum Schutz des Verstorbenen. Wichtigste Funktionen aber erfüllen die Sprüche für drei Abschnitte des Lebens im Jenseits. Dazu gehören nach ägyptischer Vorstellung die Reise in die Unterwelt, dann das Totengericht in der Halle der Götter, und schließlich das eigentliche Leben im Jenseits.

Ursprünglich umfaßte der Jenseitsbegriff der Ägypter Himmel und Unterwelt. Doch das Schwergewicht verschob sich immer mehr auf die Unterwelt. Sie durchfährt allnächtlich der Sonnengott. Dabei vereint er sich mit Osiris, um die Toten durch sein Licht und sein Schöpferwort zu einem neuen, von Verjüngung gekennzeichnetem Dasein wiederzuerwecken. Der Körper des Toten hält sich in der Unterwelt auf. Die Seele, Ba, kann alle Formen annehmen, sich frei bewegen und mit der Sonne zum Himmel emporsteigen. Der Ba war weitgehend unabhängig von dem Körper. Doch damit dieser in der Unterwelt weiterleben konnte, mußte der Ba sich immer wieder mit dem Körper vereinigen. Die Seele hatte nach Ansicht der Ägypter auch so materielle Verlangen wie Nahrungsaufnahme. Damit genügend Nahrung auf dem Weg ins Jenseits zur Verfügung steht, mußten die Verwandten des Verstorbenen Speiseopfer ans Grab bringen.

Neben dem Ba hatte auch der Ka, die zeugende und bewahrende Lebenskraft, die gleichen Bedürfnisse. Beim Ka handelt es sich um eine Art geistig-seelischen Doppelgänger, der mit dem Menschen geboren wird. Auch der Ka lebt weiter, wenn der Mensch stirbt.

Resultierte schon der Auferstehungsglaube der Ägypter in einem sorgsamen Umgang mit dem Leichnam, um den Körper zu erhalten, so kreisten auch viele Sprüche um diese erklärte Absicht und die Wiederbelebung.

Die ersten der rund 200 magischen Sprüche beschäftigen sich noch mit diesseitigen Dingen. Der Tote wird auf die Begräbniszeremonie vorbereitet. Nachdem für das leibliche Wohl gesorgt ist, wird der Geist des Toten beschworen. In den Kapiteln XV bis XXIII ist dokumentiert, wie der Verstorbene um sein transzendentes Selbst ringt. Dann folgen Sprüche zur Mundöffnung. Schon bei der Vorbereitung auf die Reise in das Jenseits ist die Mundöffnungszeremonie eine der wichtigsten Riten. Dem Mund des Verstorbenen wurde größte Bedeutung beigemessen – denn mit diesem mußte er die Zauberworte aufsagen. Im Mittelpunkt der aufwendigen Zeremonie standen die Worte des Priesters:

»Dein Mund war geschlossen, aber ich habe für dich gerichtet deinen Mund und deine Zähne. Ich öffne für dich deinen Mund, ich öffne für dich deine beiden Augen. Ich habe deinen Mund geöffnet mit dem Gerät des Anubis, mit dem Gerät aus Erz, mit dem der Mund der Götter geöffnet wurde. Horus, öffne den Mund. Horus hat den Mund des Toten geöffnet, wie er in alten Zeiten den Mund des Osiris geöffnet hat, mit dem Erz, das von Seth herrührte, mit dem eisernen Gerät, mit dem er den Mund der Götter öffnete. Der Verstorbene soll gehen und sprechen, und sein Körper soll sein in der Gesellschaft der Götter im großen Haus des Uralten in Annu, und er soll empfangen die Uräus-Krone von Horus, dem Herrn der Menschheit.«

Die große Bedeutung dieser Zeremonie spiegelt sich auch durch die Aufnahme der dafür gedachten Sprüche in das Totenbuch wider.

Aus dem ägyptischen Totenbuch

Des Verstorbenen Mund wird geöffnet
Kapitel XXIII

Möge Ptah meinen Mund aufschließen!
Möge Gott meiner Stadt die Todesbinden
Lösen, welche mein Antlitz verhüllen!
Möge Thoth, der mit Machtwort bewaffnete,
Die Binden fortreißen, Seths unseliges Erbgut!
Möge Sie Tum den Feinden ins Gesicht schleudern!
Für ewige Zeiten hofften Dämonen,
Mich lahm und kraftlos zu machen...
Möge er meinen Mund mit diesem Werkzeug aus Eisen entsiegeln,
Welches den Mund der Götter aufzuschließen vermag!
Die Göttin Sekhmet bin ich, fürwahr,
Welche weilt in Gebieten der großen Winde des Himmels.
Ich bin Lenker und Leiter des Sternbilds des Sahu,
Inmitten der göttlichen Geister von Junu.
Möchten die Worte der Macht vom Feinde gesprochen
Wirkungslos bleiben vor Göttern und Geistern,
Wenn sie Gehör ihnen leisten.

Der Auferstehungsglaube, aus dem heraus die Erhaltung des Körpers unabdingbar war, zeitigte auch eine Reihe von Schutzsprüchen für den Körper. Alle einzelnen Körperteile finden in dem Totenbuch nacheinander Erwähnung. Ein unversehrter Körper ist wichtig, weil das Leben durch die Vereinigung von Körper und Ba immer wieder erneuert werden kann.

Der Verstorbene bittet in den folgenden Kapiteln darum, daß sich seine Seele zum Licht emporschwingen kann. Die Jenseitsvorstellung der Ägypter ist eng mit Licht und Sonne verknüpft. Die Hieroglyphen beschreiben das Paradies als Lichtreich. Dabei ist das Jenseits, nach dem sich der Gläubige sehnt, mehr als nur ein anderer Raum. Es ist auch ein anderer Seinszustand. Um ihn zu erlangen, muß sich die Seele von allem Diesseitigen lösen. In diesem Zustand wird sie keinen Schranken der Unterwelt begegnen und Taten vollbringen können, die größer sind als alles, was sie auf Erden getan hat.

Das Kapitel LXIV des Totenbuchs beschreibt das glückliche Los der seligen Toten, denen es an nichts mangelt, während die Verdammten vielfältig bestraft werden. Dies kann vor allem durch Feuer erfolgen und auch die völlige Vernichtung ihrer Existenz einschließen. Doch davor sollen die Toten die Zaubersprüche bewahren. Das Kapitel, in dem der traumhafte, paradiesische Zustand der Seele als Licht-Wesen beschrieben wird, gehört zu den schönsten und beeindruckendsten Abschnitten des Totenbuchs. Es ist Zeugnis des Glaubens an die Seelenwanderung. Das Wiedergeborenwerden steht im völligen Einklang mit dem Glauben an die individuelle Unsterblichkeit, die durch die Mumifizierung des Leichnams dokumentiert wird. Die Kapitel LXVI und LXVII vertiefen die Bilder eines sonnenüberfluteten, lichten Jenseits.

Vom Heraustreten der Seele in das Tageslicht
Kapitel LXIV

Ich bin das Heute.
Ich bin das Gestern.
Ich bin das Morgen.
Meine wiederholten Geburten durchschreitend
Bleibe ich kraftvoll und jung;
Ich bin dem Geheimnis verwobene göttliche Seele,
Die einstmals, in frühester Zeit,
Die Göttergeschlechter erschuf
Und deren verborgenes Wesen ernähret
Im Himmel, im Duat, in Amenti die Götter
Rechtsmäßig des Ostens Steuerruder,
Der beiden Göttergesichter Gebieter bin ich.
Meine Strahlen erleuchten jedes auferstandene Wesen,
Das im finsteren Reiche der Toten
Durch verschiedene Wandlungen schreitet
Und suchet mühsam den Weg,
Tappend im Dunklen.
Ihr, Geister mit Geiergesichtern,
Die auf den Stangen hoch oben ihr hockt,
Starr glotzend das Auge,
Aufmerksam höret die magischen Sprüche
Von jenen skandiert, die meine irdische Hülle
Zum verborgenen Wohnsitz im Westen begleiten.
Und ihr, o Götter, vor Ra herschreitend,
Und all ihr anderen seines Gefolgs,
Die ihr mit ihm aufsteigt zur Höhe des Himmels,
Während Ra selbst, der Gebieter des Tempels,
Aufrecht stehend im göttlichen Boot,
Durch seiner Strahlen Licht das Leben erweckt,
Das Keimen bewirkt und das Reifen der Früchte,
Ihr alle, erfahret:
Ra bin ich, wahrlich!
Er dagegen, der Gott, bin ich!
Ich war es, der aus Kristall den Ptah-Himmel formte!
Höre denn, Ra!
Dein Geist ist befriedigt, dein Herz findet Ruhe,
Wenn du des Tages hehre Ordnung betrachtest,
Wenn du zur schönen Stadt von Khemenu gelangst,
Die durch die Pforte des Ostens dann du verläßt . . .
Die dir vorangehn, die Erstgebornen der Götter,
Schreiten entgegen nun dir und grüßen dich freudig.

Vom Hinaustreten der Seele in das volle Tageslicht
Kapitel LXVI

Das geheime Wissen, ich hab es erlangt!
Ich weiß, daß Sekhmet-Göttin im Schoß mich getragen;
Die Neith-Göttin mich ins Leben gerufen,
Daß ich zugleich die Uadschit-Göttin mit Schlangenkopf bin,
Ausstrahlung auch des göttlichen Auges des Horus;
Seht, wie ich schwebe, den Vögeln des Himmels gleich!
Jetzt steig ich nieder zur Stirne Ra's
Und segle im Frieden auf dem himmlischen Meere
Sitzend im Sonnenboot...

Eingebettet in die bildreiche Jenseitsschilderung der vorangegangenen Kapitel liegt einer der Dreh- und Angelpunkte ägyptischer Mythologie: die Wiedervereinigung der Seele mit Ka. Dem aber geht das allgemeine Totengericht voraus. Jeder Tote hat sich vor Osiris oder vor dem Sonnengott Ra zu verantworten. All sein Handeln und seine Gesinnung werden dabei mit der Maat, der Wahrheit, Rechtschaffenheit und Gerechtigkeit, kurzum der richtigen Ordnung der Welt, gemessen. Wenn der Geist des Verstorbenen das Urteil empfangen hat und geläutert ist, dann kann er sich im Universum mit seinem Doppelgänger Ka vereinigen. Die Darstellung des Gerichts und des Seelen-Wägens sowie die Hymne an Osiris in Kapitel CXXVIII gehören zu den meistzitierten Teilen des ägyptischen Totenbuchs. In ihnen wird der Glaube an ein universelles Paradies der Seligen besonders deutlich.

Hymnus an Osiris
Kapitel CXXVIII

Heil dir, Osiris, gütiges Wesen, Nut's Sohn,
Geb's Erstgeborener, uralter Gott, Meister des Lebensatems,
Großer Fürst des Westens und des Ostens,
Herr der Weihen, der geheimen, welche über die Seelen
Schrecken ergießen, König in Hneni-nessu, mit der Atefkrone
Gekrönt, Herr des Saales der theurgischen Riten,
Meister der Opfergaben und der Weihungsfeier in Dschedu!
Seht,es preiset Horus seinen göttlichen Vater
An allen Ecken und Enden des Weltalls; Isis und Nephthys
Ihre Kräfte verbinden; Thoth's magisches Wort
Weihet das gütige Wesen; seine Sprüche reifen langsam
Im Busen; aus seinem Munde erklingend verleihen sie Horus
Übermacht über die anderen Götter.
Erhebe dich, Horus! Du, Isis's Sohn, gib deinem Vater
Osiris wieder den Thron! Heil dir, Osiris! Sieh, ich erscheine vor dir!
Horus bin ich, dein Sohn, der wieder begründet
Deine göttliche Allmacht! Wahrlich, von nun an

Nähr ich mein Dasein durch die Totenopfer,
Die Osiris dargebracht werden.
Erhebe dich denn, o Osiris! Über deine Feinde
Davongetragen hab ich den Sieg! Dich hab ich gerächt!
Wahrlich, ich bin der Gott Horus des heutigen Tages!
Und während ich in der Form deiner Seele erscheine,
Preist diese Seele dich vor den Göttern, die dich umringen.
Heil dir, Osiris: Siehe, hier ist dein KA, der zu dir kommt!
Wahrlich, du weilest im Frieden in deinem »KA-Hotep« Namen,
Und ich bin Horus, dich preisend in deinem »JAKHU« Namen.
Ich bete dich an in deinem Namen von »PEHU«,
Und ich öffne die Bahnen für dich in deinem »UP-UAUT« Namen.
Heil dir, Osiris! Siehe, ich komme zu dir!
Deine Feinde von überallher zusammengeholt
Übergebe ich deinen Händen.
Jetzt empfängst du deinen Zepter und Thron
Und läßt zukommen die geistige Nahrung den Göttern
Und die Sühneopfer der Toten, dic in den Grabstätten weilen.
Mächtiger Gott, übergeben hast du
Den von dir geschaffenen Göttern deine ungeheure Macht.
Du wohnst in ihren glorreichen Körpern und vereinigst in dir
Die göttlichen Attribute, die unter all die Götter zerstreut sind.
Du hörst die Stimme der Wahrheit-Gerechtigkeit
Am Tage der Opfergaben, zur Zeit der Feste von Uga ...

Als Schlußwort fanden die Ägyptologinnen Gertraud Thausing und und Traudl Kratschmann eine Inschrift, die all die Zweifel und Hoffnungen der Lebenden auf Unsterblichkeit und Gnade auf den Punkt bringen.

Schlußwort

Heil euch, ihr Götter!
Ich kenne euch, ich kenne eure Namen!
Nicht gefalle ich eurem Gemetzel anheim.
Nicht laßt ihr aufsteigen meine Fehler zu diesem Gott (Osiris),
hinter dem ihr seid (dessen Abbilder ihr seid).

Die Jenseitsvorstellungen der alten Griechen

Rund 12 000 Hexameter umfaßt die Odyssee, ein Klassiker der Weltliteratur. Das Epos wird dem griechischen Dichter Homer zugeschrieben, der im 8. Jahrhundert v. Chr. im ionischen Kleinasien lebte. Die Odyssee dürfte auf einer mündlich überlieferten Dichtung, die bis ins 2. Jahrtausend v. Chr. zurückgeht und von Homer dichterisch umgearbeitet wurde, basieren.

Die Odyssee handelt von der zehn Jahre dauernden Irrfahrt und der Rückkehr des Odysseus in seine Heimat nach der Eroberung und Zerstörung Trojas. Das Werk ist gleichzeitig auch eines der wichtigsten Dokumente antiker Totenkunde. Homer schildert in seinem Epos die Jenseitsvorstellungen der ionischen Griechen, die an der kleinasiatischen Küste lebten.

Die mykenischen Gräber sind Zeugnis eines ausgeprägten, vorhomerischen Seelenkultes. Reiche Grabbeigaben kennzeichnen sie als Wohnstätten der Toten. Auch nach der Bestattung wurden an den Gräbern regelmäßig Opfer dargebracht. Offenkundig glaubte man daran, daß die Seelen der Verstorbenen Einfluß auf die Lebenden haben, denn sonst hätte man nicht versucht, ihr Wohlwollen durch Opfer zu erhalten. Von diesem Ahnen- und Seelenkult ist aber bei Homer nichts zu finden.

Der Tod bedeutete den ionischen Griechen keineswegs das Ende allen Lebens, sondern lediglich die Trennung von Geist, Seele und Leib. Der Leib ist vergänglich. Der Geist kehrt zurück in den Weltgeist. Die Seele dagegen beinhaltet die eigentliche Persönlichkeit des Menschen. Sie steigt nur in seltenen Fällen hinauf ins Reich der Götter. In der Regel liegt ihre einzige Zukunft in der Unterwelt, im Reich der Schatten. Hier, im Hades, wird sie unerbittlich festgehalten, muß kraft- und bewußtlos schweben. Es fehlt ihr jede Macht, den Menschen zu nutzen oder zu schaden. Den geschichtlichen Hintergrund für diese Jenseitsvorstellungen liefert Gustav Pfannmüller in seinem Buch »Tod, Jenseits und Unsterblichkeit«: Die ionischen Griechen »konnten bei ihrer Wanderung aus ihrer Heimat den Ahnenkult nicht in die neue Heimat verpflanzen, da dieser an die Grabstätten der Vorfahren gebunden war«. Damit erklärt der Autor das Verschwinden des Seelenkultes. Mit der Verbrennung der Toten sollten die Seelen, die unbestattet umherirren und den Menschen schaden, aus dem Bereich der Lebenden abgedrängt werden. Die Folge dieser Sitte sei gewesen, daß der Glaube an die Nähe der Seelen und deren Verehrung aufgegeben wurde.

Der Mythos vom Tod

In der Odyssee berichtet Homer anschaulich, wie es im Schattenreich des Hades aussieht. Der Held Odysseus gerät dorthin durch ein Mißgeschick. Die Lästrygonen hatten elf seiner Schiffe vernichtet, und er erreicht mit letzter Kraft die Insel Kirke. Dort werden die meisten seiner Gefährten in Schweine verwandelt. Odysseus gelingt es zwar, sie mit Hilfe der Götter zu retten, aber er verfällt dem Wohlleben, nach Auffassung der alten Griechen ein schweres Vergehen. Wer seine Seele nämlich zu sehr an diese Welt bindet, der wird sich nach dem Tod nur noch als Schatten seiner selbst empfinden.

Die Bedingung, die Odysseus für seine Heimkehr gestellt wird, ist, dieses Reich der Schatten aufzusuchen. Dort, im Hades, soll er den weisen Tiresias um Rat für sein künftiges Leben befragen.

Tiresias ist eine Ausnahmegestalt im Reich der Toten. »Ihm gab Persephone im Tode selbst Erkenntnis, und er allein ist weise. Die andern sind flatternde Schatten.« (X, 490)

Der elfte Gesang schildert eingangs den Aufbruch des Helden zur Hadesfahrt.

Elfter Gesang

Als wir alle nun waren zum Schiffe gekommen und Meere,
Zogen das Schiff vorerst wir nieder zur heiligen Salzflut,
Stellten den Mast dann auf und spannten im Schiffe die Segel,
Trugen die Schafe hinein und traten an Bord dann selber,
Tief im Herzen bekümmert und schmerzvoll Tränen vergießend.
Günstigen, unsere Segel am stahlblauschnäbligen Schiffe
Schwellenden Fahrwind sandte uns nach als besten Geleiter
Kirke, die flechtengeschmückte, erhabene, redegeübte
Göttin, und als im Schiffe wir alle Geräte geordnet,
Ließen von Wind und Sturm wir uns stillsitzend treiben.
Wir durchschifften die Flut mit geblähtem Segel den Tag durch,
Als aber Helios sank und Schatten die Pfade bedeckten,
War unser Schiff zu des tiefen Okeanos Grenze gekommen,
Wo sich findet das Volk und die Stadt Kimmerischer Männer.
Nacht und Nebel bedeckt sie und nimmer entsendet der Sonne
Leuchtender Gott auf sie von der Höhe die Strahlen hernieder,
Weder sowie er die Bahn zum sternichten Himmel hinansteigt,
Noch wenn wieder zur Erde vom Himmel er nieder sich senket,
Schreckliche Nacht nur decket die unglückseligen Menschen.
Dort nun landeten wir mit dem Schiffe und nahmen die Schafe
Aus demselben, am Strom des Okeanos gingen wir weiter,
Um zu dem Ort zu gelangen, den Kirke uns hatte bezeichnet.
Dorthin führten Eurylochos und Perimedes die Opfer-
Tiere, ich selbst aber riß mein Schwert von der Hüfte, die Grube
Aus dem Boden zu graben von Ellenlänge und Breite,
Goß um diese das Opfer des Tranks für sämtliche Toten,
Mischte dazu erst Honig und Milch, dann süßen erles'nen
Wein, dann Wasser, bestreute das Ganze mit weißlicher Gerste,
Flehte sodann und gelobte den Schemen der Toten, sobald ich
Ithaka ereicht hätte, eine Kuh, von den Starken die schönste,
Darzubringen und Schätze ins Feuer zu werfen, besonders
Aber dem Seher Tiresias noch einen prächtigen Widder
Weihen zu wollen, den besten und völlig schwarzen der Herde.
Als ich dieses gelobt und gefleht zu den Scharen der Toten,
Nahm ich die Schafe herbei und schlachtete über der Grube
Beide und ließ entströmen das schwärzliche Blut in dieselbe:

Alsbald kamen die Seelen auf Erden gestorbener Toten
Aus dem Erebos, Mädchen und Knaben, von Leiden bedrückte
Greise und junge, den Schmerzen soeben erlegene Frauen,
Viele im Kampfe erschlagne, von ehernen Speeren die Wunden
Und mit Blute befleckt ihre Rüstungen tragende Männer;
Rings umschwärmten die Grube die Mengen von nah und fernher
Mit unheimlichem Kreischen, und blasses Entsetzen ergriff mich.

Zwischen Hoffnung und Unterwelt

Die ins Schattenreich verbannten Seelen rücken nun in greifbare Nähe. Die Opfer, die von Odysseus dargebracht werden, interpretiert Pfannmüller als Rudimente eines Totenkults im antiken Griechenland. Er folgert daraus, daß in der vorhomerischen Zeit der Glaube an eine Rettung der Seelen bestand. Wenn sich die Toten nämlich an den Opfern laben können, dann sind sie nicht hoffnungslos im Schattenreich verloren.

Erst durch das Opfer von Widder und Schafen bekommt der Eindringling Odysseus die Chance, ein Gespräch mit den verstorbenen Seelen zu beginnen:

Ich gab drauf den Gefährten Befehl, die geschlachteten Schafe,
Denen die Hälse bereits mit dem Erz durchschnitten, zu häuten
Und zu verbrennen, Gebete zu senden sodann zu den Göttern
Und zu des Hades Macht und der schrecklichen Persefoneia;
Dann aber riß von der Hüfte das spitzige Schwert ich und setzte
Mich still nieder und ließ von den flüchtigen Schemen der Toten
Keine dem Blute sich nahen, bevor ich Tiresias fragte.
Allen zuvor drauf kam des Gefährten Elpenors Seele,
Dessen Leib noch nicht in der weitumschrittenen Erde
Ruhte, wir ließen ihn ja in der Halle der Kirche beweint nicht
Liegen und unbegraben, es drängten uns andere Sorgen;
Weinend sah ich ihn jetzt, im Herzen fühlte ich Mitleid,
Redete drauf ihn an und sprach die geflügelten Worte:
»Elpenor, wie kamst Du hinab in das Dunkel des Westen?
Kamst Du schneller zu Fuß, als ich im geschwärzten Schiffe?«
Also redete ich und klagend gab er die Antwort:
»Göttlicher Laertiade, erfindungsreicher Odysseus,
Mich schlug böses Geschick und der unglückselige Weinrausch,
Ganz schlaftrunken gelegen auf Kirkes Dache vergaß ich,
Nieder zu steigen die Stufen der großen Treppe des Hauses,
Und fiel grade herunter vom Dach und brach das Genicke
Jäh abstürzend entzwei und die Seele entwich in den Hades:
Nun aber fleh' ich Dich an bei den Lieben, die oben Dir leben,
Bei Deiner Gattin, dem Vater, der Dich als Kleinen gepfleget,

Und bei Telemach, der Dir einzig im Hause zurückblieb,
Wisse es, Du wirst kehren zurück vom Hause des Hades
Und wirst kommen zur Insel Aeäa im rüstigen Schiffe,
Dringend erbitt' ich, o Herr! dort wollest Du meiner gedenken!
Laß nicht unbeweint und unbegraben mich liegen,
Wenn Du zurück wirst kommen, daß nicht Dir schaden die Götter,
Bitte! verbrenne mich dort mit der Rüstung, die ich getragen,
Richte mir dann am Gestade des grauen Meeres ein Grabmal,
Daß noch später man höre von mir unglücklichem Manne.
Dies nun erfülle und auf dem Hügel errichte das Ruder,
Das ich im Leben geführt in Gesellschaft meiner Gefährten.«
So nun sprach er, und ich in Erwiderung sagte dagegen:
»Dieses, von Leiden Getrübter, verheiß' ich genau zu erfüllen.«
Beide nun saßen wir still, austauschend schmerzliche Worte.
Ich, der ich über dem Blute das Schwert hielt, saß an der einen
Seite, der Schatten des Freundes im Gespräch an der anderen Seite,
Da kam nahe die Seele der längst verstorbenen Mutter,
Antikleia, des hoheitsvollen Autolykos Tochter,
Die ich im Leben verließ, da ich ging zur heiligen Troja:
Als sie mit Thränen sich nahte, da fühlte ich herzliches Mitleid,
Doch nicht durfte die erste sie sein, trotz meiner Betrübnis,
Sich dem Blute zu nahen, bevor ich Tiresias fragte.
Gleich drauf näherte sich des Thebäer Tiresias Seele,
Führend den goldenen Stab, er erkannte mich gleich und sprach dann:
»Weshalb, Unglücksel'ger, verlassend das Leuchten der Sonne,
Bist du gekommen, die Toten zu schaun und die Stätte des Schreckens?
Weiche zurück von der Grube und halte das Schwert zur Seite,
Daß vom Blute ich trinke und Dir Untrügliches künde.«
Sprach's, drauf trat ich zurück und stieß mein silberbeschlagnes
Schwert in die Scheide: es trank der untadlige Seher das schwarze
Blut, drauf sprach er die Worte, zu mir aufs neue gewendet:
»Glückliche Heimfahrt wünschest Du Dir, ruhmvoller Odysseus,
Schwer aber wird sie Dir machen der Gott, nicht wird sie verborgen
Bleiben dem Erdenerschüttrer, der Groll Dir heget im Herzen
Zornesvoll, da den Sohn Du ihm hast, den geliebten, geblendet;
Dennoch mag sie gelingen nach viel zu erduldenden Leiden,
Wenn Dein eigen Gemüt Du bezähmst und Deiner Gefährten:
Wenn Du nämlich zuerst, enteilend dem dunkelen Meere,
Mit Deinem rüstigen Schiff bei der Insel Thrinakia landest,
Weidend findet Ihr dort des Helios Kühe und fetten
Schafe, des Gottes, der alles, was vorgeht, siehet und höret: –
Laßt Ihr diese nun unverletzt und denkt an die Heimfahrt,
Werdet Ihr Ithaka wohl trotz vielfacher Leiden erreichen,
Greift Ihr aber sie an, so vernimm! dann gehen zu Grunde
Schiff und alle Gefährten, und wenn Du auch selber entrinnest,
Kommst Du doch spät und in Not, nach Untergang aller Gefährten

Heim auf fremdem Schiffe, und Elend triffst Du im Hause,
Übermütige Männer, die Dein Vermögen verzehren,
Und Dein göttliches Weib mit Brautgeschenken umwerben:
Zwar wirst Rache Du nehmen am Frevel derselben, sobald Du
Kommst; doch hast Du die Freier in Deinem Palaste mit Truglist
Oder in offenem Kampf mit der Schärfe des Erzes getötet,
Weit dann hast Du zu gehn mit dem tüchtigen Ruder in Händen
Bis Du gekommen zu Menschen, die nicht sind kundig des Meeres,
Die ihre Speisen, ohne mit Salz sie zu mischen, genießen,
Die auch Kunde nicht haben von purpurwangigen Schiffen,
Noch von der Ruder Gefüge, den Fittigen eilender Schiffe.
Deutlich geb ich Dir noch ein Zeichen, damit Du nicht irrest:
Wenn ein Wanderer einst Dir kommt entgegen und ausruft:
Ei! Du trägst ja die Lanze der Väter auf rüstiger Schulter,
Dann steck' fest in die Erde das tüchtig gefügete Ruder,
Bringe zugleich ein heiliges Opfer dem Herrscher Poseidon,
Wähle dazu einen Schafbock, Stier und kräftigen Eber;
Danach kehre zurück, und Festhekatomben zu Hause
Weihe den weit in den Himmel webenden ewigen Göttern,
Allen in richtiger Folge! Dir selbst wird außer dem Meere
Kommen der Tod und Dich vom Drucke behaglichen hohen
Alters sanft hinnehmen; und ringsum werden die Völker
Glücklich sein! Dies sage ich Dir in untrüglicher Wahrheit.«
Solches sprach er, ich aber erwiderte weiter und sagte:
»Dies, Tiresias, liegt in dem Schicksalsschlusse der Götter!
Nun aber sage mir dies und erkläre es treu und in Wahrheit:
Hier erblick' ich die Seele von meiner verstorbenen Mutter,
Lautlos sitzet sie nahe dem Blute, vermag es jedoch nicht,
Anzuschauen den eigenen Sohn und Worte zu wechseln;
Sage, o Herr! wie wird sie mich denn als solchen erkennen?«
Als ich gesprochen, da gab in Erwiderung jener die Antwort:
»Leicht ist dieses zu sagen und gebe ich Dir zu beachten: –
Welchem der Schatten gewordenen Toten Du immer gestattest,
Sich dem Blute zu nahen, der wird Dir Wahres berichten,
Wem Du es aber verwehrst, der wird sich wieder zurückziehn.«
Als er in solcher Weise des Schicksals Sprüche verkündet,
Ging des Tiresias Seele zurück in die Tiefe des Hades;
Ich aber blieb dort sitzen und wartete, bis meine Mutter
kam und trank von dem Blute: sie kannte mich gleich und in tiefer
Schmerzenserregung sprach sie zu mir die geflügelten Worte:
»Liebster Sohn, wie kamst Du hinab in das Dunkel des Westen,
Da Du noch lebst? weil's Lebenden schwer ist, dieses zu schauen:
Denn gar mächtige Ströme und furchtbare Fluten ergießen
Sich inmitten, und von vorn der Okeanos, welchen zu Fuße
Keiner beschreitet, der nicht im tüchtigen Schiffe heranfährt.
Bist Du lange von Troja fort und schweifst Du im Schiffe

Mit den Gefährten umher? und bist Du in Ithaka noch nicht
Wieder gewesen und hast Dein Weib nicht wiedergesehen?«
Als sie gesprochen, da gab ich die Antwort ihr in Erwidrung:
»Teuerste Mutter, mich führte die Not in die Tiefe des Hades,
Hier des Thebäischen Sehers Tiresias Seele zu fragen.
Nicht in die Nähe Achajas kam ich, noch hab' ich betreten
Unsere Lande, ich irre umher noch immer in Mühsal,
Seit Agamemnon ich folgte, dem göttlichen, um zu bekämpfen
Troische Helden in Ilions rosseernährenden Fluren.
Nun aber gieb mir Kunde und sage in Treue und Wahrheit,
Welches Geschick warf Dich in die quälenden Arme des Todes?
Sichtest Du lange erkrankt, oder hat Dich die pfeilbewehrte
Artemis plötzlich getroffen mit ihren so sanften Geschossen?
Sprich mir dann von dem Vater und Sohn auch, den ich daheim ließ:
Ist mein Hoheitsrecht noch immer in Händen derselben
Oder in anderer Hand, und glaubt man, ich kehrte nicht wieder?
Sprich mir auch von dem Sinn und Entschlüssen meiner Gemahlin,
Ob beim Kinde sie bleibt und hält die Bestände in Ordnung,
Oder ob einer der besten Achäer sie wieder gefreiet?«
Als ich die Fragen gestellt, da erwidert die treffliche Mutter:
»Deine Gemahlin weilt noch immer mit duldendem Herzen
Treulich in Deinem Palast; ihr schwinden die Nächte und Tage
Trübe verlaufend stets mit schmerzlichem Thränenvergießen;
Hoheitsrechte besitzt noch keiner der anderen, friedlich
Waltet Telemachos noch im Erbe und ordnet, so wie sich's
Ziemt für den Pfleger des Rechtes, die gleich zu verteilenden Mahle;
Denn ihn laden sie alle; entfernt lebt draußen der Vater
Auf dem Lande und kommt zur Stadt nicht; nimmer im Bette
Schläft er und braucht nicht Mäntel noch glänzende Decken; im Winter
Legt er sich nieder im Hause und schläft wie die Knechte im Staube
Neben dem Feuer und trägt am Leibe die schlechteste Kleidung;
Kommt dann aber der Sommer und schwellend in Früchten die Herbstzeit,
Streckt er am rings sich breitenden üppigen Rebengelände
Flach am Boden sich nieder in Haufen gefallener Blätter:
Seufzend liegt er nun dort, Dein Schicksal immer beklagend
Nährt er Trauer im Herzen, und drückend naht sich das Alter;
Daran starb auch ich und erlag dem Todesverhängnis:
Denn mich tötete nicht weitblickend die Pfeileversendrin
Unerwartet im Hause mit ihren so sanften Geschossen,
Ebenso wenig raffte mich Krankheit hin, die am meisten
Mit entsetzlicher Schwäche den Gliedern raubet das Leben,
Nur der Gedanke an Dich und die Sehnsucht, hehrer Odysseus,
Und mein Hangen an Dir nahm mir das erfreuende Leben.«
Als sie gesprochen, da drängte es mich im Geiste, die Seele
Meiner vom Leben geschiedenen Mutter als Sohn zu umarmen,
Dreimal nahm ich, gedrängt von des Herzens Regen, den Anlauf,

Dreimal schatten- und traumbildartig entschlüpfte sie meinen
Händen, das bitterste Wehe ergriff aufs tiefste das Herz mir
Und ich redete wieder und sprach die geflügelten Worte:
»Weshalb, teuerste Mutter! entweichst Du meiner Umarmung,
Uns in des Hades Tiefen, die Hände in Liebe vereinigt,
Hier in des Jammers schaurigem Tausche das Herz zu erleichtern?
Ließ dies Bild mir erscheinen die duldsame Persefoneia,
Um in erhöhetem Schmerz mich tief aufseufzen zu lassen?«
Als ich dieses gesagt, antwortet die treffliche Mutter:
»O! Du geliebtes Kind, Unglücklichster aller Lebendgen!
Ach! Sie täuscht Dich nicht, Zeus' Tochter, die Persefoneia:
Denn dies ist das Geschick aller Irdischen, wenn sie gestorben,
Nicht mehr bleibt das Gebein und das Fleisch durch Sehnen verbunden,
Diese verzehrt die gewaltige Kraft des flammenden Feuers,
Gleich nachdem vom weißen Gebeine das Leben geschieden,
Aber die Seele, dem Leibe enthoben, entschwebt wie ein Traumbild.
Nun aber eile hinauf zum Licht, und was Du gesehen,
Halte es fest, um es einst Deinem Weibe berichten zu können.«
So unterhielten wir uns mit einander. Nun kamen der Frauen
Viele, zur Grube gedrängt von der duldsamen Persefoneia,
Einstige Ehegenossen und Töchter gewaltiger Helden;
Diese versammelten sich beim dunkelen Blute in Unzahl.
Nun überlegte ich still, wie jede befragen ich könnte,
Und im sinnenden Geiste erschien mir dieses das beste:
Mein langschneidiges Schwert von der Hüfte zu reißen beschloß ich,
Um nicht alle zugleich von dem Blute sie trinken zu lassen.
Und nun kamen sie nach einander und jede erzählte
Mir von ihrem Geschlecht: So konnte ich alle befragen.
Erdreich nahte sich mir als erste aus edlem Geschlechte,
Salmoneus, den erlauchten, als ihren Erzeuger benennend
Und in der Ehe verbunden dem Urgrund, Äolos' Sohne.
Angezogen in Lieb' von Enipeus göttlichem Strome,
Der von den Flüssen der schönste sich über die Lande ergießet,
Wandelt sie einst, wie sie oft es that, an dem schönen Gewässer:
Dessen Gestalt annehmend erscheint der Gestadeerschüttrer
Und umfängt sie im Bett des ins Meer sich ergießenden Flusses;
Dunkel erhob sich um beide die ringsumstürzende Welle
Bergen gleich und bedeckte den Gott und die sterbliche Jungfrau;
Dieser den Gürtel der Keuschheit löst er und wiegt in den Schlaf sie;
Drauf, nachdem so der Gott seiner Liebschaft Werke vollendet,
Reicht er die Hand ihr dar, zufügend in Rede die Worte:
Freue Dich, Weib, meiner Liebe, Du wirst im Verlaufe des Jahres
Herrliche Kinder gebären; unsterblicher Götter Umarmung
Bleibt nicht ohne Erfolg; die Geborenen pfleg' und ernähre;
Kehre nach Hause zurück, aber schweige und sage es niemand,
Der Dich liebte, bin ich, der Erdenerschüttrer Poseidon.

Sprach's und tauchte zurück in des Meers aufschäumende Wogen.
Erdreich ward drauf schwanger: das Himmelszelt und die Wolke,
Beide des mächtigen Zeus starkwaltende Diener, gebar sie:
Pelias herdenreich im Dome dem sonnigen wohnend,
Neleus dort, wo Gedanken zu Worten sich bilden im Munde.
Andere Kinder gebar sie, die Fürstin der Frauen, dem Urgrund:
Wärme und pflanzliches Reich und die munter sich tummelnde Tierwelt.

Höllenqualen und himmlisches Leben

Das schwere und ziellose Dahinsiechen der Seelen im Schattenreich bekommt, beim Blick ins Innere des Hades, eine neue Dimension. Homer schildert hier das Schicksal der Helden und Büßer im Jenseits. Während die ersteren, wie Minos und Orion, ihr diesseitiges Leben fortführen dürften, müssen die Sünder leiden. Das traurige Schicksal des sprichwörtlichen Sisyphos oder des Tantalos werden im nächsten Kapitel der Odyssee bildhaft beschrieben.

Im Gegensatz zur traditionellen griechischen Vorstellung vom verträumten Schattenzustand der Seelen, tritt hier Sühne für die Freveltaten im Diesseits und bewußtes Leiden auf. Diesen Wandel der Jenseitsvorstellungen führen Historiker wie Pfannmüller darauf zurück, daß die Hadesdarstellung der Odyssee erst später eingefügt wurde, als die Begriffe Jenseits und Sühne im griechischen Gedankengut bereits eng miteinander verknüpft waren.

Minos sah ich daselbst, des Zeus hochherrlichen Sprößling,
Führend den goldenen Stab, Rechtsprüche den Toten erteilend,
Thronend: um ihn viele, die Sprüche des Herren erfragend,
Sitzende, stehende rings in den Hallen und Thoren des Hades.
Nach ihm traf mein Auge den riesig großen Orion,
Tiere im Reiche der Angst und der Qualen und Schrecken erjagend,
Wie er sie einst in den öden Gebirgen auf Erden erlegte
Unter dem Schwunge der nicht zerbrechlichen erzenen Keule.
Tityos sah ich sodann, den Erzeugten der herrlichen Erde,
Niedergestreckt am Boden und neun Landmorgen bemessend,
Ihm zerhackten von rechts und links zwei Geier die Leber
Bis in die Tiefe des Bauchs; nicht konnt' er mit Händen es wehren:
Denn er entehrte die Leto, des Zeus ruhmvolle Genossin,
Als zur Pytho sie ging durch Panopeus' schöne Gefilde.
Selbst auch Tantalos sah ich, geplaget von heftigen Schmerzen,
Stehen inmitten des Sees, das Wasser benetzte das Kinn ihm,
Und ihn quälte der Durst, doch war ihm das Trinken unmöglich,
Denn so oft er sich bückte, der Greis, mit dem Wunsche zu trinken,
Ebenso oft verlief sich das Wasser und unter den Füßen
Zeigte sich schwärzlicher Boden, vom Unheilsgeiste getrocknet,

Hohe belaubete Bäume erschlossen um ihn ihre Früchte,
Birnen, Granaten und Äpfel in herrlich prangender Fülle,
Feigen in süßlicher Frucht und in herrlichem Grün die Olive,
Aber sobald er sich reckte, der Greis, eine Frucht zu erfassen,
Warf sie der Wind nach oben hinauf zu den schattigen Wolken.
Auch den Sisyfos sah ich, bedrückt von gewaltigen Schmerzen,
Einen gewaltigen Felsen bemüht umschlossen zu heben;
Hatte er diesen, sich fest anstemmend mit Händen und Füßen,
Auf zur Höhe gebracht und gedachte ihn über des Hügels
Spitze zu werfen, da drehte der Felsen mit Übergewicht sich
Wieder herum und rollte zum Ärger ihm wieder zu Füßen;
Aber er stemmte sich an und hob aufs neue, die Glieder
Trieften von Schweiß und der Staub flog dick ihm über dem Haupte.
Nach ihm traf mein Auge die Kraft des Herakles in ihrem
Schatten: – er selber inmitten unsterblicher Götter erfreut sich
Seines Glücks und umfaßt die so lieblich schreitende Hebe,
Tochter des mächtigen Zeus und der goldenbeschuheten Hera.
Um ihn schrillete laut das Gekreische der Toten, gescheuchten
Vögeln ähnlich: der schaurig dunkelen Nacht zu vergleichen
Stand er, den Bogen entblößt in den Händen, den Pfeil an der Sehne,
Furchtbar um sich blickend, wie einer, der immer im Schuß liegt;
Schreckenerregend hing ihm über die Brust sein breites
Goldenes Wehrengehenk: drauf zeigten sich Wundergebilde,
Zottige Bären und Schweine des Walds, kampflustige Löwen,
Kämpfe und Schlachtengetümmel und Männer erschlagendes Blutbad:
Feiern möge der Mann, nicht schaffen ein anderes Kunstwerk,
Der ein solches Gehenk kunstsinnig im Geiste gebildet.

So düster das Schicksal der Sünder aussehen mag, so angenehm kann es für die sein, die nicht in der Heimat sterben müssen, sondern in die »Elysischen Gefilde« entrückt werden. Hier fließt das Leben der Menschen in seliger Wonne dahin. Diese antike Himmelsdarstellung ist wahrscheinlich ein Produkt von Homers dichterischer Phantasie. Erstaunlich ist an den Elysischen Gefilden, daß sie nicht, analog zur Sünde und den damit verbundenen Leiden im Hades, durch gute Taten erlangt werden können. Wer in Elysions Fluren aufgenommen wird, das ist einzig die Entscheidung der Götter. Menelaos wird diese Gnade nicht auf Grund seiner Tugend, sondern seiner Verwandtschaft gewährt: Er ist der Schwiegersohn des Zeus.

Sprach's, und es sagte alsbald entgegen der Greise des Meeres:
»Das ist Laertes' Sohn, der Ithakas Fluren bewohnet;
Jüngst noch sah ich ihn Thränen vergießen am Strande des Eilands,
Wo in den Grotten ihn hält in Banden die Nymphe Kalypso;
Er aber kann zum heimischen Land nicht kommen, es fehlen
Dort ihm ruderbewegete Schiffe und auch die Gefährten,
Die es vermögen, ihn über den Rücken des Meers zu geleiten.

Dir aber, Göttersohn Menelaos, ist es bestimmt nicht,
Aus dem Leben zu scheiden im rosseernährenden Argos;
In die elysische Flur zu den Grenzen der Erde entheben
Einst Unsterbliche Dich, dorthin, wo der goldengelockte
Held Rhadamanthys weilt, wo in seliger Wonne die Menschheit
Schwelgt: – dort fällt kein Schnee, kein Regen, es fehlen des Winters
Stürme, in stetem Rauschen entsenden zephyrische Lüfte
Von des Okeanos Fluten belebenden Hauch zu den Menschen: –
Dies, weil Helena Dich mit dem Vater der Götter verbindet.«
Sprach's und tauchte hinab in die wellenschlagenden Fluten.
Als mit den edlen Gefährten ich wieder hinab zu den Schiffen
Ging, da war mein Herz tief schwer und in Sorgen bekümmert;
Hatten wir dann das Meer und die Schiffe erreicht, da beschafften
Wir unser Abendbrot, und die Nacht sank duftig nieder,
Und wir gingen zur Ruhe am Strande des rauschenden Meeres.

Hesiods Inseln der Seligen

Der griechische Dichter Hesiod, der um 700 v. Chr. lebte, prägte, wie auch Homer, entscheidend das Bild der Griechen von ihrer Götterwelt. Er griff die »Elysischen Gefilde«, die Homer in der Hadesfahrt des Odysseus schildert, auf. Dabei dürfte als gesichert gelten, daß Homer dieses Land der Seligkeit nicht als Abbild tatsächlich vorhandener Glaubensvorstellungen in sein Epos einbrachte, sondern daß dies ein Produkt seiner Phantasie war. Freilich handelte es sich dabei um ein Thema, das, einmal als Anstoß gesetzt, auch die Gedanken der Griechen beschäftigte. Hesiod nahm diese Vorstellung in seine bekannte Erzählung von den fünf Menschengeschlechtern auf, die in seinem Gedicht »Werke und Tage« enthalten ist. Darin beschäftigt er sich mit der steigenden Verworfenheit der Menschen. Er schildert, was mit den Menschengeschlechtern nach ihrem Tod passiert. Ein Teil jener Helden, die in Troja und Theben starben, also nur wenige Auserwählte, leben fortan an den Enden der Erde. Sie können ohne Sorgen auf den »Inseln der Seligen« wohnen. Diese Entrückten haben allerdings – wie bei Homer – keinerlei Möglichkeit, in das Geschehen auf der Welt einzugreifen.

Die Dichtung hatte also die Vorstellung von einem jenseitigen »Paradies« geschaffen. Sie wirkte auf den Glauben der Bevölkerung ein. Allmählich begann sich diese begrenzte Jenseits-Auffassung mit Inhalten zu füllen.

Die fünf Weltalter

Allererst *ein golden Geschlecht* der redenden Menschen
Schufen die ewigen Götter, olympischer Häuser Bewohner.
Die unter Kronos waren, als dieser im Himmel regierte,
Lebten ein göttlich Leben, das Herz ohn' jeglichen Kummer,

Weit von Mühen und Trübsal fern: nicht schwächliches Alter
Traf sie: immer regten sich ihnen so Hände wie Füße,
Freuten sich am Gelage, befreit von jeglichem Übel.
Endlich, wie vom Schlafe gebändigt, starben sie: Glück nur
War ihr Leben: es trug die nahrungspendende Erde
Reichliche Früchte von selbst: sie versahen mit Lust ihre Werke
Ruhigen Sinnes: es halfen der Wackeren viel, und sie waren
Reichlich mit Schafen gesegnet und lieb den seligen Göttern.
Aber nachdem dann dieses Geschlecht die Erde verhüllt hat,
Sind sie *Geister* geworden – so fügt es der große Kronide –
Wackre: sie weilen *auf Erden* und hüten die sterblichen Menschen,
Und sie wahren das Recht und wehren frevelnden Werken;
Überall über die Erde hinwandelnd, in Nebel gehüllet,
Spenden sie Segen: dies ist das Königsamt, das sie erhielten.
Aber ein zweites Geschlecht, *das silberne*, ungleich geringer,
Schufen die Götter alsdann, olympischer Häuser Bewohner,
Weder an Wuchs dem goldnen vergleichbar noch an Gesinnung.
Hundert Jahr wuchs das lallende Kind bei der sorgsamen Mutter
Drinnen im Hause heran: gar kindisch war es geboren.
War er dann endlich erstarkt und zur Blüte der Jugend gekommen,
Lebte der Mensch nur kurz: durch Taten der eigenen Torheit
Schuf er sich Leid: denn in Frevel und Übermut selbst aneinander
Legten sie Hand: die Götter, die ewigen, fromm zu verehren –
Das verlangte sie nie noch auf heil'gen Altären zu opfern,
Wie es Brauch bei den Sterblichen ist. Doch diese nicht minder
Tilgete Zeus der Kronide im Zorn, dieweil sie den Göttern,
Die den Olympos bewohnen, den sel'gen, die Ehren versagten.
Aber nachdem auch dieses Geschlecht die Erde verhüllt hat,
Heißen die sterblichen Menschen sie *Geister unter der Erde*,
Jene zweiten: auch ihnen verbleiben noch Ehren in Zukunft.

Und Zeus schuf ein ander Geschlecht der redenden Menschen,
Nun das dritte, *ein ehern Geschlecht*, dem silbernen ungleich,
Aus dem Stamme der Eschen, ein furchtbares, starkes: sie pflegten
Ares' traurige Werke und Taten des Übermuts: nimmer
Aßen sie Korn: von Stahl war ihr Herz und bereit zur Gewalttat.
Näherung nirgend! Gewaltige Kraft, unnahbare Hände
Wuchsen ihnen herab von den Schultern am mächtigen Leibe.
Ehern war ihre Waffe, und ehern waren die Häuser,
Ehern, womit sie das Tagwerk getan: noch fehlte das Eisen.
Und sie stiegen hinab, von eigener Stärke gebändigt,
Tief *in des Hades dumpfiges Haus*, des eisigen Herrschers,
Namenlos: denn der Tod, so stark sie waren, der schwarze,
Raffte sie weg: sie verließen das Licht der leuchtenden Sonne.

Aber nachdem auch dieses Geschlecht die Erde verhüllt hat,
Schuf noch ein anderes, viertes, auf vielernährender Erde
Zeus der Kronide, gerechter und besser: es heißt der Heroen
Göttlich Geschlecht, *Halbgötter* genannt von den jetzigen Menschen,
Sie, die vor uns gelebt auf der Erde unendlicher Fläche.
Aber die einen raffte der Krieg und die schreckliche Feldschlacht
Fort im kadmeischen Land, am siebentorigen *Theben*:
Denn sie kämpften den Kampf um Ödipus' herrliche Herden.
Aber die anderen führt' ihr Geschick nach *Troja* zu Schiffe
Über die Tiefen der See um der lockigen Helena willen.
Dort umfing die einen der Tod, der dem Leben ein Ziel setzt,
Andern verlieh von den Menschen entfernt ein Leben voll Wonne
Zeus der Kronide: es setzt sie der Vater ans Ende der Erde.
Und nun wohnen sie dort, das Herz ohn' jeglichen Kummer,
Fern in der Seligen Land, an Okeanos' schäumenden Tiefen,
Glückliche Helden! Und dreimal im Jahr trägt blühende Früchte,
Honigsüße, hinfort die nahrungspendende Erde.

Müßt' ich doch unter dem fünften Geschlecht nicht leben auf Erden!
Wäre ich früher gestorben, wo nicht, dann später geboren!
Denn jetzt lebt *ein eisern Geschlecht*: und sie werden bei Tage
Nimmer des Elends frei noch des Jammers, aber bei Nacht auch
Leiden sie Qual; und der Sorgen Last ist die Gabe der Götter.
Aber selbst solchem Leid wird auch jetzt noch Gutes gemischt sein,
Zeus wird tilgen auch dieses Geschlecht der redenden Menschen.
Wann sie, ergraut an den Schläfen, das Licht der Sonne erblicken,
Nicht mehr gleichet der Vater den Söhnen, die Söhne dem Vater,
Nicht dem Gaste der Gast, der Freund nicht gleichet dem Freunde,
Auch wird der Bruder den Bruder nicht lieben, wie es zuvor war,
Ja, nicht lang', und sie werden im Alter die Ältern verachten,
Und sie werden schelten und tadeln mit kränkenden Worten
Mitleidlos und verachtend die Ahndung der Götter: nicht werden
Diese den Lohn der Erziehung entrichten im Alter den Ältern.
Nicht wer eidesgetreu, wer gerecht, wer ehrlich gehandelt,
Erntet den Dank: wer Böses tut und Übermut übte,
Den wird man ehren: die Faust spricht Recht, und Scham wird auf Erden
Nirgends mehr sein: dem besseren Mann wird schaden der böse
Durch betrügliches Wort und wird es beschwören mit Meineid.
Scheelsucht wohnt an jeglichem Ort bei den elenden Menschen,
Boshaft und übelberufen, Gehässigkeit führt sie im Blicke.
Dann zum Olympos empor von der Erde unendlicher Fläche
Werden, den schönen Leib in weiße Gewänder gehüllet,
In der Unsterblichen Schar, die Menschen verlassend, enteilen
Scham und gerechte Vergeltung: nur traurige *Schmerzen* verbleiben
Dann noch den sterblichen Menschen: und Abwehr nirgend des Bösen.

Der Tod als Glück: Sokrates

Der griechische Philosoph Sokrates, der 470 v. Chr. geboren wurde und 399 v. Chr. durch den Giftbecher starb, war ein unbequemer Geist. Er versuchte durch ruheloses Fragen seine Mitmenschen zur Erkenntnis zu führen und deren Scheinwissen bloßzulegen. Wegen angeblicher Gottlosigkeit wurde ihm der Prozeß gemacht. Der Hinrichtung, der er durch Flucht hätte entgehen können, entzog er sich nicht. Sokrates hat keinerlei schriftliche Aufzeichnungen hinterlassen. Seine Philosophie ist von seinem Schüler Platon überliefert worden.

Sokrates hat die Denkweise seiner Zeitgenossen, den alten Mysterienkult, gründlich in Frage gestellt. Sein Gedankengut beeinflußt nachhaltig die späteren Vorstellungen über Seele und Jenseits in der abendländischen Kultur und Philosophie. Sokrates selbst liefert allerdings noch keinen Beweis für die Unsterblichkeit der Seele. Er hält zwei Möglichkeiten offen: Entweder ist der Tod »eine Art Nichtsein«, ohne jegliche Empfindung, also eine Art Schlaf ohne Träumen und ohne Erwachen. Oder aber der Tod ist eine »Art Verpflanzung und Übersiedlung der Seele von hier nach einem anderen Ort«. Beides betrachtet Sokrates als Glück für den Menschen.

Platon skizziert diese Grundgedanken in der Verteidigungsrede des Sokrates vor dessen Tod.

Auch von folgender Seite her wollen wir uns klarmachen, wieviel Ursache wir haben zu hoffen, daß der Tod ein Glück sei. Eines von zweien nämlich ist das Totsein: entweder ist es eine Art Nichtsein, so daß der Tote keinerlei Empfindung hat von irgend etwas, oder es ist, wie der Volksmund sagt, eine Art Verpflanzung und Übersiedlung der Seele von hier nach einem anderen Ort. Im ersten Falle nun, wo von Empfindung nicht mehr die Rede ist, sondern von einer Art Schlaf, der so tief ist, daß dem Schlafenden nicht einmal irgendein Traumbild erscheint, wäre der Tod ein wunderbarer Gewinn. Denn ich glaube, wenn einer eine solche Nacht, die ihm einen völlig traumlosen Schlaf gebracht hat, auswählte und ihr die übrigen Nächte und Tage seines Lebens gegenüberstellen müßte, um zu entscheiden, wie viele Tage und Nächte in seinem Leben er glücklicher verbracht habe als diese Nacht – ich glaube, dann wird nicht etwa bloß ein Mann gewöhnlichen Schlages, sondern der Großkönig in eigener Person finden, daß diese sich sehr leicht zählen lassen im Vergleich zu den anderen Tagen und Nächten. Ist also der Tod von dieser Art, so nenne ich ihn einen Gewinn; denn die ganze Ewigkeit scheint dann eben nichts weiter zu sein als eine einzige solche Nacht. Ist aber der Tod gleichsam eine Art Auswanderung von hier nach einem anderen Ort, und hat es mit dem, was der Volksmund sagt, seine Richtigkeit, daß dort alle Verstorbenen weilen, was gäbe es dann, ihr Richter, für ein größeres Glück als dieses? Denn findet einer bei seiner Ankunft im Hades, erlöst von diesen sogenannten Richtern, die wahren Richter, die dort, wie es heißt, Recht sprechen, Minos, Rhadamanthys, Aiakos und Triptolemos nebst den anderen Heroen, die ein rechtschaffenes Leben geführt haben, wäre das etwa eine Verschlechterung unserer Aufenthaltsstätte? Oder aber mit Orpheus, Musaios, Hesiod und Homer zu verkehren, wieviel würde mancher von euch dafür geben! Ich wenigstens wollte gern oftmals des Todes sein, wenn dem so ist. Ja für mich hätte der Aufenthalt dort noch seinen ganz besonderen Zauber: denn wenn ich dann etwa dem Palamedes begegnete und dem Telamonier Aias oder wer sonst von den alten Helden durch ungerechten Richterspruch den Tod gefunden, so wäre es für mich eine wahre Wonne, mein Geschick mit dem ihren zu vergleichen. Und dann noch die Hauptsache: seine Aufgabe darin zu sehen, daß man die dort Weilenden ausforsche und prüfe wie die Menschen hier auf Erden, wer von ihnen weise sei und wer es zu sein glaube, ohne es doch zu sein. Wieviel gäbe mancher darum, wenn er die Führer des großen Heeres vor Troja oder den Odysseus oder den Sisyphos oder tausend andere, die zu nennen wären, Männer und Frauen, verhören könnte! Mit ihnen dort sich zu unterhalten und zu verkehren und sie auszuforschen, welches überschwengliche Glück wäre das! Und so viel wenigstens ist doch ganz sicher: dort verhängt man nicht wegen solcher Unterredungen die Todesstrafe. Denn wie in anderer Beziehung, so sind auch darin die dort Weilenden glücklicher als die Erdenkinder hier, daß sie die ganze weitere Zeit hindurch unsterblich sind, wenn der Volksmund recht hat.

Die Unsterblichkeitslehre Platons

Hatte Sokrates sich selbst zur Frage der Unsterblichkeit nicht definitiv geäußert, so entwickeln seine Schüler, allen voran Platon (427 v. Chr. bis 347 v. Chr.), eine Unsterblichkeitslehre. Platon fand durch die Begegnung mit Sokrates den Weg zur Philosophie.

Bei Platon taucht erstmals in der griechischen Geschichte der Glaube an die göttliche Herkunft der Seele, die Existenz vor und nach dem jetzigen Leben, im philosophischen Kontext auf.

Den Schlüssel zum Verständnis der neuen Unsterblichkeitslehre liefert Platons Werk »Phaidon«, die klassische Beschreibung des Todes von Sokrates. Der zum Tod verurteilte Philosoph sitzt im Kreise seiner Schüler. Es verbleiben nur noch wenige Stunden, bis der Gefängniswärter ihm den todbringenden Schierlingsbecher bringen wird. Sokrates nutzt die Zeit, um über das Schicksal von Körper und Seele nach dem Tod zu diskutieren. Darin legt er klar, daß der Tod keinesfalls ein Übel, sondern ein großes Glück sei. Ihn zu fürchten bedeutet für Sokrates, sich einzubilden zu wissen, was man nicht weiß.

Bei diesem Nichtwissen könnte man es nun belassen, aber Sokrates wäre nicht der große Philosoph, wenn er nicht auch das Sterben hinterfragen würde. Was ist der Tod? Die Antwort: Nichts anderes, als die Trennung von Seele und Leib. Das scheint ihm, der sein ganzes Leben den »Vergnügungen des Leibes« entsagt hat, nicht weiter erschreckend.

In Platons Werk »Phaidon« kommt diese Einstellung deutlich zum Ausdruck: Das ganze Leben des Philosophen ist nichts anderes als Sterben, also ein Lösen der Seele vom Körper. Es sei daher für ihn widersinnig, den Tod zu fürchten, denn er gewähre ihm das, was er sein ganzes Leben angestrebt habe: diese völlige Trennung und damit die reine Vernunft. Von dieser Erkenntnis ist es für Platon nur ein kleiner Schritt zur

Philosophie der Seelenwanderung. Das Wissen eines Menschen sei nichts anderes als eine Wiedererinnerung an das, was er schon vor der Geburt erkannt habe. Also habe die Seele schon vor der Geburt existiert. Alles entsteht aus dem Entgegengesetzten: das Leben aus dem Sterben, das Sterben aus dem Leben. Dieser Kreislauf von Tod und Leben ist für Platon der Beweis für ein Weiterleben der Seele nach dem Tod. Was aber geschieht nun, nach Meinung der griechischen Philosophen, im Jenseits? Die Vorstellungen sind stark von den Gedanken über die Vorstellungen der Unterwelt, dem Reich der Toten, geprägt. Dort erwartet die Seele, so Platon, ein Gericht. Die Sünder gehen furchtbaren Strafen entgegen, während die Guten körperlos weiterleben. Die Einstellung der Philosophen um Sokrates zu Tod und Leben wird in dem Gespräch des Meisters mit seinen Schülern im »Phaidon« deutlich.

Sokrates: Wenn ich nicht glaubte, erstlich zu anderen weisen und guten Göttern zu kommen, sodann auch zu Menschen, die vordem gestorben sind, besseren als die, welche hier weilen, würde ich mit Unrecht gern in den Tod gehen; tatsächlich aber hoffe ich, das könnt ihr mir glauben, zu guten Menschen zu gelangen. Und kann ich dafür auch nicht mit völliger Sicherheit einstehen, so doch dafür, daß ich zu *Göttern* als Herren, deren Güte über allen Zweifel erhaben ist, gelangen werde. Das steht, glaubt mir, so fest wie irgend etwas von dieser Art. Aus diesen Gründen denke ich denn freundlicher über den Tod als die meisten und lebe der frohen Hoffnung, daß den Toten irgendein Sein beschieden ist, und zwar, ganz im Sinne des alten Volksglaubens, den Guten ein viel besseres als den Bösen.

Wie nun, sagte *Simmias*, mein Sokrates? Willst du diese deine Überzeugung nur für dich selbst behalten, wenn du nun scheidest, oder möchtest du sie nicht auch auf uns übertragen? Denn mich will bedünken, daß auch uns Anteil an diesem Gut gebühre, und zugleich ist es eine Rechtfertigung für dich, wenn du uns von der Wahrheit deiner Ansicht überzeugst.

So will ich es denn versuchen, sagte *Sokrates*. Euch als meinen Richtern will ich nun den schuldigen Nachweis liefern, daß mir ein Mann, dessen Lebensbeschäftigung in Wahrheit die Philosophie gewesen ist, wenn er nun in den Tod gehen soll, mit vollem Recht guten Mutes zu sein und der frohen Hoffnung zu leben scheint, er werde nach seinem Tod in jener Welt der größten Güter teilhaftig werden. Inwiefern sich das nun so verhält, das will ich euch, mein Simmias und mein Kebes, darzulegen versuchen.

Alle, die sich in rechter Weise mit Philosophie befassen, haben es im Grunde auf nichts anderes abgesehen als darauf, zu sterben und tot zu sein; aber den übrigen Menschen bleibt das verborgen. Ist dieses nun wahr, so wäre es doch offenbar widersinnig, sein Leben lang nach nichts anderem zu streben als eben hiernach, wenn es aber dann wirklich eintritt, sich zu sträuben gegen das, was man immer erstrebte und betrieb. – Denken wir uns bei dem Worte Tod etwas ganz Bestimmtes?

Gewiß, erwiderte *Simmias*. *Sokrates*: Doch nichts anderes als *die Trennung der Seele von dem Körper?* Und tot sein bedeute nichts anderes als dieses, daß der Körper ausschließlich für sich sei, befreit von der Seele, und die Seele rein für sich, befreit von dem Körper. Nichts anderes als dieses ist doch wohl der Tod?

Nichts anderes, sagte *Simmias.*

Sokrates: Sieh also zu, ob du die folgenden Aufstellungen von mir gutheißen kannst; denn durch sie wird, glaube ich, der Gegenstand unserer Betrachtung größere Klarheit gewinnen. Scheint es dir eines Philosophen würdig zu sein, sich mit den sogenannten Annehmlichkeiten des Lebens wie *Essen und Trinken* viel zu schaffen zu machen?

Durchaus nicht, erwiderte *Simmias.*

Sokrates: Und weiter, etwa mit den *Liebesgenüssen*?

Simmias: Nein.

Sokrates: Und wie steht es mit der übrigen *Pflege des Leibes*? Wird er großes Gewicht darauf legen? Glaubst du z. B., daß ihm an Erwerb kostbarer Kleider und Schuhe und an dem sonstigen Zierat für den Körper viel oder wenig gelegen ist, soweit ihr Besitz nicht unbedingt nötig ist?

Nur wenig wird ihm wohl daran gelegen sein, erwiderte *Simmias,* sofern er ein wahrer Philosoph ist.

Sokrates: Du glaubst also doch wohl, daß sein ganzes Tun und Treiben sich nicht auf den Körper bezieht, sondern diesem so weit als möglich fern bleibt und der Seele zugewandt ist?

Simmias: Ja.

Sokrates: Zeigt es sich also nicht zuvörderst in dieser Beziehung, daß der Philosoph bemüht ist, seine Seele so viel wie möglich von der Gemeinschaft mit dem Körper zu lösen, weit mehr als die anderen Menschen?

Simmias: Offenbar.

Sokrates: Und die meisten Menschen meinen ja wohl, mein Simmias, daß für denjenigen, welcher dergleichen nicht vergnüglich findet und nichts davon besitzt, das Leben überhaupt wertlos sei und daß, wer sich aus den körperlichen Vergnügungen nichts macht, dem Tod näher stehe als dem Leben.

Simmias: Was du sagst, ist durchaus zutreffend.

Sokrates: Wie steht es nun aber mit der *Erwerbung der Vernunfterkenntnis*? Ist der Körper hinderlich oder nicht, wenn man ihn beim Forschen nach ihr mit zur Teilnahme heranzieht? Ich meine z. B. so: Bieten Gesicht und Gehör den Menschen irgendwelche Wahrheit, oder stoßen wir nicht auch bei den Dichtern fortwährend auf Äußerungen wie die, daß wir etwas völlig Sicheres weder hören noch sehen? Sind aber diese Sinne nicht scharf und sicher, wie sollten es dann die anderen sein? Stehen doch alle hinter diesen zurück. Oder denkst du anders darüber?

Simmias: Durchaus nicht.

Wann also, sagte *Sokrates,* wird die Seele der Wahrheit habhaft? Wenn sie mit Hilfe des Leibes etwas zu ergründen versucht, so wird sie ja offenbar durch ihn irregeführt.

Simmias: Sehr wahr.

Sokrates: Wird ihr also nicht, wenn irgendwo, im reinen Denken etwas von dem, was in Wahrheit ist, offenbar?

Simmias: Ja.

Sokrates: Sie denkt aber dann am besten, wenn nichts Körperliches sie stört, weder Gehör noch Gesicht noch ein Schmerzgefühl noch auch ein Lustgefühl, sondern wenn sie sich so viel wie möglich auf sich selbst beschränkt ohne Rücksicht auf den Körper und möglichst ohne Gemeinschaft und Berührung mit ihm dem wirklich Seienden zustrebt.

Simmias: So ist's.

Sokrates: Schätzt also nicht auch in dieser Beziehung die Seele des Philosophen den Leib möglichst gering und sucht sich ihm zu entziehen, um ganz sich selbst anzugehören?

Simmias: So scheint es.

Sokrates: Wie steht es aber nun, mein Simmias, mit folgendem? Nehmen wir ein Gerechtes an sich an oder nicht?

Simmias: Ja, das ist unsere feste Behauptung, beim Zeus!

Sokrates: Und ein Schönes an sich? Und ein Gutes an sich?

Simmias: Sicherlich.

Sokrates: Hast du jemals etwas dergleichen mit den Augen gesehen?

Niemals, sagte *Simmias*.

Sokrates: Oder hast du durch irgendeine andere Sinneswahrnehmung es erfaßt? Ich meine dies aber ganz allgemein, beziehe es also z. B. auch auf Größe, Gesundheit, Kraft, kurz auf das eigentliche Wesen aller Dinge. Wird denn durch den Körper das, was an alledem im eigentlichen Sinne wahr ist, ergründet? Oder verhält es sich nicht vielmehr so: Wird nicht der von uns der wahren Erkenntnis eines jeden Dinges am nächsten kommen, der es sich am strengsten und schärfsten zur Aufgabe macht, durch reines Denken das eigentliche Wesen des betrachteten Gegenstandes zu erforschen?

Simmias: Ganz gewiß.

Sokrates: Wird das nicht am unbestrittensten auf denjenigen zutreffen, der am meisten mit dem bloßen Verstand an ein jedes herantritt, ohne das Gesicht zum Gehilfen des reinen Denkens zu machen oder irgendeine andere Sinneswahrnehmung zur Begleiterin des überlegenden Verstandes zu machen, der also mit auschließlicher Verwendung des reinen Denkvermögens ein jegliches Seiende rein für sich zu erfassen sucht, möglichst unabhängig von Auge und Ohr und überhaupt von allem Körperlichen als einer störenden Beigabe, die durch ihre Einmischung die Seele nicht in den Besitz der Wahrheit und Vernunfterkenntnis gelangen läßt? Ist er es nicht, mein Simmias, welcher das Seiende erfassen wird? Oder wer sonst?

Simmias: Das ist über allen Zweifel erhaben, mein Sokrates.

Also muß ich, sagte *Sokrates*, als *Ergebnis aus alledem* den echten Philosophen notwendig die folgende Meinung aufdrängen, wie sie sie auch im Gespräch zueinander äußern: Beim Betrachten mittels des reinen Denkens scheint uns gewissermaßen die Todesgöttin mit sich davonzuführen; denn solange wir mit dem Körper behaftet sind und unsere Seele mit diesem Übel verwachsen ist, werden wir niemals in vollem Maße erreichen, wonach wir streben; es ist dies aber, wie wir behaupten, die Wahrheit. Denn tausenderlei Unruhe verursacht uns der Körper, schon durch die notwendige Sorge für seine Ernährung; stellen sich aber außerdem noch Krankheiten ein, so hindern sie uns in der Jagd nach dem Seienden. Ferner erfüllt uns der Körper mit allerlei Liebesverlangen, mit Begierden und Ängsten und allerhand Einbildungen und vielerlei Tand, kurz er versetzt uns in einen Zustand, in dem man sozusagen gar nicht recht zur Besinnung kommt. Denn auch Kriege, Aufruhr und Schlachten sind allein eine Folge des Körpers und seiner Begierden. Denn um den Erwerb von Geld und Gut handelt es sich bei der Entstehung aller Kriege, Hab und Gut aber sehen wir uns gezwungen zu erwerben um des Körpers willen, dessen Ansprüche befriedigt sein wollen. Und aus allen diesen Gründen haben wir keine Muße zur Philosophie. Das Schlimmste aber von allem ist, daß, wenn uns der Körper einmal Ruhe gönnt und wir uns der wissenschaftlichen Betrachtung einer Sache zuwenden, er sich im Verlaufe dieser Untersuchungen doch allenthalben wieder störend und verwirrend dazwischen drängt und uns außer Fassung bringt, so daß wir durch ihn verhindert werden, die Wahrheit zu erkennen; es ist also für uns in der Tat eine ausgemachte Sache, daß, wenn wir jemals eine reine Erkenntnis erlangen wollen, wir uns von ihm frei machen und allein mit der Seele die Dinge an sich betrachten müssen. Und nicht eher, wie es scheint, wird uns das zuteil werden, wonach wir streben und was der Gegenstand unserer Liebe ist, nämlich die Vernünftigkeit, als bis wir gestorben sind – das zeigt sich ganz klar – solange wir leben aber nicht. Denn wenn es unmöglich ist, in Gemeinschaft mit dem Körper eine reine Erkenntnis zu erlangen, so gibt es nur zwei Fälle: entweder ist es überhaupt unmöglich, ein Wissen zu erlangen, oder erst nach unserem Tode. Denn dann wird die Seele ganz für sich sein, getrennt vom Körper, eher aber nicht. Und solange wir leben, werden wir, wie es scheint, dem Wissen dann am nächsten kommen, wenn wir uns soviel als möglich des Verkehrs mit dem Körper enthalten und nur, soweit es unbedingt nötig ist, mit ihm in Gemeinschaft treten und uns von seiner Natur nicht durchdringen lassen, sondern uns rein von ihm halten, bis der Gott uns völlig erlösen wird. Und so, rein und befreit von aller Unvernunft des Leibes, werden wir, wie zu erwarten, mit ebensolchen zusammen sein und durch innerstes Selbst alles, was in sich völlig klar und rein ist, erkennen; und das ist doch wohl die Wahrheit. Denn wer selbst nicht rein ist, soll auch ausgeschlossen sein von der Berührung mit dem Reinen. In solchen Reden und Urteilen, mein Simmias, müssen sich alle wahrhaften Weisheitsfreunde begegnen. Denkst du auch so oder nicht?

Simmias: Durchaus.

Die fünf Beweise für die Unsterblichkeit der Seele

1. *Alles Werden ist ein Entstehen des Gegenteils aus seinem Gegenteil: Also entsteht, wie aus dem Leben der Tod, auch aus dem Tod das Leben. Denn wenn alles stürbe und nicht wieder auflebte, wäre schließlich alles tot.*

Betrachten wir also die Sache so, daß wir fragen, ob die Seelen der verstorbenen Menschen im Hades sind oder nicht: Es sagt nun ein alter, wohlbekannter *Spruch*, daß die Seelen, von hier kommend, dort weilen und dann wieder hierher zurückkehren und wieder *werden* aus den Toten. Verhält sich dies nun wirklich so, daß die Lebenden wieder aus den Toten werden, muß dann nicht unserer Seele dort ein Sein zukommen? Denn *wären* sie nicht, so könnten sie nicht wieder werden, und es ergäbe sich für dies *Sein* derselben ein voller Beweis, wenn es sich tatsächlich herausstellte, daß die Lebenden nirgend anderswoher zum Werden gelangen als aus den Toten. Ist dies aber nicht der Fall, dann bedürfte es irgendeines anderen Beweises.

Allerdings, sagte *Kebes*.

Richte nun, sagte *Sokrates*, zum leichteren Verständnis dieses Satzes deinen *Blick nicht bloß auf Menschen, sondern auf alle Tiere und Gewächse*; ja wir wollen ganz allgemein in bezug auf alles, das ein Werden hat, uns klar werden, ob alles auf diese Weise *wird*, nämlich *das Gegenteil aus dem Gegenteil* und nicht anderswoher, da, wo es überhaupt ein Gegenteil gibt, wie z. B. das Schöne dem Häßlichen entgegengesetzt ist und das Gerechte dem Ungerechten und so unzähliges andere. Das also wollen wir ergründen, ob alles, was ein Gegenteil hat, unmöglich anderswoher irgend entstehen kann als aus seinem Gegenteil.

Bist du nicht der Ansicht, daß dem Leben das Totsein entgegengesetzt ist?

Kebes: Gewiß.

Sokrates: Und daß sie auseinander entstehen?

Kebes: Ja.

Sokrates: Was wird also aus dem Lebenden?

Kebes: Das Tote.

Sokrates: Was aber aus dem Toten?

Kebes: Das Lebende, wie man notwendigerweise einräumen muß.

Sokrates: Aus dem Toten entsteht also das Lebende und die Lebenden?

Kebes: Offenbar.

Sokrates: Also kommt unseren Seelen im Hades ein Sein zu.

Kebes: So scheint es.

Sokrates: Ist nun nicht von darauf bezüglichen Entstehungsarten die eine wenigstens ganz deutlich? Denn ist nicht *das Sterben* ein ganz deutlicher Vorgang oder nicht?

Kebes: Gewiß.

Sokrates: Wie sollen wir's nun halten? Werden wir die entsprechende entgegengesetzte Entstehungsart nicht auch anerkennen müssen, oder soll die Natur hier lahm sein? Ist es nicht vielmehr unvermeidlich, eine dem Sterben entgegengesetzte Entstehungsart anzuerkennen?

Kebes: Durchaus.

Sokrates: Und welche wäre das?

Kebes: Das Wiederlebendigwerden.

Sokrates: Muß nun nicht, wenn es wirklich ein Wiederlebendigwerden gibt, dies Wiederlebendigwerden ein Übergang von den Toten zu den Lebenden sein?

Kebes: Allerdings.

Sokrates: Also auch in dieser Beziehung räumen wir ein, daß die Lebenden nicht weniger aus den Toten entstehen als die Toten aus den Lebenden. Wenn dies aber der Fall wäre, so schiene mir das ein hinreichender Beweis dafür zu sein, daß die Seelen der Verstorbenen notwendig irgendwo *seien*, von wo sie dann wiederauferstehen.

Kebes: Nach dem Zugestandenen scheint mir das, mein Sokrates, sich notwendig so zu verhalten.

Sokrates: Betrachte denn die Sache, mein Kebes, von folgender Seite, zum Beweise, daß, wie mich dünkt, es mit unseren Zugeständnissen seine volle Richtigkeit hatte: Wenn alles stürbe, was am Leben teilhat, sodann aber das Tote in dieser Verfassung bliebe und nicht wieder zum Leben auferweckt würde, wäre dann nicht die unausbleibliche Folge, daß schließlich *alles tot wäre und nichts mehr lebte*? Denn wenn das Lebende nicht aus dem Toten entstände, sondern aus dem, was nicht tot ist, alles Lebende aber abstürbe, müßte da nicht alles dem Totsein verfallen?

Kebes: Das scheint mir, mein Sokrates, unwidersprechlich und vollkommen der Wahrheit entsprechend.

Sokrates: Ja, mein Kebes, wie mir scheint, ist jeder Zweifel ausgeschlossen, und unsere Zugeständnisse beruhen keineswegs auf Täuschung, sondern es gibt in der Tat ein Wiederaufleben und ein Werden der Lebenden aus den Toten und ein Dasein der Seelen der Abgeschiedenen.

2. *Unser Wissen ist nichts anderes als Wiedererinnerung an das, was wir schon vor unserer Geburt erkannt haben. Also muß unsere Seele schon vor der Geburt existiert haben. Aber auch nach dem Tode muß die Seele existieren, wie schon aus dem ersten Beweis folgt.*

Da ergriff *Kebes* das Wort und sagte: Auch nach deinem so oft von dir vorgetragenen Satz, mein Sokrates, daß unser Lernen eigentlich nichts anderes sei als Wiedererinnerung, – auch nach diesem Satz, wenn er richtig ist, müssen wir in einer früheren Zeit das gelernt haben, woran wir uns jetzt erinnern. Das aber wäre unmöglich, wenn unsere Seele nicht irgendwo gewesen wäre, bevor sie in diese menschliche Gestalt eintrat. Also auch hiernach scheint die Seele ein unsterbliches Wesen zu sein.

Sokrates: Wenn dem Schönen und Guten und jeder solchen Wesenheit ein wirkliches Sein zukommt und wir auf sie alle sinnlichen Erscheinungen beziehen, indem wir sie als in einem früheren Leben uns angehörig wiedererkennen und das Sinnenfällige mit ihr in Vergleich stellen, so ist die unabweisliche Folgerung die, daß, so gewiß als jenes ist, auch unserer Seele *ein Dasein vor unserer Geburt* zukommt.

Simmias: Ob die Seele aber, auch wenn wir gestorben sind, noch sein wird, das halte auch ich noch nicht für bewiesen, mein Sokrates; vielmehr steht dem noch die von Kebes erwähnte Vorstellung der Menge entgegen, der gemäß sich beim Tode des Menschen die Seele verflüchtigt, womit ihrem Sein ein Ziel gesetzt sei.

Sehr richtig, mein Simmias, sagte *Kebes*. Denn nur gleichsam die Hälfte von dem, was nötig ist, scheint bewiesen zu sein, nämlich daß unsere Seele schon *vor unserer Geburt* war; wenn aber der Beweis vollständig werden soll, so muß noch weiter bewiesen werden, daß ihr nicht weniger *nach unserem Tode* als vor unserer Geburt ein Sein zukommt.

Es ist, sagte *Sokrates*, auch jetzt schon, mein Simmias und mein Kebes, der vollständige Beweis geliefert, wenn ihr den jetzigen Beweis mit dem vorigen, über den wir einverstanden waren, verbindet, nämlich dem, daß alles Lebende aus dem Toten werde. Denn wenn die Seele auch früher schon *ist* und sie bei ihrem Eintritt ins Leben und ihrem Geborenwerden schlechterdings aus nichts anderem geboren werden kann als aus dem Tode und dem Totsein, dann muß sie unbedingt auch nach dem Tode *sein*, da sie ja wiedergeboren werden muß. Es ist also zwar, wie gesagt, der volle Beweis schon jetzt geliefert.

3. *Die Seele ist als ein unzusammengesetztes und einfaches, unsichtbares, den sich immer gleich bleibenden, unveränderlichen Ideen verwandtes und über den Leib herrschendes Wesen unsterblich und unzerstörbar und geht, wenn sie sich in reinem Zustand von dem Körper trennt, in das Reich des mit ihr gleichartigen Unsichtbaren, des Göttlichen und Unsterblichen ein, während sie, wenn sie sich befleckt und unrein vom Körper trennt, an den Gräbern umherirrt, so lange, bis sie wieder – wahrscheinlich in Tierformen – in einen Körper eingeschlossen wird. Aber nur der echte Philosoph gelangt in die Gemeinschaft der Götter.*

Sokrates: Es will mir scheinen, als ob du (Kebes) und Simmias diese Frage (nach dem Dasein der Seele nach dem Tode) noch gründlicher zu erörtern wünschtet und als ob ihr die kindliche Furcht hegtet, es möchte im Ernst der Wind die Seele bei ihrem Austritt aus dem Leibe auseinanderblasen und sich verflüchtigen lassen.

Wir müssen also doch wohl an uns selbst folgende *Frage* richten: Welcher Art von Dingen kommt denn dies Schicksal des Sichverflüchtigens zu und für welche Art von Dingen müssen wir fürchten, daß sie dies Schicksal erleiden, und für welche hinwiederum nicht? Und danach müssen wir zusehen, zu welcher von beiden Arten die Seele gehört, und auf Grund dessen für unsere Seele voll Zuversicht oder voll Furcht sein.

Kebes: Du hast recht.

Sokrates: Kommt es nun dem, was durch Zusammensetzung gebildet und demnach ein Zusammengesetztes ist, zu, entsprechend seiner Zusammensetzung auch wieder getrennt zu werden, während dem, was unzusammengesetzt ist, wenn es ein solches gibt, es allein von allem zukommt, vor diesem Schicksal bewahrt zu bleiben?

Kebes: So scheint es mir sich zu verhalten.

Sokrates: Ist es nun nicht höchstwahrscheinlich, daß das, was immer sich gleichbleibt und in demselben Zustand beharrt, das Unzusammengesetzte sei, dagegen das, was sich bald so, bald anders verhält, das Zusammengesetzte?

Kebes: Mir wenigstens scheint es so.

Sokrates: Wenden wir uns also dem zu, was uns schon früher beschäftigte. Wie steht es mit der Wesenheit selbst, die wir in unseren wissenschaftlichen Untersuchungen als *das wahre Sein* erklären? Bleibt sie immer sich gleich und beharrt sie in dem nämlichen Zustand oder verhält sie sich bald so, bald anders? Das Gleiche an sich, das Schöne an sich, jedes wahrhaft Wirkliche, kurz das Seiende, läßt es auch nur die geringste Veränderung zu? Bleibt nicht vielmehr alles, was wirklich ist, als an und für sich durchaus einfach immer in dem nämlichen und gleichen Zustand, ohne je irgendeinen Wechsel zuzulassen?

Kebes: Ja, Sokrates, es muß sich immer gleich und unverändert bleiben.

Sokrates: Wie steht es aber mit der *Menge der sinnlichen Dinge*, wie z. B. Menschen, Pferde, Kleider oder was sonst dergleichen, die wir als gleich oder schön oder mit sonst einem auch für die Ideen gültigen Ausdruck bezeichnen? Beharren sie immer in dem gleichen Zustand, oder bleiben sie ganz im Gegensatz zu jenen Dingen niemals weder mit sich selbst noch miteinander auch nur einen Augenblick gleich?

Kebes: Das letztere ist der Fall.

Sokrates: Kann man diese Dinge nicht befühlen oder mit den Augen oder mit sonst einem Sinne wahrnehmen, während man jene sich immer gleichbleibenden Dinge nicht anders als mit dem überlegenden Verstand erfassen kann, da sie unsinnlich und nicht sichtbar sind?

Kebes: Du hast vollständig recht.

Sokrates: So wollen wir also, dein Einverständnis vorausgesetzt, *zwei Arten von Dingen* setzen, *eine sichtbare und eine unsichtbare.*

Kebes: Einverstanden.

Sokrates: Und die unsichtbare als immer sich gleichbleibende, die sichtbare als niemals sich gleichbleibend?

Kebes: Auch damit bin ich einverstanden.

Sokrates: Weiter nun! Bestehen wir nicht aus *Leib und Seele*?

Kebes: Gewiß.

Sokrates: Welcher der beiden Arten dürfte nun wohl der Leib ähnlicher oder verwandter sein?

Kebes: Offenbar der sichtbaren, wie niemand leugnen wird.

Sokrates: Wie aber steht es mit der Seele? Ist sie sichtbar oder unsichtbar?

Kebes: Unsichtbar wenigstens für Menschen, mein Sokrates.

Sokrates: Aber wir hier wenigstens bestimmen doch wohl das Sichtbare und Nicht-Sichtbare nach der Natur der Menschen; oder etwa nach einer anderen?

Kebes: Nach der der Menschen.

Sokrates: Wie halten wir es nun mit der Seele? Nennen wir sie sichtbar oder unsichtbar?

Kebes: Nicht sichtbar.

Sokrates: Also unsichtbar.

Kebes: Ja.

Sokrates: Also ist die Seele dem Unsichtbaren ähnlicher, der Körper aber dem Sichtbaren.

Kebes: Ganz unzweifelhaft, Sokrates.

Sokrates: Haben wir nicht auch vorhin schon gesagt, daß die Seele dann, wenn sie den Leib mit heranzieht zur Betrachtung irgendeines Gegenstandes, sei es durch das Auge oder das Ohr oder irgendeinen anderen Sinn – denn durch den Leib etwas betrachten, heißt soviel, als etwas durch die Sinne betrachten –, vom Leib zu dem, was niemals sich gleichbleibt, hingezogen wird und dadurch selbst ins Schwanken und in Verwirrung gerät und taumelt, als wäre sie trunken, eben weil sie es mit Dingen von schwankender Natur zu tun hat?

Kebes: Gewiß.

Sokrates: Wenn sie aber ganz auf sich beschränkt eine Betrachtung anstellt, dann wendet sie sich nach jener Seite hin, nach dem Reinen und Ewigen und Unsterblichen und immer sich Gleichen, und als verwandt damit weilt sie, sobald sie für sich allein ist und die Umstände es ihr gestatten, immer bei ihnen, läßt alles Schwanken hinter sich und bleibt, solange sie sich mit ihnen beschäftigt, sich selbst immer durchaus gleich, da sie es mit Dingen von gleicher Natur zu tun hat. Und dieser Vorgang in ihr heißt Vernunfterkenntnis.

Kebes: Schön und wahr gesagt, mein Sokrates, in jeder Beziehung.

Sokrates: Welcher von beiden Arten scheint dir nun nach dem früher und nach dem jetzt Dargelegten die Seele ähnlicher und verwandter zu sein?

Kebes: Jeder, auch der Beschränkteste, glaube ich, wird nach dem Gange unserer Untersuchung einräumen, daß die Seele ganz unbedingt dem immer sich Gleichbleibenden ähnlicher ist als dem Gegenteil.

Sokrates: Wie aber der Leib?

Kebes: Dem anderen.

Sokrates: Betrachte die Sache auch noch auf folgende Weise: *Wenn Seele und Leib beisammen sind, weist die Natur dem letzteren das Dienen und Gehorchen, der ersteren das Befehlen und Herrschen zu.* Und welches von beiden scheint dir, die Sache von dieser Seite betrachtet, dem Göttlichen ähnlich zu sein und welches dem Sterblichen? Oder scheint dir nicht das Göttliche von Natur zum Herrschen und Leiten, das Sterbliche zum Gehorchen und Dienen bestimmt?

Kebes: Ja.

Sokrates: Welchem von beiden also gleicht die Seele?

Kebes: Die Seele dem Göttlichen, der Leib dem Sterblichen. Das liegt zutage.

Sokrates: Sieh also, mein Kebes, ob nicht aus all dem Gesagten sich uns *Folgendes* ergibt: Dem Göttlichen und Unsterblichen und Übersinnlichen und Einfachen und Unauflöslichen und immer sich Gleichbleibenden ist am ähnlichsten die Seele, dem Menschlichen und Sterblichen und Mannigfaltigen und Sinnlichen und Auflöslichen und niemals sich Gleichbleibenden am ähnlichsten wiederum der Leib. Können wir, mein lieber Kebes, etwas vorbringen, was gegen diesen Satz spräche?

Kebes: Nein.

Sokrates: Wie nun? Wenn es damit seine Richtigkeit hat, kommt es dann nicht dem Körper zu, sich rasch aufzulösen, während umgekehrt die Seele ganz oder wenigstens nahezu unauflöslich sein muß?

Kebes: Sicherlich.

Sokrates: Nun bemerkst du doch, daß, wenn der Mensch gestorben ist, das, was sichtbar an ihm ist – der Leib – und in sichtbarer Stätte ruht – der Leichnam, wie man es nennt, dem es zukommt, sich aufzulösen und zu zerfallen und verweht zu werden –, nicht sofort von diesem Schicksal betroffen wird, sondern noch eine ziemlich lange Zeit ausdauert, ja selbst, wenn er in voller Jugendanmut gestorben ist, sich selbst in dieser Jugendschöne noch geraume Zeit erhält. Nicht wahr?

Kebes: Ja.

Sokrates: Und die Seele, das Unsichtbare, die nach einem ihrem Wesen gleichartigen Ort entweicht, einem würdigen, reinen und unsichtbaren Ort, dem *wahren* Hades (Stätte der Unsichtbarkeit), zu dem guten und vernünftigen Gott, wohin, so Gott will, auch meine Seele alsbald aufbrechen muß – diese so geartete und so geschaffene Seele soll, wenn sie sich von dem Körper trennt, alsbald verweht werden und zugrunde gehen, wie die meisten Leute behaupten? Weit gefehlt, mein lieber Kebes und Simmias. Weit eher verhält es sich so: Wenn die Seele *in reinem Zustand* sich von dem Körper trennt, ohne von ihm etwas mit sich zu nehmen, da sie im Leben sich freiwillig in keine Gemeinschaft mit ihm einließ, sondern ihn floh und sich auf sich selbst zurückzog, weil dies ihr einziges Bemühen war – das heißt aber nichts anderes als, weil sie auf richtige Art philosophierte und sich in Wahrheit tot zu sein bereitwillig bemühte – oder wäre das kein Bemühen um den Tod?

Kebes: Ganz gewiß.

Sokrates: Ist sie nun in dieser Verfassung, so entweicht sie doch wohl in das Reich des mit ihr gleichartigen Unsichtbaren, des Göttlichen und Unsterblichen und Vernünftigen, wo angelangt sie selige Ruhe findet, befreit von Irrsal und Unvernunft und Furcht und Liebesraserei und den sonstigen menschlichen Übeln und, wie es von den Eingeweihten heißt, die übrige Zeit in Wahrheit mit den Göttern zubringend. Sollen wir uns so entscheiden, mein Kebes, oder anders?

Kebes: So und nicht anders, beim Zeus.

Sokrates: Wenn sie aber *befleckt und unrein* sich vom Körper trennt infolge ihrer beständigen Gemeinschaft mit dem Leibe, dem sie frönte und ihre Liebe schenkte und der sie mit seinen Begierden und Lüsten geradezu bezaubert hatte, so daß ihr nichts wahr zu sein schien als das Körperartige, das man betasten und sehen und trinken und essen und zur Wollust gebrauchen kann, wogegen sie gewöhnt war, das für die Augen in Dunkel Gehüllte und Unsichtbare, bloß Denkbare und durch Philosophie Faßbare zu hassen, zu scheuen und zu fliehen – meinst du, daß eine so beschaffene Seele in voller Reinheit, wie sie ihrem Wesen nach zukommt, abscheiden werde?

Kebes: Nun und nimmermehr.

Sokrates: Vielmehr wohl völlig durchdrungen vom Körperartigen, das die Gemeinschaft und der Verkehr mit dem Körper infolge des beständigen Zusammenseins und der völligen Hingabe an ihn förmlich in sie einwachsen ließ.

Kebes: Gewiß.

Sokrates: Dies Körperartige ist doch, mein Freund, wie man annehmen muß, etwas Niederdrückendes und Belastendes und Erdartiges und Sichtbares. Mit ihm behaftet, wird denn die eben geschilderte Seele gehemmt und wieder in die sichtbare Welt zurückgezogen aus Furcht vor dem Unsichtbaren und dem Hades; *da treibt sie sich denn, wie man sagt, an den Denksteinen und Gräbern umher,* in deren Nähe man auch wirklich gewisse schattenhafte Erscheinungen von Seelen erblickte, Bilder, wie sie derartigen Seelen entsprechen, die sich nicht in völliger Reinheit vom Körper abgelöst haben, sondern noch am Sichtbaren teil haben, weshalb sie denn auch gesehen werden.

Kebes: Das läßt sich hören, mein Sokrates.

Sokrates: Jawohl, mein Kebes, und weiter auch dies, daß es nicht die Seelen der Guten sind, sondern *die der Schlechten,* die gezwungen werden, an solchen Stellen umherzuirren, büßend für ihre schlechte frühere Lebensführung. Und sie irren so lange umher, bis sie aus Begierde nach dem ihnen noch anhaftenden Leibartigen wieder in einen Körper eingeschlossen werden.

Sie werden aber aller Wahrscheinlichkeit nach in *Tierformen* eingeschlossen, die dem entsprechen, wie sie sich selbst im Leben betätigt haben.

Aber in *die Gemeinschaft der Götter* zu gelangen, ist keinem vergönnt, der nicht sich der Philosophie geweiht hat und völlig rein von hier abscheidet, sondern nur dem Weisheitsliebenden.

4. *Das Verhältnis von Seele und Körper kann nicht verglichen werden mit dem der Harmonie und der Leier, so daß sie zugrunde gehen müsse wie die Harmonie nach Zerstörung der Leier.*
   a) Die Seele geht nicht aus dem Körper hervor, sondern ist vor dem Körper vorhanden, da sie, wie allgemein zugestanden, präexistent ist, die Harmonie aber besteht nicht vor der Leier, sondern hat deren Vorhandensein zur Voraussetzung.
   b) Jede Harmonie entspricht demjenigen genau, woraus sie hervorgeht, und ist folglich bald mehr bald weniger Harmonie. Die Seele ist aber nicht bald mehr bald weniger Seele.
   c) Weiter besitzt die Seele entweder Vernunft und Tugend oder Unvernunft und Schlechtigkeit; diese könnte man allerdings Harmonie und Disharmonie nennen. In einer Harmonie jedoch kann nicht eine zweite Harmonie oder Disharmonie stattfinden. Wäre also die Seele *selbst* Harmonie, so könnte keine Seele an der Schlechtigkeit teilhaben.
   d) Endlich herrscht die Seele über die Affekte des Leibes, eine Harmonie aber kann den Teilen, aus deren Spannung, Erschlaffung, Schwingung sie erst hervorgeht, nicht gebieten.
5. *Die Seele ist unsterblich und unzerstörbar, denn sie bringt das Leben mit sich, eine tote Seele wäre aber ein Widerspruch in sich selbst.*

Sokrates: Was muß dem Körper innewohnen, wenn er lebendig sein soll?

Kebes: Die Seele.

Sokrates: Ist das immer so?

Kebes: Wie könnte es anders sein?

Sokrates: Wovon also die Seele Besitz ergreift, dem bringt sie mit ihrem Eintritt auch stets *Leben* mit?

Kebes: Gewiß.

Sokrates: Ist dem Leben etwas entgegengesetzt oder nichts?

Kebes: Doch.

Sokrates: Was?

Kebes: Der Tod.

Sokrates: Die Seele wird also doch wohl dem Gegenteil dessen, was sie selbst stets mit sich führt, niemals den Zutritt gestatten, wie sich aus dem früher Eingeräumten ergibt?

Kebes: Ganz gewiß.

Sokrates: Wie nun? Wie nannten wir vorhin dasjenige, was sich mit dem Begriff des Geraden nie vereinigt?

Kebes: Das Ungerade.

Sokrates: Und dasjenige, was sich mit dem Gerechten nie vereinigt und was mit dem Musikalischen sich nie verbindet?

Kebes: Das letztere unmusikalisch, das erstere ungerecht.

Sokrates: Gut. Was aber den Tod nie an sich heran läßt, wie nennen wir das?

Kebes: Unsterblich.

Sokrates: Und läßt etwa die Seele den Tod an sich herankommen?

Kebes: Nein.

Sokrates: Also ist die Seele *unsterblich*.

Kebes: Unsterblich.

Sokrates: Gut. Dies dürfen wir doch als bewiesen gelten lassen? Oder wie meinst du?

Kebes: Auf alle Fälle, mein Sokrates.

Sokrates: Wie nun, mein Kebes? Wenn es dem Ungeraden notwendigerweise zukäme, *unzerstörbar* zu sein, müßte dann nicht, was drei ist, unzerstörbar sein?

Kebes: Ganz gewiß.

Sokrates: Und gesetzt denn auch, das Nicht-Warme wäre notwendigerweise unzerstörbar, würde dann nicht, wenn jemand das Warme mit dem Schnee in Verbindung brächte, der Schnee, wie er ist, in heilem und ungeschmolzenem Zustand entweichen? Denn er würde ja doch nicht zugrunde gehen, wie er auch anderseits nicht an seiner Stelle bleiben und die Wärme in sich aufnehmen würde.

Kebes: Das trifft zu.

Sokrates: Und das Gleiche würde der Fall sein, wenn das Nicht-Kalte unzerstörbar wäre: wenn nämlich etwas Kaltes auf das Feuer eindränge, würde es nicht verlöschen und zugrunde gehen, sondern würde unversehrt entweichen.

Kebes: Unweigerlich.

Sokrates: Und gilt nun nicht notwendig dasselbe auch von dem Unsterblichen? Wenn das Unsterbliche auch unzerstörbar ist, so kann die Seele unmöglich untergehen, wenn der Tod an sie herantritt. Denn sie wird nach den vorhergehenden Erörterungen keine Verbindung mit dem Tode zulassen und nicht gestorben sein, so wenig wie die Drei oder das Ungerade nach unserer Darlegung gerade sein kann und so wenig das Feuer oder die im Feuer enthaltene Wärme kalt sein kann. Denn was sollte überhaupt vor dem Untergang bewahrt bleiben, wenn das Unsterbliche, das doch ewig ist, dem Untergang ausgesetzt wäre?

Von *Gott* wenigstens, so glaube ich, und von der *Idee des Lebens*, und was sonst unsterblich ist, werden alle zugeben, daß sie niemals zugrunde gehen.

Kebes: Ja, gewiß, beim Zeus, alle Menschen und noch mehr, glaube ich, die Götter.

Sokrates: Da also das Unsterbliche auch unvergänglich ist, muß dann nicht die Seele, wenn sie eben unsterblich ist, auch unzerstörbar sein?

Kebes: Unbedingt.

Sokrates: Tritt also der Tod an den Menschen heran, so stirbt aller Wahrscheinlichkeit nach das Sterbliche in ihm hin, das Unsterbliche aber weicht dem Tode aus und eilt unversehrt und unvergänglich von dannen.

Kebes: Offenbar.

Sokrates: Unzweifelhaft also, mein Kebes, ist die Seele *unsterblich und unzerstörbar*, und in Wahrheit werden unsere Seelen im Hades weilen.

Die schöne, freie Seele

Die Vorstellungen der griechischen Philosophen, allen voran Sokrates, sind eingebunden in die lange Tradition des antiken Griechenlands. So ist auch Platon nicht frei von Mysterien und Bildern, wenn es um das Schicksal der Seele geht. Er erklärt aber gleichzeitig, daß diese Bilder keine unbedingte Wahrheit enthalten, sie seien vielmehr ein Zauberspruch für das Gemüt. Ob die Seele eines Menschen für immer in die Unterwelt verbannt wird, oder ob sie aufsteigt zu den lichten Sitzen der Götter, das hängt, nach Meinung Platons, von Bildung und sittlicher Zucht ab, die der Mensch erlangt habe. Wichtig sei es deshalb, die Seele während der kurzen Spanne des Lebens zu pflegen. Wie bedeutend die richtige Einstellung ist, erklärt Sokrates seinen Schülern, bevor er gefaßt in den Tod geht: Der Philosoph braucht um seine Seele nicht zu bangen, denn er hat der »Lust des Leibes« entsagt und nach Erkenntnis gestrebt. Der Schmuck der Seele, den er auf die Fahrt in die Unterwelt mitnimmt, sind Mut, Freiheit und Wahrheit. Daß der große Zweifler sich seiner Sache im Jenseits doch nicht so hundertprozentig sicher ist, das beweist eine Erzählung, die Sokrates' letzte Minuten schildert.

Als der Wärter den Schierlingsbecher bringt, bittet Sokrates ihn, etwas vom tödlichen Trank den Göttern weihen zu dürfen, damit sie ihm auf seiner Reise ins Jenseits Glück bringen mögen. Der Bitte wurde übrigens nicht stattgegeben, da nur die unbedingt nötige Menge des giftigen Schierlings gerieben worden war.

Die Pflege der Seele

Sokrates: Folgendes nun aber, meine Freunde, tut man gut, sich in Gedanken gegenwärtig zu halten: Wenn anders die Seele unsterblich ist, so bedarf sie sorgsamer *Pflege* nicht nur für diese Spanne von Zeit, für die wir den Ausdruck »leben« gebrauchen, sondern für die gesamte Zeit, und sollte jemand sich dieser Sorge entschlagen, so dürfte nunmehr die Gefahr für ihn als keine geringe erscheinen. Denn wäre der Tod eine Trennung von allem und jedem, so wäre es für die Bösen, wenn sie sterben, ein willkommenes Geschenk, nicht nur vom Körper, sondern auch von der ihrer Seele anhaftenden Schlechtigkeit zugleich mit dieser befreit zu sein. So aber, da sie sich als unsterblich erwiesen hat, dürfte es für sie keinen anderen Schutz vor dem Übel und keine andere Rettung geben als das Streben, so gut und vernünftig wie möglich zu werden. Denn bei ihrer Wanderung nach dem Hades nimmt sie nichts anderes mit sich als ihre Bildung und sittliche Zucht, welche, wie es heißt, dem Verstorbenen den größten Nutzen oder Schaden bringt gleich beim Beginn seiner Wanderung dahin. Es heißt aber, einen jeden Gestorbenen suche der Dämon, der den Lebenden in seinem Schutz hatte, an eine bestimmte *Stätte* zu führen, *wo die Versammelten sich richten lassen müssen,* um dann nach dem Hades zu wandern mit jenem Führer, dessen Amt es ist, die Abgeschiedenen von hier nach dem Jenseits zu geleiten. Haben sie dann dort erhalten, was ihnen gebührt, und die nötige Zeit dort verweilt, so bringt sie ein anderer Führer in vielen und langen Umläufen der Zeit wieder hierher zurück. Es ist aber ihre Wanderung nicht von der Art, wie der Telephos des Aischylos sich darüber ausdrückt. Denn dieser sagt, ein einfacher Weg führe zum Hades, mir aber scheint er weder einfach noch bloß einer zu sein. Denn sonst bedürfte er der Führer nicht; denn nie könnte einer nach irgendeiner Richtung fehl gehen, wenn es ein einziger Weg wäre. Tatsächlich aber scheint er viele Spaltungen und Windungen zu haben; das schließe ich aus den hier oben üblichen Totenopfern. Die sittlich geläuterte und vernünftige Seele folgt willig und fühlt sich nicht fremd in der neuen Umgebung. Aber die leidenschaftlich an dem Leibe hängende Seele flattert noch lange um die Grabstätte dieses Leibes und in der Welt des Sichtbaren umher und wird erst nach vielem Widerstreben und mancherlei Leiden nur gewaltsam und mit Mühe von dem ihr zugeordneten Dämon hinweggeführt. Gelangt sie nun zu der Sammelstätte der Seelen, so wird die ungeläuterte und mit Frevel belastete Seele, sei es daß sie einer schweren Mordtat schuldig ist oder sonst etwas verübt hat, was dem verwandt ist und von verwandter Seele auszugehen pflegt, von allen geflohen und gemieden, und niemand will ihr Begleiter oder Führer werden, sie selbst aber irrt in voller Verzweiflung umher, bis eine bestimmte Zeit verronnen ist, nach deren Ablauf sie notwendig sich der ihr gebührenden Stätte zuwendet. Diejenige Seele aber, welche das Leben rein und maßvoll durchlaufen hat, erhält Götter zu Begleitern und Führern, und es findet eine jede die ihr gebührende Wohnstätte.

Das Schicksal der Seelen nach dem Tode

Sokrates: Wenn nun die Seelen der Gestorbenen an den Ort kommen, wohin der Dämon einen jeden führt, lassen sie zunächst den *Richterspruch* über sich ergehen, sowohl die, welche ein gutes und frommes Leben geführt haben, wie auch die Sünder. Und diejenigen, deren Leben sich, wie anzunehmen, in der

Mitte zwischen beiden gehalten hat, ziehen nun nach dem *Acheron* hin, besteigen dort die bereitstehenden Fahrzeuge und gelangen so zu dem See. Dort erhalten sie ihre Wohnstätte und reinigen sich, und wer Freveltaten begangen hat, büßt seine Schuld ab und wird erlöst, wie anderseits auch jeder für das, was er etwa Gutes getan hat, je nach Verdienst belohnt wird. Diejenigen aber, die als unheilbar erfunden werden wegen der Größe ihrer Verbrechen, also Sünder, die zahlreiche und schwere Tempelräubereien oder viele ungerechte und gesetzwidrige Bluttaten oder ähnliche Ruchlosigkeiten auf dem Gewissen haben, – diese stürzt das gerechte Geschick in den *Tartaros*, von wo sie nimmer wieder emporkommen. Diejenigen aber, deren Ruchlosigkeiten sich bei aller Schwere doch noch als heilbar erweisen, also die z. B. gegen Vater oder Mutter sich im Zorne tätlich vergangen haben, aber weiterhin ihr Leben in Reue hinbrachten, oder die sonstwie zu Mördern geworden sind, die müssen zwar unbedingt den Sturz in den Tartaros erleiden, aber unten angelangt und ein Jahr lang dort festgehalten, werden sie durch die Strömung wieder ausgeworfen, die gewöhnlichen Mörder in den *Kokytos*, die Frevler an Vater und Mutter in den *Pyriphlegeton*. Wenn sie aber von deren Strömung getragen in die Nähe des *Acherusischen Sees* kommen, da schreien sie laut auf und rufen nach den von ihnen Getöteten oder Gemißhandelten, und wenn ihr Rufen gehört worden ist, flehen sie inständig und bitten, sie möchten sie aussteigen lassen und in den See aufnehmen; und wenn sie erhört werden, steigen sie aus und werden ihrer Leiden ledig, wo nicht, so gelangen sie wieder in den Tartaros und von da wieder in die Flüsse, und dieses jammervolle Schicksal nimmt nicht eher ein Ende, als bis sie bei den Opfern ihres Frevelmutes Erhörung gefunden haben; denn diese Strafe ist ihnen von den Richtern auferlegt worden. – Diejenigen aber, deren Leben als durchaus Gott wohlgefällig erfunden wird, die sind es, die mit diesen unterirdischen Stätten nicht in Berührung kommen und von ihnen wie von Gefängnissen befreit bleiben, indem sie nach jener reinen Wohnstätte gelangen und auf den Höhen der Erde sich ansiedeln. Von diesen selbst aber leben die, welche sich durch Philosophie geläutert haben, körperlos durch alle künftige Zeit fort und gelangen in Wohnstätten, die noch herrlicher sind als die genannten; sie zu schildern, ist aber nicht leicht und in der noch zu Gebote stehenden Zeit nicht möglich.

Das eben Dargelegte muß uns nun, mein Simmias, sicherlich zum Antrieb werden, alles aufzubieten, daß wir Tugend und vernünftige Einsicht im Leben uns zu eigen machen. Denn herrlich ist der Preis und die Hoffnung groß.

Die unbedingte Wahrheit nun dessen, was ich dargelegt habe, behaupten zu wollen, möchte in derartigen Fragen einem vernünftig denkenden Manne nicht wohl anstehen. Daß es aber mit unseren Seelen und ihren Wohnstätten so oder ähnlich steht, das dürfte, da ja die Unsterblichkeit der Seele über allen Zweifel erhaben ist, ein wohlberechtigter Glaube sein, wert, daß man es wagt, sich ihm hinzugeben. Denn das Wagnis ist schön und der Geist verlangt zur Beruhigung dergleichen Vorstellungen, die wie Zaubersprüche wirken; darum verweile ich denn auch schon so lange bei dieser erdichteten Schilderung. Im Hinblick nun darauf darf *der* um seine Seele unbesorgt sein, der während seines Lebens den körperlichen Lüsten und allem Tande äußerlichen Schmuckes entsagt hat als einem ihm fremden Element, das seiner Überzeugung nach den Schaden nur schlimmer macht, wogegen er sich der Lust am Lernen mit allem Eifer hingegeben und seine Seele nicht mit einem ihr fremden, sondern mit dem recht eigentlich ihr zugehörenden Schmucke, mit Besonnenheit, Gerechtigkeit, Tapferkeit, Freiheit und Wahrheit geschmückt hat; so erwartet er denn die Wanderung nach dem Hades, bereit dahin aufzubrechen, sobald das Schicksal ruft. Ihr nun, mein Simmias und Kebes und ihr anderen, werdet späterhin jeder zu seiner Zeit dahin aufbrechen; mich aber ruft, würde ein tragischer Dichter sagen, schon jetzt das Schicksal, und es ist wohl an der Zeit, mich ins Bad zu begeben. Denn es dürfte ratsam sein, vor dem Trinken des Giftbechers ein Bad zu nehmen und den Weibern die Mühe zu ersparen, meinen Leichnam zu reinigen.

Der Unsterblichkeitsglaube im Neuplatonismus

Der griechische Philosoph Plotin (205–269/270 n. Chr.) ist Begründer des Neuplatonismus. Er richtete 244 in Rom eine eigene Schule ein. Er knüpfte an dem Schlußpunkt von Platons Philosophie an: dem Absoluten. Plotin verwendet dafür die Begriffe »das Eine, das Gute, die Gottheit«. Aus diesem Ur-Einen, dem unveränderlichen, vollkommenen, göttlichen Einen geht alles, das Viele, hervor durch Ausstrahlung. So wie die Sonne Licht und Wärme ausstrahlt, ist die erste Ausstrahlung des Ur-Einen Vernunft oder Geist. Dieser ruft als sein Abbild die Seele hervor, der Plotin eine Vermittlerrolle zwischen der Geist- und der Körperwelt zuschreibt.

Nach der Vorstellung Plotins hielten sich die Seelen anfänglich in der übersinnlichen Welt auf. Doch können sie in diesem Zustand nicht verbleiben. Ebenso wie aus dem Ur-Einen die Vielfalt entsteht, muß auch die Seele anderes hervorbringen. »Da sie an der Grenze der übersinnlichen Welt steht, so muß sie einen Teil ihrer selbst an das Sinnliche hingeben, um für dasselbe zu sorgen und es zu erleuchten«, erläutert Gustav Pfannmüller in seinem Werk »Tod, Jenseits, Unsterblichkeit«. »Aber in dieser Beschäftigung mit dem Niedrigen vergessen die Seelen ihrer selbst, richten sich mit ihrem Streben auf das Körperliche, einigen sich mit ihm und treten aus der Einheit des Übersinnlichen in eine Teilexistenz hinaus.«

Unwiderstehlich würden die Seelen zu einer ihnen bestimmten Zeit in den für sie geeigneten Körper hinabgezogen.

Die Seele stammt nicht nur aus der übersinnlichen Welt, sondern muß deshalb auch vor ihm existiert haben und deshalb zwangsläufig von geistiger Natur sein. »Ist das gegenwärtige Leben eine Störung ihres ursprünglichen Zustands, so wird das Verlassen dieses nur die Rückkehr in ein höheres Dasein bedeuten«, erklärt Pfannmüller.

Werden die Seelen schon durch ihre Neigung zum Sinnlichen in die Körper hinabgezogen, so spielt diese auch beim Ende des körperlichen Lebens eine Rolle. Seelen, die sich nicht von dem Sinnlichen befreit haben, bleiben dem verhaftet und werden folglich in andere Körper versetzt. Die Seele durchläuft mit unterschiedlichsten Körpern – in Gestalt von Menschen, Tieren oder Pflanzen – die gesamte Welt.

Pfannmüller faßt zusammen: »Je nach ihrer vorhergehenden Tätigkeit kann sie in Menschen-, Tier- oder auch Pflanzenleiber übergehen, und zwar nach dem Gesetz der ewigen Gerechtigkeit, das die Seelen in denjenigen Körper führt, welcher zur Vergeltung ihrer Taten geeignet ist. Die reinsten Seelen erheben sich endlich schlechthin über die Sinnenwelt und kehren in ihre ursprüngliche übersinnliche Heimat zurück.«

Über die Unsterblichkeit der Seele

Die Seele hat ihre Existenz nicht dadurch, daß sie die Form von etwas ist, sondern sie ist Wesenheit, indem sie dies ihr Sein nicht empfängt durch ihr Eingepflanztsein in den Körper, sondern indem sie existiert, schon bevor dies bestimmte Lebewesen überhaupt ist, von dessen Leib die Seele erst erzeugt sein soll. Welches ist nun also ihr Wesen? Ist sie weder Körper noch eine Affektion des Körpers, sondern Handeln und Schaffen, und viel ist in ihr und wir aus ihr, was für eine Wesenheit ist sie dann, da sie eine außerkörperliche ist? Offenbar die, die wir im eigentlichen Sinne Substanz nennen. Denn alles Körperliche ist Werden und nicht Sein, »werdend und vergehend, niemals aber wahrhaft seiend«; nur durch Teilhabe am Seienden wird es erhalten, soweit es denn daran teilhaben kann.

Die andere Wesensart aber, die von sich selbst das Sein hat, sie ist all das wahrhaft Seiende, welches nicht wird noch vergeht: sonst müßte alles andere vergehen und würde nicht wieder entstehen können, wenn das dahin ist, das allem Erhaltung gewährt, dem andern wie insbesondere dieser unserer Welt, die durch die Seele erhalten wird und organisiert ist. Denn sie ist der Urbeginn der Bewegung und verleiht erst allem andern Bewegung, während sie selbst aus sich selber bewegt wird; sie gibt dem beseelten Leib erst das Leben, welches sie selbst von sich aus hat und niemals verliert, da sie es von sich selber hat ... Daß die Seele der göttlichen Wesenheit verwandt ist und dem Ewigen, das geht auch daraus hervor, daß sie, wie man gezeigt hat, nicht Körper ist. Denn »sie hat keine Gestalt, keine Farbe und läßt sich nicht ertasten ... Alles Auflösbare muß seiner Natur nach, da es durch Zusammensetzung zur Existenz gelangt ist, sich in demselben Sinne auflösen, in dem es zusammengesetzt wurde. Die Seele aber ist eine einheitliche und einfache Wesenheit, die aktual Leben hat; sie kann also nicht auf diesem Wege zugrunde gehen.« – »Aber sie kann durch Teilung und Zerstückelung vernichtet werden.« Aber die Seele ist, wie gezeigt, keine Masse und nichts Quantitatives. »Dann wird sie durch Veränderung schließlich zugrunde gehen.« Aber eine Veränderung, die vernichtet, nimmt die Form und beläßt den Stoff; das aber widerfährt nur einem Zusammengesetzten. Wenn sie also auf keine dieser Weisen vergehen kann, ist sie notwendig unvergänglich.

Über den Abstieg der Seele in die Geisterwelt

So also kommt die Seele, ob sie gleich ein Göttliches ist und von den oberen Räumen stammt, in den Leib; sie, ein zweiter Gott im Range, schreitet hinab in diese Welt mit frei gewollter Wendung, um ihrer Kraftfülle wegen, zu formen, was unter ihr ist. Gelingt es ihr, rasch wieder zu entfliehen, so bleibt sie unversehrt, hat obendrein Erkenntnis des Schlechten gewonnen, die Schlechtigkeit in ihrem Wesen erkannt, sie hat ihre Kräfte ans Licht gebracht und ihr Wirken und Schaffen offenbart; im Bereich des Körperlosen ruhend, wären diese Kräfte unnütz, da sie ewig unverwirklicht blieben, und der Seele selbst bliebe unbewußt, was sie in sich trägt, wenn es nicht in Erscheinung träte, nicht aus ihr hervorginge. Denn überall bringt erst die Verwirklichung das Vermögen zu Tage, welches sonst durchaus verborgen bliebe und geradezu ausgelöscht wäre und nicht existent, da es niemals zu realem Sein käme. Wenn jetzt jedermann sich bewundernd vor der Größe des Innen beugt, so hat ihn erst die schöne Mannigfaltigkeit der Außenwelt dazu geführt; er ermißt die Herrlichkeit des Geistigen daran, daß er das Wunderwerk dieser Erdenwelt vollbracht hat. So wie nun das Eine nicht allein existieren durfte – sonst bliebe ja alles verborgen, da es in dem Einen der Gestalt ermangelt, ja es würde überhaupt kein Ding existieren, wenn das Eine bei sich selbst stehen bliebe, und es gäbe nicht die Vielheit unserer Erdendinge, die von dem Einen her erzeugt sind, wen nicht die ihm nachgeordneten Wesen, die den Rang von Seelen einnehmen, aus ihm herausgetreten wären –: ebenso durften auch die Seelen nicht allein existieren, ohne daß in Erscheinung tritt, was durch sie seine Existenz erhält; wohnt doch jedem Wesen ein Streben inne, das ihm Nachgeordnete hervorzubringen und sich zu entfalten, wie aus einem Samen von einem teillosen Ursprung aus fortzuschreiten zum Ziel der sinnlichen Erscheinung; wobei jedoch auf jeder Stufe das Obere an dem ihm eigenen Ort verharrt und das Niedere nur gleichsam aus sich gebiert vor übergewaltiger Kraft, deren Fülle es in sich trägt und die es nicht in Schranken der Kargheit zurückhalten durfte, sondern sie mußte immer weiter schreiten, bis die gesamte Wirklichkeit die letzte mögliche Stufe erreicht hatte.

Wie der Weg des Geistes ein Abstieg ist bis zu seiner untersten Grenze, dem Geringeren – denn er darf nicht gleich zum über ihm Liegenden aufsteigen, er muß Wirkungen aus sich hervorbringen, er kann nicht in sich beharren, sondern muß nach zwingendem Gesetz des Seins bis zur Seele hinab; dort ist Ziel und Ende dieses Abstiegs; ihr überträgt er die tieferen Stufen und dann erst darf er zurück nach oben –: so auch die Tätigkeit der Seele; das Untere ist für sie diese Erdenwelt, das Oben die Schau des wahrhaft Seienden. Den Einzelseelen wird solche Schau nur zeitweise und langsam zuteil, sie befinden sich im Niedern und bedürfen erst der Rückwendung zum Oberen. Die aber Allseele heißt, ist gar nicht wirklich in das Niedere eingetreten; so kann sie, gefeit gegen Übel, das unter ihr Liegende durch bloße Betrachtung umsorgen und dabei in steter Verknüpfung mit dem Oberen bleiben; sie vermag beides zugleich, von oben zu empfangen, in diese Welt zu spenden (denn ganz ohne Berührung mit der unteren Welt konnte sie als Seele ja nicht bleiben). Und wenn man denn so kühn sein soll, wider die geltende Meinung bestimmter die eigne Ansicht auszusprechen: auch unsere Seele ist nicht gänzlich hinabgesunken, sondern immer bleibt ein Teil ihres Wesens in der geistigen Welt; nur hat meist, was in der Sinnenwelt weilt, die Oberhand – richtiger: es wird selbst vergewaltigt von dem Wirrsal – und hindert so, daß uns zum Bewußtsein kommt, was der oberste Seelenteil schaut ... Denn alles, was Seele ist, trägt in sich ein Stück, das unten zum Leibe hin, und eines, das oben zum Geiste hin liegt; die gesamte, die Welt-Seele lenkt mit ihrem dem Leibe zugewandten Teile das Weltall und bleibt selbst in der Höhe, frei von Mühe, denn nicht durch Berechnen und Überlegen wie wir, sondern durch reinen Geist (so wie die Kunst auch nicht rechnet und grübelt) regiert ihr niederer Teil die Welt; die Seelen, die in ein Teilding eingetreten sind und ihm zugehören, haben aber ebenfalls das über die niedere Welt Erhabene; nur sind sie abgelenkt durch die Sinne und beschäftigt durch die Aufnahme vieler Dinge, die wider ihr Wesen sind und Schmerz und Verwirrung bringen; denn das, wofür sie zu sorgen haben, ist ein Teilding, ist unvollkommen und hat rings umher viel Fremdes und viel, wonach es trachtet; auch ist es gelüstig, und mit der Lust umgarnt es die Seele. Jener obere Teil der Seele aber ist unempfänglich für alle zeitweilige Lust und lebt, wie es solchem Sein gemäß ist.

Die römischen Vorstellungen vom Jenseits

Bereits die überlieferten altrömischen Vorstellungen über den Tod und das, was danach kommt, zeigen deutliche Ähnlichkeit zu den Gedanken, wie sie die Ägypter, Babylonier, Griechen und Etrusker hatten. So ist das Grab nach Auffassung der alten Römer die Behausung des Toten, wo er sein Dasein fortsetzt. Um ihm dies zu ermöglichen, erhielt er Getränke und Nahrungsmittel als Grabbeigabe. Mit verschiedenen Opfern wollte man ihm auch nach seinem Tod immer wieder eine Mahlzeit darbringen.

Aus der altrömischen Auffassung vom Grab als des Aufenthaltsortes des Toten entstand schließlich die Betrachtungsweise, daß sich alle Tote unter der Erde, in einer Unterwelt aufhalten. Über dieses Reich der Totenwelt herrschte der Todesgott Orkus.

Mit dem Vordringen der griechischen Kultur entwickelten auch die Römer ihre Vorstellungen vom Jenscits in Anlehnung an die Griechen weiter. Vor allem die römischen Dichter griffen die griechischen Vorstellungen auf und formten sie um.

Das wichtigste Zeugnis über den Totenglauben der Römer lieferte Vergil (70 v. Chr. bis 19 v. Chr.). Er schilderte die wohl am weitesten verbreitete Vorstellung vom Jenseits. Dessen Darstellung bettete der Dichter in Anlehnung an Homers Odyssee in die »Aeneis« ein. So wie Homer das Schicksal des Odysseus darstellt, greift Vergil das Schicksal des Aeneas auf. Er schilderte dessen Flucht aus dem zerstörten Troja, die nach einer Irrfahrt schließlich in Italien endet, wo Aeneas mehrere Städte gründet. So wie Homer den Odysseus während seiner Irrfahrt an die Pforten der Unterwelt treten läßt, macht es ihm auch Vergil nach und schickt Aeneas ins Totenreich. Die Quintessenz aus griechischem Totenkult, mythologischen und philosophisch-theologischen Vorstellungen findet sich in dem sechsten Gesang der Aeneis. Aeneas gelangt nach längerer Irrfahrt endlich an die »euboeische Küste«, wie Campanien früher hieß, nachdem die Griechen dort Euboea gegründet hatten. Aeneas sucht Rat bei der weltberühmten Sibylle von Cumae, die in der Ekstase ihre Weissagungen verkündete. Er konsultiert sie, um einen Weg zu finden, seinen gestorbenen Vater in der Unterwelt wiederzutreffen. Tatsächlich gelingt es ihm mit Hilfe der Sibylle, nach der Erfüllung einiger Vorbedingungen, die Pforte zur Unterwelt zu passieren. Von der Sibylle begleitet dringt er in den Vorhof des Totenreichs ein, wo alles Übel der Menschheit ansässig ist: »Schon im Vorhofe selbst, noch im ersten Schlunde des Orkus, haben ihr Lager der Gram sich gewählt und die rächenden Sorgen. Bleiche Krankheiten wohnen daselbst und das grämliche Alter, übelratender Hunger und Angst und häßliche Armut, Schreckensgestalten, entsetzlich zu schaun, der Tod und die Mühsal.«

Beide zusammen schreiten zur zweiten Schwelle, die der »große Strom« bildet. Dort wartet und wacht der Fährmann Charon, während am Ufer die Seelen der Verstorbenen stehen. Charon trägt die Verantwortung dafür, wer den Fluß überqueren darf. Die Sibylle erklärt Aeneas, daß Charon nur jene ans andere Ufer läßt, die entsprechend den Vorschriften des Totenkultes ein geweihtes Begräbnis erhalten haben.

Doch Aeneas und Sibylle gelangen unbehelligt ans andere Ufer, wo sie nun endgültig das Schattenreich betreten, vor dem der Höllenhund Kerberus wacht, auf daß keiner diesem Reich entrinne. Dort waltet der Totenrichter Minos seines Amtes, der nach dem verbindlichen Grundsatz urteilt, daß das Leben im Totenreich unabänderliche Folge des Lebens auf der Erde ist.

Zu Gruppen zusammengefaßt, führen die Seelen ihr Leben in der Unterwelt. Aeneas entdeckt nacheinander die Kinderseelen, die unschuldig zum Tod Verurteilten und die Selbstmörder. Er erblickt diejenigen, die an Liebeskummer starben, die Helden, schließlich dann die eigene Welt der Frevler. Dort, wo die schwerwiegendsten Verbrechen gesühnt werden müssen, ist der schlimmste und tiefste Bereich der Hölle. Diese grausame Welt des Tartarus darf er nicht betreten. So geht das Paar weiter und schreitet durch die Pforte ins Elysium. Alle Dunkelheit lichtet sich, es handelt sich um einen hellen freundlichen Ort, das paradiesische Reich der Seligen. Dort trifft Aeneas schließlich seinen Vater wieder. Der Vater erklärt auf die Fragen des Sohnes die Seelenwanderung und die Wiedergeburt. Es ist jene Lehre, wie sie schon von Pythagoras und Platon verkündet worden war.

Vergil berichtet, daß die Seelen der Verstorbenen erst einmal geläutert werden. Dann dürfen sie das Elysium betreten, wo sich aber nur die Allerbesten der Guten dauernd aufhalten dürfen und nach dem großen Weltjahr, das 10 000 Erdenjahren entspricht, ihre volle Reinheit zurückerlangen. Alle anderen werden nach 1000 Jahren zum Fluß Lethe geholt, aus dem sie Vergessen trinken, um danach erinnerungslos wiedergeboren zu werden in einem neuen Körper.

Der Totenglaube in Vergils Aeneis

Ans Ufer drängen sich zu Hauf die Seelen:
Mütter und Gatten; hochgemute Helden,
Die nun des Lebens ledig; Kinder, Bräute,
Jünglinge, die vor ihrer Eltern Augen
Gebettet waren in das Flammengrab:
So viele Blätter von den Bäumen rauschen
ImWalde bei des Herbste erstem Frost,
Und so viel Vögel sich vom hohen Meere
Am Strande scharen, wenn die Winterkälte
Sie fern in sonnenwarme Lande scheucht.
Sie standen da und flehten: alle möchten
Zuerst hinüberfahren in das Jenseits
Und streckten sehnsuchtsvoll die Arme hin.
Jedoch der finstre Ferge ließ bald diesen
Zum Kahn, bald jenen; andren wehrt er es
Und weist sie ferne von dem Ufersand.
Aeneas, gar verwundert und bewegt
Ob dem Tumulte, fragt die Seherin:
»Sprich, Jungfrau, was bedeutet das Gedränge
Am Flusse dort? was ist der Wunsch der Seelen?
Weshalb der Unterschied, daß hüben diese

Das Ufer meiden müssen, jene drüben
Mit Rudern furchen die bleifarbne Flut?«
Kurz gab Bescheid die greise Priesterin:
»Anchises' Sohn, du echter Sproß der Götter:
Du schaust den Sumpf des Tränenstromes, dorten
Den Höllenpfuhl, bei dessen Majestät
Meinschwur zu leisten Götter selbst erbeben.
Dies ist die *Schar, die keiner barg im Grabe,*
Der Ferge dort ist Charon; die er fährt,
Sind die Begrab'nen; denn vom grausen Ufer
Darf er durch Stromesbrausen keine fahren,
Eh' ihr Gebein in Grabesfrieden ruht:
Sie flattern unstät, irren hundert Jahre
Hier um das Ufer; dann erst dürfen sie
Die Fluten ihre Sehnsucht wiederschauen.«
Tief in Gedanken blieb Aeneas stehen,
Das Herz voll Mitleid mit dem harten Los...

Gleich klang zum Ohr ein endlos Weh und Wimmern
Von *Kinderseelen*: an des Lichtes Schwelle,
Noch ehe sie des Lebens Süße schmeckten,
Hat von der Mutterbrust die Todesstunde
Sie hingerafft ins frühe Kindergrab...

Daneben, *die ein falscher Spruch der Feme*
Dem Tod geweiht; doch über diese Plätze
Entscheidet erst ein förmliches Verhör:
Minos beruft die stille Schar des Beirats,
Den er, der Richter, selbst durchs Los sich kürte,
Um nachzuprüfen ird'schen Richterspruch...

Die nächsten Plätze nehmen trauernd ein,
Die sonder Schuld den Tod sich selber gaben
Und lebensmüde schieden von dem Licht.
Wie trügen gern sie jetzt im Äther droben
Die harte Fron und Not! Das Schicksal wehrt's:
Der Strom der Trauer schlingt die trüben Wogen
Neunmal um sie mit unbarmherz'gem Bann....

Nicht fern von dieser Stätte dehnet sich
Nach allen Seiten weit das »Trauerfeld«.
Verschwiegne Triften und ein Myrtenwald
Hegt hier *die Armen, denen Liebeskummer*
Grausam am Leben fraß: sie siechten hin,
Und noch imTode läßt sie nicht der Gram...

Dann eilt er fürder den gewies'nen Pfad.
Schon war erreicht das äußerste Gefilde,
Das abgegrenzt *der Streiter* Scharen faßt. . . .

Aeneas machte Halt, vom Lärm erschreckt.
»Welches sind der Frevel Arten, Jungfrau,
Was für Strafen lasten auf den *Sündern,*
Welch ein Jammern klingt so an die Lüfte?«
Da hub die Seherin zu reden an:
»Edler Fürst, auf die verfemte Schwelle
Darf den Fuß ein Frommer nimmer setzen,
Doch die Herrscherin der Höllen selber,
Die mir überwies die nächt'gen Haine,
Führte mich durch das Gericht der Götter.
Rhadamanth von Kreta ist der König
Dieses Reichs der Pein: er prüft die Frevel
Im Verhör und peinigt, zu gestehen,
Wer Bekenntnis seiner Sünden aufschob
In den Tod, umsonst des Truges froh. . . .

Hier wälzt sich die Brut, die alte der Erde,
Titanen zur Tiefe gewirbelt vom Blitz.
Hier sah ich das Paar der Kinder Aloeus',
Die Leiber der Riesen: die himmlischen Burgen
Zu stürmen, zu stoßen von Throne des Lichtes
Den König der Götter, das griffen sie an.
Ich schaute *Salmoneus'* furchtbare Strafe,
Weil Jupiters Donner und Blitz er nachahmte . . .

Auch *Tityos* sah ich, den Zögling der Erde,
Der Mutter des Alls; es deckt der Leib
Des Riesen gedehnt neun Hufen der Flur.
Es nagt an der Leber der grausige Geier
Gebogenen Schnabels – nachwächst sie und wuchert
Ohn' Ruhen und Rasten zur ewigen Strafe –:
Er hascht nach der Atzung, haust in der Höhle
Des riesigen Rumpfes. Was nenn' ich das Paar
Der Lapithen *Ixion, Pirithous* dir?
Ihm hangt zu Häupten das schwarze Gestein:
Im Nu wird's kommen, es dräut wie zum Fall . . .

Wer gehaßt den Bruder im irdischen Leben;
Geschlagen die Eltern; betrogen den Schützling;
Und alle die Scharen, die einsam gebrütet
Auf Gütern des Glücks und den Lieben *die Hilfe*
Verwehrt in der Not; wer erschlagen ob Ehbruchs;

Rebellisch gebrochen den Herren die Treue;
Sie alle harren im Kerker der Strafe,
Frage nicht welcher, noch welches Gericht
Zur Pein sie begrub. . . .

Sie kamen zum *Ort der Freude,*
Zu lieblich grünen Auen in dem *Haine*
Des Paradieses, wo die Sel'gen weilen.
Ätherfülle liegt ob den Gefilden
Und umkleidet sie mit Purpurglanze,
Eigne Sonnen, Sterne strahlen dorten.
Auf den Rasenplätzen übt sich turnend
Eine Gruppe, mühet sich im Wettlauf
Oder ringet in dem gelben Sande;
Andre tanzen Reigen zu Gesängen.
Orpheus im Talare läßt zum Takte
Seine Leier in Akkorden klingen,
Greift mit seinen Fingern in die Saiten,
Schlägt sie mit dem Stab aus Elfenbein.
Hier verweilen sich *die Heldensöhne*
Aus dem alten Adelsstamme Trojas,
Hochgemute Recken aus der weiland
Guten Zeit, *Assarakus und Ilus*
Und der Gründer Trojas *Dardanus.*
Staunend sah Äneas in der Nähe
Ihre Wehr und führerlosen Wagen;
In der Erde stunden fest die Gere,
Auf den Wiesen grasten frei die Pferde;
Wangen, Waffen, Zucht von blanken Rossen,
Alles, was sie einst im Leben liebten,
Durften hegen sie im Erdenschoß.
Da gewahrt' er rechts und links im Grase
Andre schmausen: Dankeshymnen schallen
Heiter durch des Haines Lorbeerdüfte,
Und zum Himmelslicht empor durch Wälder
Wallt *Eridanus,* der heil'ge Strom.
Hier verweilt *die Heldenschar, die kämpfend*
Fiel zu Schirm und Schutz des Vaterlandes;
Hier die reinen *Priester;* fromme *Sänger,*
Deren Lied erklang Apollos würdig;
Weise, die durch neuer Kunst Erfindung
Schmückten unser Leben; hier *die Edlen,*
Deren Wohltat dankend mancher dachte:
Aller Schläfen kränzt ein schneeweiß Band. . . .

Da sah Aeneas in dem Hintergrunde
Des Tales einen abgeschloss'nen *Hain*.
Im Buschwerk lispelt's, und der *Lethe* Woge
Rauscht am Gefild der Sel'gen leis dahin.
Den Strom umflattern ungezählte Scharen,
Gleichwie an sonn'gen Sommertagen Bienen
Sich auf die bunten Wiesenblumen setzen
Und um die silberweißen Lilien schwärmen:
Von ihrem Summen saust es durch die Au.
Ein Schauer überkam ihn bei dem Anblick,
Er heischte Kunde, welcher Fluß das sei
Und was für Scharen dessen Borde füllten.
Anchises sprach: »Aus Lethes Bronnen schlürfen
Die Seelen, die in neue Körper wandern,
Erlösenden Vergessens Labetrank.
Ja, lange wünscht' ich schon sie dir zu nennen,
Der Uns'ren Schar, und sichtbar sie zu zeigen,
Damit noch größer werde deine Freude,
Daß uns gefunden ward Italien.«
So ist's denn wahr, Vater, daß Seelen wandern
Von hier zur oberen Welt in träge Körper?
Was sehnen sich zum Licht so arg die armen?«
»Nicht sollst du länger dich mit Zweifeln quälen«,
Sprach er und offenbart ihm eins ums andre.
»Beseelend nährt den Himmel und die Erde,
Die Meeresauen und die Strahlenkugel
Des Mondes und den Riesenstern der Sonne
Ein Lebenshauch, und die Materie
Bewegt der Geist; der flutet durch die Glieder
Und bindet ganz sich mit dem Leib der Welt.
Er zeugt mit ihr die Menschen, das Getier
Des Landes und der Luft, die Ungeheuer,
Die unterm Marmorglast die Tiefe birgt.
Vom Himmel stammt ihr Same: Himmelsfeuer
Leiht ihnen Lebenskraft, solang kein Körper
Sie schadvoll lähmt, kein irdisches Gelenk
Sie abstumpft und dem Tod verfall'ne Glieder.
Die bringen Furcht, Begierde, Schmerz und Lust,
Und in des Körpers Grabesnacht gekettet
Dringt nimmermehr zum Himmelslicht der Geist.
Ja, wenn des Lebens letzter Schimmer floh,
Weicht doch nicht alles Leid, nicht alles Siechtum
Des Körpers völlig von den armen Seelen:
Viel Keime mußten, wuchernd mit der Zeit,
Einwachsen tief in wundersamer Art.
So werden sie mit Marterqual gepeinigt

Zur Buße für die altererbte Schuld.
Die einen schweben ausgespannt im Winde,
Den andren wird der Sünde Keim geläutert
Im Wasserwirbel oder Feuerbrand:
Ein jeder büßt, wie es sein Dämon heischt.
Dann wallen wir durch Paradiesesauen;
Jedoch nur wen'ge dürfen dort verbleiben,
Bis ganz der Kreis der Zeit erfüllet ist,
Und nach Äonen ihrer Sünde Flecken
Erloschen sind, und wieder rein erstrahlt
In lautrer Feuerluft der Himmelsgeist.
Die andren alle ruft, wenn tausend Jahre
Das Zeitenrad gerollt, ein Gott in Scharen
Zu Lethes Fluten, daß sie mählich wieder
Verlangen spüren, einzugeh'n in Körper,
Und wiederseh'n die Welt erinn'rungslos.

Horaz

Der Dichter Horaz (65 v. Chr. bis 8 v. Chr.) versäumte es in seinen Oden nicht, immer wieder die Vergänglichkeit aller Menschen und Dinge hervorzuheben. Über jedem Schicksal schwebt für ihn der unausweichliche und ebenso endgültige Tod. Alle Menschen gehen in den Orkus ein, aus dem es nach den Worten von Horaz keine Rückkehr mehr gibt. Er spricht der Seele die Unsterblichkeit ab; eine Wiedergeburt gibt es bei ihm nicht. So lautet sein Motto, das Leben zu genießen. Im günstigsten Fall, beim heroischen Tod für das Vaterland, bleibt der Ruhm den Verwandten.

An den Freund Dellius

Den Gleichmut wahre in schweren Tagen
Und laß vom Glück nicht zu hoch dich tragen
Im Übermut der Lebenslust,
Freund Dellius, da du doch sterben mußt,

Ob stets dich nur Kümmernisse drücken,
Ob festliche Tage das Leben dir schmücken,
Wo auf heimlichen Rasen gelagert du fein
Dich erlabst am heißen Falernerwein.

Sieh hin, wie die Pappeln zu gastlichem Schatten
Ihr silbernes Laub mit der Pinie gatten,
Und im Bach das Gewässer, sprudelnd geschnellt,
Es lockt, wie es frisch aus der Höhe fällt.

Laß Wein denn und Salben bringen geschwinde
Und der holden Rosen vergänglich Gewinde,
So lang' du bei Geld bist und jung noch gesinnt
Und der Faden noch reicht, den die Parze spinnt.

Aus den Triften, die du gekauft, und am Tiber
Aus Park und Palast mußt du, mein Lieber,
Hinaus, hinweg, und der Erbe hat
Die Haufen der Schätze an deiner Statt.

Ob dein Adel sich uralt von Inachus leite,
Ob arm und gering ich im Sonnenlicht schreite,
Als Opfer fallen wir, ich wie du,
Dem mitleidlosen Orkus zu.

Zum selben Ziele zwingt es alle,
Ob früh das Los, ob es später falle,
Fahrgäste des stygischen Kahns, der uns fährt,
In jene Verbannung, die ewig währt.

An L. Sestius

Der Frost war scharf, der Winter zäh'.
Nun löst auf den Bergen sich der Schnee
Unter den linden
Frühlingswinden.
Die Schiffe, die so lang' geruht,
Zieht man zurück auf Walzen in die Flut.
Der Bauer mag am Herdfeu'r nicht mehr hocken;
Das Vieh zieht aus dem Stall; die Weiden locken.
Ja, unter dem nächtlichen Mondenschein
Schwebt Venus im Tanz schon und führt den Reih'n
Der sittigen Grazien und Nymphen an,
Indes am tiefen Grund des Vulkan
Die Zyklopen schon für Zeus, den Uraniden,
Die sommerlichen Blitze schmieden.

Du opfre dem Feldgott, kränze dich
Mit jungen Blumen, die wonniglich
Sprießen im Wiesengrunde,
Und genieße rasch der flüchtigen Stunde,
Glückseliger Sestius. Was planst du noch mehr,
Als ob die Hoffnung ewig wär'?
Der blasse Tod
Steht auf der Lauer, der jedem droht.

Sein schwerer Fuß tritt sicher und schnelle
Auch über des Reichen goldene Schwelle.
Da schlägt dein Herz dann liebeleer
Für Lykidas, den zarten, nicht mehr,
Den Liebling der Männer, auf den die Frau'n
Bald auch mit heißem Begehren schau'n.

Ovid

Der römische Dichter Ovid (43 v. Chr. bis 18 n. Chr.) vertritt zunächst eine an Horaz erinnernde Auffassung. Doch spricht er dies längst nicht so ausgeprägt an. Er bezweifelt immer wieder die Unsterblichkeit, indem er die Möglichkeit jeweils mit einem Vorbehalt versieht: »Wenn von dem Toten noch mehr als Schatten und Name besteht.« Offensichtlich wandelte sich aber seine Vorstellung im Laufe seines Lebens. In späteren Jahren, so lassen die »Metamorphosen« erkennen, hegt er durchaus Sympathien für die pythagoreische Lehre von der Unsterblichkeit. Darin wird die Seele als unsterblich, unabhängig von dem, was mit dem Körper geschieht, dargestellt. »Alles verändert sich nur, nichts stirbt«, lautet der Kernsatz, mit dem der Seelenwanderung Bahn gebrochen wird.

Auf den Tod des Tibullus

Wenn um Memnon die Mutter, die Mutter geweint um Achilles,
Und solch herbes Geschick selbst die Unsterblichen beugt,
Löse denn schmucklos heut, *Elegie*, zur Klage die Locken,
Ach, und in schmerzlicher Pflicht zeige des Namens dich wert.
Denn Er, den du geliebt, dein Ruhm, dein Priester, Tibullus,
Hier, ein entseeltes Gebild, liegt er den Flammen ein Raub.
Siehe, den Köcher zur Erde gekehrt, naht *Cyprias Knabe*,
Kläglich die Fackel verlöscht, Bogen und Pfeile zerknickt.
Schau, wie bekümmert er schleicht langsam, mit hängenden Flügeln,
Wie mit verzweifelnder Hand wild er die Brust sich zerschlägt!
Feucht von Tränen umfliegt die verworrene Locke den Nacken,
Und ein gebrochener Laut ringt sich vom bebenden Mund.
So einst, meldet das Lied, bei des Bruders Äneas Bestattung,
Schritt er aus deinem Gemach, schöner Julus, hervor.
Auch *Cytherea* verging um Tibull vor Schrecken, wie damals,
Als den Adonis ihr gräßlich der Eber zerfleischt.
Und doch nennt man uns Sänger geweiht und geliebt von den Göttern,
Ja ein olympischer Hauch, sagen sie, sei uns beschert.
Aber umsonst! So heilig ist nichts, daß der Tod es verschonte,
Gierig mit finsterer Hand rafft er uns alle hinweg.

Orpheus' herbes Geschick, nicht wandten es Vater und Mutter,
Noch der Gesang, dem zahm fleckige Panther gelauscht,
Ach, und um *Linus*, den Sohn, um Linus durch die Gebirgshöhn,
Durch die Wälder umsonst klagte die Leier Apolls.
Nenn' ich *Homer*? Wohl strömte von ihm auf die Lippen der Dichter
Nimmer versiegend ein Quell hehrer Begeisterung aus,
Doch es verschlang auch ihn unerbittlich die Nacht des Avernus;
Aus den Flammen der Gruft schwang sich allein der Gesang.
Nun lebt ewig im Liede der Ruhm der eroberten Troja,
Ewig Penelopes nie fertiges Schleiergeweb.
So wird *Nemesis* auch, so *Delia* künftig genannt sein,
Die er zuerst sich erwählt, die er im Tod noch geliebt.
Weh, was frommen die *Weihen* euch nun, und die *Cymbeln der Isis*?
Oder, daß ihr am Fest züchtig das Lager bewahrt?
Raubt uns die Edelsten stets das Geschick, so werd' ich im Glauben,
Laß es mich immer gestehn, an die Olympier irr.
Lebe gerecht, und du stirbst, wie gerecht auch; opfre den Göttern,
Und vom Opferaltar reißt in die Gruft dich der Tod;
Such' im Gesang dein Heil; hier liegt – o schau es – Tibullus,
Nur was die Urne beschließt, blieb von dem Hohen uns nach;
Hat es die Flamme gewagt, dein ruhendes Haupt zu versehren,
Wich sie nicht scheu vor dir, heiliger Sänger, zurück:
Wahrlich, was hindert sie dann, die vermessene, daß sie der Götter
Goldene Tempel nicht auch frevelnd in Asche begräbt?
Und doch tröstlicher war's, als hätte Phäakiens Eiland
Mit unwürdigem Staub fern dich, den Fremdling, bedeckt;
Schloß doch dem Sterbenden hier im Verlöschen das Auge *die Mutter*,
Und ihr letztes Geschenk brachte der Asche sie dar,
Eilte *die Schwester* doch her, in die Klage der jammernden Greisin
Einzustimmen; verstört kam sie, mit fliegendem Haar.
Nemesis auch, mit den Deinen vereint, und die Jugendgeliebte
Küßten dich weinend, und treu sind sie der Leiche gefolgt.
Reineres Glück hab' ich dir gebracht, rief *Delia* scheidend,
Ach, du lebtest, so lang zärtlich für mich du geglüht!
Nemesis schluchzte darauf: Was rühmst du dich *meines* Verlustes?
Mir im Tode zuletzt hat er die Hand noch gedrückt.
Aber besteht von den Toten noch mehr als Schatten und Name,
O dann wandelt Tibull jetzt in *Elysiums Hain*.
Komm ihm entgegen, die blühende Stirn umwunden mit Epheu,
Traulich an *Calvus* gelehnt, grüß' ihn, beredter *Catull*!
Du auch, *Gallus*, da fern sie dich falsch des Verrates bezichtigt,
Der du Leben und Blut allzu entschlossen verströmt!
Ihrer Erscheinung gesellt – wenn ein Bild noch haftet am Schatten –,
Wallst du nun, sanfter Tibull, *unter den Seligen* hin.
Möge denn süß dein Staub ausruhen in sicherer Urne,
Also fehl' ich, und leicht decke die Erde dich zu!

Klagelied an seine Gattin aus der Verbannung

Sterben denn soll ich sofern an unbekannten Gestaden,
Und durch die Gegend selbst bitter mir werden der Tod.
Unlängst konnt' ich, noch frei vom Leid, dies Leben verlassen;
Daß ich verbannet verscheid', ist mir das Leben gewährt.
Nicht auf gewohntem Bett soll siech daliegen mein Körper,
Und kein einziger sein, der um den Sterbenden weint?
Und mit der Gattin mir heiß auf das Antlitz fallenden Tränen
Soll mein Atem sich nicht mischen noch einige Zeit?
Und nichts trüg' ich ihr auf, und die brechenden Augen verschlösse
Keine befreundete Hand mir mit dem letzten Geschrei?
Sondern ohne Gepräng' und des Grabmals Ehre bedeckte
Unbeweinet mein Haupt Erde barbarischen Lands?
Wirst du nicht, wenn du das hörst, erschüttert werden im Herzen
Und auf die treue Brust schlagen mit bebender Hand?
Wirst du, nach diesem Land umsonst ausstreckend die Arme,
Nach des verlorenen Manns Namen, dem leeren, nicht schrei'n?
Aber zerraufe dir nicht das Haar, noch zerfleische die Wangen,
Denn nicht zum erstenmal werd' ich dir, Teure, geraubt.
Denk', als das Vaterland ich verlor, *da* sei ich gestorben,
Ach, und es war *der* Tod früher und schwerer für mich.
Jetzt, wenn vielleicht du's kannst – doch du kannst's nicht, teuerste Gattin –,
Freue dich, daß von soviel Leiden der Tod mich befreit.
Lindre, soviel du vermagst, durch mutiges Dulden die Leiden,
Worin lange du schon hattest geübet dein Herz.
O daß die Seele zugleich mit meinem Körper verginge,
Und daß von mir kein Teil flöhe vom brennenden Holz!
Denn wenn unsterblich der Geist in die freien Lüfte hinauf fliegt,
Und wenn der Samische Greis Wahres verkündiget hat,
Unter Sarmatischen wird ein Römischer Schatten dann schweifen
Und er ein Fremdling stets unter barbarischen sein.
Sorge jedoch, daß ein kleiner Krug mein Gebein trägt,
Daß ein Verbanneter nicht auch noch als Toter ich sei.
Keiner verbietet dir *das*. Es begrub die Thebanische Schwester
Ihres Bruders Gebein gegen des Königs Verbot.
Und mit Amomumstaub und mit Narden mische die Asche,
Und auf der Vorstadt Grund setz' in die Urne sie bei.
Und daß mit flüchtigem Blick sie der Wandrer les' auf dem Marmor,
Grabe mit großer Schrift folgende Verse hinein:
»Hier lieg' ich, der besungen die Lust der zärtlichen Liebe,
Naso, dem Untergang brachte sein Dichtertalent.
Aber *du*, der du vorübergehst und der du geliebt hast,
Sage von Herzen: »Weich ruhe des Naso Gebein.«
Dies auf der Inschrift g'nügt;denn es sind ein größeres Denkmal
Und ein dauernderes meine Gesänge für mich,

Und ich vertraue darauf, daß, obgleich sie mir haben geschadet,
Ruhm sie dem Dichter verleih'n werden für ewige Zeit.
Du bring' immer jedoch dem Verblichenen Leichengeschenke
Dar und Kränze, die feucht du mit Tränen gemacht.
Wenn auch die Flamme den Leib in Asche hatte verwandelt,
Wird doch den Liebesdienst fühlen der traurige Staub.

Seneca

Der Philosoph Seneca (4 v. Chr. bis 65 n. Chr.) stand stark unter dem Einfluß der griechischen Philosophie. Er griff die Lehre der Stoiker auf. Die Seele definierte Seneca als Körper. Nur ein Körper könne auch auf einen Körper einwirken. Freilich sah er die Seele als feinsten Stoff überhaupt, als warmen Hauch (Pneuma). Doch ebenso ist sie Teil Gottes in einem menschlichen Körper. Die Seele nimmt in diesem vorübergehend Wohnung. Der Körper erscheint Seneca als Gefängnis, denn er ist der Gegenspieler der Seele, der Vernunft. Die Entfaltung der Seele, ihr eigentliches Leben, ermöglicht erst der Tod. Die Seele existiert dann – nach stoischer Tradition – bis zum Weltbrand weiter. Bei Seneca finden sich Elemente, die ans Christentum erinnern: der Tod als Gericht, die aus dem Jenseitsglauben hergeleitete sittliche Verpflichtung für das Leben, das friedvolle Leben der Seele und das Wiedersehen nach dem Tod.

Was ist der Mensch? Ein zersprungenes und bei jedem Anstoß zerbrechliches Gefäß. Es bedarf keines starken Sturmes, um dich zunichte zu machen; du brauchst nur irgendwo anzustoßen, und es ist aus mit dir. Was ist der Mensch? Ein schwacher und zerbrechlicher Körper, nackt und vermöge seiner eigenen Naturanlage wehrlos, fremder Hilfe bedürftig, jeder Tücke des Schicksals preisgegeben, selbst wenn er seine Arme gut geübt hat, jedes Raubtiers Beute und Opfer, aus schwachen und flüchtigen Bestandteilen gebaut, in seinen äußeren Umrissen zwar von glänzender Schönheit, aber unfähig, Hitze, Kälte, Anstrengung zu ertragen. Und doch bringt ihm Bewegungslosigkeit und Ruhe auch wieder den Verfall. Wundern wir uns dabei über den Tod eines einzigen, während er doch jeden trifft? Ist es von großer Bedeutung, wenn einer zusammenbricht? Geruch und Geschmack, Müdigkeit und Wachen, Speise und Trank, ohne die er nicht leben kann: alles bringt dem Menschen den Tod. Wohin er sich wendet, alles mahnt ihn an seine Schwäche: ein Wechsel des Klimas, anderes Wasser, eine ungewohnte Luftströmung, die geringfügigsten Ursachen und Störungen machen ihn krank, gebrechlich und hinfällig, ihn, der mit Weinen sein Leben begann. Und was für Unruhe verursacht dies armselige Wesen? Gedanken der Unsterblichkeit und Ewigkeit bewegt es in seinem Geist und trifft Anordnungen für Enkel und Urenkel: da mitten in seinen weitausschauenden Plänen überrascht ihn der Tod. Und was man Alter nennt, ist nichts anderes als der Umlauf von ein paar Jahren.

Dies Knochengerüste, das du hier um uns erbaut siehst, die Muskeln und die darüber gezogene Haut, das Gesicht und die dienenden Hände sowie alle übrigen Glieder, in die wir eingehüllt sind, sind Fesseln des Geistes und Finsternis. Damit wird der Geist verschüttet, verdunkelt, angesteckt, von der Wahrheit abgehalten und in Falschheit verstrickt: mit diesem schwerfälligen Fleisch hat er einen förmlichen Kampf zu führen, damit er sich nicht ablenken und niederdrücken läßt. Er stützt sich auf die Welt, aus der er entlassen wurde. Dort erwartet ihn ewige Ruhe, und nach Verwirrung und Nebel wird er klar und hell sehen.

Es ist etwas Großes, und man hat lange daran zu lernen, wenn jene unvermeidliche Stunde kommt, mit Gleichmut abzuscheiden. Wer nicht den Willen zum Sterben hat, hat auch nicht den Willen zum Leben. Denn das Leben ist uns nur unter der Bedingung des Tode verliehen worden. Auf ihn bewegt es sich zu. Daher ist es Torheit, sich vor ihm zu fürchten: denn Dinge, die gewiß sind, erwartet man; nur vor Ungewissem fürchtet man sich. Wer darf sich beklagen, in einer Lage zu sein, in der sich jedermann befindet? Denn der Grundstein der Gerechtigkeit ist die Gleichheit.

Der Tod bringt keinen Schaden: denn es müßte doch jemand dasein, dem er schaden könnte. Wenn du daher einen so leidenschaftlichen Wunsch nach längerem Leben hast, so bedenke, daß nichts von dem, was dir aus den Augen kommt und in die Natur zurückkehrt, aus der es hervorging und bald wieder hevorgehen soll, vernichtet wird. Es hört auf, aber es geht nicht zugrunde. Und der Tod, vor dem wir uns fürchten und dem wir uns entziehen möchten, unterbricht nur das Leben, er raubt es uns nicht. Kommen wird der Tag, der uns wieder ans Licht bringt, und dem sich viele entziehen würden, wenn sie nicht (das Vergangene) vergessen hätten.

Wenn jener Tag kommt, an dem diese Verbindung des Göttlichen und Menschlichen sich trennt, werde ich diesen Körper da zurücklassen, wo ich ihn fand; ich selbst werde mich mit den Göttern wieder vereinigen. Auch jetzt bin ich nicht ohne sie, werde aber in einem harten irdischen Kerker festgehalten. Dies kurze sterbliche Dasein ist nur das Vorspiel jenes besseren und längeren Lebens. Wie der Mutterleib uns neun Monate umschließt und zubereitet, nicht für sich, sondern für den Ort, in dem wir bekanntlich ausgestoßen werden, wenn wir fähig sind zu atmen und im Freien zu leben, so reifen wir von diesem Zeitraum, der sich von der Kindheit bis ins Alter erstreckt, zu einer andern Geburt. Jener letzte Tag, vor dem du zurückschreckst, ist der Geburtstag der Ewigkeit.

Wohne hier wie jemand, der auswandern muß. Stelle dir vor, daß du dieses Zelt einmal abbrechen mußt, und du wirst mutiger sein bei der Notwendigkeit, es zu verlassen.

Es gibt keine schwierigere Kunst als leben. Für andere Künste und Wissenschaften gibt es überall zahlreiche Lehrer. Selbst junge Leute glauben, sich manche von diesen schon so angeeignet zu haben, um sie auch andere lehren zu können: leben muß man das ganze Leben hindurch lernen und, worüber du dich vielleicht noch mehr wundern wirst, man muß im ganzen Leben sterben lernen.

Wer geht, um wiederzukehren, darf ruhig sein. Betrachte den in sich zurückgehenden Kreislauf der Dinge, und du wirst finden, daß nichts in dieser Welt zunichte wird, sondern alles in einem steten Wechsel abrinnt und wächst. Der Sommer vergeht, aber ein folgendes Jahr bringt ihn wieder; der Winter ist verschwunden, aber mit seinen Monaten wird er zurückkehren; die Sonne wird verhüllt von der Nacht, aber sie selbst wird bald der Tag vertreiben. Dieser Umlauf der Gestirne wiederholt nur, was vergangen ist, und unablässig hebt sich eine Hälfte des Himmels, die andere sinkt nieder.

»Was ist's denn?«, frag' ich mich. Der Tod versucht es oft mit mir. Möge er immerhin. Habe ich es doch schon längst mit ihm versucht. Und wann? Schon ehe ich geboren ward. Totsein bedeutet, daß das, was war, nicht mehr ist. Aber was dies ist, weiß ich schon; dieses wird nach mir sein, was es vor mir war. Wenn darin ein Leiden liegt, so muß es auch darin gelegen haben, ehe wir in die Welt eintreten: Allein wir haben damals kein Ungemach empfunden.

Jener Tag, den du als den letzten fürchtest, ist der Geburtstag der Ewigkeit. Lege die Last ab: was zauderst du, als ob du nicht auch früher mit Zurücklassung des Körpers, in dem du verborgen warst, herausgetreten wärest? Du zögerst, du widerstrebst: auch damals wurdest du durch große Anstrengung der Mutter ausgetrieben. Du seufzest und weinst: auch dieses Weinen ist dem Kinde eigen, das geboren wird.

Epikur

Der griechische Philosoph Epikur (342 v. Chr. bis 271 v. Chr.) hat die römischen Jenseitsvorstellungen nachhaltig beeinflußt. Die Seele ist für ihn ein Stoff, der über den gesamten Körper verteilt ist. Diesen Stoff bezeichnet er als luftähnlich. Er beinhaltet daneben sowohl ein feuerähnliches als auch ein unnennbares Element. Die Seele zerfällt nach dem Tod ebenso wie der Körper in die Atome. Epikur vertritt die Ansicht, daß der Tod den Menschen nichts angehe. Das Leben zu genießen, sei erst dann möglich, wenn man begriffen habe, daß im Nichtleben nichts Furchtbares liege. Der Tod, so versucht er klar zu machen, gehe den Menschen deshalb nichts an, »weil, solange wir sind, der Tod nicht da ist; ist er aber da, so sind wir nicht mehr.« Da die Seele vergeht, gibt es auch keine Unsterblichkeit – einen Hades oder ein Gericht über die Bösen ebensowenig.

Gewöhne dich an den Gedanken, daß der Tod uns nichts angehe; denn alles Gute und Schlimme beruht auf Empfindung; der Tod aber besteht eben in der Aufhebung der Empfindung. Deshalb ermöglicht uns die richtige Erkenntnis, daß der Tod uns nichts angehe, erst den Genuß des sterblichen Lebens, indem sie nicht an dieses ein Dasein von unendlicher Dauer ansetzt, sondern indem sie die Sehnsucht nach Unsterblichkeit beseitigt. Denn nichts ist im Leben für den furchtbar, der wirklich den Gedanken erfaßt hat, daß im Nichtleben nichts Furchtbares liegt. Es ist also eine törichte Behauptung, man fürchte den Tod nicht, weil er schmerzen werde, wenn er einmal kommt, sondern weil die Aussicht auf ihn schmerze. Denn was, wenn es da ist, nicht widerwärtig ist, bei dem ist es eine Einbildung, daß seine Erwartung Schmerz verursache. Das schauerlichste Übel, der Tod, geht uns somit nichts an, weil, solange wir sind, der Tod nicht da ist; ist er aber da, so sind wir nicht mehr. Der Tod geht demnach weder die Lebenden noch die Toten etwas an, da er für die ersteren nicht vorhanden ist, die letzteren aber nicht mehr sind. Die Menge aber flieht den Tod bald als das größte Übel, bald sucht sie ihn auf als Zuflucht vor den Übeln des Lebens. Der Weise dagegen verschmäht weder das Leben, noch fürchtet er sich vor dem Nichtleben; er wird weder des Lebens überdrüssig, noch erblickt er im Nichtleben ein Übel. Und wie er von den Speisen jedenfalls nicht die ausgiebigste wählt, sondern diejenige, zu der er nach seinem Geschmack am meisten Lust hat, so erntet er auch seine Früchte nicht von der Zeit, die am längsten dauert, sondern die am meisten Lust gewährt. Wer aber dem jungen Mann rät, vornehm zu leben, und dem alten, vornehm zu sterben, der ist einfältig, nicht nur weil das Leben etwas Wünschenswertes ist, sondern auch weil die Kunst, vornehm zu leben und vornehm zu sterben, einunddieselbe ist. Noch viel tiefer aber steht, wer behauptet, es sei gut, nicht geboren zu sein, »einmal aber geboren, aufs schnellste zum Hades zu eilen«. Denn warum geht er, wenn er dies mit Überzeugung sagt, nicht aus dem Leben weg? Das kann er ja doch, wenn ihm dieses Ergebnis sichersteht. Sagt er es aber nur zum Scherz, so spielt er den Narren, wo es nicht zu billigen ist. Man muß auch daran denken, daß die Zukunft uns weder ganz noch auch gar nicht gehört, damit wir weder auf sie warten als auf etwas, das sicher kommt, noch auch an ihr verzweifeln als an etwas, das sicher nicht kommt.

Die Seele ist vergänglich und vergeht mit dem Körper.

Wenn die Seele sich vom Körper getrennt hat, so zerfließt sie wie Rauch.

Die Seelen der Menschen vergehen mit den Körpern, wie sie auch mit ihnen geboren werden. Sie bestehen aus Blut, durch dessen Ausströmen oder Zersetzung der ganze Mensch zugrunde geht. Daraus folgt, daß es kein Urteil oder Gericht im Hades gibt, so daß, was jemand im Leben heimlich verbrochen hat, gänzlich ungestraft bleibt.

Die Strafen der Unterwelt sind nicht zu fürchten, da die Seelen nach dem Tode vergehen und es überhaupt keine Unterwelt gibt.

Es ist nicht ratsam, über den Tod nachzudenken.

Der Tod geht uns nichts an; denn ein aufgelöster Organismus empfindet nicht; was aber nicht empfindet, geht uns nichts an.

Lukrez

Lukrez (98 v. Chr. bis 55 v. Chr.) sieht keinen Anlaß dafür, an die Unsterblichkeit zu glauben. Die Seele wächst seiner Meinung nach zugleich mit dem Körper. Deshalb gilt entsprechend, daß sie mit dem Körper auch wieder vergeht. Lukrez räumt auf mit der Angst vor der Strafe für ein frevelhaftes Leben und bestreitet die Existenz des Hades samt eines Gerichts. Alle Dinge, so preist er das Sterben, sind in ewiger Verwandlung begriffen: Nichts entsteht, es sei denn, daß anderes ersterbe.

Über die Natur der Welt

Daß mit dem Körper zugleich die Seele auch werde und wachse,
Nehmen wir wahr, und daß sie mit ihm abnehme im Alter.
Denn wie des Kindleins Gang bei zartem und schwächlichem Körper
Schwankt, so entbehrt auch der Geist, noch schwach, der sicheren Richtung.
Doch ist der Jüngling darauf zum kräftigen Alter erwachsen,
Wächst auch der Wille zugleich und gewinnt das Denken an Stärke.
Ist von des Alters gewaltiger Macht dann der Körper entkräftet,
Haben die Glieder, erschlafft, die frühere Spannkraft verloren,
Alsdann erlahmt auch der Geist, es stockt die Sprache, der Wille
Wankt, und alles zugleich nimmt ab, und die Kräfte versagen.
Also muß die Natur der Seele dann auch sich zerstreuen
Gleichwie ein Rauch hinauf in die luftigen Höhen des Äthers;
Sehn wir doch beide zugleich miteinander werden und wachsen
Und dann, wie ich gezeigt, im Alter ermüdet erschlaffen.
Cerberus und der Furien Schwarm und des Tartarus Dunkel,
Aus dess' Schlünden die gräßliche Glut der Flamme hervorbricht:
Ach, das gibt es ja nirgends und kann es gewiß auch nicht geben.
Groß aber ist im Leben die Angst vor der Strafe für große
Frevel; denn hier ja gibt es als Sühne begangner Verbrechen
Kerker und schrecklichen Sturz vom Felsen und Ruten und Henker,
Folter und Pech und glühendes Eisen und brennende Fackeln.
Is dies gleich alles erst fern, so quält doch das böse Gewissen,
Das sich zum voraus fürchtet, mit Stacheln und ängstigt mit Geißeln.
Nirgends erblickt es ein Ziel, das könnte den Qualen gesetzt sein,
Noch auch sieht's, wie die Strafen ein Ende je könnten gewinnen;
Ja, es fürchtet dazu, sie könnten im Tode sich steigern.
So wird der törichten Welt schon hier das Leben zur Hölle.
Was zu vergehen uns scheint, geht niemals gänzlich zugrunde.
Immerdar schafft die Natur aus dem einen wieder ein andres
Und nichts läßt sie entstehen, es sei denn, daß andres ersterbe.
Was da entsteht, wird ferner entstehn bei gleicher Bedingung,
Wird bestehen und wachsen und fröhlich die Kräfte entfalten,
Wie das Naturgesetz es jeglichem Wesen ermöglicht.
Keinerlei Macht auch vermag die Welt als ganzes zu ändern:
Nirgends gibt's einen Raum, wohin nur ein Stäublein des Stoffes

Flüchten sich könnt' aus dem All, noch wo neu eine Kraft sich je bilden
Könnte, um einzudringen von dort in den Umkreis des Weltalls
Und so das Wesen der Dinge und ihre Bewegung zu wandeln.

Plinius der Ältere

Das Spektrum der römischen Auffassungen über das, was dem Tod folgt, bereicherte auch Plinius der Ältere (23 n. Chr. bis 79 n. Chr.). Er vertritt sehr radikal seine Position und lehnt den Unsterblichkeitsglauben kategorisch ab: »Gefühl und Bewußtsein gibt es für Seele und Körper nach dem Tod so wenig wie vor der Geburt.«

Für alle tritt mit der letzten Stunde dasselbe ein, was vor der ersten war, und Gefühl und Bewußtsein gibt es für Seele und Körper nach dem Tode so wenig wie vor der Geburt. Menschliche Eitelkeit setzt die Existenz in die Zukunft fort und erlügt ein Leben in die Zeit des Todes hinein, indem sie der Seele bald Unsterblichkeit, bald Umgestaltung, bald den Unterirdischen Bewußtsein beilegt und Manen verehrt und die zu Göttern macht, die sogar Menschen zu sein aufgehört haben: als ob unser Atem sich auf irgendeine Weise von dem aller übrigen Geschöpfe unterschiede, oder als ob man nicht in der Natur so viele länger währende Dinge fände, denen doch niemand Unsterblichkeit prophezeit. Welchen Körper hätte denn aber die Seele an sich? Welchen Stoff? Welches Denkvermögen? Wie Gesicht, Gehör und Tastsinn? Welchen Gebrauch dieser Gaben oder welches Gut ohne sie? Wo ist der Aufenthalt, und wie groß in soviel Jahrhunderten die Menge der schattengleichen Seelen? Beschwichtigungsmittel für Kinder und Hirngespinste einer Sterblichkeit, die nie aufzuhören trachtet! – Welcher verwünschte Wahnsinn, daß das Leben durch den Tod erneuert werden soll! Und wo gäbe es jemals Ruhe für die Erschaffenen, wenn in höheren Regionen das Bewußtsein der Seele fortdauerte, und Schatten in der Unterwelt? Wahrlich, dieser angeblich süße Trost und diese Glaubensseligkeit nimmt dem eigentlichsten Gute der Natur, dem Tode, seine Kraft und verdoppelt den Schmerz des Sterbenden durch die Aussicht auf eine fernere Zukunft. Denn wenn es süß ist, zu leben, für wen kann es süß sein, gelebt zu haben? Aber wie viel leichter und sicherer wäre es, daß jeder sich selbst glaubte und die Erfahrung über die der Geburt vorausgehende Zeit als Beweis der Sicherheit für die Zukunft gelten ließe!

Cicero

Auf dem Unsterblichkeitsglauben Platons baut Cicero (106 v. Chr. bis 43 v. Chr.) auf. Der Körper ist für ihn das Gefängnis der Seele, aus dem sie durch den Tod frei wird. Die Seele ist im Leib erniedrigt und kann erst nach dem Verlassen wieder in das ewige, göttliche Leben aufsteigen. Die Seele, die zu solch großen Leistungen wie den Wissenschaften in der Lage ist, kann seiner Meinung nach nicht einfach vergänglich sein und untergehen.

Ich sehe nicht ein, warum ich es nicht wagen sollte, euch meine Gedanken über den Tod vorzutragen, wovon ich eine um so bessere Einsicht zu haben meine, je näher ich demselben stehe. Ich bin der Ansicht, daß eure Väter, Publius Scipio, und du, Gajus Lälius, Männer, die das größte Ansehen besaßen und mir höchst befreundet waren, leben, und zwar ein Leben, das allein den Namen »Leben« verdient. Denn so lange wir in diese Schranken des Körpers eingeschlossen sind, verrichten wir gewissermaßen das Amt des unvermeidlichen Verhängnisses und eine schwere Aufgabe. Der himmlische Geist ist nämlich aus seiner so erhabenen Heimat herabgedrückt und gleichsam herabgesenkt auf die Erde, einen seinem göttlichen und ewigen Wesen unangemessenen Ort. Aber ich glaube, die unsterblichen Götter haben die Seelen in die menschlichen Körper eingepflanzt, damit es Wesen gebe,welche die Erde in Obhut nehmen und welche, die Ordnung der Himmelskörper betrachtend, dieselbe in Maßhaltung und Gleichmäßigkeit ihres Lebens nachahmen.

Und zu diesem Glauben hat mich nicht allein das Nachdenken und die wissenschaftliche Untersuchung angetrieben, sondern auch die Berühmtheit und das größte Ansehen der Philosophen. Ich hörte, Pythagoras und die Pythagoreer – ich möchte sie unsere Landsleute nennen, da sie ehemals italische Philosophen genannt wurden – hätten niemals gezweifelt, daß wir Seelen hätten, die aus der göttlichen Weltseele entnommen seien. Es wurde mir außerdem gezeigt, was Sokrates am letzten Tage seines Lebens über die Unsterblichkeit der Seele gesprochen hatte, er, der durch den Ausspruch des Apollo für den Weisesten unter allen erklärt worden war. Kurz, das ist meine Überzeugung, das mein Urteil: »Da die Seele eine so große Schnelligkeit, eine so große Erinnerung an das Vergangene und Einsicht in das Zukünftige besitzt; da sie so umfangreiche Wissenschaften inne hat und so viele Erfindungen gemacht hat: so kann ein Wesen, welches solche Dinge umfaßt, nicht sterblicher Art sein. Und da die Seele sich in ständiger Bewegung befindet und keinen Anfang der Bewegung hat, weil sie sich selbst bewegt; so wird sie auch kein Ende der Bewegung haben, weil sie sich selbst nie verlassen wird. Und da das Wesen der Seele einfach ist und in sich nichts ihr Ungleiches und Unähnliches beigemischt enthält, so kann sie nicht geteilt werden, und wenn sie das nicht kann, so kann sie auch nicht untergehen. Und zum großen Beweise, daß die Menschen das meiste schon vor ihrer Geburt wissen, dient der Umstand, daß sie schon als Kinder, wenn sie schwierige Wissenschaften lernen, unzählige Gegenstände so schnell auffassen, daß sie dieselben nicht jetzt erst zu empfangen, sondern sich dieselben nur durch Rückerinnerung zu vergegenwärtigen scheinen. Das ist etwa die Ansicht Platons.

Ich stimme nämlich den Philosophen nicht bei, die unlängst die Ansicht zu entwickeln anfingen, mit dem Körper gehe zugleich die Seele unter und alles werde durch den Tod vernichtet. Eine größere Geltung hat bei mir der Glaube der Alten, teils unserer Vorfahren, die den Verstorbenen so heilige Rechte erteilten, was sie in der Tat nicht getan hätten, wenn sie der Meinung gewesen wären, daß diese sie gar nicht berührten; teils der Philosophen, die in unserem Lande lebten und in Großgriechenland, das jetzt freilich vernichtet ist, damals aber in Blüte stand, durch ihre Grundsätze und Lehren bildeten; teils des Mannes, der durch Apollo's Ausspruch für den Weisesten erklärt wurde, der in diesem Punkte nicht, wie er in den meisten Fragen zu tun pflegte, heute dieses, morgen jenes, sondern immer dasselbe behauptete: »die Seelen der Menschen seien göttlichen Ursprungs und ihnen stehe, wenn sie aus dem Körper herausgegangen seien, die Rückkehr in den Himmel offen, und diese sei für die besten und gerechtesten am ungehindertsten.« Ganz dieselbe Ansicht hierüber hatte auch Scipio, der ja, als ob er eine Ahnung gehabt hätte, nur sehr wenige Tage vor seinem Tode in Gegenwart des Philus und Manilius und noch mehrerer anderer – drei Tage lang seine Ansichten über den Staat entwickelte; und der Schluß seiner Untersuchung bestand fast ausschließlich in dem, was er von der Unsterblichkeit der Seele während der Nachtruhe in einem Traumgesichte aus dem Munde des Africanus gehört zu haben versicherte.

Als Africanus diese Worte gesprochen hatte, erwiderte ich also: »Ja, o Africanus, wenn wirklich denjenigen, welche sich um das Vaterland verdient gemacht haben, gleichsam die Schwelle zum Eintritt in den Himmel offen steht, so will ich, obwohl ich von Kindheit an die Bahn meines Vaters wie die deinige betreten und es an nichts habe fehlen lassen, um euch Ehre zu machen, doch jetzt, wo ich eine so große Belohnung vor mir sehe, um so wachsamer sein und um so mehr mich anstrengen.« »Allerdings«, versetzte darauf jener, »gib du dir nur alle Mühe und sei der festen Überzeugung, daß du nicht sterblich bist, sondern nur dieser Leib. Denn du bist nicht derjenige, den diese unsere Gestalt darstellt, sondern die Seele eines jeden, das ist ein jeder, nicht aber die Gestalt, auf welche man mit dem Finger zeigen kann. Wisse also, daß du ein Gott bist, insofern Gott die Kraft in uns ist, welche lebt und empfindet, sich (des Vergangenen) erinnert und ebenso in die Zukunft schaut, die den Körper, über den sie gesetzt ist, ebenso regiert, lenkt und bewegt wie jener höchste Gott diese ganze Welt. Und wie die in gewisser Hinsicht sterbliche Welt der ewige Gott selbst in Bewegung erhält, ebenso bewegt die ewige Seele den hinfälligen Körper!

Da es klar ist, daß das ewig ist, was von sich selbst bewegt wird, wie kann noch jemand in Abrede stellen, daß diese Eigenschaft der Seele verliehen ist? Denn unbeseelt ist alles, was durch einen Anstoß von außen in Bewegung gebracht wird; was aber beseelt ist, das wird durch einen inneren und ihm eigenen Antrieb in Bewegung gesetzt: denn darin eben liegt die eigentümliche Kraft und das Wesen der Seele. Ist sie unter allem das einzige, was sich selbst bewegt, so ist sie auch nicht entstanden, sondern sie ist ewig. Darum wende sie an zu allen edlen Bestrebungen: die edelsten sind aber die Sorge um das Wohl des Vaterlandes, und so wird die Seele,welche von diesen Sorgen bewegt wird und erfüllt ist, schneller in diesen Sitz und in diese ihre Heimat sich im Fluge erheben. Sie wird es aber um so schneller bewirken, wenn sie schon in der Zeit, wo sie in dem Leibe eingeschlossen ist, hinauszudringen sich bestrebt und in der Betrachtung dessen, was außer ihr ist, sich möglichst vom Körper loszureißen sucht. Denn die Seelen derjenigen, welche sich den Gelüsten des Körpers hingegeben und sich gleichsam als deren Diener erwiesen, dann aber durch den Andrang der Leidenschaften, welche sämtlichen Genüssen frönen, göttliche und menschliche Rechte verletzt haben, wälzen sich, wenn sie aus dem Körper herausgetreten sind, um die Erde selbst herum und kehren erst nach vielen Jahrhunderten, in denen sie herumgetrieben worden sind, an diesen Ort zurück.«

Der Seelen Ursprung ist nirgends auf Erden zu finden. Denn in der Seele ist nichts Gemischtes und Zusammengesetztes, nichts, was aus Erde entstanden und gebildet scheint, auch nichts Wasser- oder Luft- oder Feuerartiges. In diesen Stoffen liegt ja nichts, was die Kraft des Gedächtnisses, des Denkens und Überlegens in sich schließt, was das Vergangene zu behalten, das Zukünftige vorherzusehen, das Gegenwärtige zu umfassen fähig wäre: Eigenschaften, die nur göttlichen Ursprungs sind; auch wird sich nie etwas finden lassen, woraus diese zu den Menschen gelangen könnten, wenn nicht von der Gottheit. Das Wesen und die Kraft der Seele ist daher eine ganz eigentümliche, getrennt von diesen gewöhnlichen und bekannten Urstoffen. Also was nun auch das sein mag, was empfindet, was weise ist, was lebt, was tätig ist; es muß himmlisch und göttlich und aus diesem Grunde ewig sein.

Die Jenseitsvorstellungen der Germanen

Eine der wichtigsten, gleichzeitig aber in ihrem Wert auch umstrittenen Quellen für die altnordische und altgermanische Mythologie ist in der Edda enthalten. Mit diesem Namen werden zwei Werke der altisländischen Literatur bezeichnet: die Prosa- oder Snorra-Edda und die Poetische oder Lieder-Edda. Der Ursprung des Namens Edda konnte bislang nicht zweifelsfrei geklärt werden.

Die Snorra-Edda wurde zwischen 1220 und 1230 von Snorri Sturluson niedergeschrieben. Erhalten geblieben ist sie in Handschriften aus dem 13. und 14. Jahrhundert. Zweck der Snorra-Edda war es, die jungen Skalden – altnordische Dichter und Sänger – in Lehrbuchform mit den poetischen Ausdrücken und Umschreibungen sowie den unterschiedlichen Versarten vertraut zu machen. Viele dieser Begriffsumschreibungen waren der Mythologie entnommen. Deshalb steht am Anfang der Snorra-Edda ein Abriß der Mythologie in Form eines Dialoges: der Gylfaginning (»König Gylfis Täuschung«). Zweifelhaft bleibt, ob diese Dichtung aus dem skandinavischen Spätheidentum auch auf den kontinentalgermanischen Raum verallgemeinert werden kann. Von dort sind nur ganz wenige mythologische Überlieferungen bekannt.

Oberster Gott ist Wodan, wie ihn die Südgermanen nennen, beziehungsweise Odin, wie er bei den Nordgermanen heißt. Er ist Totenführer, allwaltender Göttervater und ebenso Herr von Walhall. In diese Wunderburg des germanischen Himmels aber können nur jene tapferen Helden einziehen, die im Krieg gestorben sind. Diese Toten heißen Einherjer. Wer eines natürlichen Todes stirbt, hat keinen Zutritt zu Walhall. Er kommt zunächst in das Reich der Hel. Von dieser düsteren, freudlosen Schattenwelt gelangen diese Menschen dann in die nördliche Eiswelt Niflheim.

Walhall gleicht einem Paradies auf Zeit: Die Einherjer üben sich dort zwar täglich im bewaffneten Kampf, aber gleichzeitig mangelt es ihnen an nichts. Die Mahlzeit wird in der großen Halle eingenommen. Sie erhalten jeden Tag ihr Essen, das vom Fleisch des göttlichen Ebers zubereitet wird. Die Walküren bedienen die Einherjer am Tisch und schenken ihnen die Trinkhörner voll mit Met. Wodan läßt es sich nicht nehmen, unter ihnen zu weilen und ihre Tapferkeit reichlich zu belohnen. Die Walküren sendet Odin auch zu jedem Krieg auf der Erde, um sie dort die fallenden Krieger aussuchen zu lassen.

Doch das Paradies bleibt befristet. Denn die Einherjer müssen bereit sein zu dem letzten Entscheidungskampf gegen die Zerstörungsmächte auf der Welt, zum Endkampf der Götter und guten Menschen gegen die Riesen und Unholde. Odin verursacht deshalb die Kriege auf der Welt, um die besten und mutigsten Kämpfer, die ihren Einsatz mit dem Tod bezahlen mußten, um sich zu sammeln und so für den letzten Kampf gerüstet zu sein. Es ist der Weltuntergang, mit dem die Erde und die Götter ihr Ende finden. Doch dann wird eine neue Erde entstehen und ein goldenes Zeitalter anbrechen.

Ursprünglich waren die Germanen der Auffassung, daß die Seele nicht nur geistiger Natur ist, sondern nach dem Verlassen des Leibes feinstofflich weiterexistiere.

Ihren Aufenthaltsort sah man im Grab, in dem sie deshalb auch Waffen und Nahrungsmittel bereitgelegt wurden. Erst später wandelte sich die Überzeugung der Germanen dahin ab, daß sie meinten, die Seele löse mit Eintreten des Todes die Verbindung zum Körper völlig auf und gehe in ein unterirdisches Reich, die Schattenwelt, ein.

Die jüngere Edda

Da sprach Gangleri: Du sagtest, daß alle die Männer, die im Kampf gefallen sind von Anbeginn der Welt, zu Odin nach Walhall gekommen seien. Was hat er ihnen zum Unterhalt zu geben? Denn mich dünkt, das muß eine gewaltige Menge sein. Da antwortete Har: Es ist wahr, was du sagst: eine gewaltige Menge ist da, und noch viel mehr müssen ihrer werden; aber doch wird es scheinen, ihrer seien viel zu wenig, wenn der Wolf kommt. Und niemals ist die Volksmenge in Walhall so groß, daß ihr das Fleisch des Ebers nicht genügen möchte, der Sährimnir hieß. Jeglichen Tag wird er gesotten und ist am Abend wieder heil. Doch dünkt mich wahrscheinlich, daß dir wenige auf die Frage, die du jetzt gefragt hast, richtig Bescheid sagen werden. Andhrimnir heißt der Koch und der Kessel Eldhrimnir, wie hier gesagt ist:

Andhrimnir läßt in Eldhrimnir
Sährimnir sieden,
Das beste Fleisch; doch erfahren wenige,
Wieviel der Einherjer essen.

Da fragte Gangleri: Genießt Odin von derselben Speise wie die Einherjer? Har antwortet: Die Speise, die auf seinem Tische steht, gibt er seinen beiden Wölfen, welche Geri und Freki heißen, und keiner Kost bedarf er; Wein ist ihm Trank und Speise, wie es heißt:

Geri und Freki füttert der krieggewohnte
Herrliche Heervater,
Da nur von Wein der waffenhehre
Odin ewig lebt.

Zwei Raben sitzen auf seinen Schultern und sagen ihm ins Ohr alle Dinge, die sie hören und sehen; sie heißen Hugin und Munin. Er sendet sie morgens aus, alle Welten zu umfliegen, und mittags kehren sie zurück und so wird er mancher Dinge gewahr. Die Menschen nennen ihn darum Rabengott. Davon wird gesagt:

Hugin und Munin müssen jeden Tag
Über die Erde fliegen.
Ich fürchte, daß Hugin nicht nach Hause kehrt;
Doch sorg ich mehr um Munin.

Da sprach Gangleri: Eine gewaltige Menge ist Walhall und ich muß wohl glauben, daß Odin ein gewaltiger Häuptling ist, wenn er so großem Heere gebeut. Aber was ist der Einherjer Kurzweil, wenn sie nicht zechen? Har antwortete: Jeden Morgen, wenn sie angekleidet sind, wappnen sie sich und gehen in den Hof und kämpfen und fällen einander. Das ist ihr Zeitvertreib. Und wenn es Zeit ist zum Mittagsmahl, reiten sie heim gen Walhall und setzen sich an den Trinktisch, wie hier gesagt ist:

Die Einherjer alle in Odins Saal
Streiten Tag für Tag;
Sie kiesen den Wal und reiten vom Kampf heim
Mit Asen Ael zu trinken;
Dann sitzen sie friedlich beisammen.

Da fragte Gangleri: Was geschieht hernach, wenn Himmel und Erde verbannt sind und alle Welten und die Götter alle tot sind und alle Einherjer und alles Menschenvolk? Ihr habt vorhin doch gesagt, daß ein jeder Mensch in irgend einer Welt leben soll durch alle Zeiten. Har antwortete: Es gibt viele gute und viel üble Aufenthalte; am besten ist's, in Gimle zu sein. Sehr gut ist es auch für die, welche einen guten Trunk lieben, in dem Saale, der Brimir heißt und gleichfalls im Himmel steht. Ein guter Saal ist auch jener, der Sindri heißt und auf den Nidabergen steht, ganz aus rotem Gold gebaut. Diese Säle sollen nur gute und rechtschaffene Menschen bewohnen. In Nastrand (Leichenstrand) ist ein großer aber übler Saal, dessen Türen nach Norden sehen. Er ist mit Schlangenrücken gedeckt und die Häupter der Schlangen sind alle in das Haus hineingekehrt und speien Gift, daß Ströme davon durch den Saal rinnen, durch welche Eidbrüchige und Meuchelmörder waten, wie es heißt:

Einen Saal seh ich, der Sonne fern,
In Nastrand; die Türen sind nordwärts gekehrt.
Gifttropfen fallen durch die Fenster nieder;
Aus Schlangenrücken ist der Saal gewunden.
Im starrenden Strome stehn da und waten
Meuchelmörder und Meineidige.

Aber in Hwergelmir ist es am schlimmsten:

Da saugt Nidhöggr der Entseelten Leichen.

Darauf hörte Gangleri ein großes Getöse rings um sich her. Und als er sich wandte und recht um sich blickte, fand er sich alleine stehen auf einer weiten Ebene und sah weder Halle noch Burg mehr. Da ging er seines Weges fort und kam zurück in sein Reich und erzählte die Dinge, die er gehört und gesehen hatte, und nach ihm erzählte einer dem anderen diese Geschichten.

Die Vorstellung von den drei Totenreichen in Mittel- und Südamerika

Die Azteken, ein Indianervolk, das in Mexiko lebte, beherrschte dort weite Gebiete. Mit der Eroberung des Territoriums durch die Spanier von 1519 bis 1521 war das Ende dieser Hochkultur gekommen.

Die Azteken, so ist überliefert, glaubten an die Existenz von drei Totenreichen. Die Vorstellung von mehreren Totenreichen findet sich auch bei einer Reihe anderer amerikanischer Kulturvölker.

In der Regel ist die Art des Todes dafür entscheidend, in welches Totenreich der Mensch kommt. Die Azteken glaubten nicht an die Wiedergeburt. Aus dem Totenreich gibt es keinen Weg zurück.

In das erste der drei Totenreiche, Mictlan, kommen alle Menschen, die an Krankheiten starben. Auf den sozialen Status wird dabei keine Rücksicht genommen, der König, ebenso wie der einfache Mensch, müssen in diese Unterwelt treten, in der Armut und Not herrscht. Vier Jahre nach dem Tod wird die tiefste, die neunte Unterwelt erreicht.

Schließlich geht der Tote endgültig zugrunde.

Im zweiten Totenreich, Tlalocan, ist die Umgebung wesentlich angenehmer und freundlicher. Im Reich des Regengottes gedeiht alles im Überfluß. »Hier war man reich und glücklich und litt keine Not.« Nach Auffassung der Azteken aber kamen nur die Blitzopfer, die Ertrunkenen, die Aussätzigen, die an Geschlechtskrankheiten Leidenden, die unter Krätze und offenen Geschwüren Dahinsiechenden, die Gichtkranken, die Wassersüchtigen und die von ansteckenden Krankheiten Dahingerafften in den Genuß dieser paradiesischen Zustände. Damit waren also, im Gegensatz zu den an »normalen Krankheiten« Gestorbenen, jene gemeint, die an ihren Krankheiten schwer zu leiden hatten.

Das dritte Totenreich, der Himmel, das Haus der Sonne, übertrifft das zweite an Schönheit. Es bleibt den im Krieg Gefallenen vorbehalten, aber auch den geopferten Gefangenen (»Kampfopfer«). Dem heldenhaften Tod gleichgestellt sind außerdem noch die im Kindbett gestorbenen Frauen. Zwar wohnen diese Toten in einer Art Steppe, aber dafür können sie der Sonne ins Antlitz blicken. Nach vier Jahren verwandeln sich die Toten schließlich in Vögel und Schmetterlinge, die im Himmel Honig saugen dürfen. Wer auf der Erde litt, erhält zum Lohn im Jenseits die ewige Seligkeit, wer aber einfach vor sich hinlebte und genauso, ohne Aufhebens, starb, der hat ein armseliges Dasein im Jenseits zu erwarten. So lautetet die Quintessenz aus den aztekischen Jenseitsvorstellungen.

Märchen der Azteken und Inkaperuaner

Alle, die starben, gingen nach ihrem Tode nach (einem von) drei Orten. Der erste ist *Mictlan*, das eigentliche Totenreich. Es liegt da, wo Tzontemoc, der Herr des Totenreiches, und seine Gattin ihren Sitz haben. Dorthin gingen alle, die auf der Erde an Krankheiten starben, Könige und Gemeine. Wenn ein Mann, eine Frau oder ein Kind starb, so redete man den Toten in folgender Weise an: »So bist du nun endlich am Ziele, im Hafen, mein Sohn: Hast Atem geschöpft, bist des Weges müde geworden! Unser Herr hat sich deiner erbarmt; denn nicht hier auf Erden ist unsere bleibende Heimat. Nur für eine kurze Spanne Zeit, nur gerade so lange, daß wir warm wurden, haben wir uns durch die Gnade unseres Herrn (auf diese Erde) wagen dürfen. Jetzt hat er dich zu seiner Fußbank, seinem Throne gemacht. Dort ist unsere bleibende Heimat, dort der Ort, wo wir alle für immer verschwinden, wo die Erde sich breitet. Nun ist es zu Ende: denn du bist gegangen ins Ungewisse, in das alle hinabsteigen, alle hingehen, wo die Türen links sind und von wo es keine Straßen mehr zu Menschen gibt. Nie wirst du mehr zurückkommen, nie mehr besuchen, die hier zurückblieben, mögen es viele sein oder wenige. Denn du bist fort und hast deine Kinder und Neffen verlassen. Du wirst sie nie wieder besuchen, und sie werden hier dereinst so oder so ein Ende finden; auf deinen Spuren werden wir dereinst an denselben Ort gelangen, ehe noch lange Zeit verflossen ist« ...

Darauf veranlaßten sie die Papierbereiter, alte, sachkundige Leute, die Papier in Streifen schnitten und die Streifen zusammenknüpften, daß sie den Schmuck für die Leiche anfertigten. Nachdem dies geschehen, schmückten sie damit den Toten. Dann brachten sie ihn in Hockstellung und gossen ihm Wasser aufs Haupt, während sie zu ihm sprachen: »Das ist das Wasser, das du auf Erden getrunken hast.« Darauf taten sie Wasser in einen kleinen Krug, gaben ihm den und sprachen: »Und das ist das, was du auf der Reise brauchen wirst« und steckten ihm den Krug zwischen die Kleider. Hernach wickelten sie den Toten fest in seine Binden, umschnürten ihn und gaben ihm seine Papierkleider. In bestimmter Reihenfolge legten sie sie vor ihm hin und sagten dabei: »Damit wirst du an die Stelle gelangen, wo die Berge zusammenstoßen.« »Und damit wirst du da hindurchkommen, wo die Schlange den Weg bewacht.« »Und damit wirst du an der grünen Eidechse, dem Zeichen der Blume, vorbeikommen.« »Und damit wirst du deinen Weg über die acht Steppen finden.« »Und damit wirst du bis zu den acht Hügeln gelangen.« »Und damit wirst du an den Ort des Obsidianmesserwindes gelangen.« An diesem Ort litt man große Not; lauter Steinmesser und Steingrus wurden dort vom Winde umhergewirbelt. Darum verbrannte man, wenn Männer gestorben waren, ihre Federschmuckbehälter, Schilde und Schwerter, Trophäen, Mäntel und was sonst noch zu ihrer Habe gehörte, mit allem übrigen, und wenn Frauen gestorben waren, ihre Körbchen, Haarsträhnen, Webegeräte und Kämme mit allem übrigen; denn man sagte, daß man sich damit gegen den Wind verteidige und schütze, um am Orte des Obsidianmesserwindes nicht zu sehr zu leiden. Wer nichts sein eigen nannte und ohne alles dahinging, der litt sehr, wenn er an diesen Ort gelangte. Auch ein Hündchen hatte der Tote als Begleiter, ein gelbes, das einen Faden lockerer Baumwolle als Halsband trug. Er sollte den Toten über den neunfachen Strom nach dem Totenreiche übersetzen . . .

Erst nachdem vier Jahre um waren, kam der Tote in die neunte Unterwelt. Dort ist ein breites Wasser; Hunde sind die Fährleute. Es heißt, daß der Hund, wenn ein Toter kommt, nach ihm ausschaute; und wenn er seinen Herrn erkannte, so stürzte er sich ins Wasser, um ihn herüberzutragen. Deswegen züchteten die Eingeborenen vielfach Hunde. Und man sagt, weiße und schwarze seien nicht imstande, die Toten nach dem Totenlande überzusetzen; der weiße spreche: »Ich habe mich soeben gewaschen«, der schwarze: »Ich habe mich soeben schwarz bemalt«; nur der gelbe kann es. In der neunten Unterwelt aber ist alles zu Ende . . .

Gott und Göttin der tiefsten Unterwelt fressen Hände und Füße; ihre Pfeffertunke ist der rote Käfer, ihre Suppe Eiter; sie trinken aus einer Hirnschale. Wer im Leben viele Krapfen aß, ißt sie in der Unterwelt durchlöchert; der rote Käfer hat sie durchlöchert. Wer im Leben Ayocomolli aß, ißt in der Unterwelt Herzen. Alle Giftkräuter werden in der Unterwelt gegessen, und alle, die dahin gehen, essen Stachelmohn. Kurz, alles, was auf Erden nicht genossen wird, wird in der Unterwelt genossen, und es heißt, daß nichts anderes gegessen werde. In der Unterwelt herrscht große Armut und Not. Obsidianmesser wirbeln umehr, Sand, Bäume, Stachelpflanzen, Feuersteinsplitter, wilde Agaven, Erdkaktusse und Kugelkaktusse, und es ist bitter kalt. Mühsal lastet auf den Toten. Wenn einer auf Erden einen Hund aufgezogen hat, so ermahnt er ihn, bevor er stirbt, mit den Worten: »Schau gut nach mir aus am Ufer des neunfachen Stroms.« Denn es heißt, daß der Hund seinen Herrn über den Unterweltsstrom setzt; danach heißt er »Hund des neun(fachen Stroms)«. Dort, wo alle Menschen hinabgehen müssen, ist die Stelle, wo die Berge zusammenstoßen. Und der, über dem die Berge zusammenstoßen, geht dort zugrunde und wird in der Unterwelt nicht mehr gesehen. Wer noch als kleiner Knabe oder als Kind in der Wiege starb, der ging nicht ins Mictlan, sondern ins Xochitlapan (»Gartenland«). Dort soll der Säuglingsbaum stehen, an dem die kleinen Kinder saugen; sie liegen an seinem Fuße und machen den Mund auf und zu, und in den Mund tropft die Flüssigkeit, die sie saugen. –

Der zweite Ort, nach dem die Toten kamen, war *Tlalocan*, das Reich des Regengottes. Hier war man reich und glücklich und litt keine Not. Nie gebrach es dort an jungen Maiskolben, Kürbissen, Kürbisblütengemüse, Laubsprossen, grünen Pfefferschoten, Tomaten, grünen Bohnen und gelben Sommerblumen. Dort wohnten die Regengötter, die den Priestern, den Langhaarigen, gleichen. Ins Tlalocan gingen die vom Blitz Erschlagenen, die Ertrunkenen, die Aussätzigen, die an der Lustseuche und an sonstigen Geschlechtskrankheiten Leidenden, ferner die mit Krätze und offenen Geschwüren Behafteten, die Gichtkranken, die Wassersüchtigen und die von ansteckenden Krankheiten Dahingerafften. Diese wurden, wenn sie starben, nicht verbrannt, sondern begraben. Man bemalte ihnen das Gesicht mit Kautschuk, drückte (zerquetschte Samen aus) Fischkraut auf ihre Wangen und bestrich ihnen die Stirn mit blauer Farbe; ferner machte man ihnen Haarschöpfe aus Papier, brachte Bergfiguren auf ihrer Stirn an, kleidete sie in Papier und gab ihnen einen Binsenstab in die Hand. – Im Tlalocan ist es immer grün; alles sproßt, und ein ewiger Sommer herrscht.

Der dritte Ort,nach dem die Toten kamen, war der Himmel, das *Haus der Sonne*. Dorthin gingen die im Kriege Gefallenen, die entweder gleich auf dem Schlachtfelde dahingerafft wurden und, vom Schicksal ereilt, ihren Geist aufgaben, oder die heimgebracht wurden, um später geopfert zu werden, sei es auf dem runden Stein im Kampfopfer, sei es, daß sie ins Feuer geworfen oder erstochen wurden, auf dem Kugelkaktus, im Kampfe oder mit Kienspänen umbunden; – alle diese gingen zum Haus der Sonne, und es heißt, daß sie dort in einer Art Steppe wohnten. Wenn die Sonne kam, empfingen sie sie mit ihrem Kriegsruf, rasselten ihr mit ihren Schneckengehäusen entgegen und schlugen an ihre Schilde. Der, dessen Schild an zwei oder drei Stellen von Pfeilen durchbohrt war, konnte (durch die Löcher) die Sonne erblicken; aber wessen Schild nirgends durchlöchert war, konnte ihr nicht ins Antlitz sehen. Da, wo die toten Krieger wohnten, gab es wilde Agaven, Dorngewächse und Dornakazienhaine; und alle Opfergaben, die man ihnen brachte, können sie sehen, zu ihnen können sie gelangen. – Nachdem sie so vier Jahre zugebracht hatten, verwandelten sie sich in Vögel mit glänzendem Gefieder: in Kolibris, Blumenvögel und gelbe Vögel mit schwarer Grube um die Augen, ferner in weiße Kreide- und Daunenfederschmetterlinge und trinkschalengroße Schmetterlinge, um dort im Himmel den Honig der Blüten zu saugen. Sie kamen auch zur Erde hernieder, um den Honig aller Arten von Blumen zu trinken. –

Wenn eine Frau im Kindbett gestorben und so ein Krieger in Gestalt einer Frau geworden war, so weinte und klagte man freilich sehr, daß sie diesen Tod erleiden mußte, aber die Eltern und der Mann freuten sich doch wiederum, denn man sagte: sie geht nicht in das Totenreich, sondern in den Himmel, in das Haus der Sonne.

Wie die Überlieferung berichtet, gingen die Häuptlinge und die »Adler und Jaguare«, wenn sie im Kriege starben, ins Haus der Sonne und lebten dort im Osten, wo die Sonne aufgeht. In der Morgendämmerung rüsteten sie sich, legten kriegerischen Schmuck an und gingen der Sonne zum Empfang entgegen. Wenn sie erschien, holten sie sie heraus, rasselten vor ihr mit ihren Schneckengehäusen, belustigten sie, führten Kampfspiele für sie auf und ergötzten sich vor ihr. So begleiteten sie sie bis zur Mitte des Himmels und bis zur Zeit, die man Mittag nennt.

Von den im Kindbette gestorbenen Frauen erzählt man sich folgendes: sie lebten da, wo die Sonne sich neigt und untergeht; das ist der Grund, weshalb die Alten, die die Ordnung der Dinge begründet haben, diese Gegend Ciuatlampa (»Land der Weiber«) nannten. Wenn die Sonne bereits aufgegangen war und ihre Bahn wandelte, auf der die toten Krieger ihr Kurzweil bereiteten und sie mit Rasselklängen begleiteten, dann rüsteten sich die toten Frauen, legten ebenfalls kriegerischen Schmuck an, ergriffen Schilde und Kriegsabzeichen und brachen auf; sie stiegen am Himmel empor, um die Sonne am Zenit zu empfangen. Dort nahmen sie sie aus der Hand der toten Krieger, der »Adler und Jaguare«, entgegen. Nachdem diese sie den Frauen übergeben hatten, zerstreuten sie sich, um Honig saugend von Blüte zu Blüte zu fliegen. Die Frauen aber begannen nun die Sonne hinabzuführen; quetzalfedergeschmückt trugen sie die Sonne hinab auf einer Bahre aus Quetzalfedern. Und während sie sie geleiteten, ließen sie ebenfalls ihre Schneckengehäuse rasseln, bereiteten ihr Kurzweil und belustigten sie mit Kämpfen. Bis dorthin geleiteten sie die Sonne, wo diese untergeht. Man sagt, daß sie sie hier den Bewohnern des Totenlandes übergaben, auf daß diese sie ins Mictlan brächten; denn die Alten berichten: wenn es auf Erden Nacht wird, wird es im Totenlande hell, und die Toten erwachen dann und erheben sich. Nachdem die Frauen die Sonne den Bewohnern des Totenlandes übergeben hatten, zerstreuten auch sie sich und kamen zur Erde hernieder. Sie suchten dann nach Spindeln, Webehölzern, Arbeitskörbchen, der gesamten weiblichen Habe, mit der die Dunkelheitsdämonen und Gespenster auf Spuk ausgehen, zeigten sich auch oft den Leuten in der Gestalt der gestorbenen Frau und erschienen so ihren Ehegatten; von ihnen verlangten sie Hüfttücher, Weiberhemden und die sonstigen weiblichen Trachtstücke...

Wenn eine Wöchnerin starb, verehrte die Hebamme sie wie eine Göttin, bevor sie begraben wurde, und sprach zu ihr in folgenden Worten:

»Du dunkle Schmuckfeder, du mein Nesthäkchen, du Kriegerin, du Feine, du Täubchen, du mein Mädchen! Du hast Mühe und Arbeit gehabt, ein schweres Los ist auf dich gefallen. Du hast dich zu deiner Mutter, der Fürstin und Kriegerin Ciuacouatl-Quilaztli gesellt. Du hat den Schild, den deine Mutter in deine Hand legte, ergriffen, erhoben und übergestülpt. Jetzt aber erwache und erhebe dich! Schon ist es Tag, schon ist es hell geworden; der Arara steigt empor, das Morgenrot bricht an, und es singen das rote Huhn, die rote Schwalbe und die übrigen feuerfarbenen Schmuckvögel. Steh auf, mach dich bereit, geh nach dem guten Orte, dem Haus der Sonne – deiner Mutter und deines Vaters –, wo man in Freude und Seligkeit und Fülle des Genusses lebt. Auf, begleite die Sonne; ihre älteren Schwestern, die himmlischen Fürstinnen, sie, die immer und ewig in Lust und Freude leben, die unmittelbar mit und neben der Sonne wandeln, sie belustigen und mit Rasselklängen begleiten, nehmen dich an die Hand!... Schon eilst du dahin, um dort selig zu sein. An einem guten, einem schönen Orte lebst du, bei unserem Herrn, dem Sonnengotte. Du siehst ihn schon mit eigenen Augen, sprichst zu ihm mit eigenem Munde: Bete zu ihm, sprich zu ihm für uns! Denn in allen Stücken verlassen wir uns auf dich!« –

Die Unterwelt bei den Maya

Die Maya bestanden aus einer Gruppe von mittelamerikanischen Indianervölkern, die der gleichen Sprachfamilie angehörten. In der vorkolumbianischen Zeit bereits bestand eine Hochkultur im Bereich von Guatemala, Yucatan, Honduras und Südmexiko. Die Unterwerfung durch die Spanier bedeutete das Ende. Zu den Maya werden Chal,Quiché, Mam und Cakchiquel und andere Indianerstämme gezählt.

Die Geschichte von der Unterweltsfahrt entstammt dem Legendenschatz der Quiché und Cakchiquel. Sie enthält vor allem eine Beschreibung der Prüfungen, denen der Tote ausgesetzt wird. Sonne und Mond (Hun hunahpu und Vukub hunahpu), die ein Götterpaar bilden, steigen hinab in die Totenwelt. Letztlich unterliegen sie den Mächten der Finsternis. Aber schließlich – dieser Teil ist nicht mitabgedruckt – siegen sie mit verjüngtem Wesen über die Unterwelt und steigen wieder zum Himmel auf.

Es begab sich in der Zeit der Dunkelheit, daß Hun hun-aahpu und Vukub hunahpu von Xpiyacoc und Xmucane (erzeugt und) geboren wurden. Hun hunahpu erzeugte zwei Söhne: Hun batz hieß der eine, Hun chouen der andere. Der Name ihrer Mutter war Xbakiyalo; so nannte sich das Weib Hun hunahpus. Vukub hunahpu aber hatte kein Weib, er war ein Hagestolz. Jene beiden Söhne waren von Natur große Weise, und groß waren ihre Fähigkeiten; Seher waren sie hier auf dem Antlitz der Erde, und in jeder Hinsicht vollkommen von Natur und Erziehung. Das gesamte Wissen offenbarten sie in sich, Hun batz und Hun chouen, die Söhne Hun hunahpus; Flötenspieler, Sänger, Blasrohrschützen, ferner Maler, Bildschnitzer, Künstler in Türkis- und Goldarbeiten waren sie, Hun batz und Hun chouen.

Was aber Hun hunahpu und Vukub hunahpu betrifft, so widmeten sich diese Tag um Tag nur dem Ballspiel mit den Lichtkörpern (?); obwohl nur zu zweit, traten sie einander gegenüber, wie denn sie die vier wären, die sich (für gewöhnlich) auf dem Ballspielplatz versammeln. Und der Sperber pflegte ihnen zuzuschauen, der Bote Hurakans, Chipi Cakulhas, Raxa Cakulhas; dieser Sperber weilt weder fern von der Erdoberfläche, noch vom Totenreich, und (ebenso) leicht gelangt er in den Himmel zu Hurakan. – Während sie noch hier auf der Erde waren, starb die Mutter des Hun batz und Hun chouen.

Es war aber auf dem Wege nach Xibalba (der Unterwelt), wo (Hun hunahpu und Vukub hunahpu) Ball spielten. Da hörten es Hun came und Vukub came, die Herrscher der Unterwelt. »Was trägt sich oben auf der Erde zu? Sind nur sie sichtbar, nur sie allein vorhanden? Man rufe sie hierher, damit sie Ball spielen und wir sie besiegen. Sie gehorchen uns in keiner Weise, es geht ihnen jede Achtung, jede Ehrfurcht vor unserem Wesen ab, denn wahrlich, sie lassen immer nur ihr mißtönendes Geschrei über unseren Häuptern erschallen.« So sprachen sie alle in der Unterwelt, und berieten sich darüber...

Darauf erschienen Boten auf Befehl von Hun came und Vukub came. »Herrscher über die Männer! Machet euch auf und rufet Hun hunahpu und Vukub hunahpu, indem ihr zu ihnen sagt: Begleitet uns: Die Fürsten befehlen euch, zu kommen!- Sie sollen hierher kommen, um mit uns Ball zu spielen, damit wir gemeinsam mit ihnen unsere Gesichts(binden) in Tätigkeit setzen. Wahrlich, wir sind erstaunt über ihren Lärm! Darum sollen sie herkommen und mitbringen, was sie besitzen: ihre Hüftleder (?), ihre Handschuhe und dazu ihre Kautschukbälle. So sollt ihr zu ihnen sprechen, und nun macht euch auf den Weg!« So wurde zu den Boten gesprochen. Diese Boten aber waren Eulen: die Pfeil-Eule, die Einbein-Eule, die Arara-Eule und die Schädel-Eule; so hießen die Boten der Unterwelt. Die Pfeil-Eule fliegt gleich einem Pfeil dahin, die Einbein-Eule hat von Natur nur ein Bein, die Arara-Eule hat von Natur einen feuer(roten) Rücken und die Schädel-Eule besteht allein aus einem Schädel; sie besitzt keine Füße, sondern nur Flügel. Diese vier Boten und Herrscher über die Männer waren die Beauftragten (der Unterweltsmächte).

Nachdem sie die Unterwelt verlassen, waren sie im Augenblicke an Ort und Stelle und schwebten gerade über dem Ballspielplatz, auf dem Hun hunahpu und Vukub hunahpu Ball spielten, und der Nim xob car chah hieß. Die Eulen hielten über dem Ballspielplatz an und taten ihre Botschaft kund, die Botschaft, die ihnen aufgetragen hatten Hun came und Vukub came, Ahal puh und Ahal k'ana, Chamia bak und Chamia holom, Xi'quiripat und Cuchuma qui'c, Ahal mez und Ahal tocob, Xic und Patan – das sind die Namen sämtlicher (Unterwelts-)Fürsten, deren Botschaft durch die Eulen feierlich verkündet wurde. »Haben das wirklich die Fürsten Hun came und Vukub came gesagt? Ist es wahr, daß sie sagten, wir sollten euch begleiten?« – »Sie sollen ihr ganzes Spielgerät mitbringen, haben die Fürsten gesagt.« – »Gut. Wartet auf uns. Wir wollen uns erst noch von unserer Mutter verabschieden«, sagten (Hun hunahpu und Vukub hunahpu). Und sie gingen nach Haus und sprachen zu ihrer Mutter – denn ihr Vater war schon tot –: »Höre einmal, Mutter. Ein Zeichen kam zu uns; die Boten der (Unterwelts-)Fürsten sind da, die uns holen sollen. ›Sie sollen kommen, sagen (die Fürsten)‹; so sprechen die, die uns rufen. Als Unterpfand soll hier unser Ball zurückbleiben. Mit diesen Worten banden sie ihn, um ihn zurückzulassen, an die Spitze des Hauses, da, wo ein Loch ist. Erst danach (fuhren sie fort): »Wir werden ihn wohl später noch einmal brauchen. – Ihr aber sollt die Flöte blasen und singen, malen und schnitzen, damit unser Haus behaglich sei und das Herz eurer Großmutter erfreut werde.« So sprachen sie zu Hun batz und Hun chouen und nahmen dann Abschied. Ihre Mutter Xmucane brach in Schluchzen aus. »Sieh: wir sind ja noch nicht tot; sei doch nicht traurig!« Mit diesen Worten brachen Hun hunahpu und Vukub hunahpu auf, und der Weg wurde ihnen durch die Boten gewiesen.

Sie stiegen hinab auf dem Weg nach Xibalba; abschüssig ist es am Rande der Tiefe. Sie stiegen hinab und gelangten an das Ufer verschiedener Ströme, (die in) Schluchten (flossen), namens Nu(z) zivan und Cul zivan, und über die sie (heil) hinüberkamen. Dann kamen sie im Innern (der Erde) an verschiedenen Strömen mit Dornbäumen vorbei; nicht zu zählen waren die Dornbäume, an denen sie vorbeikamen, ohne Schaden zu nehmen. Weiter gelangten sie an das Ufer des Blutstromes. Auch dort kamen sie heil hinüber, weil sie nichts davon tranken. Dann kamen sie an den Strom, der nichts als Wasser ist; sie zogen (auch dort) nicht den kürzeren – wieder kamen sie heil hinüber. Endlich gelangten sie an die vier auseinanderlaufenden Wege; und hier, an den vier Wegen, war es, wo sie (zum erstenmal) das Spiel verloren. Einer ist ein roter, der zweite ein schwarzer, der dritte ein weißer, der vierte ein gelber Weg. Der schwarze Weg sprach: »Mich müßt ihr nehmen; ich bin der Weg der (Unterwelts-)Fürsten. Da ließen sie sich verleiten: sie folgten dem Weg nach der Unterwelt und kamen an den Ort, wo der Herrschersitz der Fürsten der Unterwelt ist, und wo sie ihre Niederlage erlitten.

Das erste (Probestück) war, daß bloße Puppen dasaßen, aus Holz geschnitzt und aufgeputzt durch die von Xibalba. Sogleich machten sie ihnen ihre Ehrenbezeugung. »Sei gegrüßt, Hun came!« sprachen sie zu den Puppen. »Sei gegrüßt, Vukub came!« redeten sie die Holzbilder an. Aber diese antworteten nicht; da brachen alle Fürsten der Unterwelt in Lachen aus, wie ein Mann lachten sie alle, weil sie sich als Sieger fühlten; Hun hunahpu und Vukub hunahpu aber waren geschlagen. Nachdem sie sich sattgelacht hatten, sprachen Hun came und Vukub came: »Wohlan, ihr seid gekommen. Morgen sollt ihr eure Gesichtsbinden, Hüftleder und Handschuhe in Tätigkeit setzen.« So wurde zu ihnen gesprochen. »(Aber zuerst) kommt einmal her, auf unsern Sitz«, hieß es weiter. Der Sitz, der ihnen angeboten wurde, war nichts anderes als ein glühender Stein. So wurden sie auf dem Sitz verbrannt, sie wanden sich hin und her auf ihm und konnten sich weder erheben noch Linderung finden; verbrannt wurde ihr Gesäß. Da lachten die von Xibalba von neuem, sie krümmten sich vor Lachen; das Gelächter brachte Herz, Blut und Knochen bei allen Fürsten von Xibalba in Wallung.

»Geht jetzt in das Haus, dort werden euch im Schlafgemach eine Fackel und eine Zigarre gegeben werden«, sprach man (zu Hun hunahpu und Vukub hunahpu). Da traten sie in das »Haus der Finsternis«, in dessen Innern völlige Dunkelheit herrschte. Die von Xibalba aber pflogen Rat. »Morgen sollen sie von uns geopfert werden; sie sollen dann auf der Stelle durch ihr und unser Ballspielgerät sterben.« So sprachen die von Xibalba zueinander. Die Fackel aber (die sie den Brüdern gaben) war nur eine ovale Speerspitze; »Das weiße Steinmesser« heißt daher die Fackel der Unterwelt. Sie ist scharf geschliffen, und auf der Stelle wird ein Knochen durch sie zerstört; so stark ist die Fackel der Unterwelt. – Als Hun hunahpu und Vukub hunahpu in das Haus der Finsternis eintraten, wurde einem jeden von ihnen eine Fackel gegeben, die angezündet von Hun came und Vukub came herkam, und ebenso einem jeden eine Zigarre; auch sie wurde Hun hunahpu und Vukub hunahpu brennend von den Fürsten übergeben ... Sie sollen, wenn es wieder hell geworden ist, zurückgegeben werden, aber ohne an der Spitze versehrt zu sein, und sollen dann wieder eingesammelt werden, lassen euch die Fürsten sagen.« So sprach man zu ihnen. Aber sie holten sich hier eine Niederlage, denn sie verbrauchten Fackel und Zigarre, die ihnen gegeben worden waren.

Gar zahlreich sind die Prüfungsorte der Unterwelt; der erste ist das »Haus der Finsternis«, in dessen Innern völliges Dunkel herrscht. Der zweite heißt »Haus der pfeifenden (Winde)«; es ist schneidend kalt drinnen, und nur pfeifende, erschauernde Winde treiben, unerträgliche Kälte verbreitend, darin ihr Wesen. Das dritte Haus ist das »Haus der Jaguare«, in dem sich nur Jaguare aufhalten, die darin herumwimmeln mit fletschenden Zähnen und wilden Mienen, weil sie in dem Haus eingeschlossen sind. »Fledermaushaus« heißt der vierte der Prüfungsorte; nur Fledermäuse sind darinnen. Sie pfeifen und zischen und flattern in dem Hause umher, weil sie eingeschlossen sind und nicht herauskommen können. Das fünfte Haus endlich heißt »Haus der Speere«. Lauter Krieger sind darinnen, in ganzen Reihen stehen sie da mit ihren Speeren; still und unbeweglich liegen sie in dem Haus auf der Lauer (?). – Das sind die ersten Prüfungshäuser der Unterwelt; Hun hunahpu und Vukub hunahpu gingen aber (außer in das erste) nirgends hinein; die Namen der Prüfungshäuser werden hier nur beiläufig erwähnt.

(Am folgenden Morgen) traten Hun hunahpu und Vukub hunahpu vor das Angesicht Hun cames und Vukub cames. »Wo ist meine Zigarre und wo meine Fackel, die euch gestern gegeben wurden?« fragte man sie. »Wir haben sie aufgebraucht, mein Fürst.« »So ist heute das Ende eurer Tage gekommen; sterbet denn! Ihr werdet zugrunde gehen, man wird euch die Brust aufschneiden, und alle Erinnerung an euch wird hier getilgt werden. Man opfere euch!« Als Hun came und Vukub came so gesprochen hatten, wurden jene geopfert, und man begrub sie auf einem Müllhaufen. Der Kopf Hun hunahpus wurde abgeschnitten und der ältere Bruder zusammen mit dem jüngeren begraben. »Man lege seinen Kopf mitten in den Baum hinein, der am Wege steht«, sprachen Hun came und Vukub came. Und als der Kopf mitten in den Baum gelegt worden war, brachte der Baum Früchte hervor, der keine Früchte gehabt hatte. (Diesen Baum) den Kalebassenbaum, nennt man noch heute »Hun hunahpus Kopf«. Hun came und Vukub came aber waren höchst erstaunt über die Früchte des Baumes; er hing über und über voll Früchten, und auf dem Wipfel war der Kopf Hun hunahpus nich mehr sichtbar, denn er war eins geworden mit den Früchten des Kalebassenbaums. Alle Bewohner Xibalbas sahen es, wenn sie kamen, um (von dem Wunder) Zeuge zu sein. »Ein großes Wunder ist mit dem Baum vor sich gegangen«, dachten sie bei sich, »denn es geschah in dem Augenblick, als der Kopf Hun hunahpus mitten in ihn hineingetan wurde.« Und zueinander sprachen die von Xibalba: »Seine Früchte sollen nicht gepflückt werden, und es soll auch niemand an den Fuß des Baumes herantreten.« Mit diesen Worten verboten es sich alle Bewohner Xibalbas gegenseitig.

Das Jenseitsbild der Inka in Peru

Die Inka in Peru mußten ihrer Auffassung nach erst einen Fluß überqueren, um in das Totenreich zu gelangen. Den Seelen der guten Menschen war ein Dasein unter der Erde in ewiger Ruhe beschieden, während die Schlechten büßen mußten. Die Peruaner sahen den Sühneort teils im Himmel, teils in der Hölle.

Alle Seelen der Toten gehen nach dem Glauben der Gebirgsbewohner in ein Land, das Upamarca heißt, das »Land der Stummen«. Vorher müssen sie einen Strom überschreiten, über den eine sehr dünne Brücke aus Haaren führt. Die Seelen werden von schwarzen Hunden hinübergebracht, die zu diesem Zweck von den Indianern gehalten werden. Die Einwohner von Huacho und anderen Orten der Küste sagen, daß die Seelen nach der Guanoinsel gehen, und daß Seehunde sie dort hinübertragen, die die Indianer Tumi nennen.

Woran im allgemeinen alle Peruaner glaubten, war, daß die Guten, wenn sie starben, dahin zurückkehrten, von wo sie gekommen waren, nämlich unter die Erde; dort lebten sie in ewiger Ruhe. Wer aber hingerichtet worden war, gestohlen oder andere Sünden begangen hatte, ging nach dem Tode zum Himmel, wo Feuer war; dort mußte er für alle seine Vergehen büßen. Sie glaubten auch, daß die Toten leiblich auferstehen und wieder in den Besitz dessen gelangen würden, was sie zurückgelassen hätten; deshalb ließen sie sich alles in Grab mitgeben, und zwar wurde das Beste von allem, was sie besaßen, den Toten mitgegeben, denn sie glaubten, so wie die Toten von hinnen gingen, würden ihre Seelen im Jenseits erscheinen...

Die Peruaner glaubten daran, daß es eine Hölle für die Schlechten gäbe, wo sie von Dämonen, Zupay genannt, gequält würden. Diejenigen, die dorthin kamen, litten sehr unter Hunger und Durst; ihre Nahrung bestand aus Kohlen, Schlangen, Kröten und anderen derartigen Dingen. Die aber in den Himmel kamen, aßen und tranken in glänzenden Gelagen köstliche Speisen, die der Schöpfer für sie zubereitet hatte, und erhielten auch die Speisen und Getränke, die auf Erden für sie verbrannt wurden.

Die Welt der Guaimi

Die Vorstellungen der Guaimi, eines Indianerstammes in Panama, orientieren sich zum Teil an sehr vordergründigen Merkmalen. Wie so häufig, müssen die Toten auf dem Weg in die Unterwelt Flüsse überqueren. Doch die einzige Prüfung, die dort stattfindet, gilt der ordentlichen Bemalung. Die Guaimi kennen keine Wiedergeburt. Die Seele des Toten kann im Totenreich noch zehnmal so viele Jahre leben, wie sie auf Erden verbracht hatte. Danach aber vergeht auch die Totenseele endgültig.

Diese Indianer haben Kenntnis von einem Gotte, der über die ganze Welt herrscht und den sie Noncomala nennen; er schuf Himmel und Erde. Als (die ganze Welt) noch im Dunkel lag und ihre Bewohner trübselig (dahinlebten), machte sich Noncomala einst auf, um an den Ufern des Guaimi-Flusses zu lustwandeln. Da erblickte er eine schöne Frau, namens Rutve. Von Liebe zu ihr entbrannt, beschlief er sie und machte sie schwanger. Nach neun Monaten gab sie zwei Kindern, einem Knaben und einem Mädchen, die sehr schön anzusehen waren, das Leben. Die Mutter zog sie zwölf Jahre lang auf; als sie nach Ablauf dieser Zeit einmal zu einer Gasterei gegangen war (und die Kinder allein zu Hause gelassen hatte, entführte der Vater sie und) versetzte sie an den Himmel; dem Knaben gab er den Glanz der Sonne, dem Mädchenden Glanz des Mondes. Seitdem erhellt der eine den Tag, das andere die Nacht.

Obwohl Noncomala die allumfassende Gottheit ist, bedient er sich doch anderer, denen er die Herrschaft über die einzelnen Provinzen zugeteilt hat. Der, dem die Herrschaft über die Provinz Guaimi zufiel, war ein Berg namens Nubu, den die Eingeborenen als ihren Gott verehrten. Sie hatten vor ihm derartige Furcht und Scheu, daß sie, wenn sie hingingen, ihre Andacht zu verrichten, nicht wagten, nahe (an den Berg) heranzugehen. Nur die Greise von sechzig Jahren und die Kaziken bezeugten ihm ihre Anbetung im Abstande von einer Viertellegua; alle übrigen dagegen im Abstand von einer halben Legua. So wollte es die Arglist des Teufels, der vermöge der Wut der Stürme, die auf dem Berg brausen und sich plötzlich erheben, ihnen nicht gestattete, von Neugier getrieben auch nur einen Schritt näher heranzugehen.

Der böse Geist heißt in der Eingeborenensprache Tucla. Man kennt seine Schlechtigkeit und fürchtet ihn dementsprechend. Wem er das erstemal erscheint, der ist halbtot vor Schreck. In dieser Betäubung wird dann ein Pakt geschlossen; man sieht den Betreffenden nun für einen Zauberer an, der den Teufel fortan in den entlegensten Wäldern und Einöden aufsucht, um mit ihm zu sprechen. Furcht und Abscheu haben alle übrigen vor dem, der so mit dem Teufel Verkehr hat, weil sie wissen, daß er ihnen allerlei Böses zufügen kann.

Betreffs der Sintflut wird behauptet, daß Noncomala, der allumfassende Gott, im Zorn über die Provinz Guaimi sie überschwemmte und (alles Lebende) ertränkte. Sein Gott Nubu aber hatte den Samen eines Mannes, den dieser im Schlafe verloren hatte, aufbewahrt. Als nun (die Sintflut vorüber und) Noncomalas Zorn wieder verraucht war, säete er ihn aus, und (aus den noch guten Bestandteilen des Samens) entstanden Männer und Frauen, aus den bereits verdorbenen Affen.

Für den Gott der Spanier hält man den Blitz. Wenn der Blitz in einen öffentlichen Bezirk des Guaimi-Landes einschlug, vereinigte man sich an der Stelle, wo er einschlug, zu einem großen Trinkgelage und brachte, um den Blitz, den man für zornig hielt, zu besänftigen, das barbarische Opfer (der Kasteiung an den Geschlechtsteilen) dar . . .

Das Jenseits galt als ein sehr anmutiges und wonnevolles Land, in das die Totenseele ging mit all den Dingen, die ihr die Verwandten ins Grab gelegt hatten, damit sie sich ihrer bediene. Auf dem Weg dorthin mußten die Abgeschiedenen drei große Flüsse überschreiten, den Hortay, Hemay und Olay. Nur die kamen hinüber, die (in gehöriger Weise) bemalt waren. Die es nicht waren, schweiften so lange an den Ufern dieser Ströme umher, bis einer ihrer Verwandten, der die Bemalung besaß, anlangte. Mit ihm gingen dann die, die zu seiner Sippe gehörten, hinüber. Waren sie in dem ersehnten Lande angekommen, so lebten sie dort noch zehnmal so viele Jahre, wie sie auf Erden gelebt hatten; war die Frist abgelaufen, so starben auch die Totenseelen . . .

Die Jenseitsvorstellungen der Indianer Nordamerikas

Die Delaware-Indianer

Anfang des 17. Jahrhunderts lebten im Delawaretal, USA, die Delaware-Indianer, die sich selbst mit dem Sammelnamen Lenni-Lenape bezeichneten. Die Delaware wurden von den weißen Siedlern vertrieben und vom Irokesenbund unterworfen. Im 18. Jahrhundert wichen sie nach Ohio aus. Schließlich wurden sie nach Oklahoma, Wisconsin und Ontario abgedrängt. Dem amerikanischen Forscher M. R. Harrington ist ein kurz nach der Jahrhundertwende zusammengestellter Bericht über die Religion der Delaware zu verdanken. Heute sind die Indianer weitgehend assimiliert.

Einer der Glaubensgrundsätze der Delaware ist die Überzeugung, daß die Seele oder der Geist nach dem Tod des Körpers weiterlebt. Die Seele verläßt mit Eintreten des Todes den Körper, bleibt aber die nächsten elf Tage in unmittelbarer Umgebung des Körpers. In dieser Zeit lebt die Seele von Nahrung, die sie in den Häusern der Lebenden findet, sofern kein Essen mit ins Grab gegeben wurde.

Am zwölften Tag verläßt der Geist, die Seele, die Erde und begibt sich auf den Weg zu dem zwölften oder höchsten Himmel, dem Heim des Schöpfers. Dort lebt die Seele in den glücklichen »Ewigen Jagdgründen«. Sie zeichnen sich durch Schönheit aus. Das Leben verläuft dort in ähnlichen Bahnen wie auf der Erde. Allerdings sind in den »Ewigen Jagdgründen« Schmerzen, Krankheit und Sorgen ebenso unbekannt, wie auch unangenehme Arbeiten und Ärger keinen Platz haben. Kinder treffen ihre verstorbenen Eltern wieder und Eltern ihre früh verstorbenen Kinder. In diesem Land scheint keine Sonne, doch der Schöpfer hat für ein viel gleißenderes Licht gesorgt. Gleichgültig in welchem Alter die Indianer gestorben sind, alle haben in den »Ewigen Jagdgründen« das gleiche Alter. Alle Behinderten und Kranken werden sich dort bester Gesundheit erfreuen, denn nur ihr Körper war verletzt, nicht aber ihre Seele.

Dieses Paradies ist jedoch nur für die guten Menschen vorgesehen. Alle, die freundlich gegenüber ihren Mitmenschen waren und ihre Pflichten erfüllt haben, kommen dorthin. Was mit den anderen geschieht, dazu gibt es keine Aussage.

Das zukünftige Leben besteht in einem Ort von Wonne und Ruhe, wo die Weisen des Rats, die mutigen und furchtlosen Krieger, die unermüdlichen Jäger, der gute und gastfreundliche Mann eine ewige Belohnung erhalten werden; und in einem Ort des Schreckens für die Bösen, die »gespaltenen Zungen« oder die Lügner, für die Feigen und Trägen. Sie nennen den ersten Ort *Wakanda* oder *Lebensland* und den anderen »unersättlichen Schlund«, der niemals seine Beute wieder hergibt.

Sie sagen, daß das Lebensland eine Insel von hinreißender Schönheit und großer Ausdehnung ist. Ein hoher Berg erhebt sich majestätisch im Zentrum, und auf dem Gipfel dieses Berges befindet sich die Wohnung des Großen Guten Geistes. Von dort überschaut er mit einem Male die ganze Ausdehnung seines weiten Reiches: die Läufe der tausend Ströme und Flüsse, klar wie Kristall, die sich dort hinziehen, wie ebensoviele leuchtende Fäden, die schattigen Wälder, die mit Blumen übersäten Ebenen, die stillen Seen, die ohne Unterlaß die wohltätigen Strahlen einer schönen Sonne widerspiegeln. Vögel mit schönstem Gefieder erfüllen diese Wälder mit ihren süßen Melodien. Die edelsten Tiere, die Büffel, die Hirsche, die Eichhörnchen, die »cabris«, die großen Kraniche weiden friedlich und in unzählbaren Scharen auf diesen lachenden, schönen, üppigen Ebenen. Die Seen werden niemals gepeitscht, weder von Winden, noch von Stürmen; der Schlamm mengt sich niemals mit den klaren Wassern dieser Flüsse. Die Wasservögel, die Otter, der Biber und Fische von allen Arten sind dort im Überfluß.

Die Sonne erhellt allezeit dieses Land des Lebens; ein ewiger Frühling herrscht dort. Die seligen Seelen, die dort zugelassen sind, erhalten alle ihre Kräfte wieder und sind vor Krankheit bewahrt. Sie fühlen keine Ermüdung, weder bei der Jagd noch bei den anderen angenehmen Übungen, die der große Geist ihnen gewährt, und haben niemals Bedürfnis, Ruhe zu suchen.

Dort lebt die Seele unabsehbar lange in einem wahrhaft glücklichen Jagdgrund, einem schönen Lande, wo das Leben ungefähr wie auf Erden verläuft, ausgenommen, daß Schmerz, Krankheit und Sorge unbekannt sind und unangenehme Arbeit und Mühe dort keine Stätte haben. Dort werden Kinder ihre Eltern wieder treffen und Eltern ihre Kinder; dort sieht alles allezeit neu und glänzend aus. Es gibt keine Sonne dort, sondern ein helleres Licht, das der Schöpfer leuchten läßt. Alle Menschen, die auf Erden sterben, ob sie jung oder alt sind, werden hier gleich alt ausschauen, und die Blinden und Krüppel werden vollkommen und gut sein. Denn nur das Fleisch wurde geschädigt, nicht der Geist. Dieses Paradies aber ist nur für die Guten, für diejenigen, welche gütig gegen ihre Mitmenschen waren und ihre Pflichten gegen ihr Volk erfüllt haben. Von den Bösen in dieser Welt wird wenig gesagt, außer daß sie von dem glücklichen Land der Geister ausgeschlossen sind.

Die Menomini-Indianer

In der Jenseitsvorstellung der Menomini-Indianer, die im Nordosten Wisconsins leben, spiegelt sich ein bei den Indianervölkern häufig anzutreffendes Motiv wider. Die Seele begibt sich nach dem Tod des Körpers auf die Wanderung zum »Großen Dorf der Toten«. Dabei wird sie mehrfach in Versuchung geführt, mit dem Reinigungsfasten, der Voraussetzung zur Aufnahme ins Totenreich, zu brechen. Schließlich gelangt die Seele an einen großen Strom. Um zu dem »Großen Dorf der Toten« zu gelangen, muß ein schlüpfriger, schwankender Baumstamm als Brücke über den Fluß benutzt werden. Er wird von einem Hund bewacht, der die Guten von den Bösen trennt. Die Bösen werden von der Strömung »für immer mitgerissen«. Die Guten aber gelangen ins Paradies.

Die Menomini haben den festen Glauben an eine zukünftige Existenz. Wenn die Seele den Körper verlassen hat, wandert sie nach Westen zur Heimat des Mänäbus und Na'pätàó vier Tage und Nächte. Der Weg ist die Milchstraße, den Gute und Böse zugleich gehen. Auf dem Wege kommen sie zuerst an eine große Erdbeere, dann an eine Quelle reinen und schönen Wassers. Das sind Versuchungen, das Reinigungsfasten zu brechen. Geschieht das, so ist die Seele nicht würdig in die Totenwelt einzugehen.

Zuletzt erreicht die Seele einen schnellen Strom, an dessen anderem Ufer das Große Dorf der Toten liegt, das von Na'pätàó regiert wird. Die einzige Brücke ist ein schlüpfriger Baumstamm, der, wenn auch nicht auf dem Wasser liegend, mit der Strömung schwankt. Ein großer Hund bewacht den Stamm; er ist der große Häuptling aller irdischen Hunde, und bei ihm liegt die letzte Entscheidung, ob die Seele hinüber darf oder nicht. Er wird niemals eine Person von bösem Leben hinüberlassen, noch solche, die bei Lebzeiten Hunde oder Wölfe beschimpft oder mißhandelt haben. Wenn er aber die Seele hinüberläßt, so besteht doch noch die Gefahr, von der Brücke herunterzufallen; geschieht das, so wird die Seele von der Strömung für immer mitgerissen.

Ist die Seele aber glücklich am anderen Ufer angekommen, so scheinen alle anderen Bewohner dort von ihrer Ankunft zu wissen und kommen ihr mit Rufen der Begrüßung und mit Glückwünschen über die gute Ankunft entgegen. Sie wird zu dem Dorf geleitet, wo alles Glück und ewige Festmahlzeit und Lacrosspielen ist. Jeder ist strahlend gekleidet, und die Gesichter aller sind glänzend bemalt mit Rot. Es gibt weder Krieg noch Pest, noch Not, noch Sorge in jenem Land.

Na'pätàó empfängt die Seele auf dem Dorfplatz, wo eine gewaltige hölzerne Schüssel steht. Hier wird der Seele irdisches Fühlen und Denken weggewaschen, und dafür wird sie begabt mit himmlischer Kenntnis, so daß eine Seele niemals so intelligent ist wie ein Mensch in einer Hinsicht, obwohl übernatürlich begabt in anderer.

Die Jenseitsvorstellungen der Ewe in Westafrika

Vielfach sind die religiösen Vorstellungen afrikanischer Völker nur unzureichend dokumentiert. Das liegt vor allem daran, daß sie zunächst nicht selbst über eine Schriftsprache verfügten. Abenteurer und Forscher schenkten der Religion der Afrikaner wenig Beachtung.

Eines der seltenen Werke, das sich in aller Ausführlichkeit mit der Religion eines afrikanischen Volkes beschäftigt, hat 1911 der deutsche Missionar J. Spieth unter dem Titel »Die Religion der Eweer in Süd-Togo« verfaßt.

Die Ewe (früher Eweer) leben im Regenwald Westafrikas. Rund 1,3 Millionen Menschen in mehr als 100 Stämmen zählen sich heute zu den Ewe, die im Südosten Ghanas, im Süden Togos und im Süden Benins ihre Heimat haben.

Generell läßt sich zu den afrikanischen Religionen sagen, daß der Tod in der Regel nur einen Übergang von dem Dorf der Lebenden in das Dorf der Ahnen darstellt.

Der Missionar Spieth faßt den Lebensweg der Ewe zusammen: »Der Mensch hat schon vor seinem Eintritt in die sichtbare Welt in der Seelenheimat persönlich existiert und zwar unter ähnlichen Verhältnissen wie die Menschen auf Erden. Von dort kommt er mit Anweisungen versehen unter den denkbar größten Schwierigkeiten in das Diesseits. Hier wählt er sich seine Mutter selbst und wird nach seiner Geburt durch seine Angehörigen mit Opfern empfangen, besonders, wenn der Priester bei dem Neugeborenen eine Ähnlichkeit mit irgendeinem seiner Vorfahren feststellt.« Mit der Empfängnis würden sich zwei Seelen beim Kind vereinen – die des Lebens und die des Todes. »Die Seele des Lebens kam aus der Seelenheimat, die des Todes aber aus der Unterwelt. Im Tode scheiden sich beide wieder voneinander, so daß die eine wieder zu Gott zurückkehrt, die andere aber ihren Weg in die düstere Unterwelt antritt.«

Verstorbene, die in der Unterwelt keine Aufnahme fänden, kehrten wieder zu ihren Verwandten zurück, um sie zu quälen. »Auch dort duldet man sie nicht, sondern sucht ihre Rückkehr dadurch unmöglich zu machen, daß man ihre Gebeine verbrennt.«

Endgültiger Aufenthaltsort der Toten seien die Unterwelt und die Sonne. »An die Sonne werden rührende Gebete gerichtet, womit aber nie das Gestirn selbst, sondern die in demselben wohnhaft gedachten Angehörigen gemeint sind. Bäume, Steine, Quellen, Erde, Hügel und dergleichen sind nie Aufenthaltsort der Verstorbenen, wohl aber können ihre Geister in einer Antilope, einer Hyäne, einem Leoparden oder in einem Elefanten Wohnung nehmen, dies aber nur, um mit diesen Tieren endlich ganz zu verschwinden. Die Geister der Könige und anderer angesehener Häuptlinge wohnen im Ahnenstuhl und werden in ihm auch verehrt.«

Spieth schildert den Jenseitsglauben und die Auffassungen der Ewe dann ausführlich.

Die Seelenheimat und ihre Bewohner

Ihre Lage (Anlo): Die Seelenheimat des Menschen ist da, wo Gott ist. Sein Wohnsitz ist im Himmel über der Spitze des Luftraumes.

Gestalten der Seelenheimat: Am Wohnsitze Gottes lebt die Geistermutter, nolimeno. Sie ist die Mutter aller Menschen. Indessen gibt es nicht nur eine einzige, sondern sehr viele. Jeder Mensch hat seine eigene Geistermutter am Gottesplatz. Gott macht den Menschen, gibt ihn in den Leib der Geistermutter, und sie bringt ihn am Gottesplatze zur Welt.

Die Frau des Jenseits ist verheiratet mit dem dzogbemetsu, dem Mann des Jenseits. Die dort verheiratete Frau heißt Wui. Sie leben zusammen mit ihren Kindern unter ähnlichen Verhältnissen wie im Diesseits. Außer dem nolimevi, dem Geistermenschen, lebt dort noch der kpegbonola, Bleiber bei den Steinen. Er hat Macht über das Leben der Menschen, hält sich aber am nächsten bei der Geistermutter auf. Wie jeder Mensch seine Geistermutter hat, so hat er auch seinen kpegbonola. Dort ist noch der Führer des Menschen, kplomedoda, der legba, als Wegversperrer und der gbetsi, das personifizierte Versprechen des Menschen.

Ve ist die Geistermutter, d. i. der Nabel und die Nachgeburt des Kindes, die nach seiner Geburt begraben wird. Sie nennt man Geistermutter. Sie ist von nirgends hergekommen, sondern ist beim Menschen. Ihre Aufgabe besteht darin, daß sie im Laufe der Nacht unter den Menschen leuchtet. Wenn die Kinder nachts weinen, so sagt man, daß dieselben von der Geistermutter erschreckt werden. Um sie daran zu hindern, hängt man den Kindern Zauberschnüre um.

Beim Menschen wohnen aber auch der Mann und die Frau aus dem Jenseits. Wird jemand bei Einbruch der Nacht ganz zerkratzt, so erkennt man daran, daß entweder der Mann oder die Frau aus dem Jenseits an ihm war. Sollen sie sich wieder von ihm entfernen, so muß der Betreffende solche Zauberschnüre umhängen, die sie fürchten, damit sie nicht länger von ihnen belästigt werden.

Entstehung des Menschen

Die Reise der Seele in das Diesseits: Der Weggang einer Seele von der Seelenheimat erfolgt entweder auf ausdrücklichen Willen Gottes oder aber im Geheimen ohne ausdrückliche Sendung. Sendet Gott einen Menschen in die Welt des Sichtbaren, so wird er von der Geistermutter den Frauen im Diesseits zugewiesen. Menschen, die von Gott selbst ins Diesseits gesandt wurden, werden hier reiche Leute. Diejenigen aber, die im Zorn das Gottesheim verließen und sich im Geheimen nach der Welt des Sichtbaren weggestohlen haben, werden hier arme Leute.

Vor ihrer Abreise vom Gottesheim gibt die Geistermutter der scheidenden Seele Gesetze und Verhaltensmaßregeln mit. Sie sagt zu ihr: »Wenn du in die Welt des Sichtbaren kommst, so töte niemanden, damit du nicht auch getötet wirst. Wirf nie deinen Blick auf das Eigentum eines andern, damit du nicht zum Diebe und dann ergriffen und getötet wirst. Verdirb niemandes Eigentum. Verdrehe deinem Bruder im Geheimen nicht den Kopf. Nenne niemals den Namen eines Freundes, der dir sagt, was über dich gesprochen wird. Wirst du es dennoch tun, so wird der, welcher über dich geredet, es hören und deinen Freund beschämen. Gehe nicht in die Gesellschaft vieler Leute, sonst legen sie ihre schlimmen Dinge dir zur Last. Verzaubere niemanden und übergib deine Brüder keinem bösen tro̲. Stecke kein Gift in den Mund deines Mitmenschen, daß er nicht sterbe. Fange mit niemandem Streit an; denn das ist böse. Hüte dich, damit um deinetwillen unter deinen Brüdern kein Streit ausbricht; sie möchten sonst darin umkommen. Setze niemandem einen bösen Gedanken in den Kopf. Wenn der Tod deines Mitmenschen im Geheimen beschlossen wird, so weigere dich nicht, es ihm zu sagen. Wenn du eine gefährliche Sache siehst, so tue sie nicht; du möchtest sonst dabei sterben. Tust du sie doch, so hast du selbst deine Seele verdorben. Brich die Ehe nicht, und sei nicht geizig gegen deine Mitmenschen.«

Wenn die Geistermutter einen Menschen in das Diesseits sendet, um hier geboren zu werden, so hat er auf seinem Wege vieles zu leiden. Auf dem Wege in die Welt des Sichtbaren gibt es gewaltige Wesen. Das eine ist der kpegbo̲no̲la, in dessen Hand das Leben des Menschen steht. Von letzterem aus kommt der Mensch zu dem Führer, kplo̲amedoda. Er geleitet die Seele, bis sie durch die Reihe aller bösen Wesen hindurchgekommen ist. Von ihrem Führer weg kommt sie zu legba, einem Wesen, das der Seele den Weg versperren will. Zuletzt kommt sie zu dem gbetsi, der ihr den Weg versperrt und sie sehr belästigt. Er fragt sie, wie lange sie in der Welt des Sichtbaren zu bleiben gedenke, und macht ihr sehr angst. Fürchtet sie sich vor ihm, so pflegt sie zu sagen, daß sie nur auf ganz kurze Zeit zu gehen gedenke. Das hat zur Folge, daß sie der gbetsi wieder zurückbringt, sobald die von ihr bestimmte Zeit abgelaufen ist. Ist die Seele aber mutig und fürchtet sich nicht, so streiten sie sich solange, bis der gbetsi müde wird und sie verläßt. Wenn solche Menschen in die Welt kommen, so bleiben sie sehr lange darin und erreichen ein hohes Alter. Alle diese Wesen belästigen die Seele auf ihrer Reise in das Diesseits. Der Weg, der aus dem Jenseits in das Diesseits führt, ist voller Schrekken, und es ist fast nicht möglich, daß er von der Seele begangen wird. Erst, nachdem sie sich mit gbetsi auseinandergesetzt hat, kommt sie in den Leib ihrer Mutter. Jeder Mensch, der auf der Erde geboren wird, muß durch diese Schrecken hindurchgehen. ... In dem Augenblick der Geburt verbindet sich die Seele des Lebens und die Seele des Todes mit dem Menschen. Beide vereinigen sich in dem Menschen. Die Todesseele kommt aus der Unterwelt, die Lebensseele aber kommt von Gott. Denn gleichwie Gott eine Seele hat, so hat auch der Tod eine Seele. Und in demselben Augenblick, worin sich die Seele Gottes mit dem Menschen vereinigt, gibt auch der Tod seine Seele dem Menschen.

Ist die Seele im Diesseits angelangt, findet aber hier keine gute Mutter, ehe sie in ihren Leib eintritt, so wird diese Mutter hernach ihr Kind nie recht lieb haben. Bekommt dieselbe zwei Kinder, die vor ihrer Geburt in der Seelenheimat keine Geschwister gewesen sind, so haben beide beständig Streit miteinander.

Geburt des Menschen und Plagen des Neugebornen. Dem Neugebornen werden Zauberschnüre um Hals, Arme und Füße gemacht. Dann badet man es in einem geweihten Blättersud. Dadurch wird das Kind gegen den Einfluß der bösen Zauberer und Hexen geschützt. Gleichwohl hat der Mensch auf dieser Erde so viele Plagen zu ertragen, daß die Lebensseele nach seinem Tode zu ihrem Gott geht und ihn fragt, warum er sie auf die Erde gesandt, wo sie sehr viele Leiden zu ertragen gehabt habe. Von ihm erhält sie dann zur Antwort, daß sie selbst daran schuld gewesen, weil sie die Seelenheimat in zu großer Hast verlassen habe.

Wenn Kinder bei Nacht viel weinen, so werden sie von der Geistermutter belästigt. Das beweist aber, daß dieses Kind seiner Mutter nicht von der Geistermutter übergeben worden war. Letztere hat deswegen die Absicht, es ihr wieder wegzunehmen, um es hernach einer Frau zur nochmaligen Geburt zu übergeben. Bringt man für solche Kinder aber ein Opfer dar, so bleiben viele am Leben. Andere aber sterben dennoch.

Empfang des Neugebornen im Diesseits. Darf die Wöchnerin zum erstenmal das Zimmer verlassen, so führt ihr erster Gang sie zum Priester. Sie will »hinter sich sehen«, d. h. danken. Ihr Opfer besteht in etwas Maismehl, zwei Schnüren Kaurimuscheln und einer Flasche Branntwein. Den Gang zum Priester macht sie am Abend. Durch den Priester läßt sie die Seele des Kindes fragen, ob es lange oder kurz am Leben bleiben werde; ob es ein fleißiges oder ein faules Kind sein werde. Antwortet das Kind, daß es lange bei seinen Eltern bleiben wolle, so bringt man ihm Opfer, bestehend in einem Hühnchen und etwas Gekochtem. Mit dem Hühnchen wird der Körper des Neugeborenen abgewischt. Hierauf wird das Huhn mit der Speise an den Saum des Pfades außerhalb des Dorfes gestellt.

Hat der Priester festgestellt, daß in dem Kinde einer seiner verstorbenen Ahnen wieder Mensch geworden sei, so muß er es in aller Form den Eltern mitteilen. Er sagt: »Das Kind ist einer euer Vorfahren.« Er muß dann feststellen, welcher ihrer Vorfahren in dem Kind Mensch geworden sei. Kann er das nicht, so geht sie zu einem anderen Priester. Dieser erklärt: »Eine Wiedergeburt! Eine Menschwerdung.« Um jeden Zweifel zu beseitigen, muß nun der Priester den Mensch gewordenen Ahn selber fragen, wer er sei und ob er bei ihnen zu bleiben gedenke. Bekommen sie eine günstige Antwort, so bestimmt der gefragte Ahn selbst einen seiner noch lebenden Anverwandten, Onkel oder Tante, dem Kinde Schmucksachen umzubinden. Bei diesem Anverwandten muß später das Kind auch bleiben. Vater oder Mutter dürfen dem Kinde die Schmucksachen nur dann anlegen, wenn sie von dem Mensch gewordenen Ahn selbst dazu bestimmt worden sind. Hierzu müssen sie eine große rote, eine große blaue und eine Perle aus Gold beschaffen. Der Schmuck wird dem Kinde in Anwesenheit der ganzen Familie angelegt.

Beschaffenheit des Menschen

Der Leib: Der Körper des Menschen kommt von Mawu, Gott, oder von Anayo, oder von Se im Himmel. Das Wachstum des Menschen wird verursacht durch die Tätigkeit der trowo, denn sie sind die Lebensinhaber. Es ist deswegen nötig, ihnen recht zu dienen, damit sie dem Menschen Leben geben. Das trifft auch bei den Menschen zu, die ein hohes Alter bekommen.

Das Herz ist dasjenige Organ, das dem Menschen die Fähigkeit verleiht, Schmerz zu empfinden. Stirbt er, so zerfällt sein Leib und wird zu Erde.

Die geistige Seite des Menschen. Jeder Mensch hat zwei Seelen: nämlich eine Lebensseele und eine Todesseele. Die letztere ist klein und gehört dem Tode an. Die erstere aber ist groß und gehört dem Leben an.

Der Atem oder die Luft des Menschen ist sein Leben. In seinem Schatten ist die Seele des Menschen zu sehen. Ebenso verhält es sich auch mit dem Geist oder Gespenst.

Die Lebensseele verläßt den Menschen unmittelbar vor seinem Sterben. Kommt es beim Menschen zum Sterben, so wird die Lebensseele ganz wütend, verläßt ihn und geht zu Gott zurück, um ihm zu klagen, wieviel Leid sie habe und der Erde erdulden müssen. Die Todesseele dagegen bleibt bei dem Verstorbenen und verläßt ihn erst, wenn die Leute um den Verstorbenen weinen. Dann erst geht sie in die Unterwelt zu ihren Vorfahren.

Die Seele wird deswegen auch dzogbo genannt, d. h. dasjenige, was nach der Entstehung wieder dahin zurückkehrt, von wo es gekommen. Man nennt sie auch kpakpaluwoe, etwas, das dem Winde gleicht und nur undeutlich wahrgenommen werden kann. Am Agu sagt man, der Mensch habe sieben Seelen. Man kann aber ihre Namen nicht angeben.

Die Aufgabe des Menschen besteht darin, das zu tun, was er in der Seelenheimat getan und gehört hat. Dort war die Seele verheiratet. Bekommt nun im Diesseits jemand nicht diejenige Frau, mit der er im Gottesheim verheiratet gewesen war,so wird er solange keine Ruhe haben, bis er die zur Frau bekommt, die er dort gehabt hat. In der Seelenheimat hatte er auch Kinder. Dieselben, die ihm dort gehört haben, wird er auch in dieser Welt wieder zeugen.

Im Gottesheim arbeitet man. Genau dieselbe Arbeit, die dort getan wurde, muß man auch im Diesseits tun. Wer hier nicht dieselbe Arbeit bekommt, die er in der Seelenheimat getan hat, wird nie Frieden bekommen.

Auch das ist Aufgabe des Menschen, daß er hier hält, was er in der Seelenheimat versprochen hat. Dort gab er den Seinigen, die zurückblieben, das Versprechen, daß er ihnen aus dem Diesseits etwas senden werde. Erfüllt er sein Versprechen nicht, so wird er von seinen in der Seelenheimat zurückgebliebenen Angehörigen verfolgt. Sie verhängen Krankheit über ihn. Die Krankheit kann auch Folge davon sein, daß der Kranke auf seiner Reise aus der Seelenheimat ins Diesseits gebettelt hat.

Nicht nur seine Aufgabe, sondern auch seine Eigenart brachte der Mensch aus der Seelenheimat in das Diesseits mit. Ein dummer Mensch kam mit seiner Dummheit, ein ungeduldiger mit seiner Ungeduld, ein Lügner mit seiner Lüge, ein Feigling mit seiner Feigheit und ein Held mit seinem Mute, ein Kranker mit seiner Krankheit ins Diesseits. Denn das, was der Mensch hier ist, ist er in der Seelenheimat schon gewesen. Ein Tor z. B. ist ein solcher Mensch, der sich von seiner Umgebung durch seine Torheit unterscheidet. Er selbst glaubt, daß das, was er tut, gut ist. Gibt einer z. B. jemandem einen Korb mit dem Auftrag, ihn dem N. N. zu bringen, damit er Wasser darin holen könne, so ist er ein »Schaf«. So aber ist er aus der Seelenheimat gekommen. Oder es kommt jemand zu mir, um mir etwas zu sagen, stellt sich aber solange schweigend vor mich hin, bis ich endlich selbst den Zweck seines Kommens erraten habe, dann erst kommt es auch ihm zum Bewußtsein, daß er mir etwas zu sagen habe. Ein solcher ist ein »Schaf« und kam mit dieser Dummheit aus der Seelenheimat. Solche Menschen werden zwar ermahnt. Sieht man aber, daß der Mensch es nicht lassen kann, so pflegt man zu sagen, seine dzo̱dzo̱me, Menschwerdung, ist so. Das, was ein Mensch bei seiner Geburt mitgebracht hat, kann man nicht von ihm nehmen.

Nun gibt es noch Handlungen, deren Eigenart der Mensch nicht aus der Seelenheimat mitgebracht hat. Dazu gehören alle diejenigen, die man mit Überlegung zum Schaden anderer tut. Dabei weiß der Betreffende genau, daß Unheil die Folge seiner Handlung sein muß. Er berechnet. Es stellt z. B. jemand irgendwo ein offenes Pulverfaß hin. Ein anderer weiß genau, daß das Pulver explodiert, sobald Feuer darauf fällt. Aber gerade deswegen legt er heimlich eine brennende Kohle auf den Rand des Fäßchens, und entfernt sich dann. Letztere kommt in Bewegung, fällt auf das Pulver, und dieses explodiert. Alle Umstehenden verbrennen dabei. – In der kalten Zeit geschieht es zuweilen, daß jedermann vor Kälte zittert. Da geht nun jemand mit Überlegung hin und gießt kaltes Wasser über den Frierenden. Einen solchen Menschen nennen wir schlecht. Er ist verkommen. Das hat er nicht aus der Seelenheimat mitgebracht. Es weiß jemand, daß ein alter Mann bei Nacht einen gewissen Weg geht und legt deswegen einen großen Holzblock auf den Weg. In der Erwartung, der Alte werde daran straucheln und fallen, freut er sich auf den Augenblick, in welchem er kommt und – fällt. Ob dieser nun, oder ein anderer zu Fall kommt, – jedenfalls ist der Täter ein schlechter, verkommener Mensch.

Jede Handlung eines Menschen, die Unheil über einen andern bringt, ist böse. Mord, Diebstahl, Ehebruch sind Sünde. Und wenn der Täter dieser Schlechtigkeiten seinen Lohn in dieser Welt empfangen hat, so wird Gott nach seinem Tode ihm mit dem Finger auf die Nase zeigen und mit ihm streiten.

Abschluß des Lebens

Die Todesarten

Es gibt zwei verschiedene Arten des Todes: nämlich den guten und den schnellen Tod. Wer eines guten Todes starb, lag vor seinem Ende krank auf seiner Matte; wer eines schnellen Todes starb, war vor seinem Sterben nicht krank gewesen. Er kam vielleicht vom Acker und starb plötzlich, als er sein Haus betrat. Man hat diese Todesart gerne, weil ihr keine großen Leiden vorausgehen. Eine andere Todesart ist das Verbleiben im Blute. Wer z. B. im Kriege gefallen, oder von einem wilden Tiere zerrissen wurde, der blieb im Blute. Dasselbe sagt man von einem Kinde, das unmittelbar nach der Geburt stirbt. Der Tod eines solchen Kindes schmerzt seine Angehörigen nicht sehr, weil es vor seinem Tode gar nicht gelebt hat.

Der gute Tod

Krankheit: Die Krankheit ist der Bote des Todes. Todesursache können aber auch böse Zauberer sein. Auch die tro̲wo verhängen häufig Krankheiten über den Menschen. Ist jemand krank geworden, so sucht man Zauberer und Priester, die die Fähigkeit haben, sich um den Kranken zu bemühen. Seine Angehörigen sorgen für ihn. Morgens und abends bringen die Frauen dem Kranken frisches Wasser. Hören sie den Namen irgendeiner Medizin, so kaufen sie dieselbe. Wird die Krankheit trotzdem schlimmer, so erkundigen sie sich bei den Zauberern und Wahrsagern nach der Ursache der Krankheit. Kommen sie mit ihrem Anliegen zu einem tro̲-Priester, so schöpft er Wasser in eine Kalebasse, stellt sie auf die Erde und blickt lange in das Wasser, ehe er etwas spricht. Endlich sagt er den Bittstellern, er habe seine Boten ausgesandt, damit sie den Kranken etwas näher untersuchen. Sie sollten nur etwas warten. Plötzlich schreit es laut in seinem Zimmer und sagt: »Anali, aufmerken!« Hierauf wandelt er seine Stimme und sagt: »Gehe auf der Erde! Gehe langsam!« Zu den Bittstellern, die außerhalb seines Zimmers sitzen, sagt er: »Die Boten kommen wieder, um zu berichten, von was der Kranke belästigt wird. Sie sagen, seine verstorbenen Eltern wollen ihn töten; Oder: Sein Gott ist zornig über ihn.« Ist der Gott des Kranken zornig, so geben die Bittsteller dem Priester Geschenke und bitten ihn, er möge den Streit zwischen Gott und dem Kranken schlichten, d. h. er möge eine Sühnehandlung vornehmen. Ist ein Zauberer die Ursache der Krankheit, so bitten sie den Priester,er möge für den Kranken die Sache machen. Entsprechend diesen verschiedenen Ursachen werden verschiedene Medizinen für den Kranken in Anwendung gebracht, bis er entweder stirbt oder am Leben bleibt.

Bei einem Sterbenden, der im Todeskampfe liegt, pflegt man noch Branntwein zu trinken; denn die Lebenden sagen: »Auch wir müssen einmal sterben. Sollen wir nun nicht mehr essen und trinken, solange wir noch leben?« Diese Gedanken sind es, mit denen man bei einem Sterbenden

Branntwein zu trinken pflegt. Manche entfernen sich von einem, der im Todeskampf liegt, weil sie fürchten, er werde kommen und sie ergreifen. Die Folge davon wäre, daß auch sie bald sterben müßten. Viele, die im Sterben liegen, nennen noch Namen von Leuten, die längst verstorben sind. Das wird ihnen dadurch unmöglich gemacht, daß man ihnen ein Kopftuch in den Mund steckt; denn die Gerufenen würden kommen und sie aus der Gewalt des Todes entreißen, damit sie selbst nicht mehr sterben könnten. Der wirkliche Grund jedoch ist der, daß sie fürchten, die Familienmitglieder des Verstorbenen, dessen Name der Sterbende noch nennt, würden gegen letzteren den Verdacht schöpfen, er habe ihre verstorbenen Angehörigen mit Zauberei getötet.

Vor ihrem Sterben sprechen ein Vater oder eine Mutter noch darüber, wie ihre Kinder versorgt werden und bei wem dieselben nach ihrem Tode sein sollen. Sie geben noch Befehl, wie ihr Erbe verteilt werden und wie man sie begraben soll. Ihre Kinder ermahnen sie ernstlich, acht auf sich selber zu haben. Liegt dagegen ein schlechter Mensch im Sterben, so muß derselbe noch über alle Sünden sprechen, die er begangen. Er bekennt noch, wen er getötet und daß er gestohlen habe.

Abschied von dem Verstorbenen: Ein Verstorbener wird frühmorgens gebadet und mit Öl gesalbt. Dann zieht man ihm sein Lendenband an, rasiert ihm die Haare ab, bindet Perlenschnüre um Arme und Füße und bindet ihm ein Kopftuch um oder setzt ihm einen Hut auf den Kopf. Um die Leiche gegen zu rasche Verwesung zu schützen, bindet man ihr den Mund mit einem Kopftuche zu. Hierauf wird der Verstorbene auf einen Stuhl gesetzt, als ob er noch am Leben wäre. Dann schwört man bei dem Toten und sagt: »Hätte dich ein Mensch oder ein wildes Tier ergriffen, wärest du geschlagen worden und ich hätte es mit angesehen, so würde ich dich aus der Hand der Feinde errettet haben!« Dann gibt man ihm Kaurimuscheln und sagt, er solle sich damit Wegzehrung für die Reise kaufen und das Fährgeld über den Fluß bezahlen. Dann wird ihm noch etwas Mehlwasser eingegossen. Dazu sagen sie: »Das Mehlwasser, das wir dir gegeben, ist das letzte, das wir mit dir zusammen genießen.«

Vor seiner Beerdigung werden vor dem Verstorbenen noch alle diejenigen Arbeiten getan, die er zu seinen Lebzeiten getan hatte. Dazu gehören Feldarbeit, Jagd, Mattenflechten, Trommeln, Singen u. a. Alle die Arbeiten, die er mit einem anderen zusammengetan hat, werden ihm noch in seinem Heime gemacht. War er ein Ackermann, so wird in seinem Hofe das Feld bestellt. War er ein Jäger, so gehen die Freunde in seinem Hofe auf die Jagd. Alles, was er im Leben sein eigen nannte, wird noch vor ihm aufgestellt. Seine Angehörigen bringen ihm alle ihre Geschenke, um sie ihm zu zeigen. Die Freunde des Verstorbenen kommen, um ihm noch einmal alles zu erzählen, was sie miteinander erlebt haben. Dann trinken sie ihm Palmwein zu. Jemand, für den diese Arbeiten vor seinem Begräbnis nicht gemacht wurden, kommt wieder und tötet seine Angehörigen. Daran schließt sich die Beerdigung.

Unmittelbar vor der Beerdigung sagt man dem Toten ganz leise ins Ohr: »Wenn dich jemand getötet hat, so töte du auch ihn. Wurdest du aber nicht durch einen Menschen getötet, so bleibe ruhig auf deinem Arme liegen. Habe acht auf uns und sei unser Leben, denn der Tod eines Bruders ist an sich schon Leiden genug. Es braucht nicht noch Neues dazu kommen.« Nun dankt man dem Tode und sagt: »Du bist gekommen und hast uns unsern Bruder weggenommen. Dir danken wir schön.«

Daran schließt sich der Gesang verschiedener Totenlieder.

Beerdigung: Ist der Verstorbene eines guten Todes gestorben, so beerdigt man ihn in seinem Zimmer. Kinder aber werden hinter dem Haus beerdigt.

Die Totengräber sind Familienmitglieder des Verstorbenen. Ehe sie das Grab zu machen beginnen, sagt einer von ihnen: »Das Grab, das wir jetzt zu machen im Begriffe sind, muß das letzte sein. Ein solches Ereignis darf sich unter keinen Umständen mehr wiederholen.« Darauf schlagen alle mit dem oberen, dicken Ende ihres Hackenstieles auf den Boden und beginnen dann zu graben. War der Verstorbene reich, so beginnen sie im Freien, hinter dem Haus und graben unter der Mauer so durch, daß die eigentliche Grabstätte unter dem Zimmer des Verstorbenen liegt. Vom Zimmer selbst aus darf kein Zugang zum Grab führen. Man heißt solche Gräber lumo̱do, Höhlengrab. Auf das Grab armer Leute wird keine Sorgfalt verwendet. Vor allem wird es nicht tief gemacht.

Konnte der Verstorbene vor seinem Ende nichts mehr sprechen, so verstekken sie, wenn es eine Frau ist, ihren Holzteller, und wenn ein Mann, sein Lendentuch, das er auf dem Acker zu tragen pflegte. Hierauf wird der Leichnam von zwei Personen auf dem Kopfe getragen und sie fordern den Toten auf, er solle seinen Holzteller oder sein Lendenband suchen. Eilt der Verstorbene mit seinen Trägern, so stößt er plötzlich an das Haus, worin sein Eigentum verborgen ist. In diesem Falle sagt man: »Er hat es gefunden.« Hierauf steckt man einen Pfahl in das Grab und fragt den Toten, was seinen Tod herbeigeführt habe. Gibt er auf die Frage Antwort, so macht er, daß seine Träger mit der Bahre an den Pfahl stoßen. War aber ein Zauberer die Ursache seines Todes, so eilt der Tote mit seinen Trägern in das Haus des Zauberers. Dadurch entstehen gewöhnlich Streitigkeiten zwischen den Angehörigen des Verstorbenen und diesem Zauberer.

Nach der Beerdigung pflegt man zu schießen, zu singen und zu trommeln und sich über den Toten zu freuen. Er nimmt das mit sich auf die Reise in die Unterwelt. Ein solcher Gesang lautet:

(Der Verstorbene ist als redend gedacht.)
Singt mir ein Totenlied,
Daß ich es nehm' zur Hand.
ein Lied der Unterwelt singt mir,
Daß ich es nehm' zur Hand
Und reise in die Unterwelt.

Es sagt die Unterwelt,
Die Unterwelt, sie sagt:
Im Grabe ist es schön.
Schön ist die Unterwelt

Doch gibt es keinen Wein zu trinken dort,
Drum nehm' ich ihn zur Hand
Und reise in die Unterwelt,
Und reise in die Unterwelt.

Singt mir ein Totenlied,
Daß ich es nehm' zur Hand.
Ein Lied der Totenwelt singt mir,
Daß ich es nehm zur Hand
Und reise in die Unterwelt.

Verkehr mit den Verstorbenen: Wenn die ganze Totenfeier für einen Verstorbenen beendigt ist, muß noch dessen Geist gerufen werden. Seine Angehörigen bringen dem Priester gekochte Speisen und sagen, sie möchten dem Geiste ihres verstorbenen Bruders Wasser bringen. Der Priester nimmt Speise und Palmwein und Kaurimuscheln aus ihren Händen in Empfang, geht damit in sein Zimmer und schließt die Türe hinter sich ab. Die Bittsteller kehren seinem Hause den Rücken zu. Nun ruft er den Geist, und sobald dieser angekommen ist, fängt er an zu weinen und sagt: »Nicht ich selbst hatte mir den Tod so bestimmt. Vielmehr haben es mir die Zauberer angetan.« Andere sagen: »Ich bin meines eigenen Todes gestorben, weile jetzt bei meinen Vorfahren und bin in Ruhe.« Andere klagen: »In der Unterwelt gibt es garnichts. Ihr dagegen, die ihr noch am Leben seid, habt zu essen und zu trinken.« Häufig nennt der Geist des Verstorbenen durch den Mund des Priesters auch den Namen des Zauberers, der ihn getötet habe, was dazu führt, daß seine Angehörigen einen Prozeß gegen ihn anstrengen, worauf er sich einer Gotteswasserprobe unterwerfen muß und getötet wird.

Sobald die Angehörigen das Klagen und Weinen ihres verstorbenen Familienmitglieds hören, weinen auch sie und sagen zu ihm: »Wir bedauern dich!« Zum Schlusse der Unterredung pflegt der Verstorbene seine Brüder zu ermahnen und entfernt sich.

Ein anderer Weg, mit den Verstorbenen zu verkehren, ist folgender: Werden große Zauberer zu einem Kranken gerufen, so pflegen sie Boten zu einem längst verstorbenen Häuptling in die Unterwelt zu schicken mit dem Auftrage, die Seele des Kranken dem Häuptling zu entreißen. Menschen, die als Boten in die Unterwelt geschickt werden, dürfen vorher weder essen noch trinken. Das würde zur Folge haben, daß sie dort bleiben müßten und nicht wieder ins Diesseits zurückkehren könnten. Der Zauberer gibt ihnen deswegen Ermahnungen mit, bindet ihnen Zauberschnüre um, trommelt und begleitet die Boten auf den Begräbnisplatz. Dort angekommen, fällt der Bote wie tot auf die Erde, wo er lange liegen bleibt. Während er daliegt, trommeln der Zauberer und seine Begleiter. Sobald er sich bewegt, richtet man ihn auf und führt ihn nach Hause. Dort angekommen, erzählt er, was er in der Unterwelt gesehen hat. Manche Unterweltsbesucher sagen, sie hätten den N. N. unter einem Baume sitzen sehen. Einige Bewohner hätten bei ihrer Ankunft gekocht, andere gewebt, und noch andere seien auf den Acker gegangen. Als man sie dort wahrgenommen, sei eine freudige Bewegung über ihre Ankunft entstanden. Nach langem, ernsten Ringen sei dann der Kranke wieder von ihnen frei gegeben worden. Die Zahl der Übertretungen vieler Kranker ist jedoch so groß, daß es dem Boten nicht mehr gelingt, ihn aus den Händen der Unterweltsbewohner zu befreien. Manche Boten begegnen schon unterwegs einem ihrer nächsten Verwandten und gelangen dann garnicht in die Stadt der Unterwelt, sondern kehren unterwegs wieder um. Diese Angehörigen versicherten nämlich dem Boten, daß sie den Kranken schon lange wieder frei gelassen haben. Die Boten erzählen viel Gutes von der Unterwelt und sagen, daß es ein guter Platz sei.

An einem bestimmten Tag wird ein großes Fest gefeiert, bei dem man »das Grab ebnet«. An diesem Tage wird der Verstorbene nach Hause, in die Unterwelt, gesandt.

Belästigt er seine Hinterbliebenen aber trotzdem noch, so rufen sie einen Zauberer, der die Aufgabe hat, den Geist mit Zauberschnüren zu binden. Das geht so zu: Zuerst wird die obere Schicht auf dem Grabe aufgehackt. Dann bindet der Zauberer ein Sandkorn von dem Grabe in eine Schnur und ruft dabei den Namen des Verstorbenen. So bindet er ihn mit der Schnur. Nun ist er gebunden und kann seine Hinterbliebenen nicht mehr belästigen. Bleibt aber auch das ohne Wirkung, so gräbt man seine Knochen aus und verbrennt sie.

Die Geister mancher Verstorbener kehren auch in das Diesseits zurück, um hier die Märkte zu besuchen. So wird z. B. der Markt in Agu-Nyogbo von den Geistern vieler Verstorbener besucht. Sie kaufen dort Waren ein. Ist jemandes Familienmitglied gestorben und er hat den Wunsch, den Verstorbenen wiederzusehen, so geht er auf den Nyogbomarkt, wo er ihn sehen kann. Erblickt er ihn, so darf er aber kein lautes Wort mit ihm reden, sonst verschwindet er.

Jemand ging auf den Nyogbomarkt und sah daselbst seine Mutter. Beide redeten miteinander. Der Betreffende fragte seine Mutter, was er tun müsse, damit er bald sterben und zu ihr kommen dürfe. Seine Mutte gab ihm zehn Palmkerne mit dem Auftrage, so oft er koche, solle er je einen Kern in die Suppe tun. Der Tag, an welchem er den letzten Kern hineinlege, werde sein Todestag sein. Als der Mensch nach Hause gekommen war, dachte er, er dürfe bald sterben und warf deswegen alle zehn Kerne auf einmal in die Suppe. Statt aber zu sterben, blieb er solange am Leben, bis seine Zeit zu sterben gekommen war.

Stirbt jemand, ehe die Zeit zu sterben für ihn gekommen ist, so kehrt er sofort wieder um und wird ein Mensch. Erkennt man ihn und sagt: »Das ist der N. N.«, so muß er wieder sterben. Man wartet damit und sagt es ihm erst, wenn er erwachsen ist. Manche werden aber nach ihrer Rückkehr keine Menschen, sondern verwandeln sich in Tiere, z. B. in die Antilope klatsa, in die Pferdeantilope fia, in ein Wildschwein oder in einen Leoparden. Das Fleisch dieser Tiere ist deswegen nicht schmackhaft. Wenn ein Verstorbener nach seiner zweiten Menschwerdung wieder stirbt, so stirbt er denjenigen Tod, nach dem es kein Heim mehr gibt; denn selbst der Geist des Verstorbenen hört dann auf, zu existieren. . . .

Die Unterwelt

Namen und Bedeutung: Die Unterwelt, tsiẽwe, Bleibeort der Toten, liegt jenseits eines breiten Stromes und heißt deswegen auch tsiaho̲edome, Haus hinter dem Flusse, auch no̲liwe, Ort der Geister. Weil alle Menschen dorthin kommen, wird die Unterwelt auch awe gã, große Heimat, genannt. Wer einmal in der Unterwelt angelangt ist, den sieht man im Diesseits nie, nie wieder. Die Reise nach der Unterwelt wird deswegen auch der Weg genannt, von dem man nicht wieder zurückkehrt.

Reise in die Unterwelt: Bevor ein Verstorbener seine Reise in die Unterwelt antreten kann, muß er mit Wegzehrung, Geld für die Überfahrt und mit Geschenken für seine dortigen Angehörigen ausgerüstet werden. Seine überlebenden Angehörigen geben ihm deswegen zwei bis vier Schnüre Kaurimuscheln mit, die man ihm teils um den Hals hängt, teils um die Arme bindet. Damit soll er das Boot bezahlen, worin er über den großen Strom in die Unterwelt fährt. Mehl wird ihm gegeben, damit er es den Vorfahren in der Unterwelt als Geschenk aus dem Diesseits mitbringen kann. Am Ziel seiner Reise stellt er die Last ab und nimmt die von den Seinigen mitgebrachten Geschenke für die verstorbenen Vorfahren heraus.

Bei der Beerdigung gibt man dem Toten eine Matte, Landestücher, eine Tabakspfeife, eine Schnupftabaksdose, Kaurimuscheln und Silbergeld mit, damit er sich auf der Reise Speise kaufen kann.

Seinen Weg nimmt der Verstorbene, soweit er den Inlandstämmen angehört, über den Aguberg. Trifft er unterwegs jemanden auf dem Acker, so erzählt er es den Bewohnern der Unterwelt. Man sagt, die Bewohner des Aguberges hören in ihren Städten, wie die Geister der Verstorbenen laut weinend über den Aguberg gehen. Daran merken sie, daß irgendwo jemand gestorben sei. War der Verstorbene ein Flötenspieler, so nimmt er seine Rassel mit sich, um auf der Reise Lieder zu singen. Nachdem der Geist des Verstorbenen auf die Spitze des Aguberges gelangt ist, kommt er plötzlich an einen großen Abgrund, in den er mit starkem Getöse hinunterstürzt. Nun steht er an den Ufern des Stromes, durch welchen die Verstorbenen gegen Bezahlung eines Fährgeldes hindurchgerudert werden. Damit hängt es zusammen, daß man den Verstorbenen Kaurimuscheln mit ins Grab gibt. Mit einem Teil derselben müssen sie ihren Unterhalt für die Reise bestreiten, mit dem Rest aber das Fährgeld bezahlen. Die Ufer jenes Flusses sind ein Ort der Schrecken. Deswegen sendet der Tod seinen Boten dorthin mit dem Auftrage, die Ankömmlinge über den Strom zu rudern. Der Bote heißt Kutsiame. Er hat menschliches Aussehen und ist ein Mann. Kutsiame ist grausam. Er fragt den neu Angekommenen vieles. Hat derselbe keine Kaurimuscheln, so nimmt er ihn solange nicht in sein Boot, bis er ihn bezahlt hat. Manche müssen deswegen Kaurimuscheln entlehnen. Alle Kaurimuscheln, die dieser Fährmann von den angekommenen Toten bekommt, muß er an den Tod abliefern.

Ankunft und Verhör in der Unterwelt: Nachdem der Tote an das jenseitige

Ufer gerudert worden ist, muß er noch eine große Strecke Wegs zu Fuß gehen und gelangt an einen Kreuzweg. Dort trennen sich die wahren Geister und die Blutmenschen voneinander. Plötzlich erblickt er die Totenstadt. Sobald ihre Einwohner von der Ankunft eines Toten Kunde bekommen, gehen ihm einige entgegen und begleiten ihn mit Freuden nach Hause. Dort angekommen, fragt er zuerst nach seinen Vorfahren. Sofort wird er zu ihnen geführt. Diese bezeugen eine große Freude über seine Ankunft. Dann teilt er die Geschenke aus, die er aus der Welt des Sichtbaren mitgebracht hat. Nun gehen Könige zu den Königen, Sprecher zu den Sprechern, Männer zu den Männern und Frauen zu den Frauen.

Ist der Ankömmling in der Unterwelt nach Hause gekommen, so wird er von seinen Vorfahren über sein Leben in der Welt des Sichtbaren ausgefragt. Er erzählt ihnen dann alles Schwere, was in diesem Leben über ihn gekommen und welches Todes er gestorben ist. Stellt es sich heraus, daß er von einem Verstorbenen ohne Grund getötet wurde, so wird derselbe vor Gericht gezogen.

Kommt ein böser Zauberer, adzoduamanto̱, dort an, so versammeln sich alle diejenigen, die er im Diesseits getötet hat, um ihn zu verspotten. Sie sagen: »Du bist nun auch zu uns gekommen?! Andere hast du getötet und nun bist du selbst gestorben!« Nun beschimpfen sie ihn und jagen ihn mit Spott aus ihrer Mitte. Er muß in die Gesellschaft der bösen Zauberer sich begeben.

Kommt ein Blutmensch hinüber, so wird auch mit ihm Gericht abgehalten, auch er hat keine Gemeinschaft mit denen, die eines guten Todes gestorben sind und muß zu den anderen Blutmenschen gehen; ebenso verhält es sich mit den Selbstmördern.

Beschaffenheit der Unterwelt: Die Unterwelt liegt unter unserer Erde. Es ist der dritte Raum. Die Abstufung ist: Himmel, dziwo, dzimenyi, Gegend im Oberen oder Erde im Oberen; Erde, anyigba, die Fläche im Untern; endlich die Unterwelt, tsiẽwe, der Bleibeort. Wenn es auf unserer Erde Nacht wird, so bricht bei den Unterweltbewohnern der Tag an.

Die Unterwelt ist als eine große Stadt gedacht, in der es aber verschiedenartige Räume gibt. Der Aufenthaltsort der guten Geister ist verschieden von dem der Nichtswürdigen. Die Menschenmörder sind ebenfalls an einem besonderen Platze. Die Städte dieser verschiedenen Geisterklassen liegen zwar ganz nahe beisammen, doch so, daß keines aus seiner Stadt in die Stadt eines andern gelangen kann. Sie können sich gegenseitig nicht besuchen.

Zustand der Verstorbenen in der Unterwelt: Beherrscht wird die Unterwelt von einem Häuptling namens Gatsikui. Derselbe ist ein Menschenmörder und wohnt an einem Ort, der Tsawobeagbi genannt wird. Alle Toten müssen vor ihm erscheinen und dann zuerst drei Jahre lang für ihn arbeiten. Erst nach Verfluß dieser Zeit erlaubt er ihnen, an ihre Bleibestätte in der Unterwelt zu gehen.

Die Nahrung der Verstorbenen ist eben dieselbe, die wir im Diesseits haben. Wenn sie aber fertig gekocht haben und ihre Speise essen wollen, so verwandeln sie sich in ihren Händen zu Asche. Nach unserer Welt tragen sie aber kein Verlangen mehr. Sie sagen, es sei in der diesseitigen Welt nicht schön; denn dort haben sie sehr viel leiden müssen.

Geht den Verstorbenen in der Unterwelt Nahrung und Wasser aus, so fordern sie beides von den Lebendigen. Daher kommt es, daß die Menschen beim Essen stets einen kleinen Bissen auf die Erde werfen. Dieser gehört ihren Vorfahren.

Stirbt ein Reicher, der im Diesseits ein üppiges Leben geführt hat, so hat er auch im Jenseits sein Essen und Trinken; er leidet keinen Mangel. War aber einer im Diesseits geizig, so begleiten ihn zwar seine Kaurimuscheln auch ins Jenseits, aber er kann sie dort nicht gebrauchen. Sie fliehen ihn und sagen, du hast uns im Leben nicht gewollt, nun wollen wir auch dich nicht mehr. Die Folge ist, daß er im Jenseits hungern muß, die Seinigen geben ihm nichts, sondern treiben ihn aus ihrer Gesellschaft.

Aus Anlo kam ein reicher Mann ins Jenseits. Als er dort ankam, flohen seine Kaurimuscheln vor ihm mit der Begründung, er habe sie im Leben auch nicht benutzt. Aus demselben Grunde bekam er von den Seinigen keine Unterstützung. Infolgedessen war er genötigt, bei andern zwölf Mark in Kaurimuscheln zu entlehnen, um sich Speise damit zu kaufen. Das entlehnte Geld konnte er jedoch nicht mehr zurückbezahlen und kam deswegen zu seinem noch lebenden Bruder, den er belästigte. Dieser fragte einen Priester nach der Ursache. Der antwortete, daß ihm alles genau bekannt sei, denn in der verflossenen Nacht habe ihm eben von diesem Vorgange geträumt.

Tod gibt es im Jenseits nicht mehr. Die Bewohner der Unterwelt können nicht mehr sterben.

Die Verstorbenen sehen alles, was in der Welt des Sichtbaren vorgeht. Sie sehen ihre eigene Beerdigung. Mit den bei der Beerdigung vorgenommenen Gebräuchen macht man ihnen eine Freude.

Solche, die in der Unterwelt vieles zu leiden haben, möchten sehr gerne wieder in die Welt des Sichtbaren zurückkehren, um dort zu wohnen. Manche kehren auch zurück und werden wieder Menschen. Wurde bei einem neugebornen Kinde durch den Priester eine Ähnlichkeit mit einem seiner Vorfahren festgestellt, so ist das ein Beweis dafür, daß derselbe aus der Unterwelt zurückgekehrt und in dem Kinde wieder Mensch geworden ist.

Der Seelenkult

Verehrung der Geistermutter: Werden Kinder von der Geistermutter belästigt, so bringt die Mutter eines solchen Kindes zwei Hühnchen, Mehl und Palmöl zum Priester. Er geht hinaus vor die Stadt und legt diese Opfer an dem Saum des Weges nieder. Im Haus der Frau aber formt er eine Lehmgestalt, schmückt sie mit Perlen und stellt sie dort auf. Von jetzt an wird das Kind nicht mehr erschreckt und weint auch nicht mehr.

Verehrung des Mannes oder der Frau aus dem Jenseits. Aber nicht nur die

Frau, sondern auch der Mann aus dem Jenseits wird von den Priestern aus Lehm geformt und dargestellt.

Erwachsene werden gewöhnlich nicht von der Geistermutter, sondern von der Frau oder von dem Manne des Jenseits belästigt. Wer sie belästigt, kann ihnen aber nur der Priester sagen. Der Priester erklärt: »Die Frau des Jenseits wünscht, bei dir zu wohnen. Deswegen mußt du das und das tun, und dann wieder zu ihr kommen.« Hat der Betreffende die priesterliche Weisung befolgt, so formt der Priester eine menschenähnliche Lehmgestalt. Dann gehen Mann oder Frau des Jenseits in diese Lehmfigur ein. Der Betreffende aber stellt dieselbe in sein Zimmer und dient ihr. Von jetzt ab wohnt die Frau des Jenseits bei ihm, und nun hat er Frieden.

Der Totenkult

Das Opfer a) auf dem Grabe und b) am Wege. a) In der vierten Nacht nach dem Tode eines Familiengliedes wacht man in Anlo zu Ehren des Verstorbenen. Am folgenden Tag wird ein Brei gekocht, wozu gegorenes Getränk kommt. Nun wird an dem Kopfende des Beerdigten ein Loch gegraben, in das sie den Brei und das Getränk gießen. Die ferneren Verwandten des Verstorbenen kaufen ein Kleid und stecken es in das eben genannte Loch. Sie sagen dazu: »Möge der Schatten des Kleides (seine Seele) bis zum Toten hingelangen!«

Wenn es dem Vollmonde entgegen geht, werden an einem bestimmten Abend zwei Schüsse abgefeuert, worauf die Frauen plötzlich laut zu weinen beginnen, womit sie aber sofort wieder aufhören. Am nächsten Morgen lassen sie sich von jedem Manne ihres Stadtteils Reis geben. Solche, die keinen Reis haben, geben statt seiner Jams. Das alles wird gekocht und dann ein Teil davon hinaus auf den Weg getragen und an dessen Saume niedergestelt. Der Rest der Speise wird unter die Leute verteilt. Was sie übrig lassen, essen die Kinder.

Das Letzte, was für einen Verstorbenen gemacht wird, ist das, daß jeder einzelne Mann an einem bestimmten Abend eine Kürbisschale voll Palmwein auf die Straße bringt. Die Gefäße werden alle in einer Reihe aufgestellt. Dann wird geschossen und der Palmwein gemeinsam getrunken.

Verehrung der Verstorbenen in der Sonne. Die Eweer haben den Dienst für die Geister der Verstorbenen in die Sonne verlegt. Sie beten am Morgen zu den Geistern derjenigen Toten, die auf der Matte gestorben sind. Der Platz, wo sie beten, befindet sich am Wege außerhalb des Dorfes, an der Stelle, auf die man die Gegenstände trägt, die der Tote bei Lebzeiten täglich gebraucht hat. Als Opfer bringt der Beter Kehricht, verbrannten Jams und verkohlte Maiskörner mit, die er im Saume des Weges niederlegt. Er streckt die Hand gegen die Sonne aus, ruft den Namen des Verstorbenen und sagt, er möge seine Hand von dem kranken N. N. zurückziehen.

Wer zur Mittagssonne betet, richtet sein Gebet an die im Kriege Gefallenen, an solche, die einer Wunde erlegen oder als Krüppel gestorben sind. Wenn jemand von einer Krankheit befallen wird und stirbt plötzlich, so zeigt das, daß er von den Geistern der Blutmenschen getötet wurde. Man betet zu ihnen auf dem öffentlichen Wege oder an ihren Gräbern. Als Opfer bringt ihnen der Beter unreife Pisang, unreife Bananen und unreife Ananas.

Nur ein am Morgen oder am Abend gesprochenes Gebet bringt Frieden.

Ist jemand schwer krank, so gehen die Angehörigen des Kranken zum Priester, um ihn nach dem Grunde zu fragen. Dieser antwortet: »Einer deiner Verwandten ist gestorben, und sein Geist ist es, der dich belästigt; denn der Verstorbene ist hungrig und will von dir etwas zu essen haben. Deswegen faßt er dich an.« Der Kranke fragt nun, was der Priester ihm rate, daß er dem Verstorbenen geben soll. Dieser antwortet: »Willst du, daß du wieder gesund wirst, so gieße Mehlwasser in eine Kalebasse und gehe um zehn oder elf Uhr auf den öffentlichen Weg; rufe den Namen deines Bruders in der Sonne und bete zu ihm, also: »O mein Bruder! Du bist in der Sonne und ich rufe dich an! Höre doch auf mich! Hier ist die Speise, die du von mir haben willst! Komm, nimm sie hin und trinke, damit dein Herz getrost wird! Du bist nach Hause gegangen, weil deine Tage voll waren. Ich komme noch nicht, weil meine Tage noch nicht voll sind. Hier ist das, was ich dir gebracht habe. Dein Auge soll mir fernerhin nicht mehr nachsehen, denn nichts von dem, was dir gehört, ist bei mir zu finden. Sieh mich von jetzt an mit keinem bösen Auge mehr an!«

Eine Waise, deren Vater und Mutter und deren Familienglieder gestorben sind, und die von großer Not heimgesucht wird, sowie Menschen, deren Brüder gestorben sind und die allein zurückgeblieben sind, pflegen vormittags um elf Uhr auf den öffentlichen Weg zu gehen, um dort zu weinen und zu klagen. Sie sagen: »Vater! Mutter! Bruder! Allein habt ihr mich zurückgelassen und nun leide ich Pein. Kommt deswegen und führet auch mich weg von hinnen, damit ich bei euch Ruhe finde!« Geht jemand an solch einem Weinenden vorüber, so bittet er ihn, er möge mit ihm umkehren und nach Hause gehen.

Wird ein solcher Mensch hernach krank, so pflegen die Priester zu sagen, er werde sterben, wenn man nicht acht auf ihn habe; denn sie wissen, daß er in Trauer ist. Sobald seine Angehörigen es hören, bekommen sie Angst. Sie fürchten, wenn sie nicht acht auf den Kranken haben, so werde er sterben und die Leute werden dann sagen, wäre der Kranke ihr Bruder gewesen, so würden sie ihn sorgfältig gepflegt haben, daß er nicht gestorben wäre. Sie glaubten, die Geister ihrer Vorfahren hören diese Reden und kommen, um auch sie zu töten. Deswegen forschen sie der Sache nach, damit sie erfahren, von was der Kranke belästigt wird. Kommen sie dann zu dem Priester, so sagt ihnen dieser, es sei weiter nichts an dem Kranken. »Euer Bruder hat auf dem öffentlichen Wege um elf Uhr geklagt; sein Vater, seine Mutter und seine Brüder hörten, daß er Not leide; sie kamen deswegen und ergriffen ihn, damit sie ihn zu sich führen. Dort werde er dann aufhören zu klagen.« Die Familienglieder fragen nun den Priester, was sie tun müssen, damit die Verstorbenen ihre Hand von dem Verstorbenen zurückziehen. Der Priester antwortet: »Wollt ihr, daß euer Bruder wieder gesund wird, so bittet einen Alten unter euch, daß er um elf Uhr mit etwas Palmwein auf den öffentlichen Weg geht und dort die Namen der Verstorbenen ruft, die euch vorangegangen sind. Dort soll er den Palmwein auf den Weg gießen und sie bitten, sie mögen kommen, nehmen und trinken. Dann werden sie ihre Hand von dem Kranken abziehen.«

Will jemand zu seinem Großvater, zu Vater und Mutter oder zu irgend einem verstorbenen Familiengliede beten, das er vor seinem Tode persönlich gekannt hat, so schöpft er Mehlwasser in eine Kalebasse und geht damit auf einen öffentlichen Weg. Dort steht er, richtet das Angesicht gegen die Sonne, ruft den Namen des Verstorbenen in der Sonne und betet zu ihm; denn man glaubt, die Geister der Verstorbenen, die bösen tr<u>o</u>wo und die gbetsiv<u>o</u>wo, haben ihren Sitz in der Sonne.

Verehrung der Verstorbenen im Ahnenstuhl.

Namen und Bedeutung des Ahnenstuhls: Die Trommel wugã gehört zum Stuhle der Vorfahren. Man glaubt, daß die Geister der Vorfahren in diese Dinge eingehen, um dort ihre Opfer in Empfang zu nehmen.

Der Stuhl hat verschiedene Beinamen, die besagen, daß der, durch welchen der Stuhl bedient wird, nichts zu fürchten habe. Einige derselben sind: »Adaku, der Unfähige«, oder »Wer das tut (den Stuhl verehrt), kann von niemand überwältigt werden.« »Ich habe mich dir hingegeben; wer Lust hat, möge kommen und es mit mir probieren.« »Ich bin ein berühmter König.«

Einige brachten ihren Ahnenstuhl aus N<u>o</u>tsie mit. Ihre dortigen Vorfahren hatten denselben schon. Andere wiederum fertigten sich erst einen solchen nach ihrer Ankunft in ihrem jetzigen Wohnsitze an. Das ist aber nur Helden erlaubt. Feiglinge haben kein Recht, sich einen Stuhl zu schnitzen. Die Voraussetzung ist, daß man im Krieg einem Feind den Kopf abgehauen hat. Der älteste Ahnenstuhl, den die Anl<u>o</u>er haben, stammt aus Adele. Von dort kam er nach N<u>o</u>tsie und von N<u>o</u>tsie nach Anl<u>o</u>. Man nennt ein solches Umherziehen »Wanderung des Ahnenstuhls«.

Alle großen Könige haben einen Ahnenstuhl, und wenn sie jetzt sterben, setzen sich ihre Nachkommen darauf. Aber auch jede einzelne Familie besitzt einen eigenen Ahnenstuhl, und jede verehrt ihren Stuhl besonders.

Der aus Adele gekommene Ahnenstuhl der Anl<u>o</u>er ist aus einem Elefantenzahn geschnitzt und sehr klein.

Die dem Stuhl geweihten Personen: Wird der Ahnenstuhl in den Krieg genommen, so erfaßt er zuweilen einen Menschen. Wird der Erfaßte krank, so fragt er einen Priester nach der Ursache. Dieser antwortet: »Der Ahnenstuhl läßt dir sagen, er habe dich gesegnet. Willst du nun, daß du auf dem Stuhle sitzest? Willst du das, so wirst du wieder gesund werden.« Der Stuhl sagt: »Du sollst auf mir sitzen, sollst mir dienen und mir Opfertiere schlachten!« Er bekommt nun von dem Priester die Anweisung, daß er sich zwei Trommeln, atopani und agbogbla, eine Schelle, ein Schwert, einen großen Schirm und einen Königshut beschaffen solle. Den Schirm müsse er über diesen Gegenständen aufspannen.

Wenn das Jahr zu Ende gehe, solle er einen Widder schlachten und der ganzen Stadt ein Mahl bereiten. Dann werden die Leute merken, daß der

Stuhl bei ihm wohne. Wenn er diese Anweisungen pünktlich erfülle, so werde ihm der Stuhl alle Ausgaben ersetzen, die er seinetwegen gehabt habe.

Wenn wir keinen Stuhl der Vorfahren für uns haben, so genießen wir keine Achtung. Deswegen hat jedermann einen Stuhl der Vorfahren im Besitz und dient ihm.

Verehrung des Stuhles: Für den Ahnenstuhl wird ein besonderes Haus gebaut, und niemand, selbst der König nicht, hat Erlaubnis, dasselbe zu betreten. Nur an seinem Geburtstage haben der König und die Nachkommen des Ahnen das Recht, die Hütte zu betreten. Vor seinem Eintritt wird jeder einzelne gefragt, ob er rein sei. Hat einer von ihnen irgend etwas Böses an sich, so wird ihm das Betreten der Hütte nicht gestattet. Jeder muß etwas gegorenes Getränk mitbringen, was bei dem Ahnenstuhl nie fehlen darf.

Der König, der auf dem Stuhl sitzt, ist auch zugleich dessen Priester. Beim Eintritt in das Zimmer betet er also: »Oh, die Sehnen des Schenkels, der Kniekehle und des Armes mögen stark sein! Vermehren möge sich die Zahl der Sklaven und Sklavinnen! Wenn wir eine einzige Kaurimuschel in die Hand nehmen, so mögen zwei daraus werden! Nur, wenn du eilst, können auch wir eilen. Wenn aber du hinkst, so müssen auch wir hinken. Heute ist dein Tag (asigbe). Deswegen sind wir zu dir gekommen, damit wir gesund bleiben.«

Nach dem Gebet gießt der König Mehlwasser über den Stuhl und stellt gegorenes Getränk dazu. Dann schöpft er Mehl aus einem Topf in eine Kalebasse, gießt Wasser dazu und knetet die Masse zu kleinen Kugeln. Diese legt er auf den Stuhl. Alle Anwesenden knien nieder und legen beide Hände auf den Rücken. Dadurch bekommt er von dem Stuhl ein Herz, ein Held zu werden. Ist das geschehen, so trinken sie miteinander das Getränk, danken und verlassen die Hütte. Diese wird sorgfältig abgeschlossen.

Der jährliche Dienst des Ahnenstuhls gilt nicht nur einem, sondern allen verstorbenen Vorfahren. Diese Feier bringt den Teilnehmern viel Ehre ein, weil an diesem Tage alle Nachkommen des Ahnen, wo immer sie wohnen mögen, zusammenkommen.

Jede einzelne Familie hat aber auch einen eigenen Ahnenstuhl, und jede verehrt ihren Stuhl besonders. Die Nachkommen eines Ahnen dürfen an der Verehrung des Stuhles einer anderen Familie nicht teilnehmen.

Will der König an einem gewöhnlichen Tag in die Hütte gehen, so muß er sich vorher reinigen. Ist irgend etwas Böses beim Betreten der Hütte an ihm, so muß er sterben und ist selber schuld daran.

Den Ahnenstuhl nimmt man auch mit in den Krieg. Vor dem Aufbruch schlachtet man ihm einen Widder und ein weißes Huhn. Jedes einzelne der Nachkommen eines Ahnen stellt sich ihm besonders vor, damit es von ihm beschützt wird. Hierauf schwört jeder bei dem Stuhle und sagt: »Wenn ich in dem feindlichen Gebiet, in das wir zu ziehen im Begriffe sind, einem deiner Feinde begegne und bin unfähig, Rache an ihm zu nehmen, so geschehe mir dies und das. Was du selbst ihm getan haben würdest, genau das werde auch ich ihm tun. Bin ich unfähig, so an deinen Feinden zu handeln, so habe ich den Eid von Some, den von Keta, den von Agoe, den von Ago̱time, den von Gbedzidzavu und den von Dasutagba gebrochen.«

Beim Ausmarsch nimmt man den Stuhl mit. Am Ziel angelangt, wird für den König und für den Stuhl je eine Hütte aus Palmästen gebaut. Beim Ausbruch der Feindseligkeiten nimmt man den Stuhl mit in den Kampf. Alle Köpfe, die den erschlagenen Feinden abgeschnitten werden, legt man vor dem Stuhle nieder. Wurden Feinde lebendig ergriffen, so werden auch sie für den Stuhl getötet.

Während des Krieges betet man täglich zum Stuhle und bittet ihn, daß er seine Krieger kraftvoll beschütze. Wenn sie als Sieger nach Hause kommen, so werden sie ihm danken. Merkt man, daß die feindliche Macht zu stark ist, so bekommt der Stuhlträger den Auftrag, mit dem Stuhl nach Hause zu gehen. Sobald dieses Wort ausgesprochen ist, flieht das ganze Heer der Anlo̱er. Niemand bleibt mehr auf dem Kampfplatze zurück. Man weiß nun, daß der Feind zu mächtig ist. Nahm der Krieg für die Anlo̱er einen glücklichen Verlauf, so wird der Stuhl zu Hause öffentlich aufgestellt. Man schlachtet ihm einen Widder und sagt, daß er nun Ruhe haben werde. Der Tag wird mit einem großen Gelage gefeiert. Ist aber der Krieg unglücklich ausgelaufen, so daß die Krieger mit Schande nach Hause zurückgekehrt sind, so wird der Stuhl einfach in seine Hütte gestellt, und niemand hat das Bedürfnis, ihm zu danken.

Der Ahnenstuhl verschafft dem Menschen Leben, weshalb man auch Kranke zu ihm bringt. Man betet zu ihm und sagt: »Hier liegt dein Enkel! Ein böser Mensch hat ihn ergriffen. Nun haben wir ihn zu dir gebracht und bitten dich, du wollest ihn erretten und am Leben erhalten.« Wird er wieder gesund, so opfert man dem Stuhle gegorenes Getränk und gibt ihm einen Widder als Geschenk. Dieser wird nicht sofort geschlachtet, sondern bis zu dem jährlichen Opferfest aufbewahrt. Stirbt aber der Kranke, so sagt man, ein tro̱ habe ihn getötet. Der Ahnenstuhl habe ihm nichts zuleide getan.

Wer auf den Handel geht, begibt sich zuerst zum Ahnenstuhl, betet zu ihm und sagt: »Ich habe im Sinne, in die Ferne zu ziehen, bin aber arm und habe nichts. Ich bitte dich deswegen, du wollest mir deine Kaurimuscheln leihen. Werde ich auf dem Handel Glück haben, so will ich dir nach meiner Rückkehr danken.« Der Beter bekommt die dem Ahnenstuhl gehörigen Kaurimuscheln und legt sie zu seinen eigenen, mit denen er auf dem Markt Waren einzukaufen gedenkt. Die Bedeutung der Entlehnung von Kaurimuscheln ist die, daß der Ahnenstuhl darin mit ihm in die Ferne zieht, auf ihn acht hat und ihm Glück verleiht. Kehrt der Händler mit Freuden wieder in die Heimat zurück, so gibt er dem Stuhle seine Kaurimuscheln zurück. Er geht zum König, ruft alle seine Familiengenossen zusammen und gibt zwei Kisten Branntwein als Geschenk. Der Stuhl erhält seinen besonderen Teil. Der versprochene Widder wird erst beim jährlichen Opferfest geschlachtet. Kam der Händler aber nicht mit Freuden vom Handel zurück, so geht er zum Stuhl, klagt ihm und sagt: »Ich bin in die Ferne gezogen, aber sie war mir nicht günstig.« Letzterer ermuntert ihn und sagt: »Das ist nichts Schlimmes. Du mußt eben ein andermal wieder gehen!«

Führt man mit dem Europäer Krieg, so wird der Stuhl nicht mitgenommen, weil man fürchtet, der Stuhlträger könnte getötet werden. Wird der Stuhlträger in einem Krieg gegen Eingeborene verwundet, so muß der Stuhl von einem andern getragen werden. Stets ist der Stuhlträger ein Enkelsohn des Königs. Einem Sklaven ist es nicht gestattet, den Stuhl zu tragen. Er würde damit fliehen.

Ehrung der Verstorbenen durch die Wahl des Bauplatzes: Das gewöhnliche Wohnhaus der Anlo̱er wird auf den Ruinen des väterlichen Hauses erbaut. Auf den Ruinen des mütterlichen Hauses pflegt man das Haus für die Frau zu erbauen. Das geschieht, damit der in der Unterwelt weilende Vorfahre nicht mehr zu klagen braucht. Dieser erkennt jetzt, daß sein Sohn zu Hause ist, um ihm, dem Vater, zu essen und zu trinken zu geben. Er weiß nun, daß sein Heim nicht zerfallen wird.

Die Jenseitsvorstellungen der Batak

Die Batak stellen eines der allergrößten altindonesischen Völker dar. Sie leben im zentralen Nord-Sumatra. Heute sind etwa ein Drittel der Batak Protestanten und ein weiteres Drittel Muslime, während der Rest sich den Glauben an die traditionelle Religion bewahrt hat.

Nach den traditionellen Vorstellungen der Batak gliedert sich das Weltall in drei Stockwerke. Das oberste wird von den sieben Schichten der Oberwelt, dem Wohnort der Götter, gebildet. Daran schließt sich die Mittelwelt an. Sie umfaßt die Erde und die Menschen, die auf ihr leben. In der Unterwelt hausen die Toten neben den Geistern und Dämonen. Der Lebenswandel der Götter spielt sich nach dem Muster des menschlichen Lebens ab: Die Götter haben Familie sowie sämtliche positiven und negativen Eigenschaften der Menschen. Viele Verbindungen zwischen Ober- und Mittelwelt gibt es nicht. Die Batak wenden sich allenfalls an die Götter, wenn sie unter Not leiden. Der Ahnenverehrung kommt wesentlich größere Bedeutung zu als der Verehrung der Götter. Im Mittelpunkt des religiösen Kultes stehen die Ahnen.

Der lebende Mensch hat eine Seele, den tondi. Er bildet die Lebenskraft und gelangt aus dem Seelenvorrat in der Oberwelt in Menschen, Tiere und Pflanzen. Der tondi verläßt mit dem Tod den Körper und geht anschließend wieder in andere Menschen, Tiere oder Pflanzen ein. Nach dem Tod bleibt vom Menschen nur der Schattenleib des begu übrig. Dieser begu geht ein ins Schattenreich, in die Unterwelt. Der begu stellt für die Lebenden eine Gefahr dar. Denn weil er sich darüber ärgert, daß er die Welt der Lebenden verlassen muß, versucht er, andere Lebende mit in den Tod zu holen. Die Toten führen ein unbefriedigendes Schattenleben, erfüllt von Neid auf die Lebenden. Das Schattenleben verläuft im wesentlichen nach den umgekehrten Gesetzen wie das tatsächliche Leben. Der begu hängt in seiner Stellung in der Unterwelt aber von dem Ansehen seiner Nachkommen auf der Welt ab. Sinkt deren Ansehen, so geht es auch mit dem begu bergab. Der aber sinnt auf Rache und bringt dann Unglück und Krankheit über seine Nachkommen. Die Batak fürchten deshalb den begu. Denn er ist es, der alles Unheil über die Erde bringt.

Johannes Warneck hat in seinem Werk »Die Religion der Batak«, das 1909 erschienen ist, die überlieferten Vorstellungen der Batak über Tod und Jenseits zusammengetragen, dokumentiert und erläutert.

Die Seele nach dem Tod

Die Batak erklären alles Sterben damit, daß ein begu den tondi des Menschen geholt hat. Stirbt ein Mann in den besten Jahren, so hat ihn ein weiblicher begu geholt, um ihn zum Manne zu nehmen. Stirbt eine rüstige Frau, so hat sie ein männlicher begu geholt, um sie zu heiraten. Nur von den im Kriege Gefallenen sagt man, daß nicht ein begu sie geholt habe, sondern die Gerechtigkeit.

Wenn der Mensch stirbt, so wird er ein begu. Der lebende Mensch hat einen tondi, der aber mit dem Tode ihn verläßt; von da an heißt der Verstorbene begu. Das Geschick des Menschen in diesem Leben sowohl wie im Totenreiche hängt aber ab von dem, was sein tondi in der Präexistenz sich erbeten hat. Tondi und begu sind sehr verschieden voneinander. Der tondi ist wie ein Mensch, der fest in seinem Hause wohnt, so lange er lebt; er bekommt auch genügend zu essen. Der begu aber gleicht jemandem, der ohne Heimat herumstreicht; er hat keine Wohnung und keine Nahrung. Deshalb sucht er bei den Menschen herum, fordert Opfergaben, und läßt sich gelegentlich auf Menschen nieder, um von ihnen etwas zu erhalten.

Die Gestalt des begu ist ähnlich der Gestalt des tondi, den der Verstorbene hatte. Darum können Hellseher die begu erkennen, zu wem sie gehören. Sobald der Mensch begu wird, ist er geschieden von der Menschenwelt und gehört zur Geisterwelt. Wenn der Mensch gestorben ist, wird die Länge der Leiche gemessen, damit man danach seinen Sarg und Grab machen kann; sonst wächst die Länge seines begu, und seine Verwandten kennen ihn nicht mehr. Solche werden dann die schlimmen begu nurnur. Der begu geht zunächst aus, seinen Leib zu suchen, findet ihn aber nicht mehr; er besucht das Grab, kann aber nicht hinein; schließlich läßt er sich auf einen Habicht nieder, und der bringt ihn dahin, wohin er will. Wenn der Habicht ins Dorf kommt, wehklagen die Hinterbliebenen; man sagt dann: es ist der begu von N. N.

Ist jemand gestorben, so sind die Verwandten traurig und stimmen Klagegesänge an. Aber zugleich fürchtet man den begu, denn er plant mit den andern begu, die Menschen zu verderben. Deswegen wenden die Batak viele Mittel an, die begu von ihren Hinterbliebenen zu scheiden. Denn wenn ein Vater oder eine Mutter stirbt, so will ihr begu die Kinder holen. Darum beobachten die Hinterbliebenen viele Gebräuche: Wenn ein Ehemann stirbt, der schon Kinder hinterläßt, aber noch jung ist, spaltet man ein Stück Rotang; die eine Hälfte gibt man dem Gestorbenen, die andre Hälfte den Hinterbliebenen, aber das Stück, das der Tote mitbekommt, ist kleiner. Damit deutet man die vollständige Scheidung an. Wenn eine Frau stirbt, welche ein kleines Kind hinterläßt, dann nimmt man einen Bananenschößling, den die Verstorbene mitnehmen soll, damit ihr begu geht und nicht in der Nähe des zurückbleibenden Kindes sich aufhält. Außerdem tut man folgendes, um den begu eines Gestorbenen fernzuhalten: Man gießt Wasser in einen Trog und stellt diesen unter die Haustreppe; man zündet ein schwelendes Qualmfeuer vor dem Hause an, denn vor Wasser und Rauch ziehen sich die begu zurück. Nachdem man den Toten weggetragen hat, gehen die, welche geklagt haben, herunter und waschen sich. Wenn sie aber ins Haus gehen, müssen sie mit dem Daumen des linken Fußes das Wasser unter der Haustreppe berühren. Alles das tut man, damit der begu des Gestorbenen aus dem Dorfe ausscheidet. Wenn eine Epidemie herrscht, verbrennt ein jeder vor seinem Hause beißend riechende Sachen, wie Pulver, Schwefelerde, weiche Erde, damit die begu sich scheuen, ins Dorf zu kommen. Die Menschen fürchten sich gewaltig vor den begu, weil man sie nicht sehen kann. Und man kann sich schwer vor ihnen in acht nehmen, denn sie können in die Häuser eindringen, wenn auch die Türen verriegelt sind; durch die Ritzen schleichen sie herein. Zwischen den Zwischenräumen der Bretter holen sie den tondi des Kranken heraus, daß er stirbt. Der begu eines plötzlich gestorbenen Menschen tappt noch im Dorfe herum, nachdem er gestorben ist. Dagegen muß man folgendes tun: Man muß einen leeren Topf auf dem Brandholzgestell zudecken und einen leeren Salzbehälter hinlegen. Dann wird der begu es berühren und traurig sein, weil er nichts für sich findet; er wird dann nicht mehr in das Dorf kommen. Die Leute wenden alle Listen an, um die begu zu vertreiben, denn sie sind furchtbar und sehr stark.

Ist jemand gestorben, so schicken die Hinterbliebenen früher Verstorbener durch ihn Geschenke an ihre Toten. Wenn z. B. ein angesehener Mann gestorben ist, dann kommen die verwitweten Weiber, legen Siri oder Tabak auf seinen Sarg und sagen dabei: »Bringe doch diese Gabe dem Vater dieses Kindes und sage ihm, er möge mich bald holen, ich könne das Elend seines Kindes nicht mehr ansehen und möchte lieber unter die Erde.« Man erwartet dabei, daß der begu des Verstorbenen dem Schenkenden dann Gutes tue. Der angerufene begu läßt sich oft auf ein Medium nieder und spricht: »O du arme Mutter, deine Gabe habe ich empfangen und deinen Wunsch gehört. Aber was ist da zu machen? Die Menschen hängen ja ab von dem, der sie gesandt hat. Aber dies unser Kind pflege nur treu, es soll ihm gut gehen.« Oder der herabgekommene begu sucht sofort sein Kind. Man zeigt es ihm, während Mutter und Kind in Tränen ausbrechen, und die Mutter gibt dem begu Tabak. Opfern die Hinterbliebenen aber ihrem Toten nicht, dann wird er unwillig und macht die Kinder krank mit derselben Krankheit, an der er gestorben ist, und wird so ihr Feind. Deshalb sind die Verstorbenen halb Freund halb Feind. Die begu legen es darauf an, daß die Menschen sie fürchten. Darum fürchtet man den Verstorbenen vom Augenblick des Todes an.

Sobald der Kranke gestorben ist, holen die Leute seinen oft schon vorher fertiggestellten Sarg und bringen ihn ins Sterbehaus. Manchmal stellt man den Sarg erst einige Stunden in die Sonne. Während der Sarg ins Haus gebracht wird, ziehen sich die Klagenden in den Hintergrund zurück und drehen sich um, denn man muß seinen tondi vor dem Sarge in acht nehmen. Oft hat ein Hellseher beobachtet, wie der tondi eines Lebenden mit in den Sarg hineingeht. Sobald der Sarg im Hause steht, muß man den Toten hineinlegen und mit dem Deckel zudecken. Schon nach wenigen Stunden trägt man ihn hinaus. Nachdem man die Haustreppe hinter sich hat, weichen alle Menschen dem Sarge aus. Während der Sarg durchs Dorf getragen wird, spucken alle Leute aus und rufen: »Pfui über dich, wir wollen dich nicht mehr sehen.« Ein Mann folgt hinter dem Sarge, der fuchtelt mit einem Palmzweig herum, damit keine Fliegen folgen, denn wenn Fliegen mitgehen, wird bald einer der Dorfbewohner sterben. Oft folgt der tondi eines Lebenden dem Sarge und hängt sich daran, die Füße nach oben, den Kopf nach unten. Dann muß der Hellseher rufen: »Komme um, du Hund, der du an diesem Leben Überdruß hast!« Die Träger behaupten, der Sarg sei dann doppelt so schwer wie sonst. Der Hellseher verkündet, daß der tondi des N. N. folgt, und man verwünscht ihn und schlägt dabei die Trommeln, damit doch der tondi ins Haus zurückkehren möchte. So ist's auch wieder, wenn man an das offene Grab kommt; die Menschen nehmen sich davor in acht. Frauen dürfen nicht am Rande des Grabes stehen. Nach der Beerdigung kehren alle zurück und waschen sich. Nach drei Nächten bringen die Hinterbliebenen gekochten Reis für den Toten und sein Rauchgerät samt Feuerzeug und legen es auf Blätter, denn der begu hat noch Hunger; er bewohnt das Grab noch so lange, als seine Leiche noch nicht verwest ist. Bei reichen Leuten gibt man dem Toten ein Stück Vieh mit. Ein Verwandter schlachtet es und betet dabei: »O begu des N. .N., du hast uns verlassen, hier ist ein Zeichen des Scheidens. Dein begu helfe uns. Es möge Licht sein in Zukunft.« Darauf wird das Fleisch verteilt. Dann spricht ein Häuptling: »Wir haben unsern Anteil empfangen, aber wir sagen Gott, es möge in Zukunft nie mehr so geschehen. Wenn ein Fürst stirbt, werde an seiner Stelle ein andrer Fürst geboren.« Nachdem das Grab zugeschüttet ist, steckt man die Stangen, an denen der Sarg getragen war, dem Kopfende gegenüber in die Erde und hängt daran den Topf auf, in dem das Totenmahl gekocht wurde, sowie die Kinnladen der geschlachteten Tiere. Die Hinterbliebenen aber bringen dem Toten Reis und Siri, drei Morgen hintereinander, wobei unterwegs und am Grabe geklagt wird. Wenn der Reis zur Zeit des Todesfalles noch nicht abgeerntet ist, läßt man bei der kommenden Ernte einen Streifen im Reisfeld wie eine Insel stehen; den dort später geernteten Reis streut man auf das Grab.

Der begu eines Verstorbenen begehrt im Totenreich zu den begu seiner Sippe zu kommen, damit diese ihn gegen die andern begu in Schutz nehmen. Deshalb begräbt man die Toten in der Nähe der Gräber ihrer Verwandten, damit sie im Totenreich beieinander sind. Witwen wollen neben ihrem Manne begraben sein, damit ihre begu leicht wieder zusammenkommen und einander beistehen.

Nach dem Tode eines angesehenen Mannes versammeln sich seine Verwandten im Trauerhause, um den Toten zu ehren. Außerdem kommen viele Menschen, um den Toten zu sehen, weil sie dabei Fleisch bekommen. Jeden Tag, so lange die Leiche noch nicht begraben ist, wird von den Hinterbliebenen ein Stück Vieh geschlachtet. Der Tote wird vor dem Begräbnis geschmückt, die Verwandten reihen alle ihre Goldstücke an einem Faden auf und schlingen dem Toten die Schnur um den Kopf. Alle Halsketten legen sie ihm auf die Brust, und häufen auf ihn alle seine guten Gewänder. Jede Nacht werden die Totentrommeln geschlagen. Am Tage des Begräbnisses kommen noch mehr Menschen, weil es da noch mehr Fleisch gibt. Es werden viele Flinten abgeschossen und viel Lärm gemacht.

Wenn ein Armer stirbt, kümmern sich nur seine nächsten Verwandten darum, die beklagen ihn einen Augenblick, dann wird er sogleich begraben. Oft hat er nicht einmal einen hölzernen Sarg, man wickelt ihn einfach in eine alte Matte, schnürt sie ihm um die Füße und den Bauch und bindet sie am

Kopfe zu. Das Grab macht man nicht tief und den Grabhügel nicht hoch. Manchmal freilich schämen sich die armen Verwandten und borgen Geld, um das Begräbnis besser zu machen. Wer irgend kann, gibt dem Toten eine Totengabe mit. Das Vieh, welches dabei geschlachtet wird, weidet der Verstorbene im Totenreich und erkauft sich damit den Eintritt bei den angesehenen begu.

Der begu eines eben gestorbenen Menschen läßt sich zunächst auf einen Habicht nieder, oder er setzt sich auf einen Grashalm und verwundert sich dabei: »Weh mir, so klein ist der Ort, auf den ich mich niederlasse, und er kann mich doch tragen; so leicht bin ich doch nie gewesen.« Dann fliegt der begu mit dem Habicht über das Reisfeld oder Yamsfeld, das ihm gehört hatte, und schreit dabei. Wenn nun einer seiner Verwandten in der Nähe ist, dann weint er, sobald er den Habicht krächzen hört und sagt: »Komme nicht in meine Nähe, du Hundehabicht, nicht wir haben dich weggeschickt, du bist es, der Überdruß hatte am Leben.« Darüber wird der Mensch aber leicht traurig und krank. Dann ordnet der datu an, daß die Verwandten von dem Toten geschieden werden. Am folgenden Morgen begeben sie sich zum Grabe und nehmen mit ein Huhn, ein Bambusgefäß voll Wasser, gekochten Reis und einen gespaltenen Rotang. Am Grabe essen sie und waschen den Kranken über dem Grabe und sagen dabei: »Das ist das Wasser, das die Schmerzen loslöst, die am Leibe des N. .N. brennen. Wie das Wasser von seinem Leibe abgleitet, so falle die Krankheit von ihm ab. Dieser gespaltene Rotang sei das Zeichen deiner Scheidung von N. N. Wie die Spaltung des Rotang in zwei Teile, so scheide du von ihm. Hebe dich fort, du darfst niemand von uns mehr ansehen.« Plötzlicher Tod ist schimpflich nach der Meinung der Batak. Die Menschen fürchten sich nachts vorbeizugehen an dem Dorfe der Hinterbliebenen, denn der begu verkehrt dort. Aber der allerschimpflichste Tod ist der Tod einer Frau im Wochenbett. Wenn eine Frau so gestorben ist, dann fürchten sich alle Bewohner des Dorfes und alle, die davon hören. Sogleich bereiten alle schwangeren Frauen Schutzmittel und hängen sie über die Tür ihres Hauses auf. Ihre Männer aber schießen gegen die Dorfpforte hin. Die Tote muß sogleich begraben werden; man schnürt ihre Finger, Hände und Füße zusammen, stopft ihr Asche in Mund, Augen und Ohren, damit sie nicht wieder ins Dorf kommen kann. Auch die Art, wie sie begraben wird, ist unerhört: man darf ihr nicht ein Grab graben, sie wird einfach mit Erde zugedeckt oder in eine Schlucht geschleift, denn ihr begu darf nicht Gemeinschaft haben mit den andern begu. Ihre Betätigung ist schrecklich; nachdem sie begu geworden ist, kann sie sich nie auf ein Medium niederlassen, um zu helfen, sie kommt nur, um zu verderben. – Die begu aller kürzlich gestorbenen Menschen kommen ins Dorf. Wenn die Tote eine Frau ist, muß man ihr einiges von ihrem Eigentum mitgeben und etwas von dem Reis, den sie hinterlassen hat, um das Grab herumstreuen, damit sie nicht ins Dorf kommt, sich davon zu holen. Wenn jemand stirbt, ohne männliche Nachkommen zu hinterlassen, so wird sein begu arm und verachtet, kann auch nicht an Ansehen wachsen, er wird ein Sklave der andern begu.

Alle diese begu verehrt man nicht und opfert ihnen nicht, außer dem begu eines im Kriege Gefallenen. Nur wenn ein solcher begu jemand krank macht, verehrt man ihn. Durch Huhnbeschauen erkennt der datu, welcher begu eine Krankheit verursacht hat, und ordnet an, was man dem begu geben muß, damit er den gequälten Menschen verläßt und die Krankheit weicht.

Im Traume erscheint der begu eines Verstorbenen oft seinen Nachkommen, besonders seinem Sohne, und belehrt ihn über mancherlei, z. B. über die Kunst, Holz zu bearbeiten und ein Haus zu bauen. Wenn jemand von dem begu eines Verstorbenen träumt, sieht er seine Gestalt, wie sie bei Lebzeiten war; sie reden und scherzen wohl auch miteinander, wie sie es früher gewohnt waren. Folgt jemandes tondi dem begu im Traume, dann muß er sterben. Ein verstorbener datu belehrt oft seinen Schüler im Traum über die Zauberkunst. Viele Menschen werden von begu im Traum unterwiesen und reden mit ihnen. Von dieser Art Träumen gerade schöpfen die Batak hauptsächlich ihr Wissen über die begu. Man träumt aber nicht gern von Verstorbenen, der begu könnte den Träumenden bald holen. Nur die datu, welche die begu kennen, freuen sich über solche Träume. Sind etwa fünf Generationen vergangen, dann verkehrt ein begu nicht mehr im Traum mit den Lebenden, er wird den Menschen immer mehr entfremdet.

Die Lebensweise der begu ist umgekehrt wie diejenige der Lebenden. Wenn sie die Treppe hinuntergehen, so klettern sie mit dem Kopfe voran. Wenn sie zu mehreren an einer Last tragen, schauen sie dabei nach vorn, gehen aber nach hinten. Sie halten auch Märkte ab, aber nur des Nachts. Auch ihre Ratsversammlungen und ihr gesamtes Treiben spielt sich des Nachts ab. Am Tage schlafen sie, in der Nacht laufen sie herum, am liebsten bei zunehmendem Monde. Die begu haben einen Leib, den man nicht fassen kann, wenn man ihn auch sieht. Hat jemand einen begu geschlagen, dann findet er nachher an dem Platze eine tote Heuschrecke. Die begu fühlen sich unglücklich und schweifen unstet herum. Ihr Gemüt ist neidisch gegen alles Gute, sie sind voll Haß, diebisch, räuberisch, betrügerisch. Und alle Menschen, mit denen sie sich einlassen, werden ihnen ähnlich. Wenn sie mit Menschen in Verkehr treten, so werden diese krank oder wahnsinnig, sterben auch oft.

Alle unheimlichen Orte glaubt man bevölkert mit begu, z. B. dichtes Gestrüpp, wüsten Wald, hohe Berge. Man glaubt sie auch in Tieren hausend. Darum betet man Tiger, Elefanten, Krokodile, große Schlangen an und nennt sie »Großvater«. Alles was furchtbar und schrecklich ist, verehrt man, weil man einen begu darin vermutet und sich vor ihm fürchtet.

Es gibt zwei Arten begu: solche, die an sich begu sind, das sind gefährliche Gespenster, und dann die Geister Verstorbener, denn jeder Gestorbene wird ein begu. Man unterscheidet die zwei Arten aber nicht wesentlich voneinander.

Die begu der im Kriege Gefallenen und der Kinderlosen halten sich oben im blauen Himmelsgewölbe auf. Dahin müssen sie von allen ihren Wanderungen zurückkehren. Die begu vornehmer Toten residieren in den sombaon (heiligen Hainen u. dgl.). Das Land ist voll von den begu. Überall, wo sich keine Menschen aufhalten, wohnen begu. Manche Sagen berichten, daß begu in der Oberwelt wohnen (bei den Göttern). In einem Dorfe dort sind alle versammelt, welche an Fußkrankheiten starben; in einem andern die, welche an Kopfkrankheiten starben, usw. Lange Zeit halten sich die begu noch am Grabe ihres Leichnams auf. Darum setzt man ihnen Speisen aufs Grab; die begu sehnen sich noch immer nach ihrem Leibe. Am Grabe kann man daher die begu am sichersten anrufen und mit ihnen verhandeln.

Gegen die gewöhnlichen begu, die nicht Ahnen sind, ist man unhöflich, man flucht ihnen, gibt ihnen Opfer, die nicht eßbar sind, erklärt aber beim Darbringen, es seien wohlschmeckende Speisen. Man sagt z. B., man bringe das Herz eines Tieres, und gibt statt dessen eine Bananenblüte; man offeriert eine Leber, gibt aber Scherben, u. dgl. mehr.

Die meisten Krankheiten kommen von den begu. Da ist z. B. jemand plötzlich krank geworden. Er erzählt dem datu auf dessen Befragen: »Ich sah vorhin den begu des N. N., darüber erschrak ich und wurde krank.« Darauf spricht ein Verwandter des Verstorbenen eine Gebet: »Wenn du es bist, Vater, dann tue doch nicht so zu diesem Kranken. Wenn du von uns ein Opfer haben willst, dann fordere es nicht auf diese Weise. Fordere es lieber durch einen Traum, damit wir es dir ordentlich zurichten. Laß uns einen Bund machen: Wenn du diesen Kranken gesund machst, dann wollen wir dir ein wohlschmeckendes Opfer bringen, wie du es gewöhnt bist.« So geschieht es dann, das Opfer wird feierlich dargebracht und eine Mahlzeit dabei gehalten. Eines kürzlich begrabenen Menschen begu kommt abends gern ins Dorf zurück, öffnet die Tür seines Hauses und rumort unter den Geräten. Alles fürchtet sich, und die Haare stehen den Hausbewohnern zu Berge. Der älteste Mann im Hause spricht dann: »Wenn du der begu des N. N. bist, den wir begraben haben, so nähere dich uns nicht. Nicht wir sind es, die deiner überdrüssig sind. Wir haben dich lieb. Zürne dem begu, der dich geholt hat.« Bei schweren Krankheiten wird dem begu ein Opferfest mit Trommelmusik veranstaltet.

Das Totenreich

Verschieden sind die Aufenthaltsorte der begu: Die begu der im Kriege Gefallenen und der Kinderlosen wohnen in der Himmelsluft. Viele begu wohnen im freien Felde. Manche begu wohnen im sombaon. Es gibt allerlei sombaon: dichtes Gestrüpp, große Bäume, Schwefelquellen, Quellen und Mündungen von Flüssen, Waldwildnis. Alle schrecklichen Orte und solche Löcher, wo Schlangen hausen, sind sombaon. Überall wo Menschen sind, halten sich auch begu auf. Es gibt auch begu, die oben im Himmel, in der Oberwelt wohnen, so erzählt die Sage von Si Malindeman. Es sind dort in einem Dorfe beieinander alle, die Fußkrankheiten hatten, ebenso in einem Dorfe alle, die Kopfkrankheiten hatten, die mit schlimmen Händen usw.

Von Siadji sambola erzählt man, daß er auf seiner Reise zu Gott die sieben

Himmel besucht habe und später von Gott Belehrung empfing über das, was er dort gesehen: Im ersten Himmel sah er Mengen von begu, die lauter verkehrtes Zeug taten; das sind diejenigen, die sich bei Lebzeiten nicht belehren lassen wollten, und nun lauter Verkehrtes beginnen. Im zweiten Himmel sah er solche begu, die Tag und Nacht Pläne schmiedeten, Blut zu vergießen; das sind die begu derjenigen, die bei Lebzeiten auf Mord gesonnen oder Mord verübt haben; sie müssen das nun immer so weiter treiben. Im dritten Himmel sah er Spieler, die immerfort ihre Forderung eintrieben oder ihre Schuld bezahlten. Das sind die begu derjenigen, die auf Erden spielten und das nun immer nachmachen müssen. Im vierten Himmel hatten die begu lange Zungen, weil sie bei Lebzeiten betrogen haben. Im fünften Himmel sah er die Diebe, welche in ihrer Hand hielten einen oder zwei Büffel oder Geld oder Früchte, genau das, was sie früher gestohlen hatten. Er staunte darüber, wie sie die Büffel in der Hand halten konnten. Im sechsten Himmel sah er alle Arten von Menschen, die noch geboren werden sollen in Gestalt von mehr oder weniger entwickelten Pflanzen mit Blättern oder Blüten oder Früchten, je nach der Länge der ihnen bestimmten Lebenszeit. Im siebenten Himmel erblickte er ein stattliches Haus mit Ornamenten geschmückt, die Wohnung von Mula djadi. Dort trug er seine Klage dem Schöpfer vor und empfing Aufklärung über das, was er im Totenreiche gesehen hatte. –

Alle Gestorbenen halten sich bei ihrem Grabe auf, bis der Leichnam zu Erde geworden ist; dann verschwinden sie. Darum bringen die Batak Speise ans Grab. Wenn z. B. Kinder gestorben sind, so bringt man Leckereien und gekochten Reis, obgleich ihn die begu sonst nicht essen; aber man glaubt, ein kürzlich Begrabener sei noch beim Grabe, er habe seinen Leichnam noch lieb. Die begu sind unwillig, wenn die Menschen ihren Leichnam nicht besorgen. Um ihren Vorwürfen zu entgehen, pflanzt man einen großen Baum auf das Grab, damit macht man ihren Fluch fortfliegen. Weil anfangs der begu beim Grabe wohnt, gehen manche Diebe an ein Grab und rufen den begu, daß er ihnen beim Stehlen helfe. Wenn aber der begu das Grab nach einiger Zeit verläßt, geht er anderswohin. Nach der Meinung der Batak ist der Wohnort der begu jenseits des Wohnortes der Menschen; einige sagen: unter der Erde, aber man behauptet es nicht sicher.

Die Art und Weise der begu ist wie auf dieser Erde. Die begu haben Vieh, Büffel, Pferde usw. Die begu der Tiere auf der Erde werden ihr Vieh. Sie haben Häuser und Scheunen, sie arbeiten im Felde und essen. Aber nur wilde Bananen sind ihre Speise. Die begu der im Kriege Gefallenen essen Wasserschaum, sagt man, außerdem haben sie Verlangen nach dem Rauch der irdischen Speisen, deshalb verlangen sie Opfer, damit sie deren Rauch (tondi) genießen. Wenn die Speisen dann erkaltet sind, sagt man: Die begu haben den Rauch gegessen. Wer auf Erden Häuptling war, dessen begu ist auch Häuptling, eines Sklaven begu ist wieder Sklave, so ist es mit den Armen und Verachteten wie mit den Reichen und Angesehenen. Eines Kindes begu ist wieder Kind. Wenn ein Kind stirbt, das einen Großvater im Totenreich hat, dann sagt man: »Vereinige dich mit deinem Großvater, der behüte und warte dich, daß andre begu dir nichts tun.« Darum machen die Leute das Grab ihrer

Toten nahe beim Grabe von den Verwandten, damit sie beisammen sind. Wer verwitwet ist, wünscht, daß sein Grab vereinigt werde mit dem Grabe seiner verstorbenen Ehehälfte, damit ihre begu zusammenkommen. Die begu von Kindern wachsen weiter. Die begu haben Frauen, Söhne und Töchter, manche haben auch zwei und mehr Frauen. Man kann sich die Menge der begu nicht vorstellen, denn es gibt begu, die dort geboren werden, und dazu begu der auf der Erde Verstorbenen. Die im Erdenleben miteinander befreundet waren, deren begu sind auch Freunde. Wenn das Los von jemandes Nachkommen auf Erden sich bessert, dann gestaltet sich auch die Lage seines begu viel günstiger.

Wie die lebenden Menschen Märkte abhalten, so auch die begu. Das alles weiß man daher, daß die begu den Träumenden davon berichten. Wenn jemand gestorben ist und seine Hinterbliebenen ihm Gaben bringen, dann versammeln sich die begu am Grabe des Gestorbenen und machen Lärm, gerade wie die Menschen beim Überbringen der Gaben Lärm machen. Was immer dem Toten gebracht wird, davon erblickt man später die Fußspuren am Grabe. Wenn es ein Büffel war, dann findet man Büffelspuren usw.

Wenn ein Opfer- oder Geisterfest veranstaltet wird, dann stellt sich eine Menge begu als Zuschauer ein. Ist ein Medium oder ein Hellseher in dem Hause, so sieht er die begu an den Dachsparren des Hauses herumturnen; oft will man sie gesehen haben. Sie fühlen sich also im Totenreiche gar nicht wohl und möchten durchaus am Leben der Menschen noch teilhaben. Auf Schritt und Tritt verfolgen sie das Leben der von ihnen beneideten und bedrohten Menschen.

Sumangot und Sombaon

Wenn seit dem Tod eines Menschen längere Zeit verstrichen ist, und wenn seine Nachkommen ihm fleißig opfern oder ein großes Fest ihm zu Ehren feiern, dann wird sein begu ein sumangot. Wenn aber die Nachkommen des sumangot sich weiter vermehren, dann feiern alle, die den einen Ahn haben, das größte Freudenfest, das man kennt, und dann heißt dieser Ahn sombaon.

Nur diejenigen, welche männliche Nachkommen haben, können sumangot werden. Nicht alle begu können es dahin bringen. Man weiß nicht, ob die begu und sumangot gesonderte Wohnorte haben, aber jedenfalls sind die sumangot viel angesehener bei den Menschen und unter den Toten. Es ist wie auf dieser Erde: Angesehener sind die, welche Kinder haben, noch angesehener die, welche Enkel und Urenkel haben. So ist es bei den begu: Wer zahlreiche Nachkommen hat, kann sumangot werden.

Den begu opfert man nur, wenn sie fordern; aber den sumangot wird oft geopfert aus dem freien Willen ihrer Nachkommen. Begu bekommen nie ein Opfertier, welches so groß ist, daß man es anbinden könnte; aber die sumangot bekommen Schweine, Rinder und auch Büffel.

Die Leute sprechen freilich oft vom sumangot ihres Vaters und ihrer Mutter, gleich nachdem jene gestorben sind; aber das geschieht nur aus Höflichkeit; in Wahrheit müssen Enkel da sein, die sie so nennen können. Hingegen beim Großvater spricht man nie von seinem begu, sondern immer von seinem sumangot, und so wird er im Gebet angerufen. Der sumangot wird noch weit angesehener, wenn seine Nachkommen ihm öfter opfern, denn auch seine Genossen im Totenreich freuen sich über dem Opfer. Wenn ihm also seine Enkel ein Rind oder einen Büffel zum Opfer bringen, ladet er seine Genossen ein, von dem Opfer zu holen, und so wird er geehrt unter den andern sumangot. Wenn daher der begu von jemand niederfährt, so fordert er Trommelmusik auch für seine Kameraden der Reihe nach, zuerst für seinen Großvater, seinen Vater, Mutter und die andern Verwandten und Freunde im Totenreich. Denn die begu schelten sich untereinander, wenn die Genossen nicht für einander Musik fordern. Die sumangot führen die begu an und sind ihre Häuptlinge. Die begu wagen es nicht, ihnen zu widerstehen oder den Gehorsam zu verweigern. Deshalb haben die Lebenden Vertrauen zu ihnen; glaubt man doch, Profit davon zu haben, wenn man sich an einen Mächtigen heranmacht; man hofft, er werde einen beschirmen in der Not und helfen in Krankheitszeiten und bei Hungersnot, der verstorbene Häuptling so gut wie der lebende.

Wenn jemand dem sumangot ein Opfer versprochen hat, dann muß er es unter allen Umständen erfüllen, denn die begu zürnen, wenn man das Versprechen nicht ausführt, und der das Versprechen gegeben hat, wird darüber krank. »Versprechen an begu bewirken Krankheit, Versprechen an Menschen bewirken Enttäuschung«, sagt ein bataksches Sprichwort.

Einen begu setzen seine Nachkommen zum sumangot ein. Das Fest (hordja) dauert sieben Tage oder einen Monat oder drei Monate lang. Zum Beginn schlachtet man einen Büffel. Dann machen sich alle Verwandten auf, um ihre Gaben zu dem Fest zu bringen. Zuerst gräbt man die Knochen des Verstorbenen wieder aus, dabei wird getrommelt und geschossen, daß es dröhnt. Man tut die Knochen in eine Kiste, und der Festleiter verwahrt sie sieben Nächte lang, während deren getrommelt wird. Wieder wird von Verwandten ein Büffel oder Rind geschlachtet und an die Menge verteilt. Dabei zahlen alle Verwandten ihren bestimmten Anteil. Alle kommen begleitet von Flinten und an der Dorfpforte begrüßt von Gewehrschüssen. Nachdem das erledigt ist, kommt das Holz, das als Sarg dienen soll für die Knochen, man schlägt es mit rotem Zeug von außen aus, das tun die Frauen. Wenn nun die ausgegrabenen Knochen hineingelegt werden sollen, schlachten die Festveranstalter zehn bis zwanzig Büffel. Vor dem Hause ist ein Gestell angefertigt, von da aus verteilt man das Fleisch an die Häuptlinge und an die Geladenen. Danach begräbt man die Knochen. Nun heißt der Verstorbene sumangot. Viele Leute aber veranstalten ein hordja-Fest nur, um ihren Reichtum zu zeigen. Nur derjenige begu, der sehr viele Nachkommen hat und dessen Nachkommen sehr reich sind, wird sumangot.

Höher als begu und sumangot sind die sombaon (Anbetungswürdige). Sombaon sind nur die Ahnen von alten Zeiten; sie haben einen bestimmten

Wohnort. In Silindung z. B. wird der sombaon Siatasbarita verehrt; alle vier Stämme von Silindung beten zu ihm und bringen ihm Opfer. Wenn ihm geopfert werden soll, muß eine gemeinsame Feier veranstaltet werden, dabei wird mit Knüppeln geworfen und mit Lanzen, und wenn jemand dabei ums Leben kommt, dann darf dessen Tod nicht gerächt werden. Auf dem Berge Siatasbarita ist früher der Urahn begraben. Da wohnt nun sein begu, der sombaon geworden ist. Ein sombaon lebt aber nicht allein für sich, er hat ein Dorf um sich, da sind seine Nachkommen und Knechte. So hat jede Landschaft ihren sombaon. Man muß ihn fürchten und von ihm Nachkommenschaft und Wohlbefinden erbitten, darum erweist man ihm Ehrerbietung. Es gibt aber auch viele sombaon, von denen man heute nicht mehr weiß, wessen begu da ist; man vermutet dort einen sombaon wegen der Art der Örtlichkeit. Da ist z. B. ein längst verlassenes Dorf, da wächst dichtes Dornengestrüpp und es hausen da Schlangen, das nennt man dann sombaon und bringt ihm Opfer dar. Wenn Menschen hindurch gehen, werden sie bisweilen krank, man sagt dann, der sombaon habe sie krank gemacht. Auch die Schwefelquellen nennt man sombaon, weil dort heißes Wasser sprudelt, das der sombaon zum Kochen bringt. Auf den Bergen, an den Quellen und Mündungen der Flüsse vermutet man sombaon, wahrscheinlich wegen der Gefahren, die den Menschen dort drohen. Es gibt auch sombaon im Walde. Die Leute, welche Kampfer suchen, opfern erst dem sombaon des Waldes, dann können sie Kampfer finden. Ein sombaon kann auch nach einem andern Wohnort übersiedeln. Wenn eine Wüstenei bebaut wird, zieht der dortige sombaon fort; oder wenn von einem schlangenreichen Orte die Schlangen verschwinden, dann sagt man, der sombaon sei fortgezogen. Die sombaon sind verschieden majestätisch, je nach ihrer Macht zu verderben. Wenn Menschen an einem sombaon vorbeigehen, entschuldigen sie sich und sagen: »Verzeih, Großvater, daß ich bei dir vorbeigehe.« Während man in der Nähe eines sombaon ist, hütet man sich, umgeziemende Reden zu führen, und benimmt sich höflich und anständig. Manchmal nennt man auch eine dort wohnenden Schlange Großvater, weil man in ihr den begu des Ahns verkörpert glaubt. Bisweilen führen die sombaon untereinander Krieg. Als seinerzeit der Krakatau zwischen Sumatra und Java einen Ausbruch hatte, hörte man den Donner im Bataklande und sagte: Die sombaon führten Kireg miteinander. Die sombaon geben sich auch untereinander Geschenke, auch die Menschen beglücken sie manchmal mit Gaben, wenn diese ihnen geziemende Ehrfurcht erweisen.

Es gibt auch viele sombaon, die im Tobasee wohnen, man nennt sie solobean. Wenn Leute im See ertrinken, so sagt man: Der solobean hat sie geholt. Darum opfert man ihnen und nennt sie Großvater. Solche sombaon im See sind aber nur Verderber, nie geben sie Güter, darin unterscheiden sie sich von den gewöhnlichen Sombaon. Meist weiß man nicht, welcher begu da wohnt. Oft werden Leute krank, die dort vorbeifahren, oder ihr Boot schlägt um. So ist bei Si Gaol ein solobean, den man das steinerne Pferd nennt. Man erzählt davon: Einst ritt ein Mann am Ufer auf einem Pferde, plötzlich sprang das wilde Pferd in den See, wo Pferd und Reiter untersanken und zu Stein wurden. Daraus wurde der gefährliche sombaon. Eine andere Klippe gibt es im Tobasee, von welcher die Sage geht, daß dort eine Frau ihrem Manne entlaufen und in den See gesprungen sei, worauf sie samt dem sie verfolgenden Manne zum Fels wurde. Auf dem Berge Imun ist ein sombaon, bestehend aus zwei Steinen. Dort soll einst ein datu seine Schwester vergewaltigt haben, worauf beide zu Stein wurden. Man verehrt die menschenähnlichen Felsblöcke als sombaon. Wenn man ihnen opfert, so gibt man möglichst schlechte Stücke. Man verehrt eben alle auffallenden Naturgebilde als »Großvater« und versucht so, sie sich nützlich zu machen. Man flucht ihnen aber auch, wenn man glaubt, daß Unheil von ihnen komme.

Einige Batak sagen, ein Mensch müsse siebenmal sterben, um sombaon zu werden, einmal in dieser Welt, sechsmal als begu. Ist er avanciert, so kündigt er es seinen Nachkommen durch sein Medium an, und diese übergeben ihn feierlich den übrigen sombaon. Aber nur reiche Leute und Häuptlinge können es zu dieser Würde bringen.

Es gibt noch eine Art sombaon, den nennt man habonaron. Oft kommt ein solcher in Menschengestalt in die Dörfer oder begegnet den Menschen und schenkt ihnen Rinder oder Dollars oder Goldstücke. Wenn der Mensch ein Glückskind ist, dann werden solche Gaben sein Eigentum, wenn er aber ohne Glück ist, dann entläuft das Rind, der Dollar wird zum Scherben, das Gold zu gelber Hunikwurzel. Es kommt also darauf an, ob der tondi des beschenkten Menschen die Gabe annimmt.

Durch ein großes Stammesfest (santi) wird ein begu zum sombaon proklamiert. Es ist das ein Opfer auf dem gemeinsamen Marktplatz und geht von einer ganzen Landschaft aus. Es wird dabei ein Schwein, Rind, Büffel oder Pferd geopfert. Der sombaon kann auch von seinen Nachkommen ein Opfer heischen. Wenn sie es aber freiwillig tun, dann muß sich die ganze Landschaft einmütig beteiligen. Das santi-Fest verläuft folgendermaßen: Alle Nachkommen des sumangot, der sombaon werden soll, kommen zusammen und bringen ihm Gaben. Es geht dann ähnlich zu wie bei dem hordja-Fest; die Feierlichkeit zieht sich vier bis sechs Monate hin, bis alle Verwandten, auch die entfernteren, gekommen sind. Dabei werden viele Büffel und Rinder getötet, denn alles, was die Besucher bringen, muß geschlachtet werden. Alle Tage tönen die Trommeln. Es darf aber bei diesem Fest nicht geschossen werden, nur beim Ausgraben der Knochen; denn wiederum gräbt man die Knochen aus, aber man nimmt nur etwa eine Handvoll Erde aus dem Grabe, weil nach der langen Zeit von den Knochen nichts mehr da ist. Danach holt man einen Büffel, den schmückt man mit Palmblättern, bekränzt ihm Kopf und Schwanz und bindet ihn dann an den Pfahl, wo er getötet wird. Von seinen Eingeweiden und den besten Stücken nimmt man und opfert sie den sombaon und sumangot. Abends stellt sich der datu in den Giebel des Hauses und hält sieben Palmblattrippen in der Hand, während vor ihm das Opfer liegt. Dann zeigt er das Opfer allen majestätischen sombaon an, damit alle wissen, der Großvater sei ein sombaon geworden. Wenn nun etwa der tondi eines lebenden Menschen kommt, um das Opfer sich anzueignen, dann verbietet es der datu und schlägt nach ihm. Läßt sich der tondi aber nicht verbieten, dann weiß der datu, daß der betreffende Mensch bald sterben wird. Darauf wird wieder die ganze Nacht getrommelt. Die Handvoll ausgegrabene Erde aber überbringt man an einen bestimmten Ort, auf einen Berg, an eine Quelle oder in ein Dickicht. Dahin trägt man auch ein hölzernes oder steinernes Bild, ein Abbild des Ahns, der nun sombaon geworden ist. Ein sombaon läßt sich nicht mehr oft auf ein Medium nieder, kommt er doch, so geht er bald wieder, nachdem man ihm ein Hühnerei gegeben hat. Es gibt nicht viele sombaon im Verhältnis zur Menge der begu, und man kann nicht willkürlich einen machen.

Aber jeder sumangot, der sombaon geworden ist, hat eine bestimmte Wohnung. Man erzählt von den sombaon, daß sie Dörfer haben und Feste feiern. Von dem sombaon Simanukmanuk in Toba berichten die Alten, daß er bisweilen Trommelmusik veranstaltet habe; dazu habe er sich Menschen aus entfernten Dörfern als Musikanten herbeigelockt. Da der begu, der sie holte, Menschengestalt hatte, so glaubten die Musikanten, es seien Mitmenschen, die sie einluden, und folgten ihnen arglos über den See. Auf dem Berge Simanukmanuk angekommen, empfingen sie von dem sombaon gutes Essen und Trinken. Die Nacht hindurch machten sie Musik und hörten dabei, welche Häuptlinge aus den Menschen der sombaon ins Totenreich holen wollte.

Die Leute bauen auf dem Markte dem sombaon ein Wohnhaus (djoro, Tempelchen), ähnlich einem spitzen Turm. Die ganze Landschaft steuert zu dem Bauholz bei, und die Häutlinge bestimmen eine feste Ordnung der Beisteuer. Das nennt man dann das Haus des sombaon. Wenn man eine Landschaft dem sombaon opfern will, müssen alle Familien Reis und Geld beisteuern, und zwar nicht nach Vermögen verschieden viel, sondern alle gleich. Das größte Opfer an den sombaon ist der Büffelschmaus. Erst muß das Medium des sombaon den Büffel besehen, ob er ihm gefällt. Wenn er ihm zusagt, bestimmen die Häuptlinge, wer Leiter des Festes sein soll, wer Schlächter, wer Zerleger, und wer die Füße des Tieres halten soll. Dann bringt man den Büffel auf den Markt und trommelt vor ihm. Nachdem die Musik gespielt hat, spießt man ihn, nimmt ihn aber nicht sogleich aus, sondern wartet noch einige Nächte, so daß das Tier oft schon anfängt zu riechen, ehe man es ausnimmt und verteilt. Während der Trommelmusik läßt sich der sombaon auf sein Medium nieder und verheißt Fruchtbarkeit des Viehs, Erfolg der Feldarbeit und Wohlergehen der Menschen.

Ein Gottespferd essen: Man verfertigt aus Holz ein rangin, das ist ein plumpes Pferdebild, das nach Art eines Steckenpferdes geritten wird, sein Maul wird ähnlich wie ein Pferdemaul gemacht, so auch sein Schwanz, ein Pferdefell deckt man darüber. Zu einer Opfergemeinschaft gehören vier rangin, damit tanzen vier Männer. Beim Dorf des Festleiters beginnt man und tanzt bis auf den Markt. Auch das Pferd wird auf den Markt geführt und angebunden. Dann umringt man es, tanzt herum und schlachtet es. Das Blut läßt man in eine Grube in der Erde fließen. Darauf wird das Fleisch verteilt; auch das Medium des sombaon bekommt seinen Anteil, und den sombaon wird ein Opfer gebracht.

Wenn man einem sombaon opfern will, dann werden Einlader bestimmt, abwechselnd aus den vier Teilen einer Landschaft, damit sie die Menschen zu dem Opfer rufen. Die Einladenden tragen einen Kranz von grünen Blättern und halten einen Stab in den Händen, wenn sie die Dörfer besuchen. Sie stoßen den Stab vor dem Wohnhause in die Erde und rufen die Häuptlinge mit singender Stimme zur Versammlung. Im Dorfe gibt man ihnen zu essen. Die Dorfbewohner dürfen den Einladenden kein böses Wort sagen, wer etwa unhöflich zu ihnen spricht, wird zu einer Geldstrafe verurteilt. Auch das Medium des sombaon darf von niemand hart angelassen werden. Wenn der datu zu dem Wohnort eines sombaon geht, um von da Zauberingredienzien für Schutzmittel zu holen, dann muß er sich entschuldigen und Reiskuchen, Reismehl und Betel als Opfer für den sombaon mitbringen. Während der sombaon durch sein Medium redet, müssen alle Menschen ganz still sein, so viele Hunderte auch da sind, damit man deutlich die Worte des Mediums hört.

Den sombaon fragen die begu bei allen ihren Unternehmungen, und er herrscht über alle Gestorbenen. Er ist gewissermaßen ein Genosse Gottes, sie bestimmen einmütig über Leben oder Verderben der Menschen. Man kann vom sombaon erbitten Erfolg der Feldarbeit, Fruchtbarkeit des Viehs, Wohlbefinden der Menschen. Er hat Gewalt Regen zu geben, wie ihn das Feld braucht, und trockenes Wetter, wenn es heilsam ist. Wenn darum die Menschen um Söhne und Töchter beten, rufen sie zugleich die Götter in der Oberwelt und die sombaon des Berges und die sumangot ihrer Ahnen an. Die sombaon und sumangot sind also gewissermaßen die jüngeren Brüder Gottes, die aber den Menschen näher stehen als die fernen Götter.

Die Hoffnung Arabiens – Jenseitsvorstellungen im Islam

Die jüngste Geschichte des vorderen Orients hat den Islam erneut ins Zentrum des öffentlichen Interesses in Ost und West gerückt. So sehr sich das Leben in islamischen Staaten mit fundamentalistisch ausgerichteten Gesellschaftssystemen von christlich geprägten Ländern unterscheidet, so eng verbunden sind jedoch die Jenseitsvorstellungen in beiden Kulturkreisen.

Der islamische Glauben basiert auf der Auffassung, daß es nur einen Gott, Allah, gibt. Die Muslime halten an einem strengen Monotheismus fest. Die schlimmste und einzige Sünde, die Gott niemals vergeben wird, ist die »Beigesellung«, die Vielgötterei. Selbst die Dreieinigkeit im Christentum erscheint den Muslimen aus dieser Sicht heraus schon als Irrlehre. Gleichwohl erkennen sie auch Gestalten aus der biblischen Tradition als Propheten an. Darunter sind Jesus Christus, Moses, Abraham, Noah und Adam. Tatsächlich gehen die Muslime auch davon aus, daß Judentum und Christentum auf von diesen Propheten überbrachten echten Offenbarungen basieren. Freilich behauptet der Koran, daß die Gläubigen diese Schriften später dann verfälscht haben.

Der Schlüssel zum Verständnis des Islam liegt im Koran, der heiligen Schrift des Islam. Der Koran, der nach Überzeugung der Muslime wörtlich inspiriert ist, enthält die geoffenbarten Botschaften Gottes. Wichtigste Inhalte sind der Aufruf zum Glauben an einen Gott, die Mahnung zum Gehorsam gegenüber Gottes Geboten, und die Warnung vor den im Diesseits und Jenseits drohenden Strafen Gottes für ständig sündiges Handeln. Den Mittelpunkt des Heilsgeschehens bildet der Koran. Mohammed, der im Jahr 570 n. Chr. in Mekka geboren wurde, gilt den Muslimen nur als menschlicher Überbringer dieser letztgültigen Offenbarung. Er selbst betrachtete sich auch nicht als Verkünder einer neuen Weltreligion, sondern glaubte, die Religion Abrahams wieder herzustellen.

Die Offenbarungen, Inhalt der Predigten Mohammeds, wurden noch zu dessen Lebzeiten aufgezeichnet und zum Koran zusammengefaßt. Die einzelnen Kapitel, Suren genannt, sind als Gebete an den barmherzigen Gott Allah zu verstehen. Sie enthalten eine Fülle gesetzgeberischer Vorschriften, alter arabischer Sagen und bildhafter Jenseits-Beschreibungen. Der Koran gibt dabei keine zusammenhängende Darstellung dessen, was den Menschen nach dem Tod erwartet. Die Jenseitsvorstellungen lassen sich nur aus einer Fülle von Textpassagen rekonstruieren.

Nach dem Koran ist der Mensch von Gott mit einer besonderen Würde versehen worden. Obwohl der Mensch immer wieder Sünden begeht, wird er nicht als von Natur aus sündig betrachtet. Deshalb ist eine Erlösung auch nicht erforderlich. Das Individuum selbst ist sittlich verantwortlich. Beim Jüngsten Gericht wird es vor Gott Rechenschaft ablegen müssen und entsprechend seiner Taten entweder ins Paradies oder ins Fegfeuer kommen.

Entscheidend für das Schicksal der Verstorbenen ist, wie auch im Christentum, die

Gnade Gottes. Eines der letzten und kürzesten Koran-Kapitel, die 110. Sure, gibt Zeugnis von der wichtigen Rolle, die die Gnade im islamischen Glauben spielt.

Wie wichtig ein gnädiger Gott für den Muslim ist, zeigt die Analyse dessen, was den Verstorbenen im Jenseits erwartet: Nach einem Zwischengericht und dem Zusammenbruch der Welt kündigt sich der Jüngste Tag an. Hier wird entschieden, ob die Seele in paradiesische Gefilde eingeht oder Höllenqualen erleiden muß.

Der Tod – ein erster Schritt ins Jenseits

Wenn der Mensch stirbt, dann wird er nach islamischem Glauben zunächst von Engeln verhört. Den Gläubigen können bereits hier ihre Sünden verziehen werden. Die Ungläubigen dagegen werden mit Schlägen bestraft. Nach diesem ersten Gericht erwarten die Seelen im Dämmerzustand das Ende der Welt und den Jüngsten Tag. Eine Ausnahme stellt das Schicksal der Propheten und Märtyrer dar; sie können, ohne den dumpfen Zwischenzustand durchlaufen zu müssen, ins Paradies eingehen.

Das Jüngste Gericht nimmt eine Schlüsselrolle im mohammedanischen Glauben ein. Die dramatischen Schilderungen und die Furcht der Gläubigen vor dem Weltende scheinen dabei im Laufe der Geschichte zunehmend bedeutender geworden zu sein. Der Religionswissenschaftler N. Montgomery Watt schreibt in seinem Buch »Der Islam«:

»Wahrscheinlich ist wohl die Auffassung, daß das Jüngste Gericht zwar in der frühesten Periode erwähnt wird, daß es damals aber nicht von vorrangiger Bedeutung und im Islam die Furcht vor dem Gericht nicht das Hauptmotiv für den Glauben war. Etwas später, d. h. nach einer Periode, in der die Betonung auf den zeitlichen Katastrophen gelegen hatte, gewann die Vorstellung vom Gericht an Bedeutung, und die Schilderung von Himmel und Hölle wurden ausführlicher.«

Ausgelöst werden Weltuntergang und Jüngstes Gericht nach islamischer Vorstellung durch Unglauben und Mißachtung der Gesetze.

Das Ende der Menschheit kündigt sich dramatisch an: Der Schall einer Trompete ertönt, Berge zerfallen zu Staub, die Sonne verdunkelt sich, und die Sterne fallen herab. Der Zusammenbruch der weltlichen Ordnung wird im Koran in der 81. und 82. Sure besonders plastisch beschrieben.

Einundachtzigste Sure

Geoffenbart zu Mekka

Im Namen Allahs,
des Erbarmers, des Barmherzigen!

1. Wenn die Sonne eingehüllt wird
2. und wenn die Sterne herabfallen
3. und wenn die Berge sich rühren
4. und die hochschwangeren Kamelstuten vernachlässigt werden

5. und wenn die wilden Tiere sich versammeln
6. und wenn die Meere anschwellen
7. und wenn die Seelen vereinigt werden (mit ihren Leibern)
8. und wenn das lebendig Begrabene (Mädchen) gefragt wird,
9. um welcher Sünde willen es getötet ward,
10. und wenn die Seiten aufgerollt werden
11. und wenn der Himmel weggezogen wird
12. und wenn der Höllenpfuhl entflammt wird
13. und wenn das Paradies nahegebracht wird,
14. dann wird jede Seele wissen, was sie verrichtet hat.
15. Und ich schwöre bei den rücklaufenden (Sternen),
16. den eilenden und sich verbergenden,
17. und bei der Nacht, wenn sie dunkelt,
18. und dem Morgen, wenn er hereinbricht.
19. Siehe, dies ist wahrlich das Wort eines edlen Gesandten,
20. der begabt ist mit Macht bei dem Herrn des Thrones und in Ansehen steht,
21. dem gehorcht wird und der getreu ist.
22. Und nicht ist euer Gefährte besessen
23. wahrlich, er sah ihn am klaren Horizont,
24. und er geizt nicht mit dem Verborgenen.
25. Auch ist's nicht das Wort eines gesteinigten Satans.
26. Darum, wohin geht ihr?
27. Siehe, es ist nur eine Ermahnung für alle Welt,
28. für jeden von euch, der den geraden Weg nehmen will.
29. Doch werdet ihr nicht wollen, es sei denn, daß Allah will, der Herr der Welten.

Zweiundachtzigste Sure

Das Zerspalten
Geoffenbart zu Mekka

*Im Namen Allahs,
des Erbarmers, des Barmherzigen!*

1. Wenn der Himmel sich spaltet
2. und wenn sich die Sterne zerstreuen
3. und wenn die Meere emporgeworfen (aufgewühlt) werden
4. und wenn die Gräber umgekehrt werden,
5. dann weiß die Seele, was sie in die Ewigkeit vorausgeschickt, und was sie in der anderen Welt zu erwarten habe.
6. O. Mensch, was hat dich von deinem hochsinnigen Herrn abwendig gemacht,
7. der dich erschaffen, gebildet und wohlgestaltet hat,
8. in eine Form, die ihm beliebte, dich gefügt hat?

9. Fürwahr, und doch leugnet ihr das Gericht.
10. Aber siehe, über euch sind wahrlich Hüter,
11. edle, schreibende,
12. welche wissen, was ihr tut.
13. Siehe, die Rechtschaffenen, wahrlich, in Wonne (werden sie wohnen),
14. und die Missetäter im Höllenpfuhl.
15. Sie werden darinnen brennen am Tag des Gerichts
16. und sollen nimmer aus ihm heraus.
17. Und was lehrt dich wissen, was der Tag des Gerichts ist?
18. Wiederum, was lehrt dich wissen, was der Tag des Gerichts ist?
19. An jenem Tage wird ein jeder für den anderen nichts vermögen, und der Befehl ist an jenem Tage Allahs.

Die Auferstehung der Toten

Nachdem alle bestehende Ordnung vernichtet ist, beginnen das Jüngste Gericht und die Auferstehung der Toten.

Zuerst erwachen die Erzengel aus der Totenstarre, dann wird der Prophet Mohammed direkt ins Paradies aufsteigen. Erst danach erscheint Gott, der Richter, der über das Schicksal der Menschen entscheidet. Der Auferstehung der Toten ist die 75. Sure des Koran gewidmet.

Fünfundsiebzigste Sure

Die Auferstehung
Geoffenbart zu Mekka

Im Namen Allahs,
des Erbarmers, des Barmherzigen!

1. Ich schwöre beim *Auferstehungstag,*
2. und ich schwöre bei der sich selbst verklagenden Seele.
3. Darf der Mensch wohl glauben, daß wir nicht versammeln können sein Gebeine?
4. Fürwahr, imstande sind wir, seine Fingerspitzen zusammenzufügen.
5. Doch der Mensch wünscht im Hinblick auf das, was vor ihm liegt, zu sündigen.
6. Er fragt: »Wann ist der Auferstehungstag?«
7. Doch wenn der Blick gewendet wird
8. und der Mond sich verfinstert
9. und Sonne und Mond zusammenstoßen,
10. dann wird der Mensch an jenem Tage sprechen: »Wo ist die Zuflucht?«
11. Keineswegs; es gibt kein Asyl –

12. zu deinem Herrn ist an jenem Tag die Zuflucht.
13. Verkündet wird an jenem Tage dem Menschen, was er getan und versäumt.
14. Ja, der Mensch ist wider sich selber ein Beweis,
15. auch wenn er seine Entschuldigungen vorhielte.
16. Rühre nicht deine Zunge, es zu beschleunigen,
17. siehe, uns liegt seine Sammlung und Rezitierung ob.
18. Drum, wenn wir ihn rezitieren, so folge seiner Rezitierung;
19. alsdann liegt uns seine Erklärung ob.
20. Keineswegs, doch ihr liebt das Vergängliche
21. und lasset das Jenseits dahinten.
22. Die einen Gesichter werden an jenem Tage leuchten
23. und zu ihrem Herrn schauen;
24. und die andern Gesichter werden an jenem Tage finster blicken,
25. glaubend, daß ihnen ein Unglück geschehe.
26. Gewiß, wenn sie bis zum Schlüsselbein aufsteigt
27. und wenn gesprochen wird: »Wer ist ein Zauberer?«
28. Und er wähnt, daß es die Trennung ist,
29. und wenn sich Schenkel mit Schenkel verschlingt:
30. Zu deinem Herrn soll an jenem Tage das Treiben sein,
31. denn er glaubte nicht und betete nicht,
32. sondern zieh der Lüge und kehrte sich ab.
33. Alsdann ging er fort zu seiner Familie, stolzen Ganges.
34. Wehe dir und wehe!
35. Alsdann wehe dir und wehe!
36. Wähnt der Mensch etwa, unbeachtet gelassen zu werden?
37. War er denn nicht ein Tropfen fließenden Samens?
38. Alsdann war er ein Blutklumpen, und so schuf Er ihn und bildete ihn.
39. und machte von ihm das Paar, den Mann und die Frau.
40. Hat er nicht Macht, die Toten lebendig zu machen?

Das Jüngste Gericht

Das Jüngste Gericht wird angekündigt von Posaunenstößen der Erzengel. Nun werden alle Menschen gerichtet. Jeder empfängt ein Buch, in dem die guten und schlechten Taten aufgezeichnet sind. Allah zieht jeden zur Rechenschaft und weist ihm seinen Platz im Jenseits zu. Der Koran spart hier nicht mit bildlichen Ausführungen. Die guten Menschen, heißt es, würden das Register ihrer Taten in der rechten Hand, die schlechten in der linken Hand tragen. Der große Richter vergelte Gleiches mit Gleichem: Jedem werde heimgezahlt, was er begangen habe.

Wie das Leben eines Menschen beurteilt wird, wie gute und schlechte Taten gegeneinander aufgewogen werden, schildert der Koran am deutlichsten im 101. Kapitel.

Hunderterste Sure

Die Klopfende

Im Namen Allahs, des Erbarmers, des Barmherzigen!

1. Das Klopfen und Schlagen! Was soll das Klopfen und Schlagen sein.
2. Was macht dich wissen, was das Klopfen bedeuten soll?
3. An dem Tag, da die Menschen gleich verstreuten Motten sind
4. und die Berge gleich bunter zerflockter Wolle,
5. dann wird der, dessen Waage schwer ist, im angenehmen Leben sein;
6. doch der, dessen Waage leicht ist – seine Mutter wird der Höllenschlund sein.
7. Und was macht dich wissen, was er ist?
8. Ein glühend Feuer!

Jedem wird am Jüngsten Tag Gerechtigkeit widerfahren.

Das Gericht wird erst enden, wenn alle das Urteil Gottes gehört haben. Jesus, Mohammed und den anderen Propheten wird dabei im Koran eine Berater-Rolle zugeteilt. Sie berichten über die guten und schlechten Taten der Menschen.

Das 83. Kapitel des Koran ist Zeugnis der Hoffnung auf Gerechtigkeit nach dem Tode: Die Guten werden im Jenseits für ihr hartes und gläubiges Leben entlohnt, die Schlechten bestraft.

Dreiundachtzigste Sure

Die das Maß Verkürzen
Geoffenbart zu Mekka

Im Namen Allahs,
des Erbarmers, des Barmherzigen!

1. Wehe denen, die *das Maß verkürzen,*
2. die, wenn sie sich von den Leuten zumessen lassen, volles Maß verlangen,
3. wenn sie ihnen jedoch zumessen oder zuwägen, betrüglich handeln.
4. Glauben jene etwa nicht erweckt zu werden
5. an einem gewaltigen Tag,
6. dem Tag, an dem die Leute sich aufstellen müssen vor dem Herrn der Welten?
7. Fürwahr, siehe, das Buch der Frevler ist in Siddschin.
8. Und was lehrt dich wissen, was Siddschin ist?
9. Ein geschriebenes Buch!
10. Wehe an jenem Tag den Leugnern,

11. die den Tag des Gerichts der Lüge ziehen!
12. Doch leugnen ihn nur alle Übertreter und Sünder,
13. die, wenn ihnen unsre Zeichen vorgelesen werden, sprechen: »Fabeln der Früheren!«
14. Keineswegs; doch über ihre Herzen herrscht, was sie (an schlechten Werken) geschafft haben.
15. Fürwahr; doch werden sie wahrlich an jenem Tage von ihrem Herrn ausgeschlossen sein.
16. Alsdann werden sie brennen im Höllenpfuhl;
17. alsdann wird gesprochen: »Dies ist's, was ihr leugnet.«
18. Fürwahr; doch siehe, das Buch der Gerechten ist wahrlich in Illijun.
19. Und was lehrt dich wissen, was Illijun ist?
20. Ein geschriebenes Buch!
21. Bezeugen werden es die (Allah) nahestehenden (Engel).
22. Siehe, die Gerechten werden wahrlich in Wonne sein;
23. auf Ruhebetten (liegend) werden sie ausschauen;
24. erkennen kannst du auf ihren Angesichtern den Glanz der Wonne;
25. getränkt werden sie von versiegeltem Wein,
26. dessen Siegel Moschus ist – und hiernach mögen die Begehrenden begehren–,
27. und seine Mischung ist (Wasser) von Tasnim,
28. einer Quelle, aus der die (Allah) Nahestehenden trinken.
29. Siehe, die Sünder lachen über die Gläubigen,
30. und wenn sie an ihnen vorübergehen, winken sie einander zu,
31. und wenn sie zu ihren Angehörigen zurückkehren, kehren sie spottend zurück;
32. und wenn sie sie sehen, sprechen sie: »Siehe, dieses sind wahrlich Irrende.«
33. Aber nicht sind sie als Wächter über sie gesandt.
34. Doch an jenem Tage werden die Gläubigen die Ungläubigen verlachen,
35. wenn sie auf Ruhebetten (liegend) ausschauen.
36. Sollten die Ungläubigen für ihr Tun nicht belohnt werden?

Himmel und Hölle

Ist das Jüngste Gericht beendet, müssen die Menschen die Brücke über den Höllenabgrund überschreiten. Die schlechten Seelen werden hinabstürzen in die Feuer, die guten werden das Paradies erreichen.

Die Schilderungen der Hölle, die im Koran bis heute überliefert sind, sind Zeugen der bildhaften, arabischen Ausdrucks- und Denkweise der Zeit Mohammeds. Die Höllenqualen werden als ekelhafter Geschmack, sengendes Feuer oder grauenvolle Dürre beschrieben.

Eine Darstellung der furchteinflößenden Feuersbrunst, in der die Seelen der Verdammten für immer darben müssen, ist in vielen Kapiteln des Koran zu finden.

Besonders eindrucksvoll sind die Beschreibungen in den folgenden Abschnitten des Korans (37., 73. und 74. Kapitel).

70. Er ist's, der lebendig macht und töten kann, und wenn er ein Ding beschlossen hat, so spricht er nur zu ihm: »Es sei!«, und es ist.
71. Siehst du nicht diejenigen, die Allahs Zeichen bestreiten, wie sie abgewendet werden?
72. Diejenigen, welche das Buch und das, womit wir unsre Gesandten entsandten, als Lüge erklären, sie sollen wissen (was mit ihnen geschieht).
73. Wenn die Joche auf ihrem Nacken sind und die Fesseln, und sie ins siedende Wasser geschleift werden und im Feuer brennen,
74. dann wird zu ihnen gesprochen werden: »Wo ist das, was ihr Allah an die Seite setztet?« Sie werden sprechen: »Sie schweiften fort von uns. Ja, wir riefen zuvor ein Nichts an.« Also führt Allah die Ungläubigen irre.
75. »Solches, dieweil ihr euch im Lande ohne Grund freutet und übermütig wartet.
76. Gehet ein in Dschehannams Pforten, ewig in ihr zu verweilen. Und schlimm ist die Wohnung der Hoffärtigen.«
62. Dann ist es gewiß ein Baum, der aus dem untosten Höllengrund aufwächst.
63. Seine Frucht gleicht Satansköpfen.
64. Und siehe, wahrlich, sie essen von ihm und füllen sich die Bäuche mit ihm an.
65. Alsdann sollen sie darauf eine Mischung von siedendem Wasser erhalten;
66. alsdann soll ihre Rückkehr zur Hölle sein.
67. Siehe, sie fanden ihre Väter im Irrtum vor,
68. und sie folgten eilends in ihren Fußstapfen.

Dreiundsiebzigste Sure

Der Verhüllte
Geoffenbart zu Mekka

*Im Namen Allahs,
des Erbarmers, des Barmherzigen!*

11. Und laß mich und die der Lüge Zeihenden, die in Üppigkeit leben; und verziehe mit ihnen ein kleines.
12. Siehe, bei uns sind Fesseln und der Höllenpfuhl
13. und würgende Speise und schmerzliche Strafe,
14. an dem Tag, da die Erde erbebt und die Berge, und die Berge ein loser Sandhaufen werden.

Vierundsiebzigste Sure

Der Bedeckte
Geoffenbart zu Mekka

*Im Namen Allahs,
des Erbarmers, des Barmherzigen!*

1. O du (mit deinem Mantel) Zugedeckter!
2. Steh auf und warne,
3. und deinen Herrn, verherrliche (ihn),
4. und deine Kleider, reinige (sie),
5. und den Greuel, flieh (ihn),
6. sei nicht zu freigebig in der Hoffnung, desto mehr zu bekommen
7. und harr auf deinen Herrn in Geduld!
8. Und wenn ins Horn geblasen wird.
9. So ist das an jenem Tage ein schwerer Tag,
10. für die Ungläubigen nicht leicht!
11. Laß mich allein mit dem, den ich geschaffen,
12. und dem ich reiches Gut verlieh
13. und Söhnen vor seinen Augen,
14. und für den ich (alles) eben machte;
15. doch wünscht er, daß ich noch mehr tue.
16. Keineswegs; siehe, er ist widerspenstig gegen unsre Zeichen.
17. Aufladen will ich ihm Qual;
26. Brennen will ich ihn lassen im Höllenfeuer.
27. Und was lehrt dich, was das Höllenfeuer?
28. Nicht läßt es übrig und nicht verschont es,
29. schwärzend das Fleisch.
30. Über ihm sind Neunzehn.
31. Und zu Hütern des Feuers setzten wir allein Engel, und wir machten ihre Anzahl nur zu einer Versuchung für die Ungläubigen, auf daß die, denen die Schrift gegeben, gewiß wären (in betreff der Wahrheit des Korans) und die Gläubigen zunähmen an Glauben.
40. Und die Gefährten der Linken – was sind die Gefährten der Linken? (unselig!)
41. In Glutwind und siedendem Wasser
42. und Schatten von schwarzem Rauch,
43. nicht kühl und nicht angenehm.
44. Siehe, sie waren vordem üppig
45. und beharrten in großem Frevel
46. und sprachen:
47. »Wenn wir gestorben und Staub und Gebein worden, wahrlich, sollen wir dann erweckt werden?
48. Und auch unsre Vorväter?«
49. Sprich: »Siehe, die Früheren und die Späteren,

50. wahrlich, versammelt werden sie zum Zeitpunkt eines bestimmten Tages.«
51. Alsdann siehe, ihr Irrenden und ihr Leugner,
52. wahrlich, essen sollt ihr von dem Baume Zaqqum
53. und füllen von ihm die Bäuche
54. und darauf trinken von siedendem Wasser,
55. und sollet trinken wie dursttolle Kamele.
56. Das ist eure Bewirtung am Tag des Gerichts.

Der islamische Himmel

Die gläubigen und gerechten Menschen können den Höllenschlund überschreiten und ins Paradies gelangen. Der Koran orientiert sich in den Beschreibungen des islamischen Himmels an den Traumvorstellungen des alten Arabiens: Da wachsen Gärten, rauschen Flüsse, und die Glücklichen ruhen im Schatten der Bäume. Die »Gärten Eden« des Koran zeigen Parallelen auf zum biblischen Garten Eden (in beiden Religionen wird der Begriff verwendet). Sie sind aber durch wesentlich mehr Sinnesfreuden gekennzeichnet. Die Gläubigen erwarten dort köstliche Früchte, Bäche, in denen Milch und Honig fließt; die Männer werden von großäugigen Paradiesjungfrauen, den Huris, empfangen. Die Beschreibung der paradiesischen Genüsse gibt Zeugnis von der patriarchalischen Gesellschaftsstruktur, aus der sich der Islam entwickelt hat, und deren Fundament er geworden ist.

Im Gegensatz zur christlichen Himmelsvorstellung orientiert sich der Islam an weltlichen Sinnesfreuden. Die Bilder von Wasser, Fruchtbarkeit und Genuß könne man, so der Religionswissenschaftler Adel Khoury, wörtlich verstehen, die Seligkeit und Wonne seien aber größer als die irdischen Freuden und übersteige das menschliche Vorstellungsvermögen.

Bildhafte Beschreibungen des himmlischen Wohllebens finden sich in vielen Gebeten des Koran. Das bunte, freudvolle Bild eines Lebens im Überfluß wird besser verständlich, wenn man es vor dem Hintergrund des entbehrungsreichen Lebens der Zeitgenossen Mohammeds betrachtet.

Im Koran, besonders in den Kapiteln 76 und 56 ist dieses mohammedanische Weltbild dokumentiert und bis heute überliefert.

Sechsundsiebzigste Sure

Der Mensch
Geoffenbart zu Mekka

Im Namen Allahs,
des Erbarmers, des Barmherzigen!

1. Kommt nicht über den *Menschen* ein Zeitraum, da er nichts Erwähnenswertes ist?
2. Siehe, wir erschufen den Menschen aus einer Samenmischung, ihn zu prüfen, und wir gaben ihm Gehör und Gesicht.
3. Siehe, wir leiteten ihn des Weges, sei er dankbar oder undankbar.
4. Siehe, wir bereiteten für die Ungläubigen Ketten und Joche und eine Flamme.
5. Siehe, die Gerechten werden trinken aus einem Becher, gemischt mit Kafur,
6. eine Quelle, aus der Allahs Diener trinken sollen, sie ständig fließen lassend:
7. Sie, die das Gelübde erfüllen und einen Tag fürchten, dessen Übel aufgezeichnet ist,
8. und die mit Speise, aus Liebe zu Ihm, den Armen und die Waise und den Gefangenen speisen:
9. »Siehe, wir speisen euch nur um Allahs willen; wir begehren keinen Lohn von euch noch Dank.«
50. Edens Gärten – geöffnet stehen ihnen die Tore,
51. rückgelehnt darinnen rufen sie in ihnen nach Früchten in Menge und Trank;
52. und bei ihnen sind züchtig blickende (Jungfrauen), Altersgenossinnen.
53. »Dies ist's, was euch verheißen ward für den Tag der Rechenschaft.«
54. Siehe, dies ist wahrlich unsre Versorgung; sie nimmt kein Ende.
55. So ist's. Und siehe, für die Ungerechten ist wahrlich eine böse Einkehr.
46. Für den aber, der seines Herrn Rang gefürchtet, sind der Gärten zwei.
47. Welche von den Wohltaten eures Herrn wollt ihr beide wohl leugnen?
48. Beide (Gärten) mit Zweigen.
49. Und welche der Wohltaten eures Herrn wollt ihr beide wohl leugnen?
50. In ihnen sind zwei eilende Quellen.
51. Und welche der Wohltaten eures Herrn wollt ihr beide wohl leugnen?
52. In ihnen sind von jeder Frucht zwei Arten.
53. Und welche der Wohltaten eures Herrn wollt ihr beide wohl leugnen?
54. Sie sollen sich lehnen auf Betten, mit Futter aus Brokat, und die Früchte der beiden Gärten sind nahe.
55. Und welche der Wohltaten eures Herrn wollt ihr beide wohl leugnen?
56. In ihnen sind keuschblickende (Mädchen), die weder Mensch noch Dschann zuvor berührte.
57. Und welche der Wohltaten eures Herrn wollt ihr beide wohl leugnen?

58. Als wären sie Hyazinthe und Korallen.
59. Und welche der Wohltaten eures Herrn wollt ihr beide wohl leugnen?
60. Soll der Lohn des Guten anders als Gutes sein?
61. Und welche der Wohltaten eures Herrn wollt ihr beide wohl leugnen?
62. Und außer diesen beiden sind der Gärten (noch) zwei –
63. und welche der Wohltaten eures Herrn wollt ihr beide wohl leugnen?
64. In grünem Schimmer.
65. Und welche der Wohltaten eures Herrn wollt ihr beide wohl leugnen?
66. In ihnen sind zwei reichlich sprudelnde Quellen.
67. Und welche der Wohltaten eures Herrn wollt ihr beide wohl leugnen?
68. In beiden sind Früchte und Palmen und Granatäpfel.
69. Und welche der Wohltaten eures Herrn wollt ihr beide wohl leugnen?
70. In ihnen sind gute und schöne (Mädchen).
71. Und welche der Wohltaten eures Herrn wollt ihr beide wohl leugnen?
72. Huris, verschlossen in Zelten –
73. und welche der Wohltaten eures Herrn wollt ihr beide wohl leugnen? –
74. Die weder Mensch noch Dschann zuvor berührte.
75. Und welche der Wohltaten eures Herrn wollt ihr beide wohl leugnen?
76. Sie sollen sich lehnen auf grünen Kissen und schönen Teppichen.

Sechsundfünfzigste Sure

Die Eintreffende
Geoffenbart zu Mekka

In Namen Allahs,
des Erbarmers, des Barmherzigen!

1. Wenn die *Eintreffende* eintrifft,
2. wird keiner ihr Eintreffen leugnen;
3. ine Erniedrigende, Erhöhende!
4. Wenn die Erde in Beben erbebt,
5. und die Berge in Staub zerstieben
6. und gleich zerstreuten Atomen werden,
7. werdet ihr drei Arten sein:
8. Die Gefährten der Rechten – was sind die Gefährten der Rechten? (selig!)
9. Und die Gefährten der Linken – was sind die Gefährten der Linken? (unselig!)
10. Und die Vordersten (auf Erden,) die Vordersten (auch im Paradiese).
11. Sie sind die (Allah) Nahegebrachten,
12. in Gärten der Wonne.
13. Eine Schar der Früheren
14. und wenige der Spätern
15. auf durchwobenen Polstern,
16. sich lehnend auf ihnen einander gegenüber.
17. Die Runde machen bei ihnen unsterbliche Knaben

18. mit Humpen und Krügen und einem Becher von einem Born.
19. Nicht sollen sie Kopfweh von ihm haben und nicht in Trunkenheit geraten.
20. Und Früchte, wie sie sich erlesen,
21. und Fleisch von Geflügel, wie sie's begehren,
22. und großäugige Huris gleich verborgenen Perlen
23. als Lohn für ihr Tun.
24. Sie hören kein Geschwätz darinnen und keine Anklage der Sünde;
25. nur das Wort: »Frieden! Frieden!«
26. Und die Gefährten der Rechten – was sind die Gefährten der Rechten? (selig!)
27. Unter dornenlosem Lotos
28. und Bananen mit Blütenschichten
29. und weitem Schatten
30. und bei strömen –

Reinkarnation und Jenseitsvorstellung im Buddhismus

Nach der alten Lehre des Hinayana-Buddhismus wird die Wiedergeburt durch das Karma – durch das frühere Handeln und durch die einstigen Taten – bedingt. Sie werden von der Gier, dem »Durst nach Sinneslust, dem Durst nach Werden und dem Durst nach Entwerden« verursacht. Auch die Unwissenheit spielt dabei eine Rolle. Der Theologe Reinhart Hummel erklärt anschaulich, wie die Erlösung erreicht wird: »Wenn beides völlig überwunden und zum Erlöschen gebracht worden ist, ist das Nirvana (Er- oder Verlöschen) erlangt, zunächst noch mitten im Leben. Wie die Töpferscheibe sich noch eine Weile weiterdreht, so lebt der Erlöste weiter, bis im Tod die Person zerfällt und es, in Ermangelung karmischer Rückstände, zu keiner Wiedergeburt mehr kommt.« Was aber geschieht mit jenen, die aufgrund des Karmas wiedergeboren werden? In welcher Verbindung stehen der Wiedergeborene und der Verstorbene, sind sie gleich oder verschieden? In einem der Lehrbücher des Buddhismus lautet die Antwort: »Weder derselbe noch ein anderer.« Diese schwer verständliche Formulierung wird erläutert: »Eine Erscheinung entsteht, eine andere schwindet, doch reihen sich alle ohne Unterbrechung aneinander. Auf diese Weise langt man weder als dieselbe Person, noch als eine andere bei der letzten Bewußtseinsverfassung an.«

Hummel deutet diese immer noch rätselhaft klingende Erklärung: »Der aus früherer Gier und karmischer Nachwirkung entstandene neue Mensch steht nur in einem lockeren Verhältnis zu dem früheren, vergleichbar einem Echo, einem Spiegelbild oder Siegelabdruck.« Die Erlösung wird nur wenigen gewährt, nach der Wiedergeburt beginnt wieder das Leiden. Der Hinayana-Buddhismus erhielt deshalb seinen Namen, der »Kleines Fahrzeug« bedeutet.

Einen anderen Weg geht der Mahayana-Buddhismus, der erst um Christi Geburt entstand, während die ursprüngliche Form, der Hinayana-Buddhismus im 6. oder 5. Jahrhundert v. Chr. Geburt von Siddharta Gautama, der den Ehrentitel Buddha (der Erwachte, der Erleuchtete) trug, gestiftet wurde. Mahayana bedeutet »Großes Fahrzeug«. Die im Hinayana-Buddhismus propagierte Selbsterlösung wird als zu egoistisch aufgegeben. Ziel des Mahayana-Buddhismus ist es nun, ein Bodhisattva, ein Erleuchtungswesen, zu werden. Dieses bemüht sich unaufhörlich darum, den anderen Hilfe zu geben und sie zur Erleuchtung zu leiten. Diese einfachere Form eines Erlösungsbuddhismus fand besonders bei den Chinesen und den Japanern, die mit den abstrakten Gedanken der ursprünglichen Lehre wenig anfangen konnten, großen Anklang. Denn im Mahayana-Buddhismus finden die Menschen schon auf der Erde die »freudige Heilsgewißheit« im Glauben und in der Liebe zu ihrem Erlösergott, betont der Theologe Friedrich Heiler. Diese »freudige Heilsgewißheit« gehe »beim Eingang in die Ewigkeit über, in die ungestörte Seligkeit des himmlischen Paradieses«. Über diesem »Paradies des Westens«, dem Sukhavati (Glücksland) thront der Buddha Amitabha (Buddha des unermeßlichen Lichtglanzes; japanisch: Anuda). Dieses Paradies steht allen Seelen jener Gläubigen offen, die ihr Leben fromm geführt haben. Dieses Paradies wird geradezu poetisch dargestellt. Die Schilderung soll angeblich einer Lehrpredigt von Buddha selbst entstammen.

Das westliche Paradies

Om! Anbetung den drei höchsten Gütern! Om! Anbetung den ruhmreichen Buddhas und Bodhisattvas! Anbetung allen Buddhas, Bodhisattvas, Aryas, Sravakas und Pratyekabuddhas, den vergangenen, gegenwärtigen und den noch kommenden, welche in den unbegrenzten und endlosen Lokadhatus der zehn Himmelsgegenden wohnen. Anbetung dem Amitabha! Anbetung ihm, dessen Seele mit unbegreiflichen Tugenden begabt ist.

Anbetung dem Amitabha, dem Gina, dir, o Muni! Durch Dein Erbarmen komme auch ich ins Sukhavati, ins Sukhavati mit seinen von Gold glänzenden Götterbildern, in das entzückende, mit den Söhnen von Sugata geschmückte, – zu ihm komme ich, das voller Juwelen und Schätzen ist, und Deine Zuflucht, Du berühmter und weiser.

O Ananda, die Welt, genannt Sukhavati, die zu diesem Bhagavat Amitabha gehört, ist blühend, reich, schön darin zu leben, fruchtbar, lieblich und voller Götter und Menschen. Und dann, o Ananda, gibt es in dieser Welt weder Höllen noch die grausame Natur, noch die Herrschaft böser Seelen, keine Asuras; denn kein Leben ohne Buddha. Auf dieser Welt gibt es nicht solche Edelsteine, wie man sie in der Welt Sukhavati kennt.

Und weiter, Ananda, diese Welt Sukhavati ist voller zahlreicher, süß duftender Genüsse. Sie ist reich an vielfältigen Blumen und Früchten, geschmückt mit Edelsteinbäumen und voller Schwärme der verschiedensten, lieblich singenden Vögel, die von dem Tathagata zweckvoll geschaffen wurden. Und, o Ananda, es gibt Edelsteinbäume in verschiedenen Farben, in vielen Farben, ja in vielen hunderttausend Farben. Es gibt Edelsteinbäume von goldener Farbe und ganz aus Gold. Es gibt welche aus Silber, aus Beryll, Kristall, Korallen, roten Perlen und Diamanten.

Und dann, o Ananda, von den goldenen Bäumen sind die Blüten, die Blätter, die kleinen Zweige, die Äste, die Stämme und die Wurzeln aus Gold und die Früchte aus Silber. Von den silbernen Bäumen ist alles aus Silber und die Früchte aus Beryll. An einigen Bäumen sind die Wurzeln aus Gold, die Stämme aus Silber, die Äste aus Beryll, die Zweiglein aus Kristall, die Blätter aus Korallen, die Blüten aus roten Perlen und die Früchte aus Diamanten.

Und, o Ananda, die Wurzeln, Stämme, Äste, Zweiglein, Blätter, Blüten und Früchte sind angenehm zu berühren, und sie duften. Und bewegt sie ein Wind, ertönt ein süßer, bezaubernder Klang, niemals ermüdend, angenehm zu hören. Dieses Buddhaland, o Ananda, ist auf allen Seiten von Bäumen umgeben, Bäume aus den sieben Edelsteinen, Reihen von Bananenbäumen, Mengen von Palmen. Gänzlich eingehegt ist dieses Land mit goldenen Netzen, die mit Lotosblumen, aus allen Arten von Edelsteinen, völlig bedeckt sind.

Da gibt es Lotosblumen, die eine halbe Elle groß sind, andere, die eine Elle groß sind und weitere, die zwei oder drei, vier oder fünf Ellen messen, ja es gibt sogar einige, die einen Umfang von zehn Ellen erreichen.

Von jedem Edelsteinlotos gehen dreimillionensechshunderttausend Lichtstrahlen aus, und aus jedem Lichtstrahl gehen dreimillionensechshunderttausend Buddhas hervor mit Körpern von goldener Farbe, ausgestattet mit den zweiunddreißig Zeichen der Weisheit. In die unmeßbaren und unzählbaren Welten des Ostens gehen sie das Gesetz lehren. Sie gehen ihren Weg nach Süden, Westen und Norden, darüber und darunter, in die Hauptorte, in die untergeordneten Gegenden, durch unmeßbare und unzählbare Welten, um das Gesetz zu lehren allen Lebewesen in der Welt. In dieser Welt, o Ananda, gibt es wunderbare Flüsse, sie führen Wasser mit ganz verschiedenen süßen Düften und Blumenbüschen, mit Edelsteinen geschmückt, voll lieblich tönender Stimmen. Wenn ein Instrument, das aus hunderttausendmillionen von Einzelteilen besteht, die alle himmlische Musik enthalten, von kluger Hand gespielt wird, dann geht derselbe bezaubernde Ton daraus hervor, der aus den großen Strömen emporsteigt; der Ton ist tief und unverständlich, aber klar, dem Ohr wohltuend, das Herz rührend, geliebt, süß, entzückend, niemals ermüdend, angenehm zu hören, so, wie immer gesagt wurde: »vergänglich, friedlich, unwirklich«. Dieser Klang wird von den dort Lebenden vernommen.

Und weiterhin, Ananda, die Ufer dieser großen Ströme sind auf beiden Seiten von Juwelenbäumen eingefaßt. Sie sind voll der verschiedensten Wohlgerüche, Büschel von Blumen, Blättern, Zweigen aller Art hängen hernieder. Und wenn die Wesen, die an den Ufern dieser Flüsse weilen, ein Vergnügen voll himmlischen Entzückens zu genießen wünschen, so steigt das Wasser bis zu ihren Fesseln, wenn sie in die Flüsse hineinsteigen; oder es steigt bis zu ihren Knien, ihren Hüften, Schultern, Ohren, wenn sie es wollen. Und das bereitet ihnen himmlisches Entzücken. Wenn diese Wesen wiederum das Wasser kalt wünschen, dann ist es kalt, wenn sie es heiß wünschen, dann ist es heiß, wenn sie es heiß oder kalt wünschen, dann ist es heiß und kalt, ganz nach ihrem Vergnügen; denn ihre Wünsche werden erfüllt, ganz gleich welcher Art, dem Gesetz entsprechend.

Und weiterhin, o Ananda, diejenigen, die in diese Welt Sukhavati geboren wurden und geboren werden, sind mit Farben, Kraft, Stärke, Höhe, Breite, Gewalt, Tugenden, mit Freuden an Kleidern, Schmuck, Gärten, Palästen und Häusern, mit Vergnügungen der Sinne, kurz mit allen Vergnügungen begabt.

Sie leben in dieser Welt Sukhavati nicht von grober Nahrung. Nach welcher Speise sie auch Verlangen haben, sie werden davon gesättigt, als hätten sie gegessen, ohne sie in den Mund zu nehmen und werden erquickt an Körper und Geist. Und wünschen sie sich, nachdem sie befriedigt sind, verschiedene Arten von Wohlgerüchen, dann wird das ganze Buddhaland von himmlischem Duft erfüllt sein, und sie riechen das Parfüm, das sie wünschen.

Ebenso, wenn sie sich Musikinstrumente, oder Banner, Fahnen, Schirme, Mäntel, Puder, Salben, Girlanden, Parfüme wünschen, dann ist das ganze

Buddhaland voll solcher Dinge. Wenn sie Mäntel verschiedener Farbe wünschen und vieler hunderttausend Farben, dann schimmert das ganze Buddhaland von diesen allerschönsten Mänteln. Und die Menschen fühlen sich von ihnen eingehüllt. Und wenn sie sich Schmuckstücke wünschen wie Kopfschmuck, Armbänder, Ohrschmuck, Halsschmuck, Ketten, Ohrjuwelen, Siegel, goldene Schnüre, Gürtel, Ohrringe, goldene Netze, Perlnetze, Spangen, Halsbänder, dann erblickt man das Buddhaland glänzend von solchem Schmuck, geziert mit vielen hunderttausend Juwelen, die an den Schmuckbäumen befestigt, und die Menschen fühlen sich mit diesen Schmuckstücken geziert.

Und wenn sie sich einen Palast wünschen, von Farben und Mustern, von jeder Höhe und Breite, geschmückt mit hunderttausend Toren aus verschiedenen Edelsteinen, bedeckt mit allerhand himmlischen Blumen, voller Polster mit schönen Kissen, dann ersteht augenblicklich solch ein Palast vor ihnen, und in diesem göttlichen Palast wohnen sie, spielen, vergnügen sich, wandeln herum, werden geehrt und sind von sieben mal siebentausend Apsarasas umgeben.

Und weiter, o Ananda, in dieser Welt Sukhavati erheben sich am Morgen heftige Winde und blasen aus allen vier Himmelsrichtungen. Und sie schütteln und brechen viele schöne, anmutige, vielfarbige Stengel von den Edelsteinbäumen, die mit süßem, himmlischem Geruch getränkt sind. Viele hundert schöne Blüten mit köstlichem Duft fallen auf die Erde. Die ist voller Juwelen. Und mit solchen Blüten ist das Buddhaland überall sieben Faden hoch geschmückt. Wenn man darauftritt, sinkt der Fuß vier Zoll tief ein, hebt man den Fuß, dann richten sie sich wieder vier Zoll auf. Wenn der Morgen vorbei ist, verschwinden diese Blumen spurlos. Das Buddhaland ist wieder sauber, schön und ohne welkende Blüten. Wieder blasen die Winde aus allen vier Himmelsrichtungen, und wieder verstreuen sie Blumen wie zuvor. Und wie am Morgen, so ist es am Mittag, in der Dämmerung, am Abend, um Mitternacht und beim Morgengrauen. Und die Wesen, die von diesen Winden der verschiedensten Gerüche berührt werden, sind voller Glück, wie ein Bikshu, der das Nirwana erreicht hat.

Und wieder, o Ananda, all diese Wesen, die im Buddhaland geboren wurden, erzählen die Geschichte des Gesetzes, die alles Wissen enthält. Es gibt für sie keine Vorstellung von irgendwelchem Besitz. Sie empfinden weder Schmerz noch Lust, sie sind ohne Verlangen weiterzugehen, denn sie sind voll Verlangen, nicht weiterzugehen.

Und weiter, o Ananda, für die Wesen, die in dieser Welt Sukhavati geboren wurden, gibt es keine Gedanken an andere, keine Vorstellung von Ungleichheit, keinen Kampf, keine Dispute, keine Gegensätze . . .

Das tibetanische Totenbuch

Der Mitteleuropäer weiß nur wenig über Tibet. Für ihn ist es ein geheimnisvolles und fernes Land. Noch weniger geläufig ist deshalb auch die Literatur dieses asiatischen Landes. Als einziges literarisches Werk ist »Das tibetanische Totenbuch« bekannt. Als es erstmals 1927 in die englische Sprache übertragen wurde und dann auch 1935 in der deutschen Übersetzung erschien, weckte es großes Interesse. Das Werk verkaufte sich so gut, daß es in kurzen Abständen mehrfach nachgedruckt werden mußte. Auch der Schweizer Psychologe Carl Gustav Jung, der sich neben der Psychotherapie ebenso der Religions- und Mythenforschung widmete, beschäftigte sich ausführlich mit dem Werk aus der tibetisch-buddhistischen Vorstellungswelt. Jung lieferte eine plausible Erklärung dafür, warum das Interesse für das Totenbuch so groß und nachhaltig ist. Es gehöre zu jenen Schriften, die aufgrund »ihrer tiefen Menschlichkeit und ihrer noch tieferen Einsicht in seelische Geheimnisse vor allem den Laien, der nach Erweiterung seiner Lebenserkenntnis strebt, angehen«. Das tibetanische Totenbuch enthalte eine »menschlich begreifbare Philosophie«.

Die im Totenbuch niedergelegten Jenseitsvorstellungen unterscheiden sich grundlegend von der Auffassung in der westlichen Hemisphäre. Ursprünglicher Sinn des Totenbuchs war es, den Verstorbenen auf seinem Weg ins Jenseits zu begleiten. Er befindet sich dabei im Schwebezustand zwischen dem Leben und dem Paradies der Buddhas. Zur Erleuchtung des Toten, die in dessen Erlösung mündet, wird ihm das Totenbuch vorgelesen. Darüber hinaus ist das Totenbuch aber auch eine Lektüre für die Lebenden, die sich über die Endlichkeit des weltlichen Daseins und den Kreislauf der Wiedergeburten bewußt sind. Leichter nachvollziehbar wird die Bedeutung der alten Textsammlung, wenn man sich die tibetanische Einstellung zum Leben und zum Sterben vor Augen hält. Die Vergänglichkeit ist da keine theoretische Ansicht, sondern lebendige Erfahrung: Kinder werden angehalten, sich um Kranke und Sterbende zu kümmern. Tod und Glaube an Wiedergeburt sind in das Alltagsleben integriert. Der Jenseitsgedanke hat sich in der tibetischen Tradition bis heute kaum verändert. Noch immer werden die Worte des Totenbuches dem Verstorbenen mit auf den Weg gegeben, auf daß er sich befreie vom Zyklus der Wiedergeburten.

Nach heutiger Annahme wurden die Totenbuch-Texte erstmals von dem Schriftgelehrten Padamasambhava im achten Jahrhundert niedergeschrieben. Die Legende besagt, daß der Lama die Texte vergrub, aber seinen Schülern die Kraft verlieh, sie wiederzufinden. Dies ließ das Totenbuch auch unter dem Begriff »verborgene Schätze« bekannt werden. Das westliche Denken hat über viele Jahrtausende die Idee der Reinkarnation verworfen. Erst in diesem Jahrhundert entstand das Interesse an den östlichen Weisheiten. Auf den ersten Blick mag das Totenbuch wegen verwirrender Bilder und Erlebnisse befremdlich erscheinen. Doch wer diese Bilderflut auf sich wirken läßt, entdeckt dahinter den Glauben an den absoluten Geist, an die Transzendenz der Seele. C. G. Jung stellt in seinem Vorwort zur deutschen Ausgabe des Totenbuchs fest, daß der Begriff Seele im abendländischen Denken mit einem abwertenden, erniedrigenden Beigeschmack behaftet sei. Dies habe aber nichts mit der

Vorstellung des tibetanischen Totenbuchs zu tun. Hier sei vielmehr der Seelenbegriff als Teil der göttlichen Schöpfungskraft gemeint.

Es wäre falsch aus dem deutschen Titel »Das tibetanische Totenbuch« zu schließen, es gebe in Tibet nur diese einzige Schrift zu diesem Thema. Zwar handelt es sich um buddhistische Vorstellungen, aber trotzdem bedeutet dies nicht, daß alle Buddhisten im Tibet diese Gedankenwelt teilen. Denn in dem Land sind vier voneinander zu unterscheidende Ausprägungen des Buddhismus vertreten. Das tibetanische Totenbuch entspringt der Schule der »Nyingmapa«. Deren Wurzeln liegen in der chinesischen Ch'an-Schule. In Japan ist diese Ausrichtung als »Zen« verbreitet.

Der populär klingende Titel der deutschen Übersetzung hat mit dem Originalnamen des Buches nahezu nichts zu tun. Er lautet: »Die große Erlösung durch Hören der Erläuterungen über den Zwischenzustand, entnommen aus der tiefgründigen Lehre über die Selbsterlösung durch Meditation über die friedlichen und zornigen Gottheiten«. Die Kurzform, »Bardo Thödröl«, bedeutet: »Die große Erlösung durch Hören im Zwischenzustand«. Das mag sehr rätselhaft klingen, aber es weist bereits auf die wichtigsten Prinzipien dieser tibetisch-buddhistischen Vorstellungswelt hin. Grundanliegen buddhistischer Literatur ist, dem Menschen den Weg zur Erlösung zu weisen. Erlösung bedeutet für die Buddhisten die Erlösung vom Leiden. Gemäß seiner religiösen Vorstellungswelt fallen darunter Geburt, Altern, Krankheit, Sterben, Kummer, Jammer, Schmerz, Trübsal und Verzweiflung.

Leidenschaften »beflecken« den Geist und verursachen Leiden. Zu den bedeutendsten Leidenschaften werden Gier, Haß, Nichtwissen, Stolz und Neid (die »fünf Gifte«) gerechnet. Diese Leidenschaften veranlassen den Menschen, schlechte Taten zu vollbringen, statt gute und weise. Im Sanskrit werden diese Taten als »karma« bezeichnet. Das Leben eines Menschen ist die Folge seiner Taten in einem früheren Leben. Ebenso sind seine gegenwärtigen Taten Ursache für die Formen seines späteren Lebens nach der Wiedergeburt. Gutes Karma bedingt die Wiedergeburt als Gott, Halbgott oder Mensch, während schlechtes Karma zur Wiedergeburt als Tier, Hungergeist oder Höllenwesen führt. Alle sechs Fromen haben gemeinsam, daß das Leiden weiterbesteht. Denn auch die Götter sind nicht unsterblich. Worin liegt nun die Erlösung vom Leiden? In der Abtötung aller Leidenschaften, im tugendhaften Verhalten, in der Versenkung und der erlösenden Erkenntnis ist sie zu finden. Damit ist der Mensch in der Lage, das Nirvana, das »Verwehen« des Leidens, die Erlösung, zu erreichen. Nach dem Tod folgt diesem Zustand das »vollkommene Nirvana«. Dies allein ist ewig und durchbricht damit den Kreislauf der Wiedergeburt, die immer wieder nur in leidvolle Existenzformen mündet.

Aufgabe jener, die als »Buddha« die Erlösung erreicht haben, ist es, den Nicht-Erlösten Hilfe und Methoden an die Hand zu geben, den Weg zur Erlösung zu gehen. Der steht prinzipiell allen Lebewesen, ganz gleich welcher geistigen Fähigkeit, offen. Dazu hat der Buddhismus eine Vielzahl von Methoden geschaffen.

Der Bardo Thödröl will nun dazu motivieren, das in den buddhistischen Übungen und Ritualen Erlernte auch zu dem richtigen Zeitpunkt anzuwenden und auszuüben, um so die Erlösung zu erreichen. Bardo bedeutet »zwischen zwei«. Der Bardo ist aber nicht einfach ein »Nach-Tod-Zustand«, sondern er beinhaltet eine Ausnahmesituation, die der Betroffene nutzen kann. So wird es zu seinem Nachteil sein, wenn er unter diesen Extrembedingungen kopflos handelt. Gleichzeitig aber steckt in der Ausnahmesituation für den Betroffenen auch die Möglichkeit, außergewöhnliche Kräfte zu mobilisieren. Es gibt schon zu Lebzeiten eine ganze Reihe von Bardos, von Extremsituationen, wie etwa im Traum oder der Meditation.

Im Totenbuch ist vor allem von drei Bardos die Rede: dem der Todeszeit, dann der Dharmata, der wahren Natur der Dinge, und dem des Werdens, des Ablaufs der Wiedergeburt. Die bedeutendste Extremsituation bildet der Tod selbst. Der Sterbevorgang ermöglicht, sofort zur höchsten Buddhaschaft, zur Erlösung, aufzusteigen. Unmittelbar nach dem Aussetzen der Atmung kann dieses Ziel erreicht werden.

Das Totenbuch soll dem Toten dabei Hilfestellung geben. Das geschieht dadurch, daß ihm der jeweilige Bardo, also die Extremsituation, in der er sich befindet, erläutert wird. Denn während seines Weges durch den Bardo wird er auf trügerische Erscheinungen stoßen, die ihm sein eigener Geist vorgaukelt. Das Totenbuch wird ihm diese Erscheinungen auf dem Weg durch die verschiedenen Bardos erklären und ihm damit die Möglichkeit geben, die Erlösung doch noch zu erreichen.

Zu diesem Zweck muß ein gelehrter Lama, ein geistlicher Lehrer oder aber zumindest ein Mensch, der wenigstens lesen und deutlich sprechen kann, am Sterbebett sitzen. Ist die Atmung zum Stillstand gekommen, beginnt die Lesung des Totenbuchs, die auch fortdauert, wenn die Leiche nach wenigen Tagen fortgeschafft wird. Die Lesungen dauern bis zu 49 Tage, wenn die Erlösung nicht vorher eintritt. Nach diesem Zeitraum ist der Bardo abgeschlossen. Wer in den verschiedenen Bardo-Phasen den Weg zur Erlösung nicht gefunden hat, wird wiedergeboren.

Erst wenn der Geist vollkommen vom Karma befreit und gereinigt ist, kann er die Erlösung finden. Solange das Karma ihm noch anhängt, wird er von trügerischen Erscheinungen verfolgt, die den Wunsch nach einem neuen Körper verstärken können. Gleichzeitig aber ist der Geist unter den Extrembedingungen in der Lage, neunmal klarer zu sehen. Damit ist es ihm möglich, sich der im Leben erlernten Erlösungstechnik zu erinnern. So wird der Geist begreifen, daß die Erscheinungen nicht real sind, sondern nur die Erkenntnis der wahren Natur der Dinge, die in der Leerheit liegt, verhindert. Die wahre Natur der Dinge ist strahlendes Licht und auch der Geist ist wie strahlendes Licht – wenn er vom Karma endgültig befreit ist. Das Totenbuch beschwört den Toten, sich vor den Erscheinungen nicht zu fürchten und sie stattdessen als Trugbilder zu begreifen. Das Totenbuch begleitet den Verstorbenen auf dem Weg zur Erlösung, will ihm Hilfestellung und Unterstützung dabei geben, diesen Weg zu gehen. Der Geist, die Seele, durchläuft während dieser Zeit verschiedene Phasen und kann zu jedem Zeitpunkt erlöst werden, wenn sie sich von allem Irdischen befreit, allen Sachzwängen entsagt und sich von den Banden der Welt und der Sünde befreit.

Der Erlösungsgedanke des tibetanischen Totenbuchs ist dabei stark geprägt von dem Ziel, die Ewigkeit zu erreichen. Sie kann erlangt werden durch die Aufhebung des Menschseins und der Zeit. Tod und Geburt verschmelzen zu einem einzigen Punkt auf der Zeitskala. Die sowohl erste als auch beste Chance für die Befreiung von allen Regungen und Bedürfnissen des Körpers ist der Augenblick des Todes. An dieser Stelle setzt der Bardo Thödröl ein. Die ersten Texte sind ein Anruf an den soeben Verstorbenen. Er hat in diesem Moment die Chance, sich gleichsam von oben zu sehen, gute und schlechte Taten seines Lebens abzuwägen und durch die Lösung vom Körper und durch das Sehen des Urlichts befreit zu werden. Dies würde ihm weiteres Leiden im Bardo ersparen. Doch die meisten Menschen schaffen diesen Schritt nicht, weil ihr Karma noch zu stark ist. Sie fallen durch das Schockerlebnis des Todes in eine Art Ohnmacht, aus der sie erst nach dreieinhalb Tagen wieder erwachen. Aber auch dann besteht noch die Möglichkeit, die Seele zu befreien.

Belehrungen über die Symptome des Todes

Die erste, das Von-Angesicht-zu-Angesicht-Setzen mit dem Klaren Licht während des Zwischenstadiums der Todesaugenblicke, ist: Hier (dürfen einige sein), die viel (religiöse Unterweisungen) gehört, jedoch nicht erkannt haben, und (einige,) die, obgleich sie erkannten, trotzdem nicht sehr vertraut (mit ihnen) sind. Aber alle Klassen von Individuen, die die praktischen Lehren (genannt) Führer, erhalten haben, werden, wenn diese auf sie angewandt werden, dem Klaren Urlicht von-Angesicht-zu-Angesicht-gegenübergesetzt und ohne jeden Zwischenzustand das Ungeborene Dharma-Kāya auf dem Großen Lotrechten Pfad erreichen.

Hier folgt die Art der Anwendung:

Am besten ist es, wenn der Guru, von dem der Verstorbene leitende Belehrungen erhalten hat, zu haben ist; wenn der Guru aber nicht zu haben ist, dann ein Glaubensbruder, und wenn der Letztere auch nicht aufzutreiben ist, dann ein gelehrter Mann des gleichen Glaubens; so aber all diese nicht aufzutreiben sind, sollte einer, der richtig und deutlich lesen kann, dies viele Male lesen. Dadurch wird (dem Verstorbenen) das zurückgerufen, was er (zuvor) gehört hat über das Von-Angesicht-zu-Angesicht-Setzen und er wird sofort das Urlicht erkennen und zweifelsohne Befreiung erreichen.

Was dann die Zeit der Anwendung (dieser Belehrungen) angeht:

Wenn die Ausatmung aufhört, sinkt die Lebenskraft in das Nervenzentrum der Weisheit, und der Wisser erlebt das Klare Licht (in seiner) ursprünglichen Beschaffenheit. Wenn dann die Lebenskraft rückwärts geworfen wird und durch die rechten und linken Nerven hinunterflieht, dämmert der Zwischenzustand kurz auf.

Die obigen (Anweisungen) sollten angewandt werden, bevor (die Lebenskraft) in den linken Nerven geflohen ist, (wobei sie zuerst das Nabelnervenzentrum passiert).

Die Zeit, (die gewöhnlich für diese Bewegung der Lebenskraft nötig ist,) dauert so lange, als noch Einatmung vorhanden ist, oder ungefähr so viel Zeit, als man zur Verzehrung eines Mahles braucht.

Die Art der Anwendung (dieser Anweisungen) ist dann folgende:

Hört das Atmen fast auf, so ist es das Beste, wenn die Verlegung (bereits) wirksam angewandt worden ist; wenn (die Anwendung) unwirksam gewesen ist, wende man sich folgendermaßen (an den Verstorbenen):

O Edelgeborener, (so und so mit Namen,) jetzt ist die Zeit gekommen, wo du den Pfad (in Wirklichkeit) suchst. Dein Atem hört gleich auf. Dein Guru hat dich zuvor von Angesicht-zu-Angesicht gesetzt mit dem Klaren Licht, und du bist jetzt im Begriff, es in seiner Wirklichkeit im Bardo-Zustand zu erfahren, worin alle Dinge wie der leere wolkenlose Himmel sind, und der nackte fleckenlose Interlekt wie ein durchsichtiges Vakuum ohne Umkreis oder Mittelpunkt. In diesem Augenblick erkenne dich selbst und verharre in diesem Zustand. Auch ich – zu dieser Zeit – setze dich von Angesicht-zu Angesicht.

Nachdem dies gelesen, wiederhole es viele Male in das Ohr des Sterbenden, sogar bevor die Ausatmung aufhört, damit es sich dem Sinn (des Sterbenden) einprägt.

Wenn die Ausatmung fast aufhört, lege den Sterbenden auf die rechte Seite, die Lage, die da heißt »die Liegende Lage eines Löwen«. Die Schlagadern (auf der rechten und linken Seite des Halses) müssen gedrückt werden.

Wenn der Sterbende geneigt ist, zu schlafen, oder der Schlafzustand fortschreitet, sollte dies unterbrochen und die Schlagadern sanft aber fest gedrückt werden. Dadurch kann die Lebenskraft nicht aus dem Mediannerv zurückkehren und wird sicher durch die brahmanische Öffnung austreten. Jetzt muß das wirkliche Von-Angesicht-zu-Angesicht-Setzen angewandt werden.

In diesem Augenblick wird der Bardo des Klaren Lichtes der Wirklichkeit, der der Unfehlbare Geist des Dharma-Kāya ist, von allen lebenden Wesen zuerst (erblickt).

Die Pause zwischen dem Aufhören der Ausatmung und dem Aufhören der Einatmung ist die Zeit, während der die Lebenskraft im Mediannerv verweilt.

Gewöhnliche Leute nennen dies den Zustand, in dem das Bewußtseinsprinzip ohnmächtig geworden ist. Die Dauer dieses Zustandes ist ungewiß. Sie hängt ab von der guten oder schlechten Konstitution und (dem Zustand) der Nerven und Lebenskraft. In denen, die auch nur ein wenig praktische Erfahrung im festen ruhigen Zustand des Dhyāna gehabt haben, und denen, die gute Nerven haben, hält dieser Zustand für lange Zeit an.

Bei dem Von-Angesicht-zu-Angesicht-Setzen muß mit der Wiederholung (der obigen Anrede an den Verstorbenen) fortgefahren werden, bis eine gelbliche Flüssigkeit aus den verschiedenen Öffnugnen der körperlichen Organe (des Verstorbenen) hervorzutreten beginnt.

Bei denen, die ein schlechtes Leben geführt haben, und denen mit schwachen Nerven dauert der obige Zustand nur so lange, als man braucht, um mit einem Finger zu schnalzen. Bei anderen wiederum dauert er so lange, als man Zeit braucht, um ein Mahl zu verzehren.

In verschiedenen Tantras wird gesagt, daß dieser Zustand der Bewußtseinslosigkeit für ungefähr drei und einen halben Tag andauert. Die meisten anderen (religiösen Abhandlungen) sagen für vier Tage, und daß man mit diesem Von-Angesicht-zu-Angesicht-Setzen mit dem Klaren Licht (während der ganzen Zeit) fortfahren sollte.

Die Art der Anwendung (dieser Anweisungen) ist folgende:

Wenn man (beim Sterben) aus sich selber fähig ist, (die Anzeichen des Todes festzustellen), sollte man (von diesem Wissen) schon zuvor Gebrauch gemacht haben. Wenn (der Sterbende) unfähig ist, dies selbst zu tun, sollte entweder der Guru oder ein Schischya oder ein Glaubensbruder, der dem (Sterbenden) sehr nahe stand, zur Hand sein, der (den Sterbenden) lebhaft mit den Anzeichen (des Todes) beeindrucken kann, so wie sie in gebührender Ordnung erscheinen, (indem er) folgendes (zunächst wiederholt sagt):

Jetzt sind die Anzeichen gekommen, wo Erde ins Wasser sinkt.

Wenn alle Anzeichen (des Todes) nahezu vollständig sind, bringe (den

Sterbenden) zu folgendem Vorsatz, indem du mit leiser Stimme in sein Ohr sagst:

O Edelgeborener, (oder wenn es ein Priester ist, ehrwürdiger Herr), laß dich nicht ablenken.

Wenn es ein Glaubensbruder ist oder eine andere Person, dann rufe ihn bei Namen und (sage) folgendes:

O Edelgeborener, da das, was man Tod nennt, dir jetzt widerfährt, entscheide dich dahin: »So, dies ist jetzt die Todesstunde. Indem ich aus diesem Tod Nutzen ziehe, will ich so handeln zum Wohl aller lebenden Wesen, die die unbegrenzte Ausdehnung der Himmel bevölkern, auf daß ich Vollkommene Buddhaschaft erreiche, indem ich mich entscheide zu Liebe und Barmherzigkeit für (sie und indem ich meine ganze Anstrengung auf) die Einzige Vervollkommnung (richte).«

Wenn du die Gedanken so formst, besonders in der Zeit, da das Dharma-Kāya des Klaren Lichtes (im Zustand) nach dem Tod zum Wohl aller lebenden Wesen verwirklicht werden kann, wisse, daß du in diesem Zustand bist (und entscheide dich), daß du die beste Gabe des Zustandes des Großen Symbols, in dem du bist, (folgendermaßen) erreichst:

»Selbst wenn ich diesen Bardo nicht fassen kann, so will ich ihn doch kennen, und indem ich den Großen Vereinigungskörper im Bardo meistere, in einer (Form) erscheinen – ganz gleich welcher – die (allen Wesen), wer sie auch seien, zum Wohle dient: Ich will allen lebenden Wesen dienen, die da unendlich an Zahl wie die Grenzen des Himmels sind.«

Indem du dich unzertrennlich an diesen Vorsatz hältst, solltest du versuchen, dich an jedwede fromme Übung zu erinnern, die du während deiner Lebenszeit auszuüben gewohnt warst.

Wenn der Leser dies sagt, soll er seine Lippen nahe an das Ohr des Sterbenden bringen und es deutlich wiederholen und es ihm klar einprägen, um zu verhindern, daß seine Gedanken auch nur für einen Augenblick abschweifen.

Nachdem die Ausatmung vollends aufgehört, drücke fest auf den Schlafnerv und einem Lāma oder einer Person von höherem Rang oder gelehrter als man selbst, schärfe mit diesen Worten folgendes ein:

Ehrwürdiger Herr, jetzt, da du das Klare Urlicht erfährst, versuche in diesem Zustand, den du jetzt erfährst, zu verharren.

Und auch im Falle irgendeiner anderen Person soll der Leser sie von-Angesicht-zu-Angesicht setzen:

O Edelgeborener (so und so), höre zu. Jetzt erfährst du die Strahlung des Klaren Lichtes Reiner Wirklichkeit. Erkenne sie. O Edelgeborener, dein jetziger Interlekt, seiner wirklichen Natur nach leer, nicht zu irgend etwas wie Merkmalen oder Farbe geformt, natürlicherweise leer, ist die wahre Wirklichkeit, das All-Gute.

Dein eigener Interlekt, der jetzt Leere ist, jedoch nicht als die Leere des Nichts zu betrachten ist, sondern als Interlekt an sich, unbehindert, leuchtend, erregend und glückselig, ist das wahre Bewußtsein, der Allgute Buddha.

Dein eigenes Bewußtsein, das zu nichts geformt und in Wirklichkeit leer ist, und der Interlekt, leuchtend und glückselig, – diese beiden sind unzertrennlich. Die Vereinigung von beiden ist der Dharma-Kāya-Zustand Vollkommener Erleuchtung.

Dein eigenes Bewußtsein, leuchtend, leer und untrennbar von dem Großen Strahlungskörper, hat weder Geburt noch Tod und ist das Unveränderliche Licht – Buddha Amitābha.

Dies zu wissen genügt. Die Leere deines eigenen Interlekts als Buddhaschaft zu erkennen und sie für dein eigenes Bewußtsein zu halten, läßt dich in dem (Zustand des) göttlichen Geistes des Buddha verharren.

Wiederhole dies deutlich und klar drei oder (sogar) sieben Mal. Das ruft dem Geist (des Sterbenden) die früheren (d. h. während seines Lebens) Von-Angesicht-zu-Angesicht-Setzen durch seinen Guru zurück. Ferner bewirkt es, daß man das nackte Bewußtsein als das Klare Licht erkennt, und drittens wird man, indem man sein eigenes Selbst (so) erkennt, dauernd mit dem Dharma-Kāya vereint und Befreiung gesichert.

So wird das Klare Urlicht erkannt und Befreiung erreicht. Wenn aber zu befürchten ist, daß das Klare Urlicht nicht erkannt worden ist, dann (kann man sicherlich annehmen), daß (dem Verstorbenen) das dämmert, was das sekundäre Klare Licht heißt, was nach etwas mehr als einer Mahlzeitperiode dämmert, nachdem die Ausatmung aufgehört hat.

Je nach dem guten oder schlechten Karma, das einer hat, flieht die Lebenskraft entweder in den rechten oder linken Nerv und tritt durch irgend eine Öffnung (des Körpers) aus. Darauf folgt eine helle Geistesverfassung.

Daß der Zustand (des Klaren Urlichts) für eine Mahlzeitperiode andauert, (hängt ab von) der guten oder schlechten Verfassung der Nerven und auch ob frühere Übung (im Von-Angesicht-zu-Angesicht-Setzen) vorhanden war oder nicht.

Wenn das Bewußtseinsprinzip außerhalb (des Körpers) tritt, (sagt es zu sich selbst): »Bin ich tot oder bin ich nicht tot?« Es kann es nicht bestimmen. Es sieht seine Verwandten und Angehörigen, wie es zuvor gewöhnt war, sie zu sehen. Es hört sogar die Wehklagen. Die erschreckenden karmischen Trugbilder sind noch nicht gedämmert. Auch sind die schreckensvollen Erscheinungen oder Erlebnisse, die durch den Todesgott verursacht werden, nocht nicht gekommen.

Während dieser Pause müssen die Belehrungen (durch den Lāma oder Leser) angewandt werden:

Es gibt (Gläubige) auf vervollkommneter Stufe und solche auf vorstellender Stufe. So es einer ist, der auf vervollkommneter Stufe war, rufe ihn drei Mal bei Namen und wiederhole immer und immer wieder die obigen Belehrungen des Von-Angesicht-zu-Angesicht-Setzens mit dem Klaren Licht. So es einer ist, der auf der vorstellenden Stufe war, so lies ihm die einleitenden Schilderungen vor und den Text der Meditation über seine Schutzgottheit und sage dann:

O du von edler Geburt, meditiere über dein eigene Schutzgottheit. (Hier muß der Gottheit Namen durch den Leser erwähnt werden.) Schweife nicht ab. Konzentriere deine Gedanken ernstlich auf deine Schutzgottheit. Meditiere über sie als ob sie die Spiegelung des Mondes im Wasser wäre, sichtbar, aber an sich nicht existierend. Meditiere über sie als ob sie ein Wesen mit einem leiblichen Körper sei.

So sage (der Leser) und schärfe es ein.

Wenn (der Verstorbene) ein Mann aus dem Volk war, sage:

Meditiere über den Großen Barmherzigen Gott.

So von Angesicht-zu-Angesicht gesetzt, erkennen sogar die den Bardo sicherlich, von denen man nicht erwartet, daß sie ihn (ohne Hilfe) erkennen.

Personen, die, während sie lebten, durch einen Guru von Angesicht-zu-Angesicht (mit der Wirklichkeit) gesetzt wurden, sich jedoch nicht mit ihr vertraut gemacht haben, können den Bardo nicht klar aus sich selber erkennen. Entweder ein Guru oder Glaubensbruder muß solchen Personen dann beistehen.

Es kann sogar solche geben, die sich mit den Lehren vertraut gemacht haben, die jedoch ob der Heftigkeit der den Tod verursachenden Krankheit geistig unfähig sind, Trugbildern zu widerstehen. Auch für solche ist diese Belehrung unbedingt nötig.

Dann wiederum (gibt es die), die, obgleich sie früher mit den Lehren vertraut waren, elende Daseinszustände durchzumachen hatten, weil sie Gelübde brachen oder wesentliche Verpflichtungen ehrlich zu erfüllen versäumten. Auch für solche ist diese (Belehrung) unerläßlich.

Wenn die erste Stufe des Bardo gleich beim Schopf gefaßt worden ist, so ist das das Beste. Wenn jedoch nicht, wird durch die Anwendung dieses genauen (dem Toten) in Erinnerung-Rufen – dieweil er auf der zweiten Stufe des Bardo – sein Interlekt erweckt und Befreiung erreicht.

Dieweil man auf der zweiten Stufe des Bardo, ist der Körper von der Natur dessen, was man den scheinenden Trugkörper nennt.

(Der Verstorbene) weiß nicht, ob (er) tot (ist) oder nicht, (und ein Zustand von) Helligkeit kommt (über ihn). Wenn die Belehrungen erfolgreich an den Verstorbenen in diesem Zustand angewandt werden, kann durch die Begegnung der Mutter-Wirklichkeit und der Nachkommen-Wirklichkeit Karma nicht weiter herrschen. So wie z. B. die Sonnenstrahlen die Dunkelheit zerstreuen, zerstreut das Klare Licht auf dem Pfad die Macht des Karma.

Das, was die zweite Stufe des Bardo genannt wird, dämmert dem Gedankenkörper. Der Wisser schwebt an den Plätzen herum, auf die seine Tätigkeit beschränkt war. Wenn jetzt diese besondere Lehre wirksam angewandt wird, erreicht sie ihren Zweck, denn die karmischen Trugbilder sind noch nicht aufgestiegen, und deshalb kann er (der Verstorbene) noch nicht (von seinem Ziel, Erleuchtung zu erreichen) abgelenkt werden.

Die Farbsymbolik

In dieser Ohnmacht beginnt für den Toten die Zeit der »karmischen Trugbilder.« Es handelt sich um eine ganze Kette von Visionen und Mythen, bei denen das Totenbuch auf eine uralte Symbolik zurückgreift. Eine besondere Bedeutung kommt hier den Farben zu, die die Seele in ein buntes Licht tauchen.

Zunächst sieht sich der Tote weißem und blauem Licht gegenübergestellt. Er darf sich dadurch nicht einschüchtern lassen. Im Totenbuch werden diese Farben als das Symbol der Ewigkeit verstanden.

Der nächste Schritt zur Erleuchtung ist gelbes Licht, das Kennzeichen alles Irdischen, von dem sich der Tote lösen soll.

Nach dieser Prüfung begegnet die Seele dem roten Licht, der Farbe des Feuers. Hier darf sie sich nicht mitreißen lassen, sondern muß entsagen und meditieren.

An vierter Stelle steht das grüne Licht, das als Urform der Luft interpretiert wird. Die Seele wird bei diesem Anblick vom Gefühl der Eifersucht ergriffen, darf aber nicht fliehen.

Wichtig für diese Erfahrungen der Seele im Reich der Farben ist, daß sie immer klare Lichter findet. Trübes Licht, so heißt es im Bardo Thödröl, führe in die Hölle oder habe eine Wiedergeburt auf niedrigerem Niveau zur Folge.

Interessant ist in diesem Zusammenhang die verwendete Farbsymbolik, die der, in letzter Zeit psychologisch erforschten Bedeutung der Farbe verblüffend ähnelt. Für den Farbpsychologen Max Lüscher beispielsweise ist gelb die Farbe der Freiheit und des Lichts, rot die Farbe der Erregung und des Feuers und blau das Symbol der Ruhe und Ewigkeit. Nach Meinung der Farbforscher gelten diese Zuordnungen unabhängig von Kultur und ethnischer Zugehörigkeit. In der Überlieferung beginnt die Konfrontation mit den Farben des Jenseits am zweiten Tag nach dem Tod.

Das Tibetanische Totenbuch kann aus psychologischer Sicht auch als Spiegel der psychischen Zustände des Menschen betrachtet werden. Sie werden in Form der verschiedenen Gottheiten, die an den Toten herantreten, beschrieben. Nachdem der Geist in der ersten Zeit friedlichen Göttern begegnet ist, sind es im zweiten Teil des Buches zornige Wesen, die ihn bedrohen und zerstückeln wollen. Auch hier spielen wieder Farben eine bedeutende Rolle.

Zur Überwindung der rachsüchtigen, bluttrinkenden Gottheiten, wird dem Toten empfohlen, sich nicht zu fürchten, denn sein Körper ist vergeistigt und daher nicht mehr verletzlich. Die Anweisung geht sogar noch weiter: Der Geist kann in den Schreckensgestalten seinen eigenen Intellekt erkennen. Sobald er weiß, daß sie seinen eigenen psychischen Vorstellungen entspringen, werden sie ihn nicht mehr bedrohen. Indem der sie als Teil seiner Selbst erkennt und sich mit ihnen vereint, ist er befreit.

Der Bardo des Wiedergeburtsprozesses

Die vorangegangene Begegnung mit den Göttern kann den Toten nur dann befreien, wenn er sich von Verblendung, Haß und Ruhmsucht – kurz gesagt: von allen weltlichen Gefühlen – befreien konnte. Ist ihm das nicht gelungen, so tritt er nun in den dritten und letzten Bardo ein, in den Bardo des Wiedergeburtsprozesses. Der Geist des Toten wird nun vom Karma weiter umhergetrieben und von furchtbaren Erscheinungen geplagt. Sie stellen, könnte er es erkennen, seine eigenen Befleckungen dar: Gier, Haß und Nichtwissen. In dem rast- und ruhelos herumirrenden Geist erwacht deshalb die Sehnsucht, in einem neuen Körper wenigstens etwas Zuflucht zu finden. Doch in dieser Sehnsucht bietet sich dem Geist eine neue Chance auf Erlösung. Gelangt der Tote, unterstützt durch die Vorlesungen aus dem Totenbuch, zu der Erkenntnis, daß diese Sehnsucht nicht angebracht ist, hat er damit seine Erlösung erreicht.

Die allerletzte Chance im Bardo des Wiedergeburtsprozesses, doch noch zu der Erlösung zu kommen und die Wiedergeburt zu verhindern, liegt darin, die Pforte des Mutterschoßes getreu den Belehrungen des Totenbuchs zu verschließen. Für diese Form der Empfängnisverhütung werden genaue Anweisungen erteilt. Wenn auch dieser letzte Versuch gescheitert ist, kann der Geist seine Wiedergeburt nicht mehr verhindern. Das Totenbuch aber gibt ihm hierbei den Rat, durch Meditation auf Zeitpunkt und Ort der Geburt Einfluß zu nehmen. Damit soll er wenigstens erreichen, daß er nicht unter den Halbgöttern, Tieren, Hungergeistern oder Höllenwesen wiedergeboren wird. Denn wird er als Mensch wiedergeboren (möglichst an einem Ort, wo er auf Buddhisten und damit auf einen Lama trifft), so wird ihm erneut die Chance gegeben, gelehrt zu werden, was ihm seine eigene Erlösung bringt. Dabei ist es immer der Geist, die Seele, selbst, die durch Selbsterkenntnis über das Leid siegen muß und sich nur selbst erlösen kann. Auf eine Gnade, die ihr hilft, das Paradies zu erlangen, kann sie nicht hoffen.

Der Vorgang der Wiedergeburt

Weisungen an den Diensttuenden: Wenn man wiederum durch große Nachlässigkeit in frommen Übungen und Mangel an Vertrautheit nicht verstehen kann, mögen Trugbilder einen überkommen und man zu den Schoßespforten wandern. Die Belehrung über das Schließen der Schoßespforten wird sehr wichtig: rufe den Verstorbenen bei Namen und sage dies:

O Edelbgeborener, wenn du das Obige nicht verstanden hast, hast du in diesem Augenblick durch den Einfluß des Karma den Eindruck, daß du entweder aufsteigst oder dich auf einer Ebene entlang bewegst oder hintergehst. Meditiere daraufhin über den Barmherzigen. Besinne dich. Darauf treffen dich, wie schon oben gesagt, Windstöße und eisige Stürme, Hagelschauer und Dunkelheit und der Eindruck, daß du von vielen Menschen verfolgt wirst. Wenn man von diesen (Halluzinationen) wegflieht, haben die, die nicht mit einem verdienstvollen Karma ausgestattet sind, den Eindruck, daß sie nach Stätten des Elends fliehen; die, die mit verdienstvollem Karma ausgestattet sind, haben den Eindruck, daß sie zu Stätten der Glückseligkeit kommen. Darauf, o Edelgeborener, scheinen auf dich die Zeichen des Geburtsortes und Kontinents, in dem du geboren werden sollst.

Für diesen Augenblick gibt es verschiedene wesentliche tiefe Lehren. Höre gesammelt zu. Auch wenn du nicht durch die obigen Von-Angesicht-zu-

Angesicht-Setzen begriffen hast, (wirst du doch) hier begreifen, (denn) sogar die, die es an frommen Übungen sehr haben mangeln lassen, erkennen diese Zeichen. Deshalb höre zu.

(Weisungen an den Diensttuenden): Jetzt ist es sehr wichtig, die Methoden zum Schließen der Schoßespforte zu gebrauchen. Dazu muß man die höchste Sorgfalt anwenden. Es gibt zwei (Haupt-) Arten des Schließens: das Wesen, das eintreten würde, am Eintreten zu hindern, und die Schoßestür zu schließen, durch die es eintreten könnte.

Die Belehrungen, um das Wesen am Eintreten zu verhindern, sind folgende:

O Edelgeborener (so und so mit Namen), wer auch deine Schutzgottheit gewesen sein mag, meditiere ruhig über sie – wie über die Spiegelung des Mondes im Wasser, sichtbar aber nicht (als ein Mond) existierend, wie ein magisch erzeugtes Trugbild. Wenn du keine besondere Schutzgottheit hast, meditiere entweder über den Barmherzigen Gott oder über mich, und, dies im Sinn, meditiere in Ruhe.

Darauf laß die (vorgestellte Form der) Schutzgottheit von den Umrissen an wegschmelzen und meditiere ohne jedes Gedankenformen über das leere Klare Licht. Dies ist eine sehr tiefe Kunst; dadurch geht man nicht in einen Schoß ein.

Auf diese Weise meditiere; wenn aber sogar dies nicht genügen sollte, um dich zu verhindern, in einen Schoß einzugehen, und du bereit bist, in einen einzugehen, so gibt es dann die tiefe Lehre über das Schließen der Schoßespforte. Vernimm sie hier:

»Wenn dann, ach, der Sidpa Bardo dir dämmert,
Halte einen einzigen Entschluß im Sinn,
Und reihe so weiter die Kette guten Karmas;
Schließ ab die Schoßespforte, und vergiß nicht den Widerstand.
Dies ist eine Zeit, wo Ernsthaftigkeit und reine Liebe nötig sind
Gib Eifersucht auf und meditiere über den Guru Vater-Mutter.«

Mit deinem eigenen Mund wiederhole dies deutlich und besinne dich lebhaft seiner Bedeutung und meditiere darüber. Dies in Übung umzusetzen ist wesentlich.

Das Bardo Thödröl wird von den Gläubigen als Buch der Erlösung begriffen. Wer die Texte kennt oder wem sie vorgelesen werden, der hat bereits im Augenblick des Todes die Möglichkeit »die Buddhaschaft zu erlangen«. Darunter versteht das Tibetanische Totenbuch die Vereinigung mit dem Zustand vollkommner Erleuchtung, die sich über Raum und Zeit hinwegsetzt.

Jüdische Jenseitsvorstellungen

Wer sich mit den älteren jüdischen Vorstellungen zu Tod und Jenseits beschäftigt, steht vor einem schwierigen Problem. denn in der jüdischen Überlieferung werden unterschiedliche, widersprüchliche Gedanken zu diesem Thema deutlich.

Bereits die Bewertung des Todes offenbart Unterschiede. Ein Teil der Juden betrachtete den Tod als Strafe, die über Adam und seine Nachfahren aufgrund der Sünde im Garten Eden verhängt wird. Da niemand frei von Sünde ist, müssen alle Menschen sterben. Auf der anderen Seite standen jene, die sich zwar ebenso auf die Bibel beriefen, aber zu dem Ergebnis kamen, daß der Tod seine Grundlage als Naturphänomen in der Schöpfung habe. Deshalb hielten sie den Tod sowohl für das angemessene als auch das unvermeidliche Ende des Menschen. Mit Sünde jedenfalls hat er gemäß dieser Auffassung nichts zu tun.

Auch der Auferstehungsglaube scheint sich erst allmählich zu entwickeln. In verschiedenen Stellen der hebräischen Bibel wird er nur vorsichtig angedeutet. Erst im letzten Buch der hebräischen Bibel, Daniel, wird der Auferstehungsglaube offen formuliert. Dennoch bezieht er sich noch längst nicht auf alle Verstorbenen, sondern lediglich einen Teil der Guten und Bösen: »Viele von denen, die im Dunstland schlafen, erwachen, zum ewigen Leben die einen, zu Schmach und ewigem Abscheu die anderen.« (Dan. 12,2)

Der Theologe Friedrich Heiler betont deshalb in einer religionsgeschichtlichen Untersuchung: »Die israelitische Religion besaß ursprünglich keine Eschatologie. Die großen Propheten waren Unheilspropheten, welche das drohende nationale Verhängnis als Gericht Jahwes über das seinem Gebot ungehorsame Volk verkündeten.«

Der Auferstehungsglaube entstand erst unter dem Eindruck der Religionsverfolgung unter den Makkabäern. Damals starben viele Gerechte und Märtyrer, »ohne auch nur entfernt der Segnungen der Erwählten in diesem Leben teilhaftig zu werden«, formuliert der Theologe Karl Hoheisel den entscheidenden Anstoß. Deshalb habe »die Diskrepanz zwischen dem Auserwählungsbewußtsein mit seinen hohen Erwartungen und der äußerlich eher demütigenden Lage, unter politischer Fremdherrschaft mit zahllosen Formen religiös-kultureller Verfremdung im Gefolge«, spätestens in diesem Augenblick »den Gedanken an eine Wiederkehr Abgeschiedener aufbrechen lassen«.

Freilich finden sich in den apokryphen Schriften verschiedener jüdischer Gruppen – die allerdings teilweise christliche Überarbeitungen erhielten – die unterschiedlichsten Gedanken zum Auferstehungsglauben. Im äthiopischen Henoch-Buch, das um 170 v. Chr. entstand, findet sich in den Mahnreden zunächst nur die Auferstehung der Gerechten. Schließlich aber ist dann von der Auferstehung aller Menschen die Rede.

Im slavischen Henoch-Buch, das gegen 70 n. Chr. verfaßt wurde, werden Henoch Offenbarungen über kosmische und geschichtliche Dinge zuteil. Dabei treten dort zwei Auferstehungsphasen hervor: Einmal für die Gerechten mit Beginn der messianischen Endzeit und dann für alle am Tage des Herrn.

In der griechischen Apokalypse des Baruch, die im 2. oder 3. Jahrhundert n. Chr. niedergeschrieben wird, darf Baruch die Geheimnisse Gottes in den fünf Himmeln schauen. Von der Auferstehung ist in dieser Apokalypse nicht die Rede, wohl aber von der Bestrafung der Schlechten und der Belohnung der Guten.

Die Seelen der Gerechten gelangen in den Himmel, die Bösen aber werden bis in alle Ewigkeit bestraft – diese Auffassung ist in der Apokalypse des Esras niedergelegt. In ihr wird die Himmel- und die Höllenfahrt sowie der Tod des Esra geschildert.

In der Apokalypse des Sophonias wird der Unterschied zwischen dem besonderen Gericht und dem Endgericht deutlich gemacht.

Das äthiopische Buch Henoch

Die erste Bilderrede

Wenn die Gemeinde der Gerechten sichtbar werden wird und die Sünder für ihre Sünden bestraft und von der Oberfläche des Festlandes vertrieben werden und wenn der Gerechte von den auserwählten Gerechten erscheinen wird, deren Werke von dem Herrn der Geister aufbewahrt sind, und das Licht den auf dem Festland wohnenden auserwählten Gerechten leuchten wird – wo wird dann die Wohnung der Sünder und wo die Ruhestätte derer sein, die den Herrn der Geister verleugnet haben? Es wäre ihnen besser, sie wären nie geboren worden! Wenn die Geheimnisse der Gerechten offenbar werden, dann werden die Sünder gestraft und die Bösen von den auserwählten Gerechten hinweggetrieben werden. Von nun an werden die, welche die Erde besitzen, nicht mehr mächtig noch erhaben sein, und sie werden das Antlitz der Heiligen nicht anzuschauen vermögen, weil der Herr der Geister sein Licht auf das Angesicht der Heiligen und auserwählten Gerechten strahlen läßt.

Die Könige und Machthaber werden in jener Zeit vernichtet und in die Hand der Gerechten und Heiligen übergeben werden. Von da an wird keiner von den Bösen bei dem Herrn der Geister um Gnade bitten können, weil ihr Leben zu Ende ist. In diesen Tagen werden etliche von den auserwählten und heiligen Kindern der hohen Himmel herabsteigen, und ihr Same wird sich mit den Menschenkindern vereinigen. In jenen Tagen empfing Henoch Schriften des Eifers und Zorns und Schriften der Unruhe und Bestürzung. Barmherzigkeit wird ihnen nicht zuteil werden, sprach der Herr der Geister.

In jener Zeit rafften mich eine Wolke und ein Wirbelwind von der Erde hinweg und setzten mit an dem Ende der Himmel nieder. Hier schaute ich ein anderes Gesicht: die Wohnungen der Gerechten und die Lagerstätten der Heiligen. Hier schauten meine Augen ihre Wohnungen bei den Engeln und ihre Lagerstätten bei den Heiligen; sie baten, legten Fürsprache ein und beteten für die Menschenkinder. Gerechtigkeit floß wie Wasser vor ihnen und Barmherzigkeit wie Tau auf die Erde: Also ist es unter ihnen von Ewigkeit zu Ewigkeit.

An jenem Orte schauten meine Augen den Auserwählten der Gerechtigkeit und der Treue; Gerechtigkeit wird in seinen Tagen walten, und unzählige auserwählte Gerechte werden für immer vor ihm sein. Ich sah seine Wohnung unter den Fittichen des Herrn der Geister. Alle Gerechten und Auserwählten vor ihm glänzen wie Feuerschein; ihr Mund ist voll von Segensworten, ihre Lippen preisen den Namen des Herrn der Geister, und Gerechtigkeit hört immer vor ihm auf. Hier wünschte ich zu wohnen, und meine Seele hatte Verlangen nach jener Wohnung. Hier ist mein Erbteil schon früher gewesen, denn also ist es vor dem Herrn der Geister über mich beschlossen worden. In jenen Tagen lobte und erhob ich den Namen des Herrn der Geister mit Segensworten und Lobliedern, weil er das Segnen und Rühmen nach dem Wohlgefallen des Herrn der Geister für mich bestimmt hat.

Die zweite Bilderrede

Dies ist die zweite Bilderrede über die, welche den Namen der Wohnung der Heiligen und den Namen des Herrn der Geister leugnen. Sie werden in den Himmel nicht hinaufsteigen und auf die Erde nicht gelangen. So beschaffen wird das Schicksal der Sünder sein, die den Namen des Herrn der Geister leugnen, die darum für den Tag des Leidens und der Trübsal aufbewahrt werden. An jenem Tage wird mein Auserwählter auf dem Throne der Herrlichkeit sitzen und unter ihren, der Menschen, Taten eine Auslese treffen, und ihre Wohnungen werden zahllos sein. Ihr Geist wird in ihrem Inneren erstarken, wenn sie meinen Auserwählten und die sehen, die meinen herrlichen Namen angefleht haben.

An jenem Tage werde ich in ihrer Mitte meinen Auserwählten wohnen lassen, und ich werde den Himmel verwandeln und ihn zu einem ewigen Segen und Licht machen. Ich werde die Erde verwandeln, sie zu einem Segen machen und meine Auserwählten auf ihr wohnen lassen; aber die, welche Sünder und Missetat begehen, sollen sie nicht betreten. Denn ich habe meine Gerechten gesehen und sie mit Heil gesättigt und sie vor mich gestellt; aber für die Sünder steht bei mir das Gericht bevor, um sie von der Oberfläche der Erde zu vertilgen. Ich sah dort den, der ein betagtes Haupt hat, und sein Haupt war weiß wie Wolle; bei ihm war ein anderer, dessen Antlitz wie das Aussehen eines Menschen war, und sein Antlitz war voll Anmut gleichwie eines von den heiligen Engeln. Ich fragte den Engel, der mit mir ging und mir alle Geheimnisse zeigte, über jenen Menschensohn, wer er sei, woher er stamme und weshalb er mit dem betagten Haupte gehe. Er antwortete mir und sagte zu mir: Dies ist der Menschensohn, der die Gerechtigkeit hat, bei dem die Gerechtigkeit wohnt und der alle Schätze dessen, was verborgen ist, offenbart; denn der Herr der Geister hat ihn auserwählt, und sein Los hat vor dem Herrn der Geister alles durch Rechtschaffenheit in Ewigkeit übertroffen.

Dieser Menschensohn, den du gesehen hast, wird die Könige und die Mächtigen von ihren Lagern und die Starken von ihren Thronen sich erheben machen; er wird die Zügel der Starken lösen und die Zähne der Sünder zermalmen. Er wird die Könige von ihren Thronen und aus ihren Königreichen verstoßen, weil sie ihn nicht erheben noch preisen oder dankbar anerkennen, woher ihnen das Königtum verliehen worden ist.

Er wird das Angesicht der Starken verstoßen, und Schamröte wird sie erfüllen. Finsternis wird ihre Wohnung und Gewürm ihre Lagerstätte sein; sie dürfen nicht hoffen, daß sie sich von ihren Lagerstätten erheben werden, weil sie den Namen des Herrn der Geister nicht erheben. Dies sind jene, die die Sterne des Himmels richten und ihre Hände gegen den Höchsten erheben, die Erde niedertreten und auf ihr wohnen, alle, deren Taten Ungerechtigkeit offenbaren, und alle, deren Taten Ungerechtigkeit ist, deren Macht sich auf ihren Reichtum stützt und deren Glaube sich Göttern zuwendet, die sie mit ihren Händen verfertigt haben, während sie den Namen des Herrn der Geister verleugnet haben. Sie werden aus den Häusern seiner Versammlungen und der Gläubigen vertrieben werden, die da aufbewahrt sind bei dem Namen des Herrn der Geister. In jenen Tagen wird das Gebet der Gerechten und das Blut der Gerechten vor den Herrn der Geister aufsteigen. In diesen Tagen werden die Heiligen, die oben in den Himmeln wohnen, einstimmig fürbitten, beten, loben, danken und preisen den Namen des Herrn der Geister wegen des Bluts der Gerechten und wegen des Gebets der Gerechten, daß es vor dem Herrn der Geister nicht vergeblich sein möge, daß das Gericht für sie vollzogen und der Verzug desselben für sie nicht ewig dauere.

In den Tagen sah ich, wie sich der Betagte auf den Thron seiner Herrlichkeit setzte und die Bücher der Lebendigen vor ihm aufgeschlagen wurden und sein ganzes Heer, das oben in den Himmeln und um ihn herum ist, vor ihm stand. Die Herzen der Heiligen waren von Freude erfüllt, weil die Zahl der Gerechtigkeit nahe, das Gebet der Gerechten erhört und das Blut der Gerechten vor dem Herrn der Geister gerächt war. An jenem Orte sah ich einen Brunnen der Gerechtigkeit, der unerschöpflich war. Rings umgaben ihn viele Brunnen der Weisheit; alle Durstigen tranken daraus und wurden voll von Weisheit, und sie hatten ihre Wohnungen bei den Gerechten, Heiligen und Auserwählten. Zu jener Stunde wurde jener Menschensohn bei dem Herrn der Geister und sein Name vor dem Betagten genannt.

Bevor die Sonne und die Tierkreiszeichen geschaffen und bevor die Sterne des Himmels gemacht wurden, wurde sein Name vor dem Herrn der Geister genannt. Er wird ein Stab für die Gerechten und Heiligen sein, damit sie sich auf ihn stützen und nicht fallen; er wird das Licht der Völker und die Hoffnung derer sein, die in ihrem Herzen betrübt sind. Alle, die auf dem Festlande wohnen, werden vor ihm niederfallen und anbeten und preisen, loben und lobsingen dem Namen des Herrn der Geister. Zu diesem Zwecke war er auserwählt und verborgen vor ihm Gott, bevor die Welt geschaffen wurde, und er wird bis in Ewigkeit vor ihm sein.

Die Weisheit des Herrn der Geister hat ihn den Heiligen und Gerechten geoffenbart; denn er bewahrt das Los der Gerechten, weil sie diese Welt der Ungerechtigkeit gehaßt und verachtet und alle ihre Taten und Wege im Namen des Herrn der Geister gehaßt haben; denn in seinem Namen werden sie gerettet, und er ist der Rächer ihres Lebens.

In jenen Tagen werden die Könige der Erde und die Starken, die das Festland besitzen, wegen der Taten ihrer Hände niedergeschlagenen Antlitzes sein; denn am Tage ihrer Angst und Not werden sie ihre Seele nicht retten. Ich werde sie in die Hände meiner Auserwählten übergeben; wie Stroh im Feuer und wie Blei im Wasser, so werden sie vor dem Angesichte der Gerechten brennen und vor dem Angesichte der Heiligen untersinken, so daß keine Spur von ihnen gefunden werden wird. Am Tage ihrer Not wird Ruhe auf Erden werden; sie werden vor ihm niederfallen und nicht mehr aufstehen. Niemand wird dasein, der sie in seine Hände nähme und aufrichtete, weil sie den Herrn der Geister und seinen Gesalbten verleugnet haben. Der Name des Herrn der Geister sei gepriesen! Denn Weisheit ist wie Wasser ausgegossen, und Herrlichkeit hört nimmer vor ihm auf von Ewigkeit zu Ewigkeit. Denn er ist mächtig über alle Geheimnisse der Gerechtigkeit, und Ungerechtigkeit wird wie ein Schatten vergehen und keine Dauer haben. Denn der Auserwählte steht vor dem Herrn der Geister, und seine Herrlichkeit ist von Ewigkeit zu Ewigkeit und seine Macht von Geschlecht zu Geschlecht.

In ihm wohnt der Geist der Weisheit und der Geist dessen, der Einsicht gibt, und der Geist der Lehre und Kraft und der Geist derer, die in Gerechtigkeit entschlafen sind. Er wird die verborgenen Dinge richten, und niemand wird eine nichtige Rede vor ihm führen können; denn auserwählt ist er vor dem Herrn der Geister nach seinem Wohlgefallen. In jenen Tagen wird eine Umwandlung für die Heiligen und Auserwählten stattfinden; das Tageslicht wird über ihnen wohnen, und Herrlichkeit und Ehre werden sich den Heiligen zukehren. Am Tage der Not wird sich das Unheil über den Sündern versammeln, und die Gerechten werden siegreich sein im Namen des Herrn der Geister, und er wird es die anderen sehen lassen, damit sie Buße tun und von dem Tun ihrer Hände ablassen.

Sie werden keine Ehre vor dem Herrn der Geister erlangen, jedoch durch seinen Namen gerettet werden. Und der Herr der Geister wird sich ihrer erbarmen, denn seine Barmherzigkeit ist groß. Er ist gerecht in seinem Gericht, und vor seiner Herrlichkeit und in seinem Gerichte wird keine Ungerechtigkeit Bestand haben: Wer aber keine Buße vor ihm tut, der wird untergehen. Von nun an aber will ich mich ihrer nicht mehr erbarmen, spricht der Herr der Geister.

Die Totenauferstehung

In jenen Tagen wird die Erde die, welche in ihr angesammelt sind, zurückgeben, und auch die Scheol wird wiedergeben, was sie empfangen hat, und die Hölle wird, was sie schuldet, herausgeben. Er wird die Gerechten und Heiligen unter ihnen auswählen, denn der Tag ihrer Erlösung ist nahe. Der Auserwählte wird in jenen Tagen auf meinem Throne sitzen, und alle Geheimnisse der Weisheit werden aus den Gedanken seines Mundes hervorkommen, denn der Herr der Geister hat es ihm verliehen und hat ihn verherrlicht.

In jenen Tagen werden die Berge wie Widder springen und die Hügel wie

Lämmer hüpfen, die mit Milch gesättigt sind. Alle werden Engel im Himmel werden. Ihr Antlitz wird vor Freude leuchten, weil in jenen Tagen der Auserwählte sich erhoben hat, die Erde wird sich freuen, die Gerechten werden auf ihr wohnen, und die Auserwählten werden auf ihr gehen und wandeln.

Nach jenen Tagen, an jenem Orte, wo ich alle Gesichte über das Verborgene gesehen hatte – ich war nämlich durch einen Wirbelwind entrückt und nach Westen geführt worden –, dort sahen meine Augen alle die verborgenen Dinge des Himmels, die da geschehen sollen auf der Erde; einen eisernen Berg, einen von Kupfer, einen von Silber, einen von Gold, einen von weichem Metall und einen von Blei. Da fragte ich den Engel, der mit mir ging, indem ich sagte: Was sind das für Dinge, die ich im Verborgenen gesehen habe? Er sprach zu mir: Alles dies, was du gesehen hast, dient dem Erweis der Herrschaft seines Gesalbten, damit er mächtig und stark auf Erden sei. Jener Engel des Friedens antwortete mir, indem er sprach: Warte ein wenig, und alles Verborgene, was der Herr der Geister gepflanzt hat, wird die geoffenbart werden. Jene Berge, die deine Augen gesehen haben: der Berg von Eisen, der von Kupfer, der von Silber, der von Gold, der von weichem Metall und der von Blei, sie alle werden vor dem Auserwählten wie Wachs vor dem Feuer sein und wie Wasser, das von oben her über jene Berge herabfließt; sie werden schwach vor seinen Füßen sein.

In jenen Tagen wird keiner sich retten, weder mit Gold noch mit Silber, noch wird einer entfliehen können. Es wird kein Eisen für den Krieg geben noch einen Kleiderstoff zur Anfertigung für einen Brustpanzer. Erz wird nichts nütze sein, noch Zinn etwas frommen oder geschätzt sein, und Blei wird nicht begehrt werden. Alle diese Dinge werden vernichtet und von der Oberfläche der Erde vertilgt werden, wenn der Auserwählte vor dem Angesichte des Herrn der Geister erscheint.

Dort schauten meine Augen ein tiefes Tal mit offenem Schlund, und alle, welche auf dem Festlande, dem Meer und den Inseln wohnen, werden ihm Gaben, Geschenke und Huldigungszeichen herbeibringen, aber jenes Tal wird davon nicht voll werden. Sie begehen Verbrechen mit ihren Händen, und allen Erwerb der Gerechten verschlingen die Sünder verbrecherischerweise, und so werden die Sünder vor dem Angesichte des Herrn der Geister umkommen und von der Oberfläche seiner Erde beständig in alle Ewigkeit fortgejagt werden. Denn ich habe gesehen, wie die Plagengel sich dort aufhielten und allerlei Marterwerkzeuge dem Satan zurechtmachten.

Da fragte ich den Engel des Friedens, der mit mir ging: Für wen bereiten sie jene Marterwerkzeuge? Er sagte zu mir: Jene sind für die Könige und die Mächtigen der Erde, daß sie damit vernichtet werden. Danach wird der Gerechte und Auserwählte das Haus seiner Versammlung erscheinen lassen; von nun an wird sie nicht mehr gehindert werden im Namen des Herrn der Geister. Diese Berge aber werden nicht so fest stehen wie die Erde vor seiner Gerechtigkeit, und die Hügel werden eine Wasserquelle sein, und die Gerechten werden vor der Bedrückung der Sünder Ruhe haben.

Ich blickte auf und wandte mich einem anderen Teil der Erde zu; dort sah ich ein tiefes Tal mit loderndem Feuer. Sie brachten die Könige und Mächtigen und warfen sie in dieses tiefe Tal. Dort sahen meine Augen, wie sie als Marterwerkzeuge für sie eiserne Ketten von unermeßlichem Gewichte machten. Ich fragte den Engel des Friedens, der mit mir ging, indem ich sagte: Für wen werden diese Marterwerkzeuge bereitet? Er sagte zu mir: Diese werden für die Scharen des Asasel zubereitet, um sie zu ergreifen und in den Abgrund der vollkommenen Verdammnis zu werfen; mit rauhen Steinen werden sie ihre Kinnbacken bedecken, so wie der Herr der Geister befohlen hat. Michael, Gabriel, Raphael und Phanuel werden sie an jenem großen Tage packen und an jenem Tag in den brennenden Feuerofen werfen, damit der Herr der Geister Rache nehme für ihre Ungerechtigkeit, dafür, daß sie dem Satan untertan wurden und die Erdenbewohner verführten.

Die Sintflut

In jenen Tagen wird das Strafgericht des Herrn der Geister anheben, und alle Behälter der Wasser, welche oberhalb des Himmels sind, außerdem die Brunnen, die sich unterhalb der Himmel und unterhalb der Erde befinden, werden geöffnet werden. Alle Wasser werden sich mit den Wassern oberhalb der Himmel mischen; das Wasser oberhalb der Himmel aber ist das männliche, und das unterirdische Wasser ist das weibliche. Alle Bewohner des Festlandes und unter den Enden des Himmels werden vernichtet werden. Dadurch werden sie ihr Unrecht erkennen, das sie auf Erden verübt haben, und durch dasselbe zugrunde gehen. Danach empfand der Betagte Reue und sagte: Vergeblich habe ich alle Bewohner des Festlandes verdorben. Da schwor er bei seinem großen Namen: Von nun an will ich nicht mehr also allen Bewohnern des Festlandes tun, und ich will ein Zeichen an die Himmel setzen; es soll zwischen mir und ihnen ein Unterpfand der Treue bis in Ewigkeit sein, so lange als der Himmel über der Erde ruht. Dann geschieht es auf meinen Befehl, wenn ich wünsche, daß sie durch die Hand der Engel gepackt werden am Tage der Trübsal und des Leidens, infolge dieses meines Zorns und Strafgerichts, so wird mein Zorn und Strafgericht über ihnen bleiben, spricht Gott, der Herr der Geister. Ihr Könige und Mächtigen, die ihr auf dem Festlande wohnen werdet, ihr sollt meinen Auserwählten sehen, wenn er auf dem Throne meiner Herrlichkeit sitzen und den Asasel, seine ganze Genossenschaft und alle seine Scharen im Namen des Herrn der Geister richten wird.

Der letzte Ansturm der Heiden gegen Jerusalem

Ich sah dort Scharen von Strafengeln einhergehen und Peitschen und Ketten von Eisen und Erz halten. Ich fragte den Engel des Friedens, der mit mir ging, indem ich sagte: Zu wem gehen diese, die da Peitschen tragen? Er sagte zu mir: Ein jeder geht zu seinen Auserwählten und Geliebten, damit sie in den tiefsten Abgrund des Tals geworfen werden. Dann wird sich jenes Tal von ihren Auserwählten und Geliebten füllen; der Tag ihres Lebens wird vollendet sein, und der Tag ihrer Verführung von nun an nicht mehr gezählt werden. In jenen Tagen werden die Engel sich versammeln und sich nach Osten hin zu den Parthern und Medern wenden, um ihre Könige anzureizen, daß ein Geist der Unruhe über sie kommt, und sie von ihren Thronen aufjagen, daß sie wie Löwen von ihren Lagern und wie hungrige Wölfe unter ihre Herde hervorbrechen.

Sie werden heraufziehen und das Land seiner Auserwählten betreten, und das Land seiner Auserwählten wird vor ihnen wie eine Dreschtenne und ein festgetretener Pfad sein. Aber die Stadt meiner Gerechten wird ein Hindernis für ihre Rosse sein; sie werden untereinander das Morden beginnen, und ihre Rechte wird gegen sie selbst erstarken. Ein Mann wird nicht seinen Bruder noch der Sohn seinen Vater oder seine Mutter kennen, bis ihre Leichen durch ihr Morden unzählbar geworden sind, und ihr Strafgericht wird nicht vergeblich sein.

In jenen Tagen wird die Scheol ihren Rachen aufsperren; die Scheol wird die Sünder vor dem Angesichte der Auserwählten verschlingen. (. . .)

Apokalypse des Esra

Esra fährt in den Himmel auf

An jenem Tag, dem zweiundzwanzigsten im dreißigsten Jahr, war ich daheim in meinem Haus und betete: Herr, erweise mir die Gnade und zeige mir das Verborgene. In dieser Nacht sprach der Erzengel Michael zu mir: Esra, Prophet Gottes, faste nun siebzig Wochen. Und ich war enthaltsam nach seinem Gebot. Dann erschien mir Raphael, der hohe Führer, und reichte mir eine spitze Waffe.

Wieder blieb ich enthaltsam, jetzt für zweimal sechzig Wochen. Nun wurden mir Gottes Geheimnisse gezeigt und die Schar der Engel. Ich wandte mich an sie und sagte: Ich will Rechenschaft von Gott, ob es seinen Geschöpfen nicht besser bekomme, gar nicht erst auf die Welt zu kommen, als geboren zu werden. Ich konnte in den Himmel aufsteigen und sah in den ersten Gefilden Scharen von Engeln, die mich dorthin brachten, wo Gericht gehalten wird. Und ich hörte eine Stimme, die mich anrief: Hab Mitleid mit uns, du Liebling des Herrn. Ich antwortete: Diese Gottlosen werden jammern, wenn sie den Allmächtigen erblicken über den Heerscharen der Engel, während sie selber in höllischen Flammen leiden. Esra sagte: Erweise deinen Geschöpfen Gnade, du Allerbarmer und Gnadenreicher. Sprich dein Gericht über mich, Allmächtiger, und nicht über die Verführten. Eine Seele büßen zu lassen ist doch sinnvoller, als das Verderben über die ganze Erde auszuschütten. Der Allmächtige sprach: Die Gerechten hole ich in den Frieden meines Himmels, und ihnen schenke ich alle Gnade. Esra fragte: Warum häufst du deine Gnade über die Frommen, Herr?

Er sagte: Der Gerechte bekommt seinen Lohn in meinem Himmel, wie ihn auf Erden der Arbeiter für sein Werk bekommt. Esra sagte: Erweise deine Barmherzigkeit doch denen, die gestrauchelt sind, sie vertrauen auf dein Erbarmen. Gott aber sagte: Ich habe keine Veranlassung, gegen sie Gnade walten zu lassen. Esra sprach: Sie werden deine Ungnade nicht ertragen. Gott aber sprach: So soll es ja sein. Siehe, du bist enthaltsam geblieben und hast dir deine Unberührtheit, die Zierde der Geschöpfe, bewahrt. Esra antwortete: Wäre der Mensch doch gar nicht geboren, würde er doch gar nicht leben müssen. Dem Tier, das keinen Verstand hat, ergeht es besser als dem Menschen, denn auf es wartet kein Gericht. Den Menschen aber rufst du ins Leben und überantwortest ihn dann dem Gericht. Klagen muß man über die Schuldigen in der Hölle, ihr Leid ist ewig, und das Feuer brennt ewiglich.

Noch während ich zu ihm sprach, erschienen Michael und Gabriel, die Erzengel, und sagten: Sei uns gegrüßt, treuer Diener des Herrn. Esra rief: Herr, nun stelle mich doch vor dein Gericht an ihrer statt. Der Herr antwortete: Einen Bund will ich schließen mit dir, und dein Volk soll ihn halten. Esra sagte weiter: Wie kann ich streiten wider dich?

Der Herr sprach: Dein Vater Abraham kann dir sagen, was geschieht, wenn der Sohn wider den Vater streitet. Wenn du es gehört hast, dann komm und streite wider mich. Esra sprach: So wahr du der einzige, lebendige Gott bist, ich werde weiter wider dich streiten um ihretwillen. Was ist aus deiner Barmherzigkeit geworden, aus deiner Geduld? Der Herr antwortete: Ich habe Himmel und Erde gemacht, Licht und Dunkelheit, Fromme und Gottlose. Aber meinem Willen gemäß ist es geboten, meine Gebote zu halten, wie die Frommen es tun.

Da wollte Esra wissen: Woher kam Adam, der erste Mensch? Und der Herr antwortete: Ich habe ihn geformt mit meinen Händen und ihm den Garten Eden gegeben, um den Baum des Lebens zu bewachen. Er aber mißachtete meine Gebote und verzehrte die verbotene Frucht. Da sagte Esra: Warum hast du nicht Engel als Wächter bestellt? Gott antwortete: Cherubim hüteten ihn, damit er lebe in Ewigkeit. Wie aber geschah es, daß der Böse ihn betrog, trotz der Wächterengel? Du hast doch alle dort versammelt.

Nun laß mich reden und höre zu: Hättest du ihm nicht Eva zugesellt, hätte der Satan ihn nicht verführen können. Du erbarmst dich also des einen und läßt den anderen fallen nach deinem Willen. Esra fuhr fort: Herr, so laß mich also weiter wider dich streiten. Der Allmächtige erwiderte: Feuer sende ich über Sodom und Gomorrha.

Esra fragte: Ist das deine Gerechtigkeit? Der Allmächtige erwiderte: Eure Sünden sind größer als meine Geduld. Esra sagte: Vergiß nicht, was geschrieben steht. Mein Schöpfer, du hast Jerusalem erstehen lassen und hast es wieder neu werden lassen. Sei also gnädig, Allmächtiger, mit den Verführten. Laß Milde walten über deine Geschöpfe. Verwirf nicht deiner Hände Werk. Da sann der Herr über seine Geschöpfe nach und sagte zu Esra: Warum sollte ich mich ihrer erbarmen? Sie gaben mir Essig und Galle zu trinken und schämten sich dessen nicht einmal.

Da erwiderte Esra: Laß deine Cherubim erscheinen. Dann wollen wir gemeinsam wider dich streiten. Offenbare mir doch, wie es sein wird, wenn du über deine Geschöpfe richtest. Der Schöpfer antwortete: Deiner Fragen sind viele, Esra. Wenn dieses Gericht kommt, wird es ein mildes Gericht sein. Es wird nicht wie ein Sturzregen herniederprasseln. Esra aber sprach weiter: Ich will nicht aufhören, wider dich zu streiten, ehe ich nicht den letzten Tag der Welt gesehen habe. Der Allmächtige erwiderte: Zähl zuerst die Sterne am Himmel und die Sandkörner an den Stränden. Wenn du dies kannst, sollst du wider mich streiten.

Die Schau des Jüngsten Gerichts

Da sprach Esra: Herr, du weißt doch, daß ich nur die Kraft des Geschöpfes habe. Wie also sollte ich die Sterne und die Sandkörner zählen können? Der Herr erwiderte: Du bist einer, den ich liebe. Kein Geschaffener hat Kenntnis von diesem Jüngsten Tag und davon, wie mein Gericht kommen wird. Nur weil ich dich erwählt habe, erfährst du von diesem Tag, aber die Stunde wirst auch du nicht kennen.

Esra drängte weiter: So nenne mir wenigstens die Frist. Der Herr erwiderte: Wenn ich erfahre, daß die Gerechtigkeit auf Erden zunimmt, werde ich Mitleid zeigen. Wenn aber die Bosheit weiter wächst, werde ich die Erde an allen vier Enden ergreifen. Im Tal Josaphat sollen dann die Menschen zusammenkommen, damit ich sie vernichte.

Da wollte Esra wissen: Und wer wird dich dann ob deiner Gerechtigkeit preisen? Der Allmächtige erwiderte: Mein Lob werden die Engel singen. Da sagte Esra: Wenn du das alles so vorgeplant hast, warum hast du dann den Menschen überhaupt erschaffen? Du hast doch Abraham, unserem Stammvater, versprochen: Dein Samen wird sich vermehren so zahlreich wie die Sterne am Firmament und wie der Sand am Ufer des Ozeans. Wo bleibt da das Wort deines Erbarmens? Und der Allmächtige antwortete: Am Anfang wird die Erde beben, so daß alles Getier und alle Menschen vergehen. Wenn ihr erlebt, daß der Bruder seinen Bruder ins Verderben schickt, daß die Söhne gegen die Väter aufstehen und die Frau sich von ihrem Manne abwendet, wenn ein Stamm Krieg führt gegen den anderen, dann sollt ihr erkennen, daß die Tage der Schöpfung gezählt sind. Kein Bruder wird seinen Bruder schonen, kein Mann seine Frau, kein Freund den Freund und kein Sklave seinen Gebieter. Und dann steigt der Satan aus den Tiefen und tut seine Wunderwerke vor meinen Geschöpfen. Was, Esra, willst du noch wissen, ehe du aufhörst, wider mich zu streiten?

Esra sieht das Reich des Satans

Esra sprach: Nein, mein Schöpfer, ich werde weiter wider dich streiten. Der Allmächtige erwiderte: Dann zähle doch die Blüten an allen Bäumen der Erde. Wenn dir das gelingt, kannst du weiter gegen mich streiten.

Esra erwiderte: Dazu bin ich nicht fähig, ich habe nur die Kraft eines Geschöpfes, aber ich will doch nicht nachlassen, wider dich zu streiten. Denn ich will, daß du mir die Abgründe der Hölle zeigst. Der Allmächtige erwiderte: Dann geh dorthin und sieh es dir an.

Und er gab Michael und Gabriel und vierunddreißig anderen Engeln den Auftrag, mich zu begleiten. Ich ging eine Treppe hinunter, fünfundachtzig Stufen weit, aber die sagten, ich müsse noch fünfhundert Stufen weiter hinuntersteigen. Dort erblickte ich einen Thron aus Flammen, und darauf saß ein uralter Mann, über den härteste Strafe verhängt war.

Esra wandte sich an seine Begleiter: Wer ist dieser Greis, und welche Sünde hat er begangen? Und sie erklärten ihm: Es heißt Herodes, und es gab eine Zeit, da herrschte er als König. Und er ließ alle Knaben umbringen, die noch nicht zwei Jahre alt waren.

Da sagte Esra: Jammer über ihn. Die Engel geleiteten mich noch über weitere dreißig Stufen hinab. Dort erblickte ich ein Flammenmeer und in ihm eine Schar sündiger Seelen. Und ich hörte ihre Klagen, aber ich sah keine Körper. Dann geleiteten die Engel mich weiter hinab, so weit, daß ich die Zahl der Stufen nicht feststellen konnte.

Dort erblickte ich Greise, aus deren Ohren Flammen schlugen. Esra wollte wissen: Wer sind sie, was ist ihre Schuld? Und die Begleiter erklärten ihm: Sie haben die Gebote nicht beachtet.

Und wieder gingen sie mit Esra weiter in die Tiefe. Dort konnte Esra den Drachen sehen, dessen Augenlider sich niemals schließen, und ihn umgab das Höllenfeuer, in dem die Gottlosen büßen. Und die Engel geleiteten Esra in die tiefste Tiefe, wo die zwölf Türen der Hölle waren. Sie ließen Esra nach Süden schauen, und dort erblickte er einen, der an den Lidern seiner Augen gehenkt war und von den Geistern mit Ruten geschlagen wurde.

Esra wollte wissen, wer dies sei und was seine Schuld gewesen. Da sagte Michael, der erste der Begleiter: Dieser hat die geschändet, die ihn geboren, und für dieses Vergehen wurde er gehenkt.

Dann ließen sie ihn nach Norden schauen, wo ein Mann lag, in Eisenketten geschlagen. Esra wollte wissen, wer dies sei, und der Engel sagte: Das ist der, der von sich behauptet hat, er sei der Sohn des Allerhöchsten. Der zu Brot die Steine verwandelte, das Wasser zu Wein.

Da sprach Esra: Zeige mir, Allerhöchster, sein Gesicht, damit ich die Menschen vor ihm warnen kann, auf daß niemand ihm nachfolge. Der Allmächtige sagte: Er hat das Gesicht einer Bestie, das eine Auge funkelt wie ein Stern, das andere ist starr. Sein Maul ist eine Armeslänge weit, lang wie eine Hand sind seine Zähne. Seine Hände haben die Schärfe von Krallen, das Format von Riesen seine Füße. Und in seine Stirne gebrannt steht sein Name, der ist Antichrist. Er wurde zu höchsten Ehren gehoben und wird doch in die tiefsten Tiefen gestürzt. Wie ein unmündiges Kind wird er sein und wie ein Greis, ohne Vernunft.

Da fragte Esra: Warum, Allmächtiger, erlaubst du, daß deine Geschöpfe so getäuscht werden? Und der Herr antwortete: Merke auf, Esra. Er wird wie ein Säugling erscheinen oder wie ein uralter Mensch, keiner wird glauben, er sei mein Sohn, den ich liebe. Dann werden Posaunen dröhnen, und die Abgeschiedenen kommen aus ihren Gräbern hervor. Der Satan wird vor meiner Stimme erzittern und sich in den tiefsten Tiefen verbergen. Dann werden weder Himmel noch Erde sein noch das Meer. Flammen werden den Himmel verschlingen und zehnmal so viele die Erde.

Da wollte Esra wissen: Welche Schuld hat denn der Himmel auf sich geladen? Der Allmächtige erklärte ihm: Er büßt für das Böse, das unter ihm geschah. Da wollte Esra wissen: Welche Schuld hat denn die Erde auf sich geladen? Der Allmächtige erklärte ihm: Als der Antichrist meine Stimme hörte, hat er sich in den Tiefen der Erde versteckt. Darum lasse ich die Erde in Flammen aufgehen und mit ihr den Verführer aller Kreatur.

Die Strafen der Hölle

Da bat Esra den Herrn um Gnade für die Christenheit. Und Esra erblickte eine Frau, die vier Bestien säugen mußte. Der Engel erklärte dem Propheten: Sie war so geizig, daß sie ihren Kindern die Nahrung nicht gönnte und ihre Kleinen lieber umbrachte.

Esra sah eine unvorstellbare Finsternis, wie eine Nacht, in der weder Mond noch Sterne leuchten. Keiner war da, weder Kind noch Greis, weder Freund noch Bruder, weder Mutter noch Kind, Frau noch Mann. Esra brach in Tränen aus und bat: Mein Gott, mein Herr, hab Mitleid mit denen, die schuldig geworden sind. Während ich den Herrn noch dies bat, kam eine Wolke hernieder, ich stieg auf sie und gelangte wieder in die himmlischen Sphären. Dort mußte ich viele Peinigungen mit ansehen. Tränen traten in meine Augen, und ich sagte: Warum mußte denn der Mensch geboren werden? Ist denn nicht gerade das sein Verderben? Die im Ort der Peinigung waren, heulten und riefen: Dein Kommen, Prophet, hat uns eine Pause in unserer Not gebracht. Esra antwortete: Glücklich sind die, die Tränen der Reue vergießen.

Der Allmächtige sprach: Merke, Esra, den ich erwählt habe. Wie der Bauer das Korn in seinen Acker sät, pflanzt der Mann seinen Samen in die Frau, die mütterliche. Im ersten Mond ist die Frucht noch eine winzige Zelle, im zweiten runden sich die Formen, im dritten Mond bekommt die Frucht Haare, im vierten die Nägel. Im fünften Mond nimmt sie die Milch der Mutter als Nahrung. Im sechsten ist der Körper ausgebildet und empfängt die Seele. Im siebten Mond vollendet sich das Wachstum, ehe sich im neunten Mond der verschlossene Mutterschoß auftut, um das Kind zu gebären.

Esra sagte wieder: Warum wird der Mensch zu seinem Elend geboren? Könntest du ihm denn das nicht ersparen? Gibst du ihm das Leben nur, um ihn zu richten? Mit drohender Stimme antwortete der Herr: Warum sollte ich den verschonen, der meine Gebote verachtet?

Esra sprach: Und wie, Allmächtiger, verträgt sich das mit deiner Gnade? Der Allmächtige antwortete: Den Menschen zuliebe gestaltete ich die ganze Schöpfung, aber die Menschen brachen den Bund, den ich mit ihnen geschlossen habe. Der Prophet erwiderte: Allmächtiger, laß mich die Qualen der Hölle und die Freuden des Himmels sehen.

Da führten mich die Gottesgeister in die Richtung des Sonnenaufganges. Dort sah ich den Baum des Lebens, und ich erkannte die Propheten Henoch und Elias, Moses und die Evangelisten, die Getreuen Gottes und die Väter der Stämme... Ich erkannte auch den Ort, wo die Luft bereitet wird, wo die Stürme wachsen und das Eis, ich sah die Qualen, die den Sündern bereitet sind auf ewig. Ich mußte mit ansehen, wie ein Mann an seinem Kopf aufgehängt wurde, und ich erfuhr, daß er die Grenzsteine verrückt habe. Ich mußte viele arge Plagen mit ansehen und fragte den Allmächtigen: O Gott, du Schöpfer. Es gibt doch keinen Menschen, der ganz ohne Schuld wäre?

Da geleiteten die Engel mich noch tiefer in die Tiefen, und ich erblickte die Sünder, die voller Trauer, voller Klagen und voller Jammer waren. Und mir selber stürzten die Tränen aus den Augen, als ich mit ansehen mußte, in welcher Pein die Menschen endeten.

Esras Tod

Der Allmächtige fragte Esra: Weißt du, wie die Engel heißen, die das Ende bewachen? Sie heißen Michael, Gabriel, Uriel, Raphael, Gabuthelan, Aker, Arphugiton, Bebur und Zebuleon.

Da wurde ich gerufen: Esra, den ich erwählt habe, dein Leben ist zu Ende, gib mir deine Seele zurück. Esra wollte wissen: Wie soll denn meine Seele den Körper verlassen? Die Engel erklärten: Sie kann durch das Gehege deiner Zähne hinaustreten.

Da fragte Esra: Wie soll die Seele durch den Mund entfliehen? Ich habe doch durch diesen Mund mit dem Allmächtigen geredet. Da erklärten die Engel: Deine Seele kann auch durch die Nase den Körper verlassen. Esra erwiderte: Meine Nase durfte den Duft des Schöpfers einatmen. Da erklärten die Engel: Dann wird sie deinen Körper durch die Augenhöhlen verlassen. Und Esra erwiderte: Meine Augen haben den Schatten des Herrn gesehen. Die Engel erklärten: Dann wird sie durch die Nähte des Schädeldaches austreten. Esra erwiderte: Das geht nicht, weil ich mit Moses auf dem Berge stand. Die Engel erklärten: Dann wird sie durch die Zehen austreten. Esra aber erwiderte: Mit meinen Füßen bin ich um den Opfertisch des Herrn gewandelt.

Da wandten sich die Engel von Esra ab, ohne ihren Auftrag erfüllt zu haben, und berichteten dem Allmächtigen: Gebieter, es gelingt uns nicht, seine Seele aus dem Körper zu holen.

Da sprach der Herr zu seinem Sohn, dem Gezeugten: Mein Eingeborener, ziehe du mit den Heerscharen hinab und hole die Seele meines geliebten Propheten. Da nahm der Gottessohn die Heerscharen mit sich und sprach zu Esra: Gib deine Seele zurück, die du empfangen hast als Pfand der Liebe Gottes. Die Krone des Lebens erwartet dich.

Da klagte Esra: Wie soll ich weiter für die Menschen eintreten, mein Gott, wenn du meine Seele nimmst und ich nicht weiterlebe? Der Herr erwiderte: Sterblicher, du bist aus Erde geschaffen, also streite nicht wider mich. Esra sprach: Ich kann doch nicht aufhören zu streiten wider dich.

Der Herr erwiderte: Gib jetzt deine Seele zurück und empfange die Krone. Nimm den Tod an, damit du lebst. Esra weinte und klagte: O mein Gott, was hilft es, wenn ich wider dich streite. Mein Leben wird ausgelöscht. Die Maden werden meinen Leib zerstören. Klagt über mein Schicksal, ihr Freunde Gottes und ihr Gottesfürchtigen. Der mit Gott gerungen hat, soll nun ausgelöscht werden. Laßt eure Tränen über mich fließen, ihr Freunde Gottes und ihr Gottesfürchtigen, der ich in die Tiefen hinabsteigen muß für immer.

Esras letztes Gebet

Der Allmächtige sagte zum Propheten: Esra, mein geliebter Prophet, merke auf. Ich bin ohne Anfang und ohne Ende. Dennoch trug ich das Kreuz, trank Essig und Galle und ließ mich in das Dunkel des Grabes versenken. (Auferstehung schenke ich denen, die ich auserwählt habe. Adam holte ich zurück aus den Tiefen, damit meine Geschöpfe die Angst vor dem Sterben verlieren.)

Was göttlichen Ursprungs ist, die Seele, wird in mein Paradies aufgenommen. Nur das, was von der Erde kommt, der Leib, wird der Erde zurückgegeben. Da klagte Esra: O mein Gott, wie soll ich nur handeln, ich bin ratlos.

Und Esra, der Liebling Gottes, betete:

Allmächtiger, Erschaffer aller Geschöpfe,
du hast das Firmament ausgemessen und die Erde mit deinen Händen.
Cherubim sind dein Thron
und Elias, den Propheten,
hast du mit feurigen Pferden in den Himmel auffahren lassen.
Jedes Lebewesen nährst du nach seinem Bedürfnis,
furchtvoll erschauert alles Geschaffene vor dir
und deiner Allmacht.
Erbarme dich meiner,
der ich wider dich gestritten.
Schenke jedem deinen gnädigen Segen,
der diese meine Worte abschreibt
oder in seinem Sinn bewahrt
oder meinen Namen vor dem Vergessen bewahrt und tut,
was ich geraten.
Erweise einem jeden von ihnen deine Gnade,
wie du sie dem Joseph erwiesen hast.

Vergiß seine Schuld,
wenn du ihn richtest.
Wer aber nicht an meine Worte glaubt,
der soll in Flammen aufgehen
wie Sodom und Gomorrha.

Da hörte der Prophet diese Worte: Esra, mein gelieber Prophet, was du erfleht, wird so geschehen. Da gab Esra seine Seele in die Hände des Herrn an einem Tag im Herbstmond. Und er wurde zu Grabe getragen in großer Feierlichkeit. An seinem Grabe aber empfangen alle, die sich ihm in Verehrung nahen, Heil für Leib und Seele.

(Lob und Ehre, Anbetung und Hingabe dem Vater, dem Sohne und dem Heiligen Geist zu geben, das ist geboten an allen Tagen der Erde. Amen.)

Die Jenseitsvorstellungen der Theosophischen Gesellschaft

Die religiös-weltanschauliche Richtung der Theosophie unterscheidet sich deutlich von der Theologie. Während die Theologie Gott und die in der Heiligen Schrift niedergelegte Offenbarung in verstandesmäßigem Denken annimmt, wählt die Theosophie einen damit nicht zu vereinbarenden Weg: Sie versucht durch meditative Berührung mit Gott den Weltbau und den Sinn des Weltgeschehens zu erkennen. Dabei bedient sie sich einer angeborenen oder erlernten, natürlichen Schau. Sehr häufig mutet die Sprache der Theosophen mystisch an und ist reich an Bildern, in die das Abstrakte gekleidet wird.

Die Theosophische Gesellschaft entstand 1875 in New York. Eine Zweigstelle wurde 1897 in Deutschland gegründet. In der Lehre der Theosophischen Gesellschaft finden sich nur wenig christliche Elemente. Charakteristisch dagegen ist das Aufgreifen buddhistischer und hinduistischer Motive. Grundlegendes Prinzip der Theosophischen Gesellschaft ist die Schau. Sie wird in Form göttlicher Selbsterkenntnis den Eingeweihten gewährt. Die Theosophische Gesellschaft begreift Gott und die Welt als identisch. In drei Phasen geschieht die Entfaltung des Absoluten: Sein, Nicht-Sein, Bewußtsein des Seins. Dieses Prinzip bildet nach Auffassung der Theosophischen Gesellschaft die Grundlage des gesamten Weltalls, der Geschichte und des Menschen. Er wird in immer neuen Verkörperungen wiedergeboren. Der Mensch kann zur Erlösung gelangen, wenn die in ihm verborgenen Kräfte geweckt werden. Die Theosophische Gesellschaft propagiert die »Selbsterkenntnis der Wahrheit«. Bereits 1919 wurde verfügt, daß die Lehre der Theosophischen Gesellschaft unvereinbar mit dem katholischen Glauben ist. Wie bei den Theosophen häufig üblich, spiegelt auch die Theosophische Gesellschaft die Reaktion auf große Erschütterungen und Nöte der Menschen wider. Der grundlegende Text von Hermann Rudolph mit dem Titel »Das Leben nach dem Tode«, der mit der Unterzeile (»Der leidenden Menschheit gewidmet«) auf seine Absichten hindeutet, beginnt denn auch mit dem Hinweis auf die »Not, die der Krieg über die Menschheit bringt«. Damit nahm Rudolph Bezug auf den Ersten Weltkrieg.

In Rudolphs Werk werden die theosophischen Prinzipien, aus denen sich die Unvereinbarkeit mit dem katholischen Glauben ergibt, sehr deutlich. Die theosophische Lehre gründet sich laut Rudolph »auf keine andere Autorität, als allein auf die eigene Erkenntnis und Vernunft. Was nicht der Vernunft entspricht, ist auch nicht theosophisch, denn die Theosophie oder Gotteserkenntnis ist die höchste Vernunft, und diese liegt jedem Menschen zugrunde; nur der Grad, in dem sie sich in jedem offenbart, ist verschieden.« Bei der theosophischen Lehre vom Leben nach dem Tode zeigt sich eine starke Anlehnung an den östlichen Reinkarnationsglauben: Nach dem Ablegen des Körpers komme die menschliche Seele nach einiger Zeit des Friedens, die sie im Jenseits verbringe, wieder zurück auf die Erde. Rudolph bemüht auch den Okkultismus, um diese Auffassung zu »beweisen«.

Zum näheren Verständnis der Gedanken über das Jenseits ist es nötig, erst einmal das Menschenbild der Theosophischen Gesellschaft, wie es von Rudolph beschrieben wird, zu betrachten. Daraus leitet Rudolph dann die Sichtweise des Todes als einem »Wechsel des Bewußtseins« ab.

In seiner weiteren Untersuchung teilt er dann die Erde in vier verschiedene Hüllen, die wie die Schalen einer Zwiebel jeweils von der nächsten Hülle umschlossen werden. Mit der Geburt tritt der Mensch von der höheren in die niedere Hülle oder Welt. Der irdische Tod wiederum bildet die Rückkehr in die höhere Welt. Je nachdem, in welcher Sphäre oder Welt sich die Seele befindet, nehme sie ein anderes Kleid, einen bestimmten Körper, an.

Der Tod – ein Wechsel des Bewußtseins

Es ist offenbar, daß der Mensch nicht der irdische Körper sein kann, denn dieser besitzt keine Dauer und deshalb keine Wirklichkeit, da er sich jeden Augenblick, mit jedem Ein- und Ausatmen, verändert, während im Menschen ein Etwas ist, das alle Veränderungen von Jugend auf beobachtet, im Gedächtnis behält und überdauert, das also über allen irdischen wie seelischen Veränderungen steht und von diesen in seinem Dasein unabhängig ist.

Der Körper gleicht den Wellen des Meeres, die auch nur Bewegungen des Wassers, des ihnen zugrunde liegenden Stoffes (Substanz), und deshalb nichts Wirkliches, sondern nur Erscheinungen sind.

Auch der Körper des Menschen ist nur der Ausdruck und die Fähigkeit von etwas, das ihm zugrunde liegt, das wir die Seele oder die Denkkraft, das denkende und organisierende Prinzip nennen.

Es ist durchaus unrichtig, wenn in den Lehrbüchern gesagt wird, daß der Mensch eine Seele habe, denn der Mensch ist eine Seele. Dieses Wort bezeichnet den Träger einer Kraft, deshalb sind auch die Tiere und selbst die Pflanzen Seelen, nur auf einer niederen Stufe der Entwicklung.

In Wahrheit gibt es nur Eine, das ganze Weltall umfassende und durchdringende Kraft, die wir die Weltseele oder die geistige Seele (Buddhi) nennen, die jedem Wesen zugrunde liegt und auf den sieben Stufen des Daseins in immer höherem Grade sich offenbart.

Die menschliche Seele ist, wie der Name Mensch (skr. man = denken) sagt, die denkende Seele in der Natur und von den niederen Kräften in ihrem Dasein unabhängig, jedoch ist die Offenbarung der seelischen Kräfte von den Ausdrucksformen auf den niederen Stufen des Daseins bedingt, gerade so, wie ein Künstler in der Offenbarung seines Könnens von seinem Instrumente abhängig ist.

Der irdische Körper ist nur das Werkzeug der Seele, das diese mit Hilfe der irdischen Eltern sich selbst schafft und erhält, um auf Erden im Verkehr mit anderen Seelen Erfahrungen zu machen und die Fähigkeit zu erlangen, einst eine leitende Stellung in der Natur einzunehmen als ein Diener und Werkzeug des göttlichen (kosmischen) Willens.

Es ist offenbar, daß das Höhere und Allgemeine nicht vernichtet wird, wenn das Niedere und Beschränkte vergeht, durch das sich jenes zeitweilig offenbart.

Der irdische Körper ist der Stock, auf den der Mensch sich in seinem irdischen Leben stützt und den er wegwirft, wenn er ohne diesen gehen gelernt hat.

Der irdische Körper ist das Haus, das der Mensch bewohnt, solange es hierzu tauglich ist.

Er ist das Kreuz, an das der Mensch gebunden ist, solange er auf Erden lebt, ... denn der Körper hat mit ausgebreiteten Armen die Gestalt eines Kreuzes.

Er ist das Gefängnis, in dem der Mensch als Gefangener lebt und viele Leiden erduldt.

Der Tod ist ein Wechsel des Bewußtseins und ein Übergang in die jenseitigen Welten.

Leben ist Bewußtsein; Bewußtlosigkeit wäre Vernichtung. Das Bewußtsein ist eine Seite (Aspekt) der Einen, alles umfassenden Kraft, darum gibt es in Wahrheit nur Ein Bewußtsein, das aber auf den verschiedenen Stufen des Daseins in verschiedenem Grade sich offenbart. Jedes Geschöpf ist eine Offenbarungsform des Einen Bewußtseins oder Geistes (Gottes).

Wenn wir einen Saal verlassen, indem wir durch die Tür schreiten und den Vorsaal betreten, so haben wir nicht unser Bewußtsein verloren, sondern nur mit dem Überschreiten der Türschwelle den Raum oder die Form des Bewußtseins gewechselt. Wir sind dadurch für die Menschen und Vorgänge im Saale »gestorben«, schauen dagegen die Vorgänge, die auf dem Vorsaale geschehen.

Ähnlich ist es, wenn der Mensch einschläft oder stirbt.

Beim Einschlafen verliert der Mensch das Tagesbewußtsein, weil die Seele (und mit ihr das Bewußtsein) den irdischen Körper verläßt, indem sie in die jenseitige Welt übergeht, die von der irdischen durch die sogenannte »Untere Bewußtseinsschwelle« getrennt ist. Dadurch »stirbt« der Mensch für die irdische Welt, erwacht aber in der jenseitigen. Während des Schlafes bleibt die Seele durch ein magnetisches Band mit dem irdischen Körper verbunden; zerreißt dieses, so kann die Seele nicht wieder in den Körper zurück, und der Tod tritt ein.

Der Tod ist nur ein Wechsel des Bewußtseins und der Übergang in die jenseitige Welt.

Um dies zu verstehen, müssen wir uns klarmachen, daß unser Planet vier verschiedene Hüllen, Sphären oder Ebenen besitzt, die mit vier ineinander geschobenen Schachteln verglichen werden können. Die kleinste und innerste Schachtel ist die irdische Sphäre, die zweite die Wunsch- oder Astralwelt, die dritte die ideale oder Gedankenwelt und die vierte die Ursachen- oder Kausalwelt, in welcher die Ursachen (Typen) aller irdischen Dinge sich befinden. Diese vierte Zone ist die höchste, größte und reinste Sphäre unseres Planeten.

Die höheren Welten durchdringen die niederen, wie Wasser, Luft und Licht einander durchdringen, ohne einander zu stören, wie ja auch die Töne der verschiedenen Oktaven eines Klaviers, wenn wir sie anschlagen, denselben Raum erfüllen und doch einander nicht hindern.

Die Mittelwelt, das Reich der Wünsche, reicht bis zur mittleren Entfernung von Erde und Mond, wo sie sich mit der Astralzone des Mondes berührt, die höheren Welten dagegen ragen weit darüber hinaus.

Außer diesen vier planetarischen Ebenen gibt es noch höhere, die unserem Sonnensystem und dem Weltall angehören, jedoch für unsere Betrachtung nicht in Frage kommen. Denn der Mensch ist auf der jetzigen Entwicklungsstufe im allgemeinen lediglich noch ein Kind der Erde. Aber in Wirklichkeit gehört der Mensch allen diesen Schwingungszuständen der Einen, kosmischen Kraft an und findet daher alle Welten auch in sich, wenn er sich in seine innere Natur versenkt, was der Mystiker tut (von myo = verschließen), indem er seine Sinne allen Eindrücken von außen verschließt. Diese innere Erfahrung ist der einzige Beweis für die Richtigkeit der theosophischen Lehre, der erlangt werden kann.

Der Mensch hat seinen Mittelpunkt in der höchsten Welt (Atma-Buddhi), er selbst ist ein von diesem ausgehender Strahl. Bei der Geburt senkt sich dieser Strahl, von den Neigungen geleitet, in die niederen Welten, und beim Tode zieht er sich in sich selbst, ins Zentrum, zurück. Die Geburt in die irdische Welt ist daher der Verlust oder Tod des himmlischen Bewußtseins und der irdische Tod die Rückkehr in die höheren Welten.

Der Tod ist ferner ein Wechsel des Kleides oder Körpers.

Wenn der Strahl, die Seele, sich aus der Ursachenwelt in die niederen Welten hinabsenkt, so schafft er sich in jeder Sphäre einen Körper als Kleid und Werkzeug aus dem Stoff der betreffenden Welt, um in dieser wirken zu können.

Wie wir uns auf dem Lande des Wagens, im Wasser des Schiffes und in der Luft des Flugzeugs bedienen, um uns in jedem dieser verschiedenen Gebiete bewegen zu können, so besitzt die Seele in der irdischen Welt den irdischen Körper, in der Astralwelt den Wunschleib, in der idealen Welt den Gedankenkörper und in der Ursachenwelt den Tugend- oder Kausalkörper, so genannt, weil in ihm die Ursachen (Neigungen) liegen, die zur Verkörperung in der irdischen Welt den Antrieb geben. Vermittelst dieser Körper steht der Mensch mit den entsprechenden, vorher erwähnten Ebenen des Planeten in Wechselbeziehung.

Der Eingeweihte Apostel Paulus schreibt: »Es wird gesät ein natürlicher Leib und wird auferstehen ein geistiger Leib.«

Wenn der Mensch stirbt und den irdischen Körper verläßt, so formt sich aus dem Stoffe der Wunschwelt gemäß den Wünschen, Leidenschaften und Begierden der Wunschleib, an den die Seele gefesselt ist, wie sie auf Erden an ihren irdischen Körper gebunden war. Verläßt sie dann nach Jahren der Läuterung auch die Astralwelt, so legt sie den Astralkörper ab und erhebt sich in die selbstlose Welt der Ideale, wo sie zunächst in den Gedankenkörper gekleidet ist. In der Ursachenwelt trägt sie das leuchtende, aus der Substanz der Tugenden gewebte Kleid.

Je höher die Welt, desto feiner und leuchtender ist ihre Substanz und deshalb auch das Kleid, das die Seele in dieser Welt trägt.

Während die niederen Hüllen nach dem Tode sich nacheinander allmählich auflösen, aber bei jeder Verkörperung sich wieder neu bilden, bleibt der Tugendleib während des ganzen Planetenlebens bestehen, das nach den Mitteilungen der uralten arischen Geheimlehre ein Kalpa, das sind 4320 Millionen Jahre, dauern soll.

Der Ursachenleib gleicht der Perlenschnur eines Rosenkranzes: Wie an die Schnur die Perlen, so reihen sich an die Fadenseele (Buddhi-Manas) die vielen Verkörperungen oder Persönlichkeiten.

Wie der Mensch, wenn er schlafen geht, der Reihe nach seine Kleider ablegt, zuerst das äußere und grobe, dann das Unterkleid, so geschieht es ähnlich, wenn der Mensch stirbt, mit seinen feinstofflichen Hüllen, den Kleidern der Seele. Der Mensch (das »Ich«) macht also nicht nur einen, sondern einen mehrfachen Tod durch.

Die Kenntnis der Welten und der Hüllen der Seele eröffnet uns das Verständnis für die verschiedenen Zustände, die der Mensch nach dem Tode durchlebt.

Der Tote im Jenseits

Ausgehend von den verschiedenen Welten, in der die Seele jeweils unterschiedliche Körper annimmt, beschreibt Rudolph anschließend die Zustände, die der Mensch nach dem Tode im Jenseits durchlebt. Beim Tod selbst verliert der Mensch zwar kurz das Bewußtsein, wacht dann aber in der nächsthöheren Sphäre oder Ebene, die Rudolph die Astralebene nennt, auf. Von ihr gibt der Autor ein detailliertes Abbild.

Die Menschen beklagen den Tod, weil sie meinen, daß er sie von ihren Lieben trenne, obwohl die Kirche die Sterbenden und die Zurückbleibenden mit dem Wiedersehen tröstet, an das jedoch heutzutage nur wenige glauben, weil sie sich davon verkehrte Vorstellungen machen. Doch haben weder die Sterbenden noch die Zurückbleibenden irgendeinen Grund zur Klage.

Wir müssen hierbei dreierlei beachten:

a) Jeder Mensch trägt die irdische Welt, soweit er sie mit seinen Sinnen wahrgenommen hat, in seinem sogenannten Unterbewußtsein als Vorstellung in sich, denn jede Vorstellung ist eine Kraftform und kann nicht sogleich wieder verschwinden, sondern sinkt nur unter die Schwelle des Bewußtseins, wenn sie nicht mehr festgehalten wird, und verharrt dort bis zu ihrer Auflösung, die nur allmählich sich vollzieht und um so länger dauert, je größer die Kraft der Vorstellung ist.

Diejenigen Vorstellungen, die der Mensch mit seinem Willen, seiner Zu- oder Abneigung, mit Liebe oder Haß durchdringt, werden zu belebten Wesen, zu Gedankenwesen oder sogenannten »Geistern«, die in seinem Unterbewußtsein (Astral- oder Devachanbewußtsein) ein selbständiges, vom Willen ihres Schöpfers unabhängiges Dasein führen und nur von Zeit zu Zeit über die Schwelle des Bewußtseins sich erheben, um von ihm einen neuen Lebensantrieb zu empfangen.

Es ist klar, daß diese »Geister« des Menschen hierdurch ein langes Leben erhalten und selbst nach dem Tode des Menschen noch lange, oft Jahrhunderte und sogar Jahrtausende weiterleben, wie dies z. B. bei den durch religiöse Vorstellungen geschaffenen »Göttern« der Menschen der Fall ist, die von den Gläubigen täglich von neuem genährt werden.

Auf Grund dieser seelischen (psychologischen) Tatsache trägt jeder Mensch alles, was er auf Erden liebte oder haßte, als Bild in seinem Unterbewußtsein.

Der Tod erfolgt in der gesamten Natur vollkommen schmerzlos; nicht der Tod, sondern die Krankheit ist die Ursache der Leiden.

Der Sterbende verliert sein Bewußtsein nur auf eine kurze Zeit, danach erwacht er auf der nächsten Ebene unseres Planeten, der sogenannten Mittel- oder Zwischenwelt, auch Astralebene genannt. Diese ist das vollkommene Gegenstück der irdischen Welt, da jeder irdische Gegenstand sein astrales Doppelbild besitzt. Viele Verstorbene, die sich vom Leben nach dem Tode eine verkehrte Vorstellung gemacht hatten, wissen daher längere Zeit nicht, daß sie gestorben sind, so ähnlich ist die Astralwelt der irdischen.

Wie die irdische Welt aus verschiedenen Dichtigkeitszuständen besteht: aus dem Festen, Flüssigen, Gasförmigen und Ätherischen, so auch die inneren Welten.

Jeder Mensch erwacht nach dem Tode auf derjenigen Ebene, die seiner Entwicklungsstufe entspricht. Ein Heiliger z. B. hat keine Beziehung zur Astralwelt, der Welt der Begierden, da er seine Seele schon während seines Erdenlebens von allen Wünschen gereinigt hat, er erwacht nach dem Tode sofort in der selbstlosen Region der Ideal- oder Himmelswelt.

Der Verstorbene schaut zunächst seine eigenen, von ihm selbst während des Erdenlebens geschaffenen Gedankenwesen. Vom Standpunkt des irdischen Bewußtseins aus betrachtet, nennen wir diese eigene (subjektive) Welt die Welt der Träume, doch sind die Gedankenwesen für den Beschauer ebenso wirklich (real) wie die irdischen Erscheinungen für uns, ja in gewissem Sinne viel wirklicher als diese, weil sie dasjenige sind, als was sie erscheinen, was auf Erden bei vielen Menschen nicht der Fall ist.

Auf Grund dieses Gesetzes, das alle seelischen Erscheinungen beherrscht, ist daher der Mensch nach dem Tode sowohl in der Astral- wie in der Himmelswelt von allem umgeben, da er auf Erden liebte. Er hat den Gatten, seine Kinder und seine Freunde um sich und verkehrt mit ihnen, wie es während des Erdenlebens der Fall war.

b) Die Verstorbenen verkehren jedoch auch unmittelbar mit den Lebenden, wenn diese sich im Schlafe befinden. Die Seele hat keinen Schlaf nötig, sie tritt beim Einschlafen aus dem Körper und wird nach dem Gesetz der Verwandtschaft zu denen, die sie liebt, hingezogen. Während der Nacht verkehren die Toten mit den Lebenden. In Wahrheit sind die Toten viel lebendiger als die Lebenden.

Während des Tages hat der Astralkörper der Lebenden nur ein schwaches, traumhaftes Bewußtsein, so daß die Lebenden dem Toten als schlafend erscheinen, doch kann der Verstorbene im Astralkörper des Lebenden alle Veränderungen und Zustände des Gemütes erkennen, so daß die Toten wissen, ob die Lebenden freudig oder traurig sind. Dies ist von großer Bedeutung.

c) Noch ein Drittes ist zu beachten:
Der Stoff der Astralwelt und noch mehr der Stoff der höheren Welten ist außerordentlich fein und plastisch, viel feiner als der irdische Äther, so daß jeder Gedanke, jede Empfindung auf den Astralstoff gestaltend wirkt; deshalb nimmt jeder Gedanke sofort Gestalt an und wird sichtbar. So schafft der Verstorbene durch die Kraft seiner Vorstellung seine Umgebung sich selbst, so daß es ihm an nichts fehlt; er ist von allem umgeben, was er sich wünscht und liebt.

Die notwendigen Folgerungen aus dem, was wir bereits mitteilten, stimmen mit den weiteren Ergebnissen der geistigen Forschung logisch überein.

Freude im Jenseits

Bezeichnend für die Lehre der Theosophischen Gesellschaft ist auch ein weiteres Merkmal: Es wird energisch bestritten, daß es nach dem Tode eine Hölle gebe. Die Weltanschauung kennt keine ewige Verdammnis. Weder Lohn noch Strafe, sondern Wonne und Seligkeit bestimme das Leben im Jenseits. Rudolph kanzelt alle anderen Auffassungen als unzutreffend ab. Immer wieder zeigen sich in seinen Darstellungen Verbindungen zum Okkultismus. So gibt es seiner Meinung nach tatsächlich Vampirismus.

Die Lehre, daß der Mensch nach seinem Tode für die auf Erden getanen Sünden ewig in einer Hölle oder zeitweilig in einem Fegefeuer leiden müsse, ist für die Menschheit von den schlimmsten Folgen gewesen. Die Furcht vor dem Tode hat nicht nur das Sterben, das an sich schmerzlos ist, zu einem Gespenst der christlichen Welt, sondern auch das Leben nach dem Tode für viele zu einem leidvollen gemacht.

Die Furcht erzeugt in der Seele Schreckgespenster, vor denen der Verstorbene, wenn er sie im Jenseits schaut, angstvoll flieht, da er nicht weiß, daß er dieselben selbst geschaffen hat, und sie verfolgen ihn so lange, bis er nach einer bestimmten Zeit sich in seinem Bewußtsein auf eine höhere Ebene erhebt, wohin die Gespenster ihm nicht folgen können.

So haben die Christen sich selbst eine furchtbare Hölle geschaffen und das Sterben mit einem Fluche beladen. Die Kirche des Mittelalters gebrauchte in ihrem Wahne die Furcht als Mittel zur Erziehung der unwissenden Menge.

Es gibt, so sagt die arische Geheimlehre, im ganzen Weltall keine andere Hölle als die, welche die Menschen sich täglich selbst schaffen: das Leben auf Erden. Man denke an die Gefängnisse, Krankenhäuser, Irrenhäuser, Schlachtfelder und die vielen Tränen, die täglich in fast jedem Hause auf Erden geweint werden.

Noch verwerflicher als die Lehre von der jenseitigen Hölle ist die andere von der Vorherbestimmung (Prädestination), nach welcher jeder Mensch von Gott seit Anbeginn der Welt entweder zur ewigen Seligkeit oder zur ewigen Verdammnis bestimmt ist. Es ist ein Glück, daß heutzutage nur noch wenige ganz Unwissende an diese furchtbare Lehre des Mittelalters glauben, die zur Wirklichkeit, dem Gesetz der Entwicklung und der Gerechtigkeit, durchaus in Widerspruch steht. Allerdings liegt auch ihr, wie allen christlichen Dogmen, eine gewisse Wahrheit zugrunde, die aber vollkommen mißverstanden wurde.

Gewiß ist das Ziel der Entwicklung vorher bestimmt, weil die Entwicklung gesetzmäßig verläuft, aber das Ziel ist nicht die Verdammnis, sondern die Seligkeit.

Wohl kann sich der Mensch selbst verdammen, indem er durch seine Selbstsucht einen »Damm« aufrichtet, der ihn außerhalb der allgemeinen Entwicklung stellt und ihn in der Entwicklung zurückhalten, aber nicht völlig vernichten kann.

Der wahre Mensch, die Individualität, das Ego oder der Engel im Menschen, kann nicht vernichtet werden, da er ein Strahl des unvergänglichen, göttlichen Lichtes und daher von Natur gut ist. Was unter gewissen Bedingungen vernichtet werden kann, ist der niedere Mensch, die menschliche Persönlichkeit, die das Erzeugnis des Selbstwahnes und der Selbstsucht des Menschen ist.

In Wahrheit gibt es nur eine Sünde: den Wahn, nach dem der Mensch sich für seine vergängliche, beschränkte Persönlichkeit hält und deshalb von Gott und der Welt sich trennt. (Das Wort »Sünde« stammt von »absondern«.)

Die religiösen Sekten legen die Folgen des irdischen Lebens, der Schuld und des Verdienstes, in das Leben nach dem Tode und betrachten dasselbe unter dem Gesichtspunkt der Belohnung und Bestrafung. Es gibt jedoch im Weltall keinen äußeren Richter, wenn man nicht die Werkzeuge und Diener der göttlichen Gerechtigkeit (Karma) als solche bezeichnen will, doch sind auch diese nur die Vollstrecker der Gerechtigkeit, nicht die Richter.

In Wahrheit richtet jeder Mensch sich selbst durch seine Gedanken und Taten.

Der Landmann, welcher Unkraut sät, empfängt, indem er Unkraut erntet, nur die Folgen seiner Handlungen. Gewiß kann man die guten und schlechten Folgen einer Tat unter dem Gesichtspunkt von Lohn und Strafe betrachten, dann aber ist es richtig zu sagen, daß der Mensch sich selbst bestraft und belohnt.

Nicht die Wellen sind schuld, daß der Mensch ertrinkt, sondern dieser selbst, weil er sich ins Wasser stürzt. Nicht die Rose sticht den Menschen, sondern dieser sticht sich selbst, indem er die Rose unvorsichtig angreift.

Dieses Gesetz der Gerechtigkeit gilt im ganzen Weltall.

Es ist logisch nicht richtig, wenn man das Leben nach dem Tode als eine Folge des irdischen Lebens, von Verdienst und Schuld, also als Lohn und Strafe betrachtet, denn der Verstorbene empfängt nichts Neues, sondern geht nur in sein eigenes Vorstellungsleben ein. Wer daher auf Erden niemals im Himmel war, der kommt auch nach dem Tode nicht hinein.

Die Unterwelt wird in den mystischen Schriften, z. B. in Dantes »Göttlicher Komödie« u. a. eingehend beschrieben und als dunkel, kalt und ähnlich geschildert. Doch sei hier erwähnt, daß die Zustände nach dem Tode für jeden Verstorbenen andere sind, so daß es nicht zwei gibt, die genau dasselbe erleben und in einem völlig gleichen Zustande sich befinden. Wer sich für dieses dunkle Gebiet interessiert, der lese die Literatur, worin jene Zustände beschrieben sind.

In die Unterwelt gehen außerdem alle, die eines plötzlichen und gewaltsamen Todes gestorben sind, insbesondere Selbstmörder, weil in ihnen die Lebenskraft und der Lebenswille noch nicht erloschen sind. Sie verweilen in dieser Sphäre so lange, als sie noch auf Erden gelebt hätten. Sie sind nach dem Tode vollkommen der irdische Mensch, nur ohne den irdischen Körper. Doch sind die Zustände, in welche die Selbstmörder und Hingerichteten eingehen, keineswegs einander gleich, bestimmend ist die Gesinnung, in der sie aus dem Leben scheiden. Wer sich das Leben nimmt, um einer irdischen Strafe zu entgehen, wird in der Gesellschaft von Gleichgesinnten erwachen und finden, daß er sich getäuscht hat.

Jedoch sei erwähnt, daß alle, welche die theosophische Lehre vom Tode studiert haben und ihre Umgebung verstehen, derselben nach ihrem Tode nicht mehr machtlos gegenüberstehen, sondern sie beherrschen und sich vor Leiden bewahren können.

Die Ergebnisse der geistigen Erforschung des Jenseits und der Menschennatur lassen uns erkennen, daß die Hinrichtung von Verbrechern eine nutzlose Grausamkeit ist, durch welche weder dem Hingerichteten noch der menschlichen Gesellschaft genützt wird, weil der Tod dem Verbrecher nur das irdische Werkzeug aus den Händen reißt, ihm dagegen die Macht gibt, nach seinem Tode empfängliche und schwache Seelen in weitestem Maße zu beeinflussen und an der menschlichen Gesellschaft sich zu rächen, falls er im Haß starb. In China soll es vorkommen, daß Personen, die sich an ihrem Feinde rächen wollen, sich das Leben nehmen, weil sie ihre Absicht nach dem Tode besser ausführen können. Die weise Staatsordnung der Zukunft wird die Todesstrafe abschaffen, dagegen den Verbrecher einer Erziehungsanstalt überweisen, in der er über den Zweck des Daseins in umfassender und liebevoller Weise aufgeklärt wird. Jedes Verbrechen entspringt der Unwissenheit, und daran ist die menschliche Gesellschaft sowie jeder einzelne Mensch mitschuldig.

Das Leben nach dem Tod

Wir wollen in folgendem eine kurze Beschreibung des Lebens nach dem Tode geben, wie die geistige Forschung dasselbe festgestellt hat.

»Wenn der Verstorbene auf der Astralebene erwacht, so sieht er zunächst noch die Möbel und Wände seines Zimmers, in dem er starb, doch erblickt er sie nicht in ihrem irdischen Stoffe, sondern in ihrer Astralform. Er sieht auch seinen Leichnam und die Verwandten, doch kann er sich mit den letzteren nicht verständigen, da sie ihn nicht sehen und verstehen. Manchmal spricht er zu ihnen, doch sind sie für ihn taub; er versucht sie anzufassen und macht die Wahrnehmung, daß dies auf sie ohne Eindruck bleibt. Anfangs glaubt er, daß er träume, allmählich entdeckt er, daß er gestorben ist und dabei doch derselbe ist, der er vor dem Tode war. Es fällt ihm auf, daß für ihn aller Schmerz und alle Ermüdung geschwunden sind. Er merkt, daß er sich jetzt frei bewegen und mit der größten Schnelligkeit dahin begeben kann, wohin er will. Seine Gedanken tragen ihn überall hin. Er kann zu seinem Vergnügen die schönsten Gegenden der Erde besuchen. Er kann, wenn er es liebt, die Meisterwerke der Kunst betrachten und den schönsten Konzerten lauschen. Er hat jetzt die vollste Freiheit, seinen Liebhabereien sich hinzugeben, zu deren Befriedigung ein irdischer Körper nicht nötig ist. Wohnung, Nahrung und Geldverdienen sind nicht mehr nötig. Der Tote bedarf keines Schutzes gegen Frost und Hitze, da er darunter nicht mehr zu leiden hat. Hier kleidet sich der Mensch durch die bloße Ausübung seiner Gedankentätigkeit genau so, wie er es wünscht. Will er die Wissenschaften studieren, so kann er alle großen Gelehrten der Welt besuchen und von ihnen so viel lernen, als er aufzunehmen vermag. Will er seinen Mitmenschen helfen, so kann er dies im weitesten Maße tun. Hunger, Kälte und Krankheiten existieren zwar in der Astralwelt nicht, aber es gibt viele, die unwissend sind und Aufklärung nötig haben, da sie von irdischen Wünschen erfüllt sind und nicht höher steigen können. Viele wissen nicht, daß sie gestorben sind, andere leiden unter ihren verkehrten Vorstellungen.

Unglücklich sind nur diejenigen, deren Wünsche niedrig und roh sind, da sie diese nicht befriedigen können. Ein Trinker wird an nicht zu löschendem Durst leiden, der Schlemmer die Freuden der Tafel schmerzlich vermissen und der Geizige nicht mehr im Golde wühlen können. Der Neidische wird von Neid zerrissen und der Eifersüchtige von Eifersucht geplagt. Diese leidvollen Zustände dauern so lange, bis ihre Kraft erschöpft ist. Dies trifft jene Verstorbenen, die keine Kenntnis der inneren Welt besitzen.«

Personen, die, noch im irdischen Leben, zum ersten Male mit vollem Bewußtsein den Körper verließen, haben uns die Gefühle beschrieben, die sie dabei empfanden. Sie schreiben übereinstimmend: »Wie wunderbar leicht und stark fühlte ich mich! Alle Schwäche war gewichen, und an ihre Stelle trat ein herrliches Gefühl der Gesundheit, Stärke und Macht, das ich nie vorher gehabt hatte. Das Leben durchströmte meine Adern wie ein elektrischer Strom. Jeder Teil meines Körpers glühte in neuer Kraft und in einem

Gefühl unbeschreiblicher Freiheit. Zum ersten Male wußte ich, was es heißt zu leben.« Ein anderer berichtet, daß er zu seiner großen Überraschung durch die Wände ging, denn Mauern, Wasser und Feuer sind in der Astralwelt keine Hindernisse.*

Mancher wird, wenn er solches liest, ungläubig den Kopf schütteln, obwohl er, wie er behauptet, an das Neue Testament glaubt. Hier wird erzählt, daß Jesus plötzlich unter seinen Jüngern erschien, als diese bei verschlossenen Türen versammelt waren. Ähnliche Vorgänge beschreibt der englische Schriftsteller Bulwer in seinem bekannten Roman »Zanoni«. Auch den Freimaurern waren früher die Gesetze der inneren Welten bekannt, denn sie haben die Wasser- und Feuerprobe in ihrem Ritual.

Nur die theosophische Lehre von den verschiedenen Schwingungszuständen dessen, was wir »Materie« nennen, kann solche Vorgänge zureichend erklären.

Nach der theosophischen Lehre entwickeln sich im Jenseits nur diejenigen Menschen, die aus dem Grabe ihrer Vorstellungswelt auferstanden sind und die Stufe der Adeptschaft erreicht haben. Für den Durchschnittsmenschen ist das Feld seiner Betätigung und Entwicklung die irdische Sphäre unseres Planeten. Wo der Mensch die Ursachen säte, dort muß er auch die Wirkungen ernten. Das Erdenleben ist das Land sowohl der Aussaat wie auch der Ernte. Das Leben nach dem Tode führt keinen Ausgleich herbei, sondern ist nur ein Ausschwingen der im Erdendasein ins Leben gerufenen Kräfte.

Die Entwicklung, d. i. das Sichbewußtwerden des eigenen göttlichen Wesens, ist für den gewöhnlichen Menschen nur im Kampfe mit seiner äußeren Umgebung und den damit notwendig verbundenen Enttäuschungen möglich, und diesen findet der Verstorbene im Jenseits nicht. Die Entwicklung ist die Herauswicklung oder Offenbarung der im Menschen schlummernden höheren Seelenkräfte und kann deshalb nur unter dem Einfluß der Wahlfreiheit und Vernunft geschehen, nicht aber im Traumleben des Jenseits.

Nach dem Tode kann der Mensch keine neuen Ursachen legen, also keine neue Lebens- und Betätigungsrichtung einschlagen, daher kann er auch im Jenseits seinen Charakter nicht ändern, wohl aber empfängt er einen starken Antrieb zum Guten, da er in seiner himmlischen Periode alle seine idealen Neigungen lange Zeit mit Erfolg betätigt, so daß die Neigungen zu Fähigkeiten sich entwickeln.

Ohne ein Leben im Himmel würde die Mehrzahl der Menschen überhaupt keinen sittlichen Fortschritt machen.

Im Himmel betätigt sich der Mensch in der Richtung seiner Ideale. Durch die fortgesetzte Übung während dieser langen Zeit verstärkt er seine Ideale und kehrt in sein nächstes Erdenleben mit diesen Fähigkeiten begabt zurück. Alle Gedanken kräftigen sich durch Wiederholung, und wer tausend Jahre in der Übung selbstloser Liebe zugebracht hat, wird zu Ende seines himmlischen Lebens stark zu lieben fähig sein.

* W. Leadbeater, Das Leben im Jenseits.

Im Himmel gibt es für den Verstorbenen noch andere Möglichkeiten des geistigen Wachstums, die hier aber nicht erwähnt werden können.

Mit der Beschreibung der Wiedergeburt zu einem neuen Erdenleben und des Zwecks dieser Reinkarnation beschließt Rudolph seine Darstellung vom Leben nach dem Tode. In zehn Thesen bringt er noch einmal eine kurze Zusammenfassung der theosophischen Lehre über das Jenseits. Daraus abgeleitet präsentiert er eine »siebenfache Mahnung«. Ans Ende seines Werkes stellt dann Rudolph fernöstliche Weisheit, die wieder die engen Bezüge zu den buddhistischen und hinduistischen Traditionen erkennen läßt.

Wir wiederholen zum Schluß noch einmal, was die geistige Forschung verkündet als Ergebnis ihres Forschens und in Übereinstimmung mit der uralten Geheimlehre der Menschheit:

1. Der Tod ist nicht das Ende und die Vernichtung der menschlichen Seele, sondern ein Wechsel des Bewußtseins und der Hüllen und der Übergang in die jenseitigen Welten.
2. Der Tod ist keine Trennung von denen, die wir lieben.
3. Nach dem Tode gibt es (mit wenig Ausnahmen) keine Leiden! keine Hölle! keine ewige Verdammnis! weder Lohn noch Strafe, sondern Freude und Wonne.
4. Nach dem Tode gibt es keine Entwicklung und Veränderung des Charakters, wohl aber eine Verarbeitung und Befestigung der auf Erden gemachten Erfahrungen.
5. Der irdische Tod ist kein Sprung in die Vollkommenheit und keine endgültige Erlösung vom Dasein.
6. Das Leben nach dem Tode ist das allmähliche Zurückziehen der Seele in ihre eigene Welt der Ideale.
7. Das Leben nach dem Tode ist ein Ausruhen der Seele und ein Auswirken der auf Erden betätigten Kräfte.
8. Wir sollen die Toten nicht auf die Erde zurückrufen, sondern uns zu ihnen erheben.
9. Das Leben nach dem Tode ist die Vorbereitung auf ein neues Erdenleben.
10. Das Leben auf Erden ist der allmähliche Aufstieg des Menschen zur Vollkommenheit des Christus, welche durch die Erweiterung des Bewußtseins infolge Betätigung der selbstlosen Liebe erlangt wird.

Es wäre nun noch nötig, kurz die Folgerungen darzulegen, die sich für uns aus der Kenntnis vom Leben nach dem Tode ergeben.

Die theosophische Lehre vom Tode enthält

eine siebenfache Mahnung:

1. Weine und klage nicht, wenn dein Freund stirbt!
denn dies ist töricht und selbstsüchtig, weil dein Freund in ein besseres und schöneres Leben eingegangen ist, als das Leben auf der Erden war, und weil

du den Freund durch dein Weinen und Klagen in seinem Frieden und seinem Aufstieg in die höhere Welt störst.

2. Segne in Gedanken die Verstorbenen!
   denn deine Gebete erreichen den Verstorbenen und bewirken, daß er sich von seiner niederen Natur rascher befreit und schneller in den Himmel eingehen kann.
3. Habe keine Furcht vor dem Tode!
   denn der Tod ist ein Freund und ein Erlöser des Menschen.
4. Überschätze nicht die Güter der Welt, sondern erfülle selbstlos deine Pflicht!
   Das Erdenleben ist nicht Selbstzweck, sondern die Leiter, die uns hinauf in die Himmelswelt und zum Christuszustande führt.
5. Reinige vor dem Tode deine Seele von den Wünschen und Leidenschaften!
6. Begehe keinen Selbstmord!
   Der Selbstmörder schafft sich Leiden und entgeht nicht den Folgen seiner Handlungen.
7. Lebe im Ewigen!
   Wer in seinem Eigenwillen täglich stirbt, indem er das Gesetz der Notwendigkeit in Liebe erfüllt und bei seinem Tun beständig an Gott denkt, der in jeder Form sich offenbart, der wird von den Toten auferstehen und nicht mehr in die Welt der »Toten« zurückkehren.

Es ist notwendig, daß die Ergebnisse der geistigen Forschung, die hier in kurzen Umrissen vorgetragen wurden, der leidenden Menschheit bekannt werden.
Sie erweitern den geistigen Gesichtskreis der Menschen ins Unendliche;
sie lehren uns, daß ein Erdenleben nur ein Tag im Leben der Seele ist;
sie lassen uns das Erdenleben und die irdischen Güter den idealen Gütern gegenüber als nichtig erscheinen;
sie spornen uns an, die in uns liegenden, noch schlummernden höheren Seelenkräfte zu entwickeln;
sie nehmen der Menschheit die Furcht vor dem Tode und bewahren sie vor vielen Torheiten;
sie geben uns die Kraft, in Erfüllung unserer Pflichten selbst das Leben zu opfern;
sie lösen das Rätsel des Todes und das Geheimnis des Lebens;
sie machen uns stark, die Leiden des Daseins geduldig zu ertragen, und lassen uns freudig sterben;
sie sind ein Trost für die leidende Menschheit.

Wer die Wahrheit erkannt hat, der trauert nicht mehr.

Wir schließen unsere Beschreibung des jenseitigen Lebens mit Worten aus dem heiligen Buche des Ostens, der »Bhagavad Gita«, in welchem der göttliche Lehrer Krischna seinen Schüler, den Menschen, also belehrt:

»Die Weisen trauern nicht um das, was lebt, noch um den Tod. Nie gab es eine Zeit, in der Ich nicht war oder du nicht warst. Und niemals wird die Zeit in Zukunft kommen, wenn nur ein einziger, der wahrhaft lebt, aufhören wird, zu sein . . .

Das, was unsterblich ist im Menschenherzen, wird stets aufs neue in Leibern offenbar. Was wahrhaft ist, bleibt wirklich stets, und was nicht wirklich ist, kann nie in Wahrheit sein.

So wie ein Mensch die abgetragenen Kleider am Abend ablegt und ein neu Gewand am Morgen wählt, so legt des Menschen Geist des Fleisches morsch gewordene Hülle ab und erbt aufs neu ein andres Haus von Fleisch. Das, was geboren wird, muß schließlich sterben, des Sterbens Ende ist die Neugeburt.

Im ew'gen Sein ist jedes Ding unoffenbar enthalten. Anfang und Ende und Veränderung sind nur Träume, die das Zeitliche betreffen.

Formen vergehen, doch der Geist besteht.«

Die mystische Schau des Fegfeuers der Katharina von Genua

Im Leben der 1447 in Genua geborenen Katharina wurde 1474 eine mystische Gotteserfahrung für ihren weiteren Lebensweg bis zum Tod 1510 bestimmend. In dem berühtem »Traktat vom Purgatorium« beschreibt die Mystikerin die Läuterung im Jenseits als Projektion der mystischen Erfahrung. In ihrer Schau sieht sie fast ausnahmslos nur den Zwischenzustand im Fegfeuer, den Ort der Reinigung.

Ihre Schilderung beginnt an dem Punkt, wo die Seele das Gericht Gottes überstanden hat. Für den in der Gnade Gottes Gestorbenen setzt nun der Reinigungszustand ein. »In der ersten Begegnung mit dem göttlichen Richter ist die Seele durch das Licht der ewigen Wahrheit erleuchtet worden«, schreibt der Theologe Ferdinand Holböck in einer Biographie über die Heilige. Die Seele erkenne »einerseits die unendliche Güte Gottes, seine strenge Gerechtigkeit, seine wahrhaft göttliche Reinheit und Heiligkeit, andererseits aber auch die Tatsache, daß sie selbst noch nicht würdig ist, vor dem Angesicht ihres Herrn und Geliebten zu erscheinen.«

Die auf der Erde begangenen Sünden wurden der Seele zwar vergeben, aber sie haben ihr Wunden zugefügt. »Rostflecken« nennt sie die hl. Katharina. »Eine geheimnisvolle Kraft zieht zwar die im Gnadenstand ins Jenseits hinübergegangene Seele zu Gott hin, gleichzeitig aber wird sie durch eine innere Kraft noch von Gott zurückgehalten«, faßt Holböck zusammen. »Aus dieser Verzögerung der Vereinigung der Gott liebenden, im Gnadenstand befindlichen Seele mit dem liebenden, aber sie ganz rein und vollkommen erwartenden Gott, entsteht in der Seele eine Art Feuer, das zwar dem in der Hölle ähnlich und doch von diesem wieder ganz verschieden ist.« Durch dieses Feuer wird die Seele gereinigt und geläutert.

Abhandlung über das Fegfeuer

1. Kapitel

Diese heilige Seele (nämlich Katharina von Genua) befand sich noch im Fleische, als sie in das Fegfeuer der Läuterung feuriger Gottesliebe versetzt wurde. Dieses Feuer versengte in jener Seele alles und läuterte alles, was sich in ihr noch im Zustand, geläutert werden zu können, befand. Es sollte dies dazu geschehen, damit sie sogleich beim Austritt aus diesem irdischen Leben vor das Angesicht dieses süßen Gottes geführt werden könne. Sie begriff mittels dieses Liebesfeuers in ihrer Seele, wie es um die Seelen jener Gläubigen am Ort des Fegfeuers steht, die von jenem »Rost« der Sündenmakel, von dem sie in diesem Erdenleben noch nicht gereinigt worden sind, geläutert werden.

Und so wie sie selbst im Feuer der göttlichen Liebe mit dieser göttlichen Liebe geeint war und mit all dem zufrieden war, was da in ihrer Seele bewirkt wurde, gerade so begriff sie den Zustand der Seelen, die im Fegfeuer sind.

Und sie sagte: Die Seelen, die im Fegfeuer sind, können gar kein anderes Verlangen haben als nur dies, an jenem Ort der Läuterung zu sein; und zwar wegen der Anordnung Gottes, der das in gerechter Weise so verfügt hat.

Diese Seelen können sich nicht mehr auf sich selbst zurückwenden und können nicht sagen: »Ich habe diese und jene Sünde begangen, für die ich es verdiene, hier zu sein«; sie können auch nicht sagen: »Ich möchte, ich hätte diese Sünden nicht begangen, so daß ich jetzt in das Paradies eingehen könnte«; sie können auch nicht sagen: »Jener kommt schneller als ich von hier heraus«; oder: »Ich werde schneller als jener von hier herauskommen«; sie können auch keinerlei Erinnerung, weder im Guten noch im Schlechten, an sich selbst oder an andere haben. Aber sie haben eine ganz große Zufriedenheit über die Anordnung Gottes, in der er all das, was Ihm gefällt und solange es Ihm gefällt, wirkt. Darum können sie nicht mehr an sich selber denken. Sie sehen nur noch die so große Güte und Wirksamkeit Gottes, der dem Menschen so viel Barmherzigkeit erweist, um ihn zu sich zu führen, so daß sie weder Schmerz noch Glück sehen, das ihnen in ihrer Eigentlichkeit zustoßen könnte; wenn sie dies sehen könnten, wären sie nicht in der reinen, lauteren Liebe.

Sie können nicht einmal sehen, daß sie in jenen Fegfeuerleiden wegen ihrer Sünden sind, noch können sie solche Schau in ihrem Geiste festhalten, denn das wäre eine aktive Unvollkommenheit, die an jenem Ort (der Läuterung) nicht mehr bestehen kann, weil man ja dort nicht mehr aktiv sündigen kann.

Die in ihnen vorhandene Ursache für ihr Fegfeuer sehen sie nur ein einziges Mal, nämlich beim Scheiden aus diesem Leben; hernach sehen sie diese nie wieder, weil das eine Eigentümlichkeit in ihnen wäre.

Und da sie in der Liebe sind und sich von dieser nicht mehr durch aktuelle Sündenschuld abwenden können, darum können sie nichts mehr wollen und wünschen als nur das reine Wollen der reinen Liebe; und da sie im Feuer der Läuterung sind, sind sie in der göttlichen Anordnung, die reine Liebe ist, und sie können in keiner Weise mehr von dieser abweichen, weil sie der Fähigkeit beraubt sind, aktiv zu sündigen und Verdienste zu erwerben.

2. Kapitel

Ich glaube nicht, daß es eine Zufriedenheit gibt, die mit jener einer Seele im Fegfeuer verglichen werden kann, außer jener Zufriedenheit, die die Heiligen im Paradies haben. Und jeden Tag wächst diese Zufriedenheit in diesen Seelen durch Gottes entsprechende Einwirkung; diese Zufriedenheit wächst, weil jeden Tag das Hindernis für die entsprechende göttliche Einwirkung abnimmt.

Der Rost der Sünde ist dieses Hindernis; das Feuer verzehrt den Rost; so tut sich die Seele immer mehr für die entsprechende Einwirkung Gottes auf. Und wie ein zugedeckter Gegenstand, der in der Sonne liegt, nicht der Bestrahlung durch die Sonne ausgesetzt ist, was nicht Schuld der Sonne ist, die ja immerfort strahlt, sondern Schuld der Decke, mit der jener Gegenstand zugedeckt ist; je weniger jene Sache mit der Decke bedeckt ist, desto mehr ist sie der Sonne ausgesetzt, desto stärker wird die Bestrahlung; so ähnlich ist es mit dem Rost der Sünde. Er ist gleichsam die Decke, mit der die Seelen im Fegfeuer zugedeckt sind. Er wird durch das Feuer verzehrt. Und je mehr er verzehrt wird, desto mehr kann die Seele der Bestrahlung durch die wahre Sonne, die Gott ist, entsprechen. Um so mehr wächst aber auch die Zufriedenheit (in der Seele im Fegfeuer), je mehr der Rost (der Sünde) abnimmt und sie aufgedeckt wird für die entsprechende Einwirkung (Gottes); das eine also wächst, das andere nimmt ab, bis es beendet ist. Es fehlt jedoch nicht der Schmerz, es fehlt die Zeit für das Verbleiben in diesem Schmerz.

Was den Willen betrifft, so können sie (die Seelen im Fegfeuer) nie sagen, daß jene Schmerzen sind, so sehr sind sie zufrieden mit der Anordnung Gottes, mit der ihr Wille in reiner Liebe vereint ist.

Andererseits haben sie im Gegensatz zu dieser Zufriedenheit des so (mit der Anordnung Gottes) geeinten Willens doch einen so heftigen Schmerz, daß keine Zunge ihn schildern und kein Verstand auch den kleinsten Funken davon begreifen könnte; diesen Funken hat Gott mir gnadenhaft gezeigt, aber ich kann ihn nicht mit meiner Zunge schildern.

Und diese Schau, die der Herr mir gewährte, ist niemals mehr aus meinem Geist geschwunden. Ich werde davon das sagen, was ich sagen kann; und verstehen wird es der, den es der Herr verstehen läßt.

3. Kapitel

Die fundamentale Ursache aller Schmerzen und Leiden ist die Sünde, die Erbsünde und die persönliche aktuelle Sünde. Gott hat die Seele rein, lauter und frei von jeder Sündenmakel und mit einem sicheren, beseligenden Drang (Instinkt) auf Ihn hin erschaffen. Dieser Drang wird durch die Erbsünde vermindert. Kommt dazu dann noch die persönliche aktuelle Sünde, so nimmt dieser Drang noch mehr ab. Je mehr aber in der Seele dieser Drang abnimmt, desto schlechter wird die Seele, weil Gott sich ihr entsprechend weniger mitteilen kann. Weil nun aber alles Gute, das es geben kann, nur in der Teilhabe an Gott besteht, der sich den Geschöpfen entsprechend mitteilt, und zwar den vernunftlosen Geschöpfen so, wie Er es will und verfügt hat – es wird ihnen nie daran fehlen –, der vernunftbegabten Seele aber mehr oder weniger, je nachdem Gott sie vom Hindernis der Sünde gereinigt vorfindet, so ergibt sich nun folgendes: Wenn sich eine Seele dem Zustand nähert, in welchem sie ursprünglich von Gott rein und lauter geschaffen worden ist, so wird jener beseligende Drang wieder freigelegt und wächst mit solcher Vehemenz und solcher Glut der Liebe, die diese Seele zu ihrem letzten Ziel hinzieht, daß es ihr unerträglich erscheint, noch weiter gehindert sein zu müssen.

Und da die Seelen, die im Fegfeuer sind, ohne Sündenschuld sind, so gibt es bei ihnen kein Hindernis zwischen Gott und ihnen außer jenem Schmerz, in welchem sie noch zurückgehalten werden, wodurch jener Drang hin zu Gott noch nicht seine Vollkommenheit erlangen kann. Und da sie mit größter Klarheit einsehen, wie viel ein Hindernis bei Gott bedeutet, und einsehen, daß jener Drang gemäß dem notwendigen Gesetz der Gerechtigkeit zurückgehalten wird, so wächst dadurch in ihnen ein so heftiges Feuer, das ähnlich dem der Hölle ist, von der Schuld abgesehen. In den Verdammten macht dieses Feuer den Willen schlecht, da ihm Gott seine Güte nicht entsprechend mitteilt. Darum verharren diese Seelen in jenem Willen der Verzweiflung und der Bosheit, der gegen den Willen Gottes gerichtet ist.

4. Kapitel

Daraus ersieht man, was offenkundig ist, daß der gegen den Willen Gottes gerichtete verkehrte Wille das ist, was die Sündenschuld ausmacht. So lange dieser (in seiner Verkehrtheit) böse Wille andauert, dauert die Sündenschuld an. Und da jene, die in der Hölle sind, mit einem solchen bösen Willen aus diesem Erdenleben ins Jenseits hinübergegangen sind, ist ihre Schuld nicht nachgelassen, sie kann auch gar nicht nachgelassen werden, weil sie ja ihren Willen nicht mehr ändern können, mit dem sie aus diesem Erdenleben geschieden sind, nämlich mit einem solchen bösen Willen.

Jener Schritt (des Hinübergangs aus dem Diesseits ins Jenseits) verfestigt nämlich die Seele entweder im Guten oder im Bösen, je nachdem worin sie sich nach ihrem überlegten Willen befindet, wie geschrieben steht: »Wo Ich dich antreffe«, nämlich in der Todesstunde, im Willen zur Sünde oder in der Reue über die Sünde, »da werde Ich dich richten«. Bei diesem Gericht gibt es keine Vergebung mehr, denn nach dem Tod ist der freie Wille nicht mehr wandelbar; er ist in dem fixiert, worin er sich im Augenblick des Todes befand.

Jene Seelen, die sich in der Hölle befinden, sind im Augenblick des Todes mit dem Willen zu sündigen angetroffen worden; so tragen sie nun endlos Schuld und Strafe in sich. Dabei ist die Strafe nicht einmal so groß, wie sie es verdient hätten, dennoch ist die Strafe, die sie abzubüßen haben, endlos.

Die Seelen im Fegfeuer aber haben an sich nur die Strafe, nicht aber die Sündenschuld, die ja in ihnen durch die Reue getilgt worden ist. Darum ist ihre Strafe nicht endlos, sondern begrenzt und endlich und wird, was die Zeit betrifft, wie gesagt, immer geringer. O Elend über alles Elend, das um so größer ist, je weniger es von der menschlichen Blindheit beachtet wird! Ich sage, daß die Strafe der Verdammten der Schwere nach nicht unendlich ist, weil die süße Güte Gottes die Strahlen ihrer Barmherzigkeit auch noch in die Hölle hineinsendet; der Mensch, der in der Todsünde stirbt, verdient an sich eine unendliche Strafe, die unendlich lange dauert. Aber Gott hat in seiner

Barmherzigkeit nur die Dauer der Strafe unendlich gemacht, die Schwere der Strafe aber begrenzt. Gerechterweise hätte Gott eine viel schwerere Strafe verhängen können, als er wirklich verhängt hat.

Siehe, wie gefährlich die Sünde, die aus Bosheit geschieht, ist! Der Mensch bereut sie nämlich nur ganz schwer; und wenn er sie nicht bereut, bleibt die Sündenschuld für immer und sie dauert so lange, als der Mensch im Willen zur begangenen oder zur begehenden Sünde verbleibt.

5. Kapitel

Die Seelen im Fegfeuer aber haben in allem ihren Willen Gottes gleichförmig. Darum wirkt Gott auf ihren mit seiner Güte gleichförmigen Willen entsprechend ein. Und darum sind sie, was ihren Willen betrifft, zufrieden, da dieser ihr Wille (was die Sündenschuld angeht) gereinigt ist, sowohl von der Erbsünde als auch von persönlicher aktueller Sünde.

Was die Sündenschuld angeht, sind diese Seelen so gereinigt, daß sie rein sind wie damals, als Gott sie erschuf, denn sie sind mit Reue über alle ihre begangenen Sünden und mit dem Willen, nicht mehr zu sündigen, hinübergegangen. Auf Grund dieser Reue vergab Gott sofort die Sündenschuld. So verblieb ihnen nur der Rost und die Häßlichkeit, wie sie durch die Sünde in der Seele verursacht wurden. Davon aber werden sie nun gereinigt im Feuer der jenseitigen Läuterung.

Und da diese Seelen ganz und gar von jeder Sündenschuld gereinigt und dem Willen nach mit Gott vereint sind, sehen sie Gott klar gemäß dem Grad des Erkennens, den Gott ihnen gewährt; und sie sehen, was es Bedeutsames um den Genuß Gottes ist und daß die Seele gerade dazu erschaffen worden ist. So finden sie sich in einer ganz innig verbindenden Gleichförmigkeit mit ihrem Gott. Auf Grund dieser Gleichförmigkeit zieht sie der Drang, den die Seele zu Gott hin hat, so sehr zu Ihm hin, daß man keine Ausdrücke, Bilder oder Vergleiche aufzeigen kann, die fähig wären, diese ganze Angelegenheit so zu erklären, wie der Geist es tatsächlich fühlt und im inneren Gefühl begreift.

6. Kapitel

Trotzdem will ich ein Gleichnis anführen, das sich meinem Geist dargeboten hat: Wenn es auf der ganzen Welt nur ein einziges Brot gäbe, das allen Geschöpfen den Hunger stillen müßte, und wenn die Geschöpfe den Hunger stillen müßten, und wenn die Geschöpfe schon durch den bloßen Anblick dieses Brotes satt würden, und wenn der Mensch, der, solange er gesund ist, den Drang zum Essen hat, durch das Nicht-Essen weder krank würde noch sterben müßte, es würde dennoch in ihm der Hunger nach diesem Brot immer mehr wachsen, weil eben dieser Drang in ihm da ist; und wenn er weiß, daß nur jenes Brot ihn sättigen kann, und daß in ihm, wenn er dieses Brot nicht hat, der Hunger nicht gestillt werden kann, so würde er in einer unerträglichen Qual verbleiben. Je näher aber der Mensch diesem Brot käme, ohne es jedoch sehen zu können, desto mehr würde das natürliche Verlangen danach in ihm entbrennen, das ja durch seinen Drang ganz und gar auf dieses Brot hingerichtet ist und in welchem seine einzige Befriedigung bestünde; und wenn er die Gewißheit hätte, niemals dieses Brot sehen zu dürfen, so hätte er in diesem Augenblick die vollendete Hölle. Diese vollendete Hölle haben nun die verdammten Seelen, die jeder Hoffnung beraubt sind, je das wahre Brot, Gott, den wahren Heiland, zu schauen.

Die Seelen im Fegfeuer aber haben diesen Hunger, weil sie dieses Brot, durch das allein sie gesättigt werden können, noch nicht sehen, aber sie haben die Hoffnung, es einmal zu sehen und von ihm ganz und gar gesättigt zu werden. Darum sind sie, solange der Hunger nach diesem Brot in ihnen noch nicht gestillt ist, in der schmerzlichen Qual und Pein.

7. Kapitel

Außerdem sehe ich auch dies noch ganz klar: Wie die reine Geistseele keinen anderen Ort für Ruhe findet als nur in Gott, da sie ja dafür geschaffen worden ist, so gibt es für jene Seele, die im Zustand der Sünde ist, keinen anderen Ort als nur die Hölle, weil Gott diesen Ort für sie bestimmt hat. Darum geht die Seele in jenem Augenblick, da sie vom Leib getrennt worden ist, an den für sie bestimmten Ort, und zwar ohne einen anderen Führer zu haben als nur die Natur der Sünde; das ergibt sich für die Seele, die sich im Augenblick ihrer Trennung vom Leib im Zustand der Todsünde befindet.

Und ich sage so: Wenn eine solche Seele bei jenem Schritt (aus dem Diesseits ins Jenseits) nicht von dieser göttlichen Anordnung getroffen würde, die aus Gottes Gerechtigkeit kommt, so würde sie in eine noch viel schmerzlichere Hölle geraten, denn sie würde sich dann außerhalb jener Anordnung befinden, die an der Barmherzigkeit Gottes Anteil hat, durch die verfügt wird, daß die Seele keine so schmerzliche Strafe erleidet, als sie tatsächlich verdienen würde. Da diese Seelen demnach keinen passenderen und keinen für sie weniger schmerzlichen Ort finden, stürzen sie sich gemäß der Anordnung Gottes, wie schon gesagt worden ist, dort hinab als an den für sie verfügten Ort.

So ist es nun auch bezüglich des Fegfeuers: Die vom Leib getrennte Seele, die sich noch nicht in jener Reinheit befindet, in der sie erschaffen worden war, stürzt sich, da sie das Hindernis, das sie in sich hat, erkennt und darum weiß, daß dieses Hindernis nur mittels des Fegfeuers behoben werden kann, sogleich freiwillig dort hinein.

Und wenn sie diese göttliche Anordnung nicht vorfände, die bewirkt, jenes Hindernis in ihr zu beseitigen, so würde für diese Seele in jenem Augenblick eine Hölle entstehen, die viel schlimmer wäre als dieses Fegfeuer, da sie sehen müßte, daß sie ihr Ziel, das Gott selber ist, wegen des vorhandenen Hindernisses nie erreichen kann, wo doch dieses Ziel so viel bedeutet, daß im Vergleich dazu das Fegfeuer, wenngleich es, wie gesagt, der Hölle ähnlich ist, dennoch wie ein Nichts wäre.

8. Kapitel

Ich behaupte auch noch dies: Ich sehe, wie vonseiten Gottes das Paradies kein verschlossenes Tor mehr hat, denn wer eintreten will, der tritt auch wirklich ein, Gott ist ja lauter Barmherzigkeit und steht mit seinen uns entgegengestreckten Armen da, um uns in seine Herrlichkeit aufzunehmen.

Aber ich sehe auch, daß die göttliche Wesenheit von solcher Reinheit und Lauterkeit ist, und zwar weit mehr, als sich der Mensch überhaupt vorstellen kann, so daß die Seele, die eine so minimale Unvollkommenheit an sich hätte, als der kleinwinzigste Splitter groß ist, sich so schnell als möglich in tausend Höllen stürzen würde, um ja nicht mit diesem ganz minimalen Makel in seiner Gegenwart zu erscheinen.

Da sie aber sieht, daß das Fegfeuer dazu bestimmt ist, diese Makel zu beheben, so stürzt sie sich da hinein und es scheint ihr, große Barmherzigkeit darin anzutreffen, sich von dem in ihr vorhandenen Hindernis auf diese Weise befreien zu können. Von welcher Bedeutung die Läuterung im Fegfeuer ist, kann eigentlich keine Zunge schildern und kein Herz erfassen außer der Tatsache, daß das Fegfeuer eine ähnlich schmerzliche Strafe ist wie die Hölle; und doch sehe ich zugleich, daß die Seele, die in sich einen solchen Makel verspürt, die Qual des Fegfeuers als Barmherzigkeit Gottes entgegennehmen würde im Vergleich zu jenem Makel, der sie in ihrer Liebe behindert.

Es scheint mir auch, daß die schmerzliche Strafe jener, die im Fegfeuer sind, eigentlich mehr darin besteht, zu sehen, daß die Seele noch etwas an sich hat, das Gott mißfällt und das sie freiwillig gegen eine so große Güte Gottes begangen hat, als in irgendeinem anderen Schmerz, den sie im Fegfeuer zu erleiden hat. Und das kommt, wie ich sage, daher, daß die Seele im Gnadenstand ist und die wahre Bedeutung erkennt, die dem Hindernis zukommt, das sie noch nicht Gott nahekommen läßt.

9. Kapitel

Alle diese Dinge, von denen bisher die Rede war, sind so, wie ich ihrer in meinem Geiste versichert worden bin, soweit ich es in diesem Leben verstehen kann, so überwältigend, daß jede Sicht dieses Lebens, jedes Wort, jedes Gefühl, jede Vorstellung, jede Gerechtigkeit, jede Wahrheit mir mehr Lüge als Wahrheit zu sein scheint. Ich bin von den Worten darüber, an deren Stelle ich keine kräftigeren finde, eher verwirrt als befriedigt und sage darum lieber nichts weiter mehr.

Alle diese Dinge, von denen ich gesprochen habe, sind im Vergleich zu dem, was ich in meinem Geist fühle, nichts, weil ich eine so große Gleichförmigkeit Gottes mit der Seele sehe, daß er ihr, wenn er sie in jener Reinheit sieht, in der er sie geschaffen hat, eine bestimmte Anziehungskraft verleiht, und einen solch verbindenden Liebesblick auf sie wirft und sie an sich bindet und an sich zieht in einem solchen Feuer der Liebe, das genügen würde, die Seele, die doch unsterblich ist, aufzulösen. Und diese göttliche Anziehungskraft bewirkt, daß die Seele so in ihren Gott umgestaltet wird, daß man meinen könnte, sie sei überhaupt nichts anderes als Gott. Er zieht sie beständig an sich und entflammt sie immer mehr und läßt darin nicht nach, bis er sie zu jenem Seinszustand gebracht hat, von dem sie ihren Ausgang genommen hat, das heißt zu jener lauteren Reinheit, in der sie geschaffen worden ist. Wenn die Seele kraft der inneren Schau sich von Gott durch ein so großes Feuer der Liebe angezogen fühlt, so zerfließt sie ganz in der Glut dieser feurigen Liebe ihres süßen Gottes, die sie in ihren Geist einströmen fühlt. Wenn sie dann in jenem göttlichen Licht sieht, wie Gott nie aufhört, sie an sich zu ziehen und sie liebevoll zu ihrer totalen Vollendung zu führen, und zwar mit so viel Sorge und Umsicht, und das alles nur aus lauter Liebe, wenn also die Seele das sieht und ihr Gott in seinem Lichte zeigt, daß sie sich in jenem Hindernis befindet, auf Grund dessen sie noch nicht dieser Anziehungskraft der einigenden Liebe Gottes, die er ihr zuwendet, folgen kann; und wenn die Seele dann auch noch einsieht, was es für sie bedeutet, noch zurückgehalten zu werden und das göttliche Licht noch nicht schauen zu können; und wenn dazu noch jener Drang in der Seele kommt, die ohne Hindernis sein möchte, um sich von dieser einigenden Liebe anziehen zu lassen, so sage ich, daß die Erkenntnis all dieser vorhin genannten Dinge das ist, was jene schmerzliche Qual erzeugt, die die Seelen im Fegfeuer erleiden.

Nicht als ob diese Seelen ihrer schmerzlichen Strafe, auch wenn sie überaus groß ist, besonderes Gewicht beimessen würden, es hat für sie viel mehr zu bedeuten, daß sie in sich noch jene Gegensätzlichkeit zum Willen Gottes vorfinden, den sie doch ganz klar von jener äußersten lauteren Liebe gegen sie entflammt sehen, die sie so stark mit jenem verbindenden Liebesblick anzieht, als habe sie überhaupt nichts anderes zu tun.

Darum würde die Seele, wenn sie noch ein weiteres Fegfeuer über diesem vorfände, in welchem sie noch schneller von diesem Hindernis befreit werden könnte, sich sogleich mit dem Ungestüm jener Liebe, die zwischen Gott und der Seele Gleichförmigkeit herstellt, da hineinstürzen.

10. Kapitel

Ich sehe auch, daß von jener göttlichen Liebe zur Seele hin gewisse Strahlen und Blitze ausgehen, die so feurig und durchdringend sind, daß es scheint, sie müßten nicht nur den Leib, sondern auch die Seele, wenn das möglich wäre, vernichten.

Diese Strahlen bringen zwei Wirkungen in der Seele hervor: Die eine besteht darin, daß sie reinigt, die andere, daß sie vernichtet.

Das Gold wird, je mehr man es einschmilzt, um so edler; du könntest es so lange schmelzen, bis in ihm gar jede Unvollkommenheit vernichtet wäre. Das Feuer ist jene Kraft, die in den materiellen Dingen diese Wirkung hervorbringt. Aber die Seele kann man nicht in Gold vernichten, sondern nur in sich selbst; und je mehr du sie reinigst, desto mehr wird sie in sich selbst vernichtet; und in Gott bleibt die Seele gereinigt.

Wenn das Gold bis zu 24 Karat gereinigt ist, wird es durch das Feuer nicht mehr weiter verzehrt, so sehr du es auch steigern magst, denn das Feuer kann das Gold nicht mehr verzehren, nur die Unvollkommenheit des Goldes verzehrt es.

So macht es auch das göttliche Feuer in der Seele. Gott hält sie so lange in das läuternde Feuer, bis dieses jede Unvollkommenheit in ihr aufgezehrt und sie zur Vollkommenheit geführt hat, jede Seele nach ihrer Weise.

Und wenn die Seele so geläutert ist, bleibt sie ganz in Gott, ohne irgend etwas noch weiter für sich selbst zu sein, denn die Läuterung der Seele besteht in der Entäußerung von uns in uns; unser wahres Sein ist ja Gott, der die Seele zur Läuterung von 24 Karat führt. Von da an ist die Seele dann leidensunfähig, weil es in ihr nichts mehr gibt, das aufgezehrt werden könnte. Selbst wenn die geläuterte Seele weiter in das Feuer hineingehalten würde, so wäre das für sie nicht mehr schmerzlich, es wäre vielmehr nur noch das Feuer der göttlichen Liebe, das für die Seele nichts anderes mehr bedeutet als das ewige Leben. Die Seele wäre nun frei von jeder Gegensätzlichkeit, wie das bei den zur Heiligkeit gelangten Seelen der Fall ist, und zwar schon im diesseitigen Leben, sofern es in diesem Zustand überhaupt noch möglich wäre, im Leibe zu verbleiben. Ich glaube nämlich nicht, daß Gott solche Seelen noch auf Erden belassen würde; nur durch ganz große göttliche Einwirkung wäre dies möglich.

11. Kapitel

Die Seele ist mit der Bestimmung zu all jener Vollkommenheit erschaffen worden, deren sie fähig war. Sie hätte dahin kommen müssen durch eine Lebensführung, wie sie ihr aufgetragen war, ohne sich mit Sünde zu beflekken. Aber als sie sich dann mit der Erbsünde befleckt hatte und auch noch durch persönliche Tatsünden, da verlor die Seele ihre (außernatürlichen und übernatürlichen) Gnadengaben und war nun tot und konnte jetzt nur noch durch Gott wieder zum Leben erweckt werden.

Als die Seele dann mittels der Taufe wieder zum Leben erweckt worden war, blieb in ihr die Neigung zum Bösen zurück, die zur persönlichen Tatsünde geneigt macht und zu ihr hinführt, wenn nicht Widerstand geleistet wird. Durch die persönliche Tatsünde aber verfällt die Seele auf's neue dem Tod.

Dann aber erweckt Gott sie noch einmal zum Leben durch eine ganz besondere weitere Gnade. Die Seele bliebe nämlich jetzt so besudelt und in sich gekehrt, daß nun, um sie zu ihrem ersten Zustand zurückzubringen, all jene göttlichen Tätigkeiten notwendig sind, ohne die die Seele nie mehr zu jenem ersten Zustand zurückkehren könnte, in welchem Gott sie geschaffen hat.

Wenn sich nun die Seele auf dem Weg befindet, zu jenem ersten Zustand zurückzukehren, so ist der glühende Drang, sich in Gott zu verwandeln, in ihr so groß, daß das ihre Läuterung bewirkt. Nicht als ob die Seele die Läuterung als Läuterung ins Auge fassen könnte, aber jener Drang in ihr, der ungemein glühend und doch zugleich behindert ist, bildet eben ihre Läuterung.

Dieser letzte Akt der Liebe ist es, der dieses Werk ohne die Mitwirkung des Menschen vollbringt. Denn der Mensch fände in der Seele so viele verborgene Unvollkommenheiten vor, daß er, wenn er sie sehen könnte, in Verzweiflung geriete. Dieser letzte Akt der Liebe aber verzehrt alle Unvollkommenheiten. Und erst dann, wenn sie verzehrt sind, zeigt sie Gott der Seele, damit sie das göttliche Wirken erkenne, das in ihr jenes göttliche Feuer entzündet, durch das all jene Unvollkommenheiten verzehrt werden, die noch zu verzehren sind.

12. Kapitel

Wisse, daß das, was der Mensch in sich für Vollkommenheit hält, vor Gott ein Mangel (Defekt) ist. Mit all dem, was der Mensch unter dem Schein der Vollkommenheit tut, wie immer er es sieht, hört, versteht, will oder im Gedächtnis hat, in all dem befleckt er sich. Denn wenn eine Tätigkeit vollkommen sein soll, muß sie gewirkt werden in uns ohne uns, was den innersten Beweggrund betrifft; und die Tätigkeit Gottes muß in Gott ohne den Menschen sein.

Das ist jene Tätigkeit, die Gott in jenem letzten Stadium der Einwirkung auf die Seele durch die reine, lautere Liebe aus sich allein wirkt. Diese Einwirkung Gottes auf die Seele ist so durchdringend und glühend, daß der Leib, der die Seele umschließt, zu vergehen scheint; es ist, wie wenn die Seele in einem gewaltigen Feuer stünde und bis zum Tod nie mehr Ruhe bekäme. Die Liebe Gottes, die in die Seele überströmt, gibt ihr aber (nach dem, wie ich es sehe) eine solche Zufriedenheit ein, wie man dies gar nicht schildern kann. Diese Zufriedenheit aber nimmt den Seelen, die im Fegfeuer sind, nicht einen Funken der schmerzlichen Pein. Gerade dadurch, daß die Liebe in ihnen noch behindert ist, entsteht ja in ihnen die schmerzliche Pein. Und diese Pein ist um so schmerzlicher, je vollkommener die Liebe ist, zu der Gott die Seele fähig macht. So haben die Seelen in der Läuterung des Fegfeuers zugleich allergrößte Zufriedenheit (und Freude) und allergrößte Pein, und das eine hebt das andere nicht auf.

13. Kapitel

Wenn die Seelen mittels der Reue sich läutern und reinigen könnten, so würden sie in einem einzigen Augenblick von all ihrer Sündenschuld gereinigt; solche Glut der Reue entstünde in ihnen durch jene Erkenntnis, die sie von der Bedeutung jenes Widerstandes haben, der sie noch nicht mit ihrem letzten Ziel, mit Gott, der die Liebe ist, eins werden läßt. Und das sollst du als gewiß annehmen: Von der Abzahlung der Schuld wird jenen Seelen auch nicht die kleinste Kleinigkeit erlassen, da es so von der göttlichen Gerechtigkeit verfügt worden ist. So sieht dies von seiten Gottes her aus. Von seiten der Seele aber ist es so, daß sie keine freie Willensentscheidung mehr treffen kann und daß sie nichts anderes mehr sehen kann als nur das, was Gott will; sie möchte auch gar nichts anderes mehr sehen, denn sie ist so festgelegt.

Und wenn den Seelen von jenen Menschen, die noch in der Welt sind, ein Almosen gemacht würde, um ihre Zeit (der Läuterung) abzukürzen, so können sie sich nicht mehr mit Affekt umwenden, um das zu sehen, sondern sie überlassen es Gott, was auf seine Art bezahlt wird. Wenn sie sich dem noch zuwenden könnten, so wäre das ein Eigensein, das ihnen die Sicht auf das göttliche Wollen entziehen würde; das aber wäre die Hölle.

14. Kapitel

So stehen die genannten Seelen in der Läuterung des Fegfeuers unbewegt all dem gegenüber, was Gott ihnen gibt an freudiger Zufriedenheit oder an schmerzlicher Pein. Sie können sich nie mehr auf sich selber zurückwenden, so sehr ist in ihnen ihr Wille zuinnerst umgeformt in den Willen Gottes; seine Anordnung befriedigt sie.

Und würde eine solche Seele, die noch eine Stunde der Läuterung vor sich hätte, bereits in die Anschauung Gottes versetzt, so würde ihr damit eine größere Pein als die von zehn Fegfeuern zugefügt. Denn sie könnte jene höchste Gerechtigkeit und reinste Güte, die Gott ist, noch nicht ertragen; es wäre auch auf seiten Gottes unpassend. Für jene Seele aber wäre es ganz unerträglich, wenn sie sehen müßte, daß Gott noch nicht voll Genugtuung geleistet wäre, auch wenn nur so viel wie das geringste Zucken mit der Augenwimper zur genugtuenden Läuterung fehlen würde. Um diesen letzten Rostfleck loszuwerden, ginge die Seele lieber noch in tausend Höllen, wenn sie die Wahl hätte, als in der Gegenwart Gottes noch nicht ganz und gar gereinigt und geläutert zu erscheinen.

15. Kapitel

Da ich diese Dinge im göttlichen Lichte sah, kam mir das Verlangen, einen so gewaltigen Schrei auszustoßen, daß sich alle Menschen auf dieser Erde entsetzen würden, denn ich würde ihnen sagen: O ihr Erbarmungswürdigen, die ihr euch in dieser Welt so blenden laßt, daß ihr für die so ungeheuer bedeutsame und wichtige Notwendigkeit, wie ihr sie einmal vorfinden werdet, keinerlei Vorkehrungen trefft? Ihr alle haltet euch gedeckt durch die Hoffnung auf Gottes Barmherzigkeit, von der ihr sagt, sie sei doch so groß. Aber seht ihr denn nicht, daß die so große Güte Gottes euch zum Gericht gereichen wird, weil ihr gegen seinen Willen gehandelt habt? Gerade seine Güte müßte euch dazu verpflichten, all das zu tun, was er will, und sollte in euch nicht die Hoffnung wecken, Böses (ungestraft) tun zu dürfen. Denn auch Gottes Gerechtigkeit kann nicht ausgeschaltet werden; ihr muß einmal in irgendeiner Weise vollkommen Genugtuung geleistet werden.

Baue nicht darauf, daß du sagst: »Ich werde beichten und dann einen vollkommenen Ablaß gewinnen und werde so in jenem (entscheidenden) Augenblick von allen meinen Sünden gereinigt und dann (sicher) gerettet sein.« Bedenke, daß eine solche Beichte und Reue, wie sie für das Gewinnen des vollkommenen Ablasses nötig sind, so schwer zu verwirklichen sind, daß du, wenn du das wüßtest, vor Furcht zittern und eher darüber gewiß sein würdest, das alles nicht mehr erlangen zu können als noch zu erlangen.

16. Kapitel

Ich sehe jene Seelen, die in der schmerzlichen Pein der Läuterung im Fegfeuer sind, mit der Einsicht in zwei innere Vorgänge: Die erste Einsicht ist die, daß sie gerne jene schmerzliche Pein erleiden. Ja, es scheint ihnen sogar, Gott erweise ihnen dadurch ganz große Barmherzigkeit im Vergleich zu dem, was sie verdient hätten, zumal sie nun einsehen, was Gott bedeutet. Denn wenn Gottes Güte nicht seine Gerechtigkeit durch seine Barmherzigkeit gemildert hätte, da seine Barmherzigkeit der Gerechtigkeit Genugtuung leistete mit dem Blute Jesu Christi, so würde eine einzige (Tod-)Sünde tausendfach die ewige Hölle verdienen. Darum sehen sie ein, daß ihnen große Barmherzigkeit erwiesen wurde; sie erleiden deshalb die schmerzliche Pein des Fegfeuers gerne und sie möchten nicht auf ein einziges Quantum davon verzichten, weil es ihnen scheint, daß sie es gerechterweise verdienen, und daß es so gut angeordnet ist; sie können sich darum auch über Gott nicht beklagen und es ist, so weit es auf den Willen ankommt, so, wie wenn sie schon im ewigen Leben wären. Der andere Vorgang ist eine gewisse Zufriedenheit mit der Anordnung Gottes. Sie sehen ja diese Anordnung Gottes von seiner Liebe und Barmherzigkeit gegen die Seelen verfügt.

Diese beiden Einsichten prägt Gott jenen Seelen in einem Augenblick ein; und da sie im Gnadenstand sind, erfassen sie dieselben, wie sie sind, gemäß ihrer Fähigkeit. Darum geben ihnen diese beiden Einsichten eine große Befriedigung, die ihnen niemals fehlt, die in ihnen vielmehr ständig wächst durch die immer größer werdende Annäherung an Gott.

Beide Vorgänge erkennen die Seelen aber nicht in sich und durch sich selbst, sondern in Gott; auf Ihn richten sie ihre Aufmerksamkeit viel mehr als auf die schmerzliche Pein, die sie erleiden, weil sie Ihm die größte Wertschätzung entgegenbringen. Denn jede noch so geringe Erkenntnis, die man von

Gott haben kann, übertrifft jede Pein und jede Freude, die den Menschen erfassen können. Obgleich aber die Erkenntnis Gottes Pein und Freude übertrifft, so nimmt sie den Seelen (im Fegfeuer) dennoch keinen Funken, sei es von der Zufriedenheit, sei es von der schmerzlichen Pein.

17. Kapitel

Die Art der Läuterung, die ich bei den Seelen im Fegfeuer sehe, fühle ich auch in meiner Seele, ganz besonders in den letzten zwei Jahren. Jeden Tag sehe und fühle ich das noch klarer; denn ich sehe meine Seele in diesem Leib wie in einem Fegfeuer wohnen, das jenem Fegfeuer gleichförmig ist. Es geschieht das zwar nur in dem Ausmaß, wie es der Leib ertragen kann, ohne zu sterben, doch ständig wachsend und wachsend, bis es so weit ist, daß er dennoch stirbt.

Ich sehe meinen Geist all jenen geistigen Dingen entfremdet, die ihm noch Erquickung verschaffen könnten, nämlich Fröhlichkeit, Freude und Trost. Mein Geist kann kein geistiges Ding mehr verkosten, weder im Willen, noch im Verstand, noch im Gedächtnis, worauf er sagen könnte: Ich ergötze mich mehr an diesem als an jenem Ding. Mein Innerstes ist so unbeweglich geworden und so belagert, daß ihm all jene Dinge, die das geistliche und leibliche Leben erquicken, nach und nach allesamt genommen werden... Der Geist hat in sich den Trieb, sich von allem zu befreien, was seiner Vervollkommnung hinderlich sein könnte, und zwar mit solcher Grausamkeit, daß er es ertragen würde, in die Hölle versetzt zu werden, um zu seinem Ziel zu gelangen.

Darum räumt er alles weg, was den inneren Menschen erquicken könnte, und er belagert ihn so sorgfältig, daß auch nicht das minimalste Splitterchen durchkommen könnte, ohne von ihm bemerkt und verabscheut zu werden...

Was nun den äußeren Menschen betrifft, so bleibt auch er, da der Geist ihm nicht zustimmt, so belagert, daß er nichts mehr auf dieser Erde findet, wodurch er noch ergötzt werden könnte gemäß dem menschlichen Trieb. Es bleibt ihm kein anderer Trost als nur Gott, der all das aus Liebe und großer Barmherzigkeit tut, um seiner Gerechtigkeit Genugtuung zu verschaffen. Diese Einsicht gibt der Seele große Zufriedenheit und großen Frieden. Aber diese Zufriedenheit vermindert jedoch nicht die schmerzliche Pein und auch nicht die Belagerung. Es könnte ihm jedoch so große Qual angetan werden, daß er von dieser göttlichen Anordnung wegkommen möchte; er trennt sich nicht vom Gefängnis und versucht nicht einmal, hinauszukommen, bis Gott alles getan hat, was notwendig ist. Meine Zufriedenheit finde ich darin, daß Gott Genugtuung geleistet wird; ich könnte keine schmerzlichere Pein finden als diese, aus Gottes Anordnung herauszutreten, so sehr erkenne ich sie als gerecht und voll Barmherzigkeit an. Und sie sagt: All diese Dinge sehe und berühre ich, aber ich weiß keine Worte zu finden, die geeignet wären, das auszudrücken, was ich sagen möchte. Das, was ich gesagt habe, fühle ich innerlich, geistigerweise in mir wirken.

Das Gefängnis, in welchem mir zu sein vorkommt, ist die Welt; die Fesseln sind der Leib. Die im Gnadenstand befindliche Seele aber erkennt, was es bedeutet, davon beraubt zu sein oder durch irgendein Hindernis zurückgehalten zu werden, so daß sie noch nicht zu ihrem Ziel gelangen kann. Das verursacht der Seele große schmerzliche Pein, zumal sie von zartem Wesen ist und von Gott gnadenhaft eine solche Würde empfing, so daß sie ihm durch Teilhabe (an seiner göttlichen Natur) ähnlich geworden ist, das heißt, er machte sie eins mit sich durch Teilhabe an seiner Güte. Und wie es für Gott unmöglich ist, von irgendeiner schmerzlichen Pein getroffen zu werden, so geschieht es auch den Seelen, die sich ihm nähern: je mehr sie ihm nahekommen, desto mehr empfangen sie von seiner Eigenheit.

Darum ist die Verzögerung, die die Seele erfährt, die Ursache ihrer schmerzlichen Pein; diese Verzögerung und diese schmerzliche Pein entstellen die Seele in jener Eigenheit, die ihr von Natur aus eigen ist. Gnadenhaft sind sie ihr gezeigt worden; und da sie sie nicht haben kann, aber ihrer fähig ist, bleibt sie in der schmerzlichen Pein, die so groß ist wie ihre Ehrfurcht vor Gott. Diese Ehrfurcht ist aber um so größer, je mehr sie ihn erkennt und schätzt. Je mehr sie ohne Sünde ist, desto mehr erkennt und schätzt sie ihn, am meisten, wenn die Seele ganz in Gott gesammelt ist; sie hat dann keine Behinderung mehr und erkennt ihn ohne Irrtum.

Und wie der Mensch, der sich lieber töten läßt, als daß er Gott beleidigen würde, zwar das Sterben, das ihm eine schmerzliche Pein bereitet, die Erleuchtung durch Gott ihm aber einen Eifer eingibt, der ihn die Ehre Gottes höher schätzen läßt als den leiblichen Tod, so schätzt die Seele, die die Anordnung Gottes erkennt, diese göttliche Anordnung mehr als alle inneren und äußeren Qualen, so schrecklich sie auch sein können. Denn Gott, für den sie dies alles tut, übersteigt alles, was sich ausdenken und fühlen läßt.

Da die Beschäftigung mit Gott, die er der Seele verleiht – und wäre sie auch noch so gering –, sie ganz in Beschlag nimmt, so daß sie nichts anderes mehr achten kann, so verliert sie jedes Eigensein, und sie sieht und spricht und kennt weder Unheil noch Schmerz mehr in sich selbst; doch erkennt sie dies alles, wie schon gesagt, in einem Augenblick, nämlich beim Scheiden aus dieser Welt. Schließlich begreifen wir am Ende, daß Gott alles, was des Menschen ist, vernichtet und das Fegfeuer die Seele reinigt und läutert.

Die Visionen der Anna Katharina Emmerich

Anna Katharina Emmerich wurde am 8. September 1774 in Flamske bei Coesfeld geboren. Sie trat 1802 in das Augustiner-Kloster Agnetenberg in Dülmen ein. Im Jahr 1812 erhielt Anna Katharina Emmerich die Stigmata. Eine kirchliche Untersuchung wies die Echtheit der Stigmata nach. Ihre Visionen hat der berühmte Dichter der Romantik, Clemens M. Brentano, aufgezeichnet. Anna Katharina Emmerich starb nach langem Leiden am 9. Februar 1824.

In ihren Visionen taucht immer wieder ein »Führer« oder »Begleiter« auf. Er gewährt ihr Hilfe bei ihren Ausflügen in die jenseitige Welt. In einer Vision am Allerseelentag 1820 beschreibt Anna Katharina Emmerich jenen Aufenthaltsort der Seelen, an dem sie zwischen dem Fegfeuer und dem Himmel verweilen.

Das Wandeln in der anderen Welt

Ich wurde von meinem Führer emporgeführt. Ich hatte nicht das bestimmte Gefühl einer Richtung nach einer Weltgegend; aber es war ein sehr mühsamer Weg. Er war immer aufsteigend und ganz schmal und führte wie eine lichte Brücke steil in eine ungeheure Höhe. Es war Nacht an beiden Seiten; ich mußte immer seitwärts gehen, so schmal war der Pfad! Unter mir sah ich die Erde voll Nacht und Nebel und die Menschen in Elend und Morast wühlend. Ich war schier die ganze Nacht in diesem schweren Aufklimmen; oft sank ich nieder und meinte herabzustürzen, dann reichte mein vorauswandelnder Führer mir die Hand und brachte mich weiter. Es ist möglich, daß ich in einer Weltrichtung reiste, denn mein Führer zeigte mir einigemal links und rechts wüste Orte an der Erde, wo gewisse Geheimnisse der Führungen des Volkes Gottes geschahen. Ich sah allerlei Orte, wo die Patriarchen und dann die Kinder Israel gewandelt sind. Es war, als träten diese Orte, wenn mein Führer darauf hinzeigte, hell aus Nacht und Ferne gegen mich heran. Es waren Wüsten, zerfallene dicke Türme, Sümpfe, große übergebeugte Bäume. Er sagte mir, wenn diese Orte alle wieder aufgebaut und von Christen bewohnt sein würden, dann würde die letzte Zeit sein. Auf diesem Pfade schwebten viele Seelen, von ihren Führern begleitet, als graue Gestalten aus der Nacht zu uns heran. Es war, als flögen sie aus einer weiten Nacht nach diesem schmalen lichten Faden, auf dem ich peinlich unter stetem Flehen und Gebeten hinanklomm. Sie kamen nicht auf den Pfad selbst, sondern schwebten links und rechts in halber Höhe neben und hinter mir längs dem Pfade. Es waren Seelen in diesen Tagen Verstorbener, für welche ich zu leiden und zu beten berufen war... Mein Pfad führte nicht in das eigentliche Fegefeuer; dieses lag unter demselben, und ich sah diese Seelen auf acht und mehrere Tage in dasselbe eingehen durch mein Gebet, welches ich noch fortzusetzen hatte. Ich sah gefallene, noch nicht verdammte Geister aus den Planeten die hilflosen Seelen mit Vorwürfen plagen und reizen und in ihrem Dulden und Sehnen zu stören suchen. Der Ort, in welchen ich einging, war eine große Gegend ohne Himmel; es war, als sei oben alles zugewachsen wie mit einem Gewölbe, einer Laube. Es waren hier wohl Bäume, Früchte und Blumen, aber alles war trüb und leid- und freudelos. Es waren hier unzählige andere Abteilungen wieder mit besonderen Arten von Dunst, Nebel, Wolken oder Scheidungen getrennt, nach verschiedenen Ideen von Ab- und Einschränkung; und ich sah in diesen Räumen wenige oder mehrere Seelen beieinander wohnen. Es war dieses ein Aufenthalt zwischen dem Fegefeuer und dem Himmel. Ich sah daselbst bei meiner Ankunft eine Menge Seelen, immer drei und drei von einem Engel begleitet, nach einer Seite hinschweben und aufsteigen, wo wie ein Licht aus hoher Ferne niederschimmerte. Sie waren ungemein freudig. Ich sah diese Seelen alle schon farbig schimmernd; indem sie ausgingen, ward die Farbe ihrer Glorie reiner... Die Seelen gingen immer drei und drei aus, grüßten mich und dankten. Es waren sehr viele, die ich kannte, meistens Leute vom Mittelstande und Bauern. Wenngleich kein Rang hier ist, so ist doch eine feinere Bildung zu unterscheiden. Es ist ein wesentlicher Unterschied in den Stämmen, und man kann es in der Erscheinung unterscheiden. Das Geschlecht unterscheidet sich durch Stärke, Strenge, Bestimmtheit in dem Wesen bei Männerseelen, in den weiblichen ist etwas Weiches, Leidendes, Empfängliches, man kann es nicht beschreiben. In diesem Raume halten sich Engel auf, welche die Seelen nähren mit Früchten des Ortes; auch wirken sie bereits auf das Fegfeuer und auf die Erde, haben auch ein Bewußtsein des himmlischen Genügens, und das Sehnen und Harren ist die letzte Pein. Ich ging aus diesem Orte weiter an dessen Ende und sah durch eine lichter werdende Öffnung einen Raum, der heller und mit schöneren Bäumen geziert war. Ich sah, wie eine Bewegung von Engeln darin; es wurde mir gesagt, hier seien die Altväter vor Christi Höllenfahrt gewesen, und es wurde mir gezeigt, wo Adam, wo Abraham, wo Johannes gewesen. Ich kam von da links durch einen beschwerlichen Weg nach Hause.

Regionen der Reinigung

Auffallend an ihren Beschreibungen der Reisen zum Fegfeuer, dem Ort der Läuterung, ist, daß sich die Visonärin bemüht, möglichst genau den Weg dorthin zu kennzeichnen. In einer Vision vom Allerseelentag 1821 berichtet Anna Katharina Emmerich sehr ausführlich und mit genauen Details über die Orte der Reinigung.

Ich bat die Heilige, mich zu Sterbenden und zu den armen Seelen zu führen, und es war, als wenn ich mit ihr durch Holland reiste... Von da ging ich immer weiter nach Mitternacht. Ich kann mir nicht recht denken, in welcher Gegend das Fegfeuer eigentlich ist. Meistens gehe ich nach Mitternacht; aber ich verliere dann den natürlichen Grund und muß durch einen dunklen Übergang und muß viele Schwierigkeiten, Hindernisse, Peinen überwinden, wie sie von Wasser, Schnee, Dornen, Morast und dergleichen kommen können. Ich arbeite sie für die armen Seelen durch; und dann ist es oft wieder, als steige ich auf dunklen, grundlosen Wegen nieder, wie unter die Erde, und komme dann in Räume von verschiedener Düsterheit, Nebel, Kälte, Unheimlichkeit aller Art, und da aus einem Raume in den anderen zu Seelen, die höher oder tiefer, mehr oder weniger zugänglich sind. Ich bin auch heute nacht von einem Raum zum andern gegangen, habe getröstet und dabei Aufträge zu verschiedenen Arbeiten erhalten...

Die Straforte der Seelen sind nicht auf einer Stelle; ich finde sie sehr verschieden und muß von einem Ort zum andern reisen. Der Weg geht dann oft so, daß man Meere, Eisgebirge, Schnee, Wolken unter sich sieht. Oft ist es, als müsse ich um die Erde herum hinabsteigen... Die Orte der Seelen finde ich verschieden nach ihren Zuständen, jedoch machen sie immer den Eindruck, als seien sie rund und wie Kugeln. Ich kann sie mit nichts anderem vergleichen als mit den Orten, welche ich Gärten nannte, da ich in ihnen bestimmte Gnaden und Wirkungen wie Früchte bewahrt sehe. So sind auch die verschiedenen Seelenorte wie Gärten, Behälter, Welten von verschiedenen Arten von Ungnade, Mangel, Entbehrung, Pein, Not, Angst, usw.; es sind auch kleinere darunter. Wenn ich zu ihnen komme, sehe ich deutlich den runden Rand um sie und wohl auch einen Lichtstrahl auf einem Punkte einfallen oder eine Dämmerung um den Gesichtskreis. Diese Orte sind die besseren. An keinem sieht man den blauen Himmel, es ist überall mehr oder weniger grautrüb und dunkel. An vielen Orten sind die Seelen sehr dicht zusammen, und da ist große Angst. Einige Orte sind tiefer und dunkler, andere höher und heller. Die Räume, worin sie abgeschlossen und getrennt sind, sind auch verschiedener Gestalt, einige sind z. B. wie Backöfen. Die auf Erden vereint waren, sind nur dann beisammen, wenn sie Reinigung desselben Grades bedürfen. An manchen Orten ist das Licht gefärbt, z. B. feurig, trüb, rot. Es sind Orte da, wo böse Geister die Seelen peinigen, schrecken und quälen. Dieses sind die grausamsten, und man würde sie für die Hölle halten, wenn die unaussprechlich rührende Geduld der Seelen einen nicht vom Gegenteil überzeugte. Es ist nicht zu sagen, welche Freude, welcher Trost es den Zurückbleibenden ist, wenn Seelen erlöst werden. Es sind auch Seelenorte, wo sie arbeiten in Buße, wie ich einst die Sturmlaufenden und Schanzenden gesehen, und die Insel, wo Frauen waren und Früchte bauten, die auf Kähnen fortfuhren. Das sind solche, welche für andere, geringere, etwas wirken können, sie sind in einem besseren Grade. Es mag dieses bildlich sein; aber es ist doch wirklich. Es ist aber dort eine schwache, welke, unkräftige Natur, und die Früchte sind auch so; doch sind sie noch Ärmeren ein Trost. Oft sind Könige und Herren bei denen, welche von ihnen gequält worden, und dienen im Leiden demütig. Ich habe Protestanten, welche in Unwissenheit fromm gewesen sind, im Fegfeuer gesehen. Sie sind sehr verlassen, weil sie das Gebet entbehren. Ich sah Seelen, wenn einige frei wurden, aus niederen Graden in bessere Zustände eintreten. Manche können wandeln und haben Verkehr des Trostes. Große Gnaden sind, erscheinen zu können, um zu flehen um Hilfe und Fürbitte. Ich sah auch Orte, wo Seelen, die auf Erden heiliggesprochen wurden, beim Scheiden aus der Welt aber ihre Heiligkeit noch nicht vollendet hatten, gereinigt wurden.

In mehreren Visionen wirft Anna Katharina Emmerich auch einen Blick in die Hölle. Ein Bericht von der Augustinerin endet sehr abrupt. Offensichtlich war das, was sie gesehen hatte, so schrecklich, daß sie es nicht aussprechen konnte. In einem weiteren Gesicht aber beschreibt sie die Hölle sehr ausführlich. Es handelt von dem Abstieg Jesu nach seinem Tod am Kreuz.

Da ihr aber auch dabei letztlich die Worte ausgehen, nimmt die Visionärin in ihrem Bericht zu einer Gegenüberstellung von Himmel und Hölle Zuflucht.

Als ich einmal über das Elend, das mich umgab, und die vielen Peinen und Störungen sehr verzagt und kleinmütig wurde und dabei seufzte, Gott möge mir doch auch nur einen ruhigen Tag schenken, ich lebe ja wie in der Hölle: da bekam ich einen strengen Verweis von meinem Führer, und er sagte: »Damit du deinen Zustand nicht mehr mit der Hölle vergleichest, will ich dir die Hölle zeigen.« Er führte mich nach Mitternacht zu, nach der Seite hin, wo die Erde steil abfällt. Wir stiegen zuerst weit von der Erde auf. Ich fühlte den Prophetenberg rechts gegen Morgen; über ihm noch morgendlicher sah ich das Paradies. Ich ward nun immer gegen Mitternacht geführt, steil ab durch Pfade von Eiswüsten, und kam in ein schreckliches Land. Die Reise war, als bewege man sich in einer höheren Region um die Erde, und ich hatte das sichere Gefühl des Niedersteigens der steilen Nordseite der Erde gegenüber. Der Weg war wüst und wurde gegen die Hölle zu absteigend dunkel und eisig. Als ich zu dem Ort des Schreckens kam, war es, als käme ich zu einer Welt nieder. Ich sah eine runde Scheibe (einen Kugelabschnitt). Wenn ich gedenke, was ich gesehen, zittere ich noch am ganzen Leibe. In der Annäherung war es, als wenn man über der Erde schwebt. Ich sah alles in Massen: hier einen Flecken schwarz, dort Glut, dort Qualm, dort Nacht. Die Grenze des Gesichtskreises war immer Nacht. In der Annäherung erkannte ich ein Land von unendlichen Qualen.

Die Höllenfahrt

Vor der Vorhölle war ein heller und sozugsagen grüner heiterer Raum. Es war dies jener Raum, in welchen ich immer die vom Fegfeuer erlösten Seelen eintreten sehe, ehe sie zum Himmel geführt werden. Die Vorhölle, in welcher jene sich befanden, die einer Erlösung harrten, war mit einer grauen, nebeligen Sphäre umgeben und in verschiedene Kreise geteilt. Der Heiland, leuchtend und von den Engeln wie im Triumphe geführt, drang zwischen zweien dieser Kreise hindurch, deren linker die Altväter bis auf Abraham, deren rechter die Seelen von Abraham bis auf Johannes den Täufer umfaßte; Jesus drang zwischen beiden hindurch, und sie kannten ihn noch nicht, aber alles erfüllte sich mit Freude und Sehnsucht, und es war, als erweiterten sich diese bangen, bedrängten Räume der Sehnsucht. Es drang wie Luft, wie Licht, wie Tau der Erlösung erquickend durch sie hin, und alles dieses war schnell wie das Wehen eines Windes. Der Herr aber drang zuerst zwischen diesen beiden Kreisen in einen nebeligen Raum, wo sich Adam und Eva, die ersten Eltern, befanden. Er redete zu ihnen, und sie beteten ihn mit unaussprechlichem Entzücken an. Der Zug des Herrn drang nun, von dem ersten Menschenpaare begleitet, links zu der Vorhölle der Altväter, welche vor Abraham gelebt. Es war dieses eine Art Fegfeuer, denn es waren hie und da böse Geister zwischen ihnen, welche einzelne aus diesen Seelen mannigfach bedrängten und ängstigten. Die Engel pochten an und befahlen zu öffnen, denn hier war ein Eingang, weil ein Eindringen, ein Tor, weil ein Abschluß, ein Pochen, weil ein Ankünden des Kommens, und es war mir, als riefen die Engel: »Tuet auf die Pforten, öffnet die Tore!« und Jesus zog ein im Triumphe, und die bösen Geister wichen zurück und schrien: »Was hast du mit uns, was willst du hier, willst du uns nun auch kreuzigen?« u. dgl. Die Engel aber banden sie und trieben sie vor sich her. Diese Seelen aber kannten Jesum nur wenig und wußten nur dunkel von ihm, und er verkündete sich ihnen, und sie lobsangen ihm. Nun wendete sich die Seele des Herrn zu dem Raum zur Rechten, zu der eigentlichen Vorhölle, und vor dieser begegnete ihm die Seele des guten Schächers, von Engeln begleitet in Abrahams Schoß eingehend, und der böse Schächer, der, von bösen Geistern umgeben, zur Hölle fuhr. Die Seele Jesu redete sie an und zog sodann, von der Schar der Engel und Erlösten und der vertriebenen bösen Geister begleitet, in den Schoß Abrahams ein.

Dieser Raum schien mir höher zu liegen, es war, als gehe man unter dem Kirchhofe und steige dann aus der Erde in die Kirche empor. Die gebundenen bösen Geister sträubten sich und sollten nicht hier durch, aber sie wurden von den Engeln mit Gewalt hindurchgeführt. Hier waren alle heiligen Israeliten, links die Patriarchen, dann Moses, die Richter, die Könige; rechts die Propheten und alle Vorfahren Jesu und ihre Verwandten, bis auf Joachim, Anna, Joseph, Zacharias, Elisabeth und Johannes. Hier in diesem Raume waren keine bösen Geister und keine Qual als die Sehnsucht nach der Verheißung, und diese war jetzt erfüllt. Eine unaussprechliche Wonne und Seligkeit durchdrang alle die Seelen, welche den Erlöser begrüßten und anbeteten, die gefesselten bösen Geister aber mußten gezwungen ihre Schmach vor ihnen bekennen . . .

Ich sah nun den Triumphzug des Heilandes wieder in eine tiefere Sphäre eindringen, wo sich fromme Heiden, welche die Wahrheit geahnt und sich nach ihr gesehnt, in einer Art von Reinigungsort befanden. Es waren böse Geister unter ihnen, denn sie hatten Götzenbilder; ich sah die bösen Geister gezwungen, ihren Trug zu bekennen, und sah die Seelen mit rührender Freude dem Heilande huldigen, es wurden aber auch hier die Teufel gefesselt und weitergetrieben . . .

Endlich sah ich ihn mit großem Ernste zum Kerne des Abgrundes, zur Hölle nahen. Sie erschien mir in Form eines unübersehbar großen, schrecklichen, schwarzen, metallglänzenden Felsenbaues, dessen Eingang ungeheure, furchtbare schwarze Tore mit Riegeln und Schlössern bildeten, die Grausen erregten. Ein Gebrüll und Geschrei des Entsetzens wurde vernommen, die Tore wurden aufgestoßen, und es erschien eine greuliche finstere Welt . . .

Als die Tore von den Engeln aufgestoßen wurden, sah man in ein Gewühl von Widersetzen, Fluchen, Schimpfen, Heulen und Wehklagen. Ich sah, daß Jesus die Seele des Judas anredete. Einzelne Engel warfen ganze Scharen von bösen Geistern nieder. Alle mußte Jesum erkennen und anbeten, und dieses war ihnen die furchtbarste Qual. Eine große Menge wurde in einen Kreis um andere herum gefesselt, welche dadurch gebunden wurden. In der Mitte war ein Abgrund von Nacht, Luzifer ward gefesselt in diesen geworfen, und es brodelte schwarz um ihn . . .

Ich sah aber noch, wie die erlösten Seelen in unendlichen Scharen aus den Reinigungsorten und der Vorhölle die Seele des Herrn nach einem freudigen Orte unter dem himmlischen Jerusalem emporbegleiteten. Hierhin kam nun auch die Seele des frommen Schächers und sah den Herrn nach seiner Verheißung im Paradiese wieder . . .

Dieses ist das wenige, dessen ich mich noch aus meiner reichen Betrachtung der Höllenfahrt des Herrn und seiner Erlösung der gerechten Seelen der Altväter nach seinem Tode erinnere . . .

So wie ich die Wohnungen der Seligen in Gestalt des himmlischen Jerusalems als eine Stadt und nach unzähligen Bedingungen der Seligkeit als verschiedenartige Schlösser und Gärten voll wunderbarer Früchte und Blumen mancher bestimmten Arten zu sehen pflegte, sah ich auch hier alles in Form einer zusammenhängenden Welt, in Gestalt von mannigfachen Gebäuden, Räumen und Gefilden. Aber alles ging aus dem Gegensatze der Seligkeit, aus Pein und Qual hervor. Wie im Aufenthalte der Seligen alles nach den Gründen und Verhältnissen des unendlichen Friedens, der ewigen Harmonie und Genugtuung geformt erscheint, so hier alles in den Mißverhältnissen des ewigen Zornes, der Uneinigkeit und der Verzweiflung. Wie im Himmel unaussprechlich schöne, durchsichtige, mannigfache Gebäude der Freude und der Anbetung, so hier ebenso unzählig mannigfaltige finstere Kerker und Höhlen der Qual, des Fluches, der Verzweiflung; wie dort die wunderbarsten Gärten voll Früchten der göttlichen Erquickung, so hier die gräßlichsten Wüsten und Sümpfe voll Qual und Pein und allem, was Greuel und Ekel und

Entsetzen erregen kann. Ich sah Tempel, Altäre, Schlösser, Throne, Gärten, Seen, Ströme des Fluches, des Hasses, des Greuels, der Verzweiflung, Pein und Marter, wie im Himmel des Segens, der Liebe, der Eintracht, Freude und Seligkeit. Hier die zerreißende ewige Uneinigkeit der Verdammten, wie dort die selige Gemeinschaft der Heiligen. Alle Wurzeln der Verkehrtheit und Unwahrheit waren hier in unzähligen Erscheinungen und Werken der Qual und Pein ausgebildet, und nichts war recht hier, kein Gedanke beruhigend, als der ernste Gedanke an die göttliche Gerechtigkeit, daß jeden Verdammten die Qual und Pein ergriff, welche seine Schuld für ihn gepflanzt hatte: denn alles Schreckliche, was hier erschien und geschah, war das Wesen und die Gestalt und der Ingrimm der entlarvten Sünde, der Schlange, welche sich gegen jene wendet, die sie in ihrem Busen genährt. Ich sah da einen ganz schauderhaften Säulenbau mit Verhältnissen ebenso zu Schrecken und Angst eingerichtet, wie im Reiche Gottes zu Frieden und Ruhe, usw. . . . Es ist dies alles wohl zu verstehen, aber im einzelnen unaussprechlich.

Aus dem vorangehenden Vergleich zwischen Himmel und Hölle wird das Paradies, wie es Anna Katharina Emmerich sieht, schon in Grundzügen verständlich. In einer weiteren Vision gibt sie noch deutlicher Aufschluß über die Ausgestaltung des Paradieses.

Die Seele dieses Jünglings führte mich an einen Ort, als sei er im himmlischen Jerusalem. Es war da alles leuchtend und durchsichtig. Ich kam auf einen großen, runden Platz; er war von schimmernden, schönen Palästen umgeben, und mitten durch den Platz zog sich eine lange, gedeckte Tafel mit ganz unbeschreiblichen Gerichten. Aus vieren der umgebenden Paläste wuchsen Blumenbogen nach der Mitte des Tisches, über dem sie in einer geschmückten Krone sich vereinigten, um welche ich die Namen Jesus und Maria schimmern sah. Es war hieran nichts Gemachtes, alles wuchs und war Pracht aus seinem Wesen. Die Blumenbogen bestanden aus den mannigfaltigsten Blüten, Früchten und schimmernden Figuren. Ich kannte dort die Bedeutung von allem und jedem, denn ich sah, was es war; es war eigentlich keine Bedeutung, es war nur Wesen, welches einen wie mannigfaltiger Sonnenstrahl durchschien und zugleich unterrichtete. Hier unten kann man es nicht mit Worten aussprechen. Es lagen auf einer Seite, etwas mehr zurück als die Paläste, zwei Kirchen, die eine nähere von Maria, die andere vom Christkind. Sie waren achteckig. Als ich da angekommen war, schwebten von allen Seiten aus allen Punkten der schimmernden Paläste durch die Wände heraus sehr viele Seelen von seligen Kindern aller Art mir entgegen, mich zu bewillkommnen. Sie waren anfangs in allgemeiner seelischer Form; nachher aber sah ich sie ganz auf die Art und Weise wie sie im Leben gekleidet waren, und erkannte viele meiner früher verstorbenen Gespielen. Vor allem aber erkannte ich Käsperken, den Bruder des Diericke, einen neckischen, sonst nicht bösen Knaben, der in seinem elften Jahr auf einem langen, sehr schmerzhaften Krankenlager verstorben. Dieser Knabe kam auf mich zu und führte mich und erklärte mir alles.

Ein Sträfling blickt ins Jenseits

»Blicke ins Jenseits«, heißt ein kleines Büchlein, das 1940 in Bamberg erschienen ist. Es enthält neben einem Jenseitserlebnis in Gedichtform mit zweifelhaftem Wert den Bericht über ein Jenseitserlebnis eines Schwerverletzten, der zunächst sogar für tot gehalten wurde. Ob es sich dabei um eine authentische Quelle handelt, läßt sich mangels zuverlässiger Angaben nicht ermitteln. Dennoch liegt damit eine beeindrukkende Schilderung vom Jenseits vor. Das Jenseitserlebnis des Sträflings George Lennox, der in einem Bergwerk verunglückte, führt schließlich zu dessen Bekehrung. Datiert wird die Geschichte von diesem Mann in den Winter 1887/88. Wie bei vielen ähnlichen Erlebnissen wird dem zwischen Leben und Tod Wandelnden sowohl die Hölle als auch das Paradies gezeigt.

Aus »Blicke ins Jenseits«

Im Winter 1887/88 arbeitete der Bergmann George Lennox, ein berüchtigter Pferdedieb, in einem Kohlenbergwerk als Sträfling. Sein ihm zugewiesener Platz schien ihm gefährlich. Dies meldete er dem Aufseher, der nach einer Untersuchung den Arbeitsplatz für sicher hielt und Lennox wieder zur Arbeit befahl. Der Sträfling gehorchte, aber nach etwas mehr als einer Stunde stürzte die Decke ein und begrub ihn. Beim Essen vermißte man ihn, suchte nach ihm und fand ihn unter den Trümmern. Das Leben schien erloschen. Er wurde nach oben gebracht und nach der Untersuchung durch den Gefängnisarzt für tot erklärt. Man trug die Leiche zum Krankenhaus und bereitete sie zur Beerdigung vor. Als der Geistliche erschien, befahl ein Krankenwärter einigen Gefangenen, den Leichnam von den Brettern zu heben, durch das Zimmer zu tragen und in den Sarg zu legen. Sie gehorchten. Einer faßte am Kopf an, der andere an den Füßen.

Sie waren ungefähr halb durch das Zimmer gegangen, als der Träger am Kopfende zufälligerweise stolperte, das Gleichgewicht verlor und den Toten fallen ließ. Der Kopf des toten Mannes schlug auf den Boden, und zum größten Erstaunen und Schrecken aller Anwesenden hörte man einen tiefen Seufzer. Bald öffnete Lennox die Augen, und verschiedene Lebenszeichen stellten sich ein. Man schickte sofort zum Arzt, und als er nach einer halben Stunde kam, hatte Lennox nach einem Glas Wasser verlangt und trank es gerade. Bei der Untersuchung fand man, daß ein Bein zweimal gebrochen, und er auch sonst verletzt war. Er blieb noch sechs Wochen im Krankenhaus und konnte dann wieder arbeiten.

Einer seiner Arbeitskameraden im Bergwerk erzählte mir von seinen sonderbaren Erlebnissen, während er anscheinend tot gewesen war. Aus Neugierde wollte ich den Mann kennenlernen, um die Geschichte von ihm selbst zu hören, aber lange bot sich keine Gelegenheit dazu. Endlich kam sie. Ich hatte einige Jahresberichte anzufertigen, und die Gefängnisbeamten und ich sprachen eines Tages über seine Wiederkehr zum Leben. In dem Augenblick ging er an der Bürotür vorbei und wurde mir gezeigt. Jetzt bat ich ihn, zu mir zu kommen, und so wurden wir miteinander bekannt. Von seinen eigenen Lippen haben ich seine wunderbare Geschichte gehört. Er ist ein junger Mann, wohl nicht über dreißig Jahre alt. Er ist kein verhärteter Verbrecher, hat eine gute Bildung und ist sehr lebhaft. Stenographisch habe ich seinen Bericht niedergeschrieben. Er sagte:

»Den ganzen Morgen hatte ich das Gefühl, daß etwas Schreckliches geschehen würde. Ich wurde so unruhig, daß ich zu meinem Vorgesetzten ging, ihm sagte, wie mir zu Mute sei und ihn bat, doch meinen Raum, wo ich Kohlen hackte, nachzusehen. Er kam und schien eine genaue Untersuchung anzustellen. Er schickte mich zur Arbeit mit den Worten zurück, daß keine Gefahr vorhanden, ich aber wohl nicht mehr ganz gescheit sei. Ich fing wieder an zu arbeiten, und nach einer Stunde wurde es mit einem Male sehr dunkel. Dann schien es mir, als ob ein großes eisernes Tor sich öffne, durch das ich hindurch ging. Mir kam der Gedanke, daß ich tot sei und in einer anderen Welt sei. Ich konnte niemand sehen und auch nichts hören, aus einem mir unbekannten Grunde. Ich entfernte mich von dem Tor und kam an die Ufer eines breiten Flusses. Es war nicht dunkel und es war nicht hell, sondern so, wie in einer sternenhellen Nacht. Ich war nicht lange an den Ufern des Flusses, als ich das Geräusch von Rudern im Wasser hörte, und bald kam ein Mann in einem Boot zu der Stelle, wo ich stand. Ich war sprachlos. Er sah mich an und sagte, daß er mich holen wollte. Ich sollte in das Boot kommen und herüberrudern. Ich gehorchte. Kein Wort wurde gesprochen. Ich wollte ihn gerne fragen, wer er sei und wo ich war. Meine Zunge schien am Gaumen zu kleben. Ich konnte nicht reden. Endlich kamen wir herüber. Ich stieg aus und der Fährmann verschwand. So allein wußte ich nicht, was tun. Vor mir führten zwei Wege durch ein dunkles Tal. Der eine war ein breiter Weg und viele schienen darauf gegangen zu sein. Der andere war schmal und führte in eine andere Richtung. Gefühlsmäßig folgte ich dem breiten Weg. Ich war noch nicht weit gegangen, als es noch dunkler zu werden schien. Ab und zu blitzte ein Licht in der Ferne auf, und so fand ich meinen Weg.

Plötzlich begegnete mir ein Wesen, das ich einfach nicht beschreiben kann. Es ähnelte einem Menschen, aber viel größer als ein menschliches Wesen. Es hatte große Flügel auf seinem Rücken, war kohlschwarz und vollkommen nackt. Es hatte einen Speer in seiner Hand mit einem sehr langen Griff. Seine Augen glänzten wie Feuerbälle. Seine perlweißen Zähne mußten einen Zoll lang sein. Seine Nase, wenn man es eine Nase nennen kann, war sehr groß, breit und platt. Sein Haar war sehr grob, schwer und lang. Seine Stimme glich dem Knurren eines Löwen. Während eines Lichtblitzes sah ich es zum erstenmal. Ich zitterte wie Espenlaub bei seinem Anblick. Es hatte den Speer erhoben, als wolle es mich damit durchbohren. So blieb ich plötzlich stehen. Mit jener entsetzlichen Stimme, die ich noch zu hören meine, befahl es mir, ihm zu folgen. Nach einiger Zeit schien sich ein großer Berg vor uns zu erheben. Auf der uns zugewandten Seite sah ich ganz deutlich die Worte: Dies ist die Hölle. Mein Führer schlug dreimal mit dem Speer gegen den Berg. Ein großes, gewaltiges Tor öffnete sich und wir schritten hindurch.

Dann wurde ich in einem Gang durch diesen Berg geführt. Wir wanderten in ägyptischer Finsternis. Auf dem Wege hörte ich schwere Seufzer, als ob jemand im Sterben liege. Je weiter wir schritten, desto mehr Seufzer hörte ich und ich konnte ganz deutlich den Schrei nach Wasser, Wasser, Wasser hören. Wir schritten durch ein weiteres Tor, und nun schien ich eine Million Stimmen in der Ferne zu hören, die Wasser, Wasser schrien. Wieder klopfte mein Führer an eine Tür, und ich fand, daß wir durch den Berg gegangen waren. Vor uns lag eine weite Ebene. Hier verließ mich mein Führer. Ich blieb allein, bis ein zweites, dem ersten ähnlichen Wesen zu mir kam. Aber an Stelle eines Speeres trug es ein gewaltiges Schwert. Es verkündigte mir mit einer Stimme, die meiner Seele Entsetzen einflößte: Du bist jetzt in der Hölle. Von dir ist alle Hoffnung entflohen. Auf dem Wege durch den Berg hierher hörtest du das Seufzen und Schreien der Verlorenen, als sie nach Wasser schrien, um ihre verbrannten Zungen zu kühlen. Ehe du an jenen Ort der Qual kommst, aus dem es kein Entrinnen mehr gibt, kannst du dir in dieser Ebene ansehen, was du hättest genießen können!

Hiermit ward ich allein gelassen. Eine Lähmung schien über mich zu kommen, meine Kraft verließ mich, und im Halbschlaf schien ich zu träumen. Weit über mir sah ich in der Ferne die schöne Stadt, von der wir in der Bibel lasen. Wie wunderherrlich waren die Mauern aus Edelsteinen. Ganz weit in der Ferne sah ich gewaltige Ebenen mit schönen Blumen bedeckt. Auch sah ich den Strom des Lebens und das gläserne Meer. Ungeheure Scharen von Engeln gingen durch die Tore der Stadt. Und sie sangen solch wunderbare Lieder. In ihrer Mitte sah ich auch meine liebe alte Mutter, die vor einigen Jahren an gebrochenem Herzen über meine Gottlosigkeit gestorben ist. Sie sah zu mir herüber und schien mir zu winken, aber ich konnte mich nicht bewegen. Es schien ein großes Gewicht auf mir zu liegen, das mich herunterhielt. Jetzt erhob sich ein sanfter Wind und wehte den Duft der lieblichen Blumen zu mir herüber. Deutlicher denn je konnte ich die süße Melodie der Engelstimmen hören, und ich sagte: O, könnte ich einer ihrer Schar sein! Als ich aus diesem Becher der Seligkeit trank, wurde er mit plötzlich von den Lippen gerissen und ich wurde aus meinem Schlaf aufgeschreckt. Wieder betraten wir den finsteren Durchgang. Nach einiger Zeit öffnete sich eine Seitentür, und siehe, vor mir lag der Feuersee. Soweit das Auge reichte, dehnte sich der See von Feuer und Schwefel. Gewaltige Feuerwellen rollten übereinander, und große Wogen feuriger Flammen schlugen gegeneinander und sprangen hoch in die Luft wie die Wellen des Meeres in einem mächtigen Sturme. Auf den Köpfen der Wellen sah ich Menschenwesen sich erheben, um dann wieder in die Tiefen dieses entsetzlichen Feuersees getragen zu werden. Wenn sie auf den Kronen der Wellen lagen, verfluchten sie einen gerechten Gott in entsetzlicher Weise und stießen herzzerreißende Schreie nach Wasser aus. Das weite Feuermeer hallte und schallte von dem Stöhnen dieser verlorenen Geister wider.

Ich drehte mich um und besah mir die Tür, durch die ich vor einigen Augenblicken getreten war. Da las ich die fürchterlichen Worte: Dies ist dein Geschick, die Ewigkeit hat kein Ende. Mit einem Male fühlte ich, wie der Boden unter meinen Füßen wich und ich in den Feuersee sank. Ein unbeschreiblicher Durst nach Wasser ergriff mich. Ich schrie nach Wasser, als meine Augen sich im Krankenhaus des Gefängnisses öffneten. Dieses Erlebnis habe ich noch keinem vorher erzählt aus Furcht, daß der Gefängnisbeamte mich für irrsinnig erklären und mich ins Irrenhaus einsperren würde. Ich habe das alles erlebt, und ich bin sehr froh, daß ich lebe. Es gibt einen Himmel und es gibt eine Hölle von der Art, wie die Bibel sie beschreibt. Aber eines weiß ich, daß ich dahin nie mehr kommen werde. Sobald ich meine Augen im Krankenhaus öffnete und fand, daß ich lebte und nochmals auf Erden war, habe ich sofort mein Herz Gott gegeben, und ich will als ein Christ leben und sterben.

Träume und Visionen vom Jenseits

Blicke ins Jenseits werden immer wieder auch in Träumen und Visionen gewährt. Meist handelt es sich dabei um Menschen, die in schwierigen Situationen stehen oder schwer erkrankt sind. Sehr häufig befinden sie sich in Todesangst und kommen erst durch die Bilder vom Jenseits wieder zu innerer Ruhe. Mitunter erscheinen in diesen Träumen vertraute, längst verstorbene Personen, die zum Begleiter und Führer in dieser anderen Welt werden. Der Pfarrer und Missionar Alexander Stern (1831–1914) hat in seinem Buch »Das Jenseits – Der Zustand der Verstorbenen bis zur Auferstehung« eine Reihe von Erfahrungsberichten über Träume und Visionen vom Jenseits zusammengetragen. Immer wieder enthalten sie auch Warnungen zur Besserung oder Bekehrung von Menschen. Damit verbunden ist dann zum Teil ein Blick in die Hölle. Manchmal erfolgt sogar eine Gegenüberstellung von Hölle und Himmel.

Aus dem Buch des Pfarrers Alexander Stern

Missionar Duisberg war im Herbst 1866 in Chartum infolge übermäßiger Arbeit schwer erkrankt. Er berichtet: »Der Tod stand mir lebhaft vor der Seele, und die Erkenntnis meines tiefen Sündenverderbens brachte mich in den hitzigen Fieberphantasien fast zur Verzweiflung. Vor meinem inneren Auge war mein ganzes Sündenregister ausgebreitet; ich sah ganz deutlich auf einer Art von Lesepult ein großes Buch liegen, das eng, dick und schwarz beschrieben war. Ich wußte vor schrecklicher Seelenangst nicht, wo aus und ein. Da kam eine lichte, hehre, glänzende Gestalt, sah mich durchdringend mit überaus mildem Blicke an, strich langsam mit durchbohrter Hand über das aufgeschlagene Buch – und die beiden schwarzen Seiten wurden weiß wie Schnee. Danach ergoß sich in mein Herz eine Fülle des seligsten Friedens. Innerlich überzeugt, daß ich nun bald heimgehen und Ihn, den mein Seelenauge geschaut, bald für immer würde sehen dürfen, rief ich in meiner Freude die anwesenden Missionsbrüder und die schwarzen Hausgenossen an mein Bett und rühmte, wie Großes der Herr an mir getan hatte und bat sie alle um Verzeihung. In aller Ruhe gab ich die nötigen Anweisungen, was nach meinem Tode zu tun sei, und äußerte ganz bestimmt, daß ich in der folgenden Nacht heimgehen würde, fragte auch von Zeit zu Zeit nach der Uhr, ob es noch nicht 1 Uhr sei. Ich fühlte ganz deutlich, wie mein Körper nach und nach abstarb, und die Brüder bemerkten gleichfalls, wie meine Beine bald bis herauf kalt und starr wurden. Mein Geist löste sich auch immer mehr vom

Körper ab, und ich sah und hörte die herrlichsten Dinge, die ich weder beschreiben noch aussprechen kann. Ich sah da die lichten Zinnen der himmlischen Stadt Gottes und viele herrliche Lichtwesen in überirdischem Glanze sich aus- und einbewegen und um mich herumschweben. Eines derselben kam mir besonders zutraulich und bekannt vor, war immer bei mir und zeigte mir die Herrlichkeiten. Verwundert fragte ich: ›Wer bist du denn?‹ – ›Oh, kennst du mich nicht mehr? Ich bin ja der Theodor; ich war und bin ja immer bei dir.‹ – Die Brüder hatten sich inzwischen auf die Knie niedergeworfen und flehten und rangen um meine Wiedergenesung, und der Herr erhörte sie. Plötzlich hörte ich wie eine Stimme, die zu mir sagte: ›Ich will dir noch ... Jahre zulegen.‹ Zu meinem Schmerze verschwanden nach und nach die inneren Lichtherrlichkeiten, und ich bekam die Überzeugung, daß ich noch länger auf der dunklen Erde zu verweilen hätte. Es wurde langsam mit meiner Krankheit besser; die große Leibesschwachheit und die Schmerzen rangen mir aber in den folgenden Tagen noch öfters den vorwurfsvollen Ausruf ab: ›Brüder, warum habt ihr mich nicht ziehen lassen?‹ Trotz allem Nachdenken konnte ich mich nicht mehr der genauen Zahl der Jahre, die ich in der Vision gehört hatte, erinnern. Jetzt sind seitdem gegen 30 Jahre vergangen, und ich bin ganz ruhig darüber, weil ich weiß, daß der Herr das rechte Stündlein kennt. – Mein Freund Theodor, den ich in der Vision gesehen hatte, war ein frühreifer, überaus begabter Knabe, und wir beide waren von frühester Jugend an bis in unser siebentes Lebensjahr unzertrennliche Gefährten gewesen. Da bekam er die Gehirnentzündung und starb. Ich war ganz untröstlich; aber ein inneres Zusammenleben mit diesem frühvollendeten Freunde ging fort. Immer hatte ich sein klares, feurigdunkles Auge vor mir; oft und viel hatte ich in meinen Knabenjahren den Eindruck, ja das deutliche Gefühl, als sei er mir nahe, schütze und warne mich. Ich war schon Kaufmanns-Lehrling und einmal eben im Begriffe, einen recht unartigen Streich auszuüben, als ich plötzlich – nicht sichtbar für meine leiblichen Augen, aber deutlich fühlbar in meinem ganzen Wesen – ihn vor mir stehen sah, seine rechte Hand warnend aufgehoben, und sein schwarzes Auge mahnend auf mich gerichtet. Bestürzt eilte ich aus dem Gemach, schämte mich vor meinem seligen Freunde und beugte mich bußfertig vor Gott, wenn auch leider nur für kurze Zeit; aber bald nachher gelang es dem treuen Heiland, mich durch eine tiefgehende Erweckung und Herzensbekehrung für immer zu sich zu ziehen.«

Der verstorbene Missionar Eugen Casalis erzählt in seinem Tagebuch folgendes aus seinen Erlebnissen während seiner Überfahrt von England nach dem Kap der guten Hoffnung: In einer Nacht, in der wegen des herrschenden Sturmes unsere Angst auf den höchsten Grad gestiegen war, sank ich, von Müdigkeit erschöpft, in tiefen Schlaf. Da hatte ich einen Traum, der mich wie eine himmlische Erscheinung entzückte. Mir träumte, es stehe neben meinem Bette ein Mann mit einem ernsten, aber wohlwollenden Gesicht. Ich erkannte den Mann wie durch Eingebung sofort als den Propheten Daniel und rief erfreut: »Daniel!« Der Mann lächelte, nahm mich sofort in seine Arme und trug mich mit schnellem Fluge in den Himmel hinauf. Unsere Reise ging durch die unendlichen Räume hindurch, welche der himmlische Vater mit leuchtenden Gestirnen besät hat. Immer weiter und weiter hinauf ging unsre Reise mit Windeseile. Endlich gelangten wir zu den Toren eines wundervollen Palastes, der von ganz unabsehbarer Ausdehnung zu sein schien und schöner glänzte denn tausend Sonnen zusammen. Wundervolle Gesänge, wie sie keine menschlichen Stimmen je hervorgebracht, gewaltig und lieblich zugleich, ertönten aus dem Palaste, abwechselnd mit »Hallelujas«. Da rief ich entzückt aus: »Hier ist die Wohnung meines Erlösers! Da hinein will ich; ich will zu Ihm; ich will Ihn anbeten und mit einstimmen in den Preis und Gesang zu Seiner Ehre in alle Ewigkeiten.« – »Noch nicht«, antwortete der Prophet, führte mich hierauf von einem Tor zum anderen und ließ mich in die schönsten Teile des himmlischen Palastes hineinschauen; aber hineingehen durfte ich nicht. Der Prophet dämpfte meine Ungeduld immer wieder mit den Worten: »Noch nicht.« – Da auf einmal fühlte ich, daß mein Begleiter und ich mit einer unvergleichlichen Schnelligkeit zur Erde, dem Land der Arbeit und der Leiden, zurückeilten. Es währte nicht lange, so gewahrte ich eine wilde, unbekannte Gegend und mitten darin eine friedliche Hütte, mit einem Strohdach bedeckt, in deren Innerem ich mein eigenes Selbst erkennen konnte. Neben der Hütte sah ich eine Kapelle, in der mehrere hundert Neger versammelt waren, daneben einige Schulgebäude, worin eine große Schar Negerkinder Lieder zum Lobe Gottes einübten. Da sprach der Prophet Daniel zu mir, indem er auf die Neger hindeutete: »Zuerst dieses! Dann werde ich wieder kommen, um dich abzuholen; denn es ist dir eine Stätte beschieden in dem Palast deines Erlösers unter der Bedingung, daß du Ihm treu bleibst.« – Darauf erwachte ich.

Der Kirchenvater Augustin berichtet in einem Briefe an einen Freund: Unser Bruder Gennadius, uns allen bekannt, einer der berühmtesten Ärzte, den wir vorzüglich lieben, den du selbst als einen gottesfürchtigen Mann und mitleidsvollen Wohltäter der Armen kennst, hatte, wie er uns vor kurzem erzählte, als Jüngling Zweifel, ob es wohl ein Leben nach dem Tode gebe. Da nun Gott seine Seele und die Werke seiner Barmherzigkeit nicht verließ, erschien ihm im Traum ein Jüngling hell glänzend und des Anblicks würdig und sprach zu ihm: »Folge mir!« Als dieser nun folgte, kam er zu einer Stadt, wo er zu seiner Rechten Töne des lieblichsten Gesanges vernahm. Da er nun gerne gewußt hätte, was dies wäre, sagte ihm der Jüngling, es seien die Lobgesänge der Seligen. Er erwachte und hielt, was er gesehen, für einen Traum und legte wenig Gewicht darauf. In einer anderen Nacht, siehe, da erschien der Jüngling wieder und fragte ihn, ob er ihn kenne. Er antwortete: »Sehr wohl«, worauf Gennadius ihm alle Einzelheiten seines früheren Traumes, dessen er sich noch wohl erinnerte, mitteilte. »Hast du diese Dinge im Schlaf oder im Wachen gesehen?« fragte der Jüngling. »Im Schlaf«, lautete die Entgegnung des Gennadius. »Du hast recht«, erwiderte der Strahlende, »du sahst sie im Schlafe; und wisse, o Gennadius, was du jetzt schaust, nimmst du gleichfalls im Schlafe wahr! Wenn aber dies der Fall ist, so sage mir, wo befindet sich denn dein Körper?« »In meiner Kammer«, antwortete Gennadius. »Aber weißt du nicht«, fuhr der Fremde fort, »daß deine Augen, welche einen Teil deines Leibes bilden, geschlossen und untätig sind?« »Ich weiß es«, versetzte er. »Mit welchen Augen siehst du denn diese Dinge?« fragte der Jüngling. Gennadius konnte ihm nicht antworten, und während er stockte, begann der Jüngling wieder zu sprechen und erklärte ihm den Grund seiner Fragen. »Wie die Augen deines Körpers«, sagte er, »der jetzt auf dem Bette liegt und schläft, untätig und nutzlos sind und du doch Augen hast, um die Dinge zu sehen, die ich dir gezeigt habe, so wirst du auch nach dem Tode, der dich von den körperlichen Organen befreit, eine Kraft besitzen, durch die du lebst, und ein Sinnen-Vermögen, durch das du wahrnimmst. Zweifle daher nicht länger, daß es ein Leben nach dem Tode gebe!« Gennadius wurde durch dieses Traumgesicht vollständig überzeugt und aller seiner Zweifel enthoben.

Von einem Traumgesicht anderer Art berichtet Pfarrer Haslam. Einem sorglosen, weltlichen Mann in seiner Gemeinde träumte in einer Nacht, daß er in der Markthalle einer benachbarten Stadt sei, und dabei verwunderte er sich, an einer Mauer eine Türe zu sehen, die er bisher nie bemerkt hatte. Er ging auf sie zu, und alsbald öffnete sie sich bei seiner Berührung. Er befand sich in einer Halle, in der eine Menge Männer und Frauen umherliefen, die in großer Seelenangst zu sein schienen. Sie waren zu sehr bekümmert, um sprechen zu können; aber er erkannte die meisten von ihnen als Leute, die seit einiger Zeit gestorben waren. Traurig sahen sie ihn an, als ob sie bekümmert wären, daß er auch an diesen Ort gekommen sei; aber sie sprachen kein Wort. Er erschrak heftig und eilte zurück zur Türe, um zu entfliehen; aber er wurde aufgehalten durch einen ernsten, düster aussehenden Hauswart, der mit einer Grabesstimme sagte: »Du kannst nicht mehr fort.« Der Träumende sagte: »Ich bin da hereingekommen und will wieder hinaus.« »Du kannst nicht«, erwiderte die ernste Stimme. »Sieh nur, die Türe öffnet sich nach innen, so daß man herein, aber nicht hinaus kann!« Mit verzweifeltem Blicke sah er das Portal an; da ließ der Türhüter sich erweichen und ihn aus besonderer Gunst für acht Tage hinausgehen. Voll Freude über diese Befreiung erwachte er. Haslam sagt: Als der Betreffende mir diesen Traum erzählte, warnte ich ihn und bat ihn, sein Herz Gott zu übergeben, weil er vor dem achten Tage sterben könne. Er lachte jedoch darüber und sagte, er wolle sich nicht durch einen Traum schrecken lassen. »Wenn ich bekehrt werde, so hoffe ich sagen zu können, daß ich dazu durch Liebe bewogen wurde und nicht durch Angst.« »Wie aber«, sagte ich, »wenn Gott, dessen Liebe Sie schon so lange mißachtet haben, Sie jetzt durch Furcht bewegen will, sich zu Ihm zu wenden?« Aber alles war vergeblich, für alles Bitten hatte er ein taubes Ohr. Als der achte Tag, ein Markttag, gekommen war, ging er, wie gewohnt, in die Stadt zur Markthalle und sah sich mit besonderem Eifer nach der Türe um, von der ihm geträumt hatte, und da er keine fand, rief er aus: »Nun ist alles gut; ich will jetzt eine gute Mahlzeit mit einer Flasche Wein haben.« Als er dann in der Nacht sein Pferd bestieg, um heimzukehren, wurde er unterwegs vom Pferde geworfen und getötet – es war genau am Schlusse des achten Tages.

Ein ähnliches erschütterndes Traumgesicht hatte ein junger Schotte, Archibald B., der einem Klub von jungen Männern angehörte, der wegen seiner

Üppigkeit und Schwelgerei gewöhnlich der Höllenklub genannt wurde. Bei den Jahresfesten suchte einer den anderen in Trunkenheit und Lästerungen zu überbieten, und dabei tat sich besonders dieser junge Archibald B. hervor, ein Mann von schöner Gestalt und glänzenden Gaben, der – einst ein vielversprechender Knabe – Hoffnungen erweckt hatte, welche durch seine späteren maßlosen Auschweifungen vollständig zerstört wurden. Nach einem solchen Jahresfest hatte Archibald vor Anbruch des Tages folgenden Traum: Er ritt auf seinem Lieblingsroß auf offener Landstraße, als ein Fremder, den er wegen der Dunkelheit der Nacht nicht erkennen konnte, ihm plötzlich in die Zügel griff und sagte: »Du muß mit mir!« – »Und wer bist du?« rief der junge Mann mit einem Schwall von Flüchen, danach ringend, sich gewaltsam zu befreien. »Das wirst du bald sehen«, erwiderte der andere in einem Tone, der einen unbeschreiblichen Schrecken in dem Jünglinge hervorrief, so daß er, die Sporen in die Weichen des Pferdes eindrückend, nochmals versuchte zu entfliehen. Aber umsonst! So schnell das Tier flog, der Fremde war immer neben ihm, bis der Reiter unter verzweiflungsvoller Anstrengung, loszukommen, zuletzt vom Pferde geschleudert wurde; aber anstatt auf die Erde zu kommen, wie er erwartete, sank er in die Tiefe. Als nach geraumer Zeit des Sinkens ein Stillstand eintrat, schöpfte er Atem und fragte seinen Begleiter, der immer neben ihm war: »Wo bin ich? Wo führst du mich hin?« »In die Hölle!« erwiderte der Fremde, und augenblicklich hallte es unendliche Male wider: »In die Hölle, in die Hölle, in die Hölle!« Zuletzt erschien ein Licht, welches bald zur hellen Flamme anwuchs, aber, anstatt des Geschreis, des Geheuls und der Klagen, die der erschreckte Wanderer erwartete, vernahmen seine Ohren den Schall wilder Musik, Töne voller Lustigkeit, und er sah sich am Eingang eines herrlichen Gebäudes, das alles, was er von Menschenhand je gesehen hatte, weit übertraf. Er trat ein, und – was war da zu sehen? Alle Belustigungen, Unterhaltungen, Beschäftigungen, die man auf Erden findet, wurden hier mit einer außerordentlichen Hast und Ausdauer betrieben, was in ihm großes Erstaunen erregte. Junge Männer und schöne Frauen flogen dahin in törichtem Tanze; der Reiter saß atemlos auf dem schnaubenden Pferde, es zu unaufhaltsamem Rennen antreibend; der Unmäßige saß fortwährend an dem Mahle und gab seinem Leichtsinn in leichtfertigen Liedern und lästernden Reden Ausdruck; der Spieler blieb am endlosen Spiele, und der Sklave des Mammons trieb sein elendes Geschäft Ewigkeiten hindurch. Der junge Mann bemerkte bald, daß er sich unter alten Bekannten befand, die gestorben waren, und er nahm wahr, daß ein jeder das trieb, was ihn während seines Lebens besonders eingenommen hatte. Endlich wagte er es, eine frühere Freundin, Frau D., anzureden. Sie saß am Kartenspiel, das sie auf Erden besonders geliebt hatte. Er bat sie, etwas von ihrer Beschäftigung zu ruhen und ihn mit den Annehmlichkeiten dieses Aufenthaltsortes, den er sich ganz anders vorgestellt hatte, bekannt zu machen. Aber mit einem gellenden Wehgeschrei erwiderte sie ihm: »In der Hölle ist keine Ruhe!« Und tausendfach hallte es wider von unzähligen Stimmen: »In der Hölle ist keine Ruhe!« Und ihre Kleider aufreißend, zeigten sie ihm alle eine brennende Flamme in ihrer Brust! »So sind«, sagten sie, »die Genüsse der Hölle! Unsere Wahl auf Erden ist nun unser ewiges Los.« Durchdrungen von Schrecken über das, was er erfahren, wandte sich der junge Mann an seinen geheimnisvollen Begleiter und bat ihn dringend, ihn doch auf die Erde zurückzubringen. Das geschah dann auch. Beim Abschiede hörte er noch die Worte: »Denke daran, in einem Jahre und einem Tage kommen wir wieder zusammen!« Hier erwachte der Schläfer, fühlte sich aber unwohl und fieberhaft und war genötigt, einige Zeit das Bett zu hüten. Er hatte dadurch Zeit, ernstlich über sich nachzudenken, und kam zu dem Entschlusse, den Klub aufzugeben, und sich von seinen Gefährten zu trennen. Er war jedoch kaum wieder genesen, so umschwirrten ihn seine Gesellen aufs neue und boten alles auf, ein so bedeutendes Glied ihrer Gesellschaft wieder zu gewinnen. Nachdem sie die Ursache seiner Erkrankung aus ihm herausgelockt hatten, suchten sie durch Spott und Hohn seine guten Vorsätze im Keime zu erstikken. Und siehe da, er hielt sich wieder zu ihnen und führte seinen vorigen Lebenswandel fort; das Jahresfest seiner Gesellschaft fand ihn wieder bei ihrem Festmahle, mit dem Glase in der Hand! Der Präsident stand auf, seine gewöhnliche Rede zu halten; er begann mit den Worten: »Meine Herren! Da wir ein Schaltjahr haben, so ist es nun gerade ein Jahr und ein Tag, seit wir beisammen waren.« Diese Worte tönten dem jungen Manne wie eine Posaune ins Ohr, aber die falsche Scham vor dem Spott und Hohn seiner Kameraden erstickten die Stimme seines erwachenden Gewissens, und nach einem heftigen inneren Kampfe setzte er sich nieder zum Festmahl und stürzte sich noch tiefer in Völlerei als gewöhnlich, um die ihn belästigenden Gedanken im Wein zu ertränken, bis er bei dämmernder Morgenröte sein Pferd bestieg, um nach Hause zu reiten. – Einige Stunden später fand man das Pferd, gesattelt und gezäumt, ruhig am Rand des Weges grasend, während einige Schritte davon entfernt der Leichnam seines Herrn am Boden lag. – – –

Der tiefsinnige Verfasser der »Briefe aus der Hölle« gibt folgende Schilderung jenseitiger Zustände, die er einem Verstorbenen in den Mund legt: »Die Triebfedern bei den Unseligen in der Hölle sind entweder Begierde oder Gram. Der eine große Teil muß denselben Lüsten und Begierden wie auf der Erde folgen, jedoch hier in der Hölle ohne alle Befriedigung, oder er muß mit unendlichem Widerwillen und Ekel dieselben Missetaten verüben, deren er sich im irdischen Leben schuldig machte. Der Geizige, zum Beispiel, kann nur an Gelderwerb denken, der Wollüstling nur an Unzucht, der Schlemmer nur an Essen und Trinken, der Mörder nur an seine blutige Tat. Der andere große Teil dagegen muß gerade dem nachjagen, was er in der Welt verachtet und versäumt hat. Sein Dichten und Trachten ist auf Gutes gerichtet, und doch fühlt er das Nutzlose seines Strebens. Der Ungerechte denkt nur daran, sein Unrecht wieder gut zu machen, der Unbarmherzige nur, Barmherzigkeit zu üben; die unnatürliche Mutter lebt nur für ihr armes Kind; der Selbstmörder denkt nur daran, sein Leben zu bewahren. ›Aber was wir auch hier in der Hölle leiden müssen, unsere Qual ist noch nicht die eigentliche Strafe. Diese steht uns noch bevor, und erst muß das Urteil über uns gefällt sein. Nein, das ist nur die natürliche Folge unseres irdischen Lebens. O ihr, die ihr noch lebt, denket doch an die Folgen! Alles, alles, und wenn es noch so gering erscheint, hat seine unabweisbaren Folgen, und diese erstrecken sich weit über die Grenzen des Lebens hinaus bis tief in die Hölle. Sind aber die einfachen Folgen so entsetzlich, wie grauenhaft muß dann einst die Strafe werden!«

In seinen »Blättern für höhere Wahrheit« teilt Joh. Fr. von Meyer zwei Träume einer hochgebildeten Freundin mit. »Ich war«, so schreibt sie, »im Jahr 1808 in einer Nacht in den Hades versetzt. Ich wußte dies, und ein Grausen, eine unaussprechliche Angst verließ mich nicht während des ganzen Aufenthaltes daselbst. Ich befand mich in einem grauen, sonst farblosen und leeren Raume, in einer völligen Öde, die nur durch bleiche Schatten, mehr Dunstgestalten als menschliche Wesen, belebt wurde. Finster und in sich gekehrt saßen sie da, und selten nur ließ ein matter Ton sich vernehmen. Auf einmal bemerkte ich unter ihnen eine mir sehr teure weibliche Person. Ich fragte sie, wie es ihr hier im zweiten Leben gefalle, und ob es hier besser sei als auf Erden. ›Ach nein,‹ erwiderte sie mit sichtlichem Schmerz und tiefem Widerwillen, ›der Aufenthalt hier ist schrecklich!‹ Nach diesen Worten wollte sie mich umarmen; aber dieser Beweis ihrer Liebe war mir jetzt ebenso furchtbar als einst wohltuend und erfreulich. Ein unbeschreibliches Entsetzen erfaßte mich; ich wehrte mich und riß mich los; durch und durch erschüttert, zitternd am ganzen Körper und lange noch schaudernd, erwachte ich von diesem gräßlichen Traum. – Im Jahr 1818 (also 10 Jahre nachher) hatte ich einen Traum ganz anderer Art. Ich war im Himmel, erkannte es, daß ich dort sei und fühlte himmlisches Entzücken. War im Hades alles neblicht, mehr dunkel als hell, öde und leer, so strahlte alles hier von Farbe, Licht und belebendem Glanze. Kein Schatten, kein Nebelgebilde, sondern schöne, edle Gestalten von fester, bestimmter Form und dennoch leicht und ätherisch gebaut, durchschwebten den wundervollen Raum. Ich war mir bewußt, daß Engel und heilige Menschen mich umgaben. Aber noch höher sollte mein Wonnegefühl steigen; denn auf einmal schwebte aus einer Höhe voll Glanz und Klarheit jene mir so werte Person auf mich zu, die ich vor zehn Jahren im Hades gesehen hatte. Sie war sehr schön gekleidet, trug eine Krone auf dem Haupte und hatte ein verklärtes, freudetrunkenes und Hoheit strahlendes Angesicht; Engel, besonders auch kleine Genien und Kinderseelen begleiteten sie. Hingerissen von Liebe, Bewunderung und hoher Lust, war es mir, als lebte auch ich nicht mehr in meinem Leibe, als hätte ich soeben die arme Erde verlassen, als dürfe ich in die Worte ausbrechen, die ich einst unter dem Bilde eines Schmetterlings, der sich soeben aus der Puppe entwunden hatte, las: ›O Leben, o Wonne, ich bin frei!‹ In diesem Zustande, der, über alle Beschreibung erhaben, sich nur fühlen, nicht aber darstellen läßt, wollte ich meiner geliebten Seele in die Arme fallen und sie heiß und innig an das hochbewegte Herz drücken. Da vernahm ich die Worte: – O wie voll Trostes und voller Erquickung – ›Rühre mich nicht an; denn ich bin erst gestern gekrönt worden!‹ Mein Glück war zu groß und ließ mich nicht länger schlafen und träumen, ich erwachte mit dem Bewußtsein, die Wonnen verklärter Geister gekostet zu haben; aber die Seligkeit dieser Nacht, der Himmelsnacht, tönte den ganzen Tag und noch lange in meinem Innersten wieder.« – Die Verstorbene, von der hier die Rede ist, war eine in jeder Hinsicht ausgezeichnete, hochgeistige, edel gebildete, mehr im Innern als Äußern lebende, streng sittliche, christlich religiöse Frau, die den Druck eines schweren, sehr leidenvollen Lebens allein durch Glaube, Liebe und Hoffnung ertrug und dem Tode nicht mit Angst und Schrecken, nicht einmal mit bloßer Ergebung, sondern mit Ruhe und heißem Verlangen entgegensah; und doch – und doch! – – Wir haben in diesen beiden Traumgesichten eine ergreifende Beschreibung vom düstern, schauervollen Hades und von der Herrlichkeit der himmlischen Welt. Warum aber die Verstorbene von der bezeugt ist, daß sie eine entschieden christliche und religiöse Frau war, längere Zeit im Hades gebunden gehalten wurde, ob, wie v. Meyer vermutet, bei ihr noch ein Rest eigener Gerechtigkeit vorhanden war, oder ob sonst noch ein Hindernis, irgendeine Gebundenheit ihr noch anhaftete, das vermögen wir nicht zu entscheiden, aber zu ernster Selbstprüfung wird uns diese Erzählung gewiß veranlassen.

Der bekannte Jung-Stilling erzählt in seiner Jugendgeschichte eine Vision, die seinem Großvater, dem frommen Kohlenbrenner Eberhard Jung, zuteil wurde. Es war um das Jahr 1751, kurze Zeit vor dem Heimgang des Greises; er war in den Wald gegangen, um Holz zu holen und hatte die Seinigen auf einer Wiese zurückgelassen. Bei seiner Rückkehr erzählt er mit tiefer Rührung: »Als ich von euch in den Wald hineinging, sah ich weit vor mir ein Licht wie die aufgehende Sonne. Ich verwunderte mich sehr und dachte, dort steht ja die Sonne am Himmel; ist denn das eine neue Sonne? Das muß ja etwas Wunderbares sein, das muß ich sehen! Als ich darauf zuging, erblickte ich eine Ebene, die ich mit meinen Augen nicht übersehen konnte. So etwas Herrliches habe ich in meinem Leben nicht gesehen; ein guter Geruch erquickte mich, und eine kühle Luft wehte darüber her; – ich kann's euch nicht sagen. Über die ganze Gegend war ein weißes Licht ausgegossen; der Tag mit der Sonne ist Nacht dagegen! Da standen viel tausend prächtige Schlösser, eins nahe beim anderen, Schlösser, unbeschreiblich schön, als wenn sie von lauter Silber wären. Da waren Gärten, Büsche, Bäche. O Gott, wie schön! Nicht weit von mir stand ein großes, herrliches Schloß. Aus seiner Türe kam jemand heraus auf mich zu, dem Anscheine nach war es eine Jungfrau. Wie sie nahe bei mir war, erkannte ich unser seliges Dortchen (seine Schwiegertochter, Jung-Stillings Mutter). Sie sagte zu mir so freundlich, eben mit der Miene, die mir ehemals so oft das Herz stahl: ›Vater, dort ist unsere ewige Wohnung. Ihr kommt bald zu uns.‹ Mit einem Male war das herrliche Gesicht weg, und ich sah nichts als Wald vor mir. Kinder, ich sterbe bald, wie freue ich mich darauf!« – Auf den Enkel Heinrich machte diese Begebenheit einen bleibenden Eindruck. Er berichtet vom alten Großvater, daß er von jener Zeit an wie einer war, der in der Fremde und nicht zu Hause ist. Seine Ahnung ging auch bald in Erfüllung. Beim Ausbessern des Strohdaches, wovon er sich durchaus nicht abhalten lassen wollte, stürzte er ab und starb an den Folgen dieses Unfalles.

Erscheinungen von Verstorbenen

Die Leser, die solche Erfahrungen durchaus der Einbildung einer erhitzten Phantasie zuschreiben wollen, sollen diesen Abschnitt überschlagen. Unser Heil hängt ja nicht davon ab, daß wir derlei Berichten Glauben schenken, sondern daß wir an den auferstandenen Heiland glauben und mit Ihm in Lebensverbindung stehen. Dennoch mögen wohlbeglaubigte Tatsachen dieser Art für solche wertvoll sein, die vom herrschenden und immer frecher auftretenden materialistischen Unglauben angefochten sind. Auch können sie dienlich sein, die Irrlehre einer modernen Sekte zu bekämpfen, die bibelgläubig sein will und doch die Existenz eines jenseitigen Lebens leugnet. Im Anhang wird von dieser Sekte noch etwas eingehender die Rede sein. Endlich wird durch derartige Tatsachen die Wahrheit bekräftigt, die wir im vierten Abschnitt dargelegt haben, daß nämlich die menschliche Seele schon im Diesseits eine ätherische Hülle besitzt, mit der sie auch im Jenseits bekleidet ist und die ihr ein Wiedererscheinen in der irdischen Welt ermöglicht, wenn dies nach der göttlichen Ordnung zulässig ist.

Aus reichem Material berichten wir nur wenige Fälle.

Der Urgroßvater des Verfassers, Sebastian Stern, war im Dienst des Gouverneurs von Batavia in Holländisch-Indien und lebte dort zehn Jahre. Als er eines Morgens aus dem Schlafe erwachte, sah er in der Morgendämmerung seine alte Mutter vor dem Bette stehen. Ein Schauder durchfuhr ihn. Er hatte nun keine Ruhe mehr, nahm seinen Abschied und fuhr ums Kap der Guten Hoffnung der Heimat zu, in der er nach fünf Monaten anlangte. Sein erstes war, sich nach dem Lebensende seiner Mutter zu erkundigen, und da erfuhr er zu seinem Erstaunen, daß sie am selben Tage, da sie ihm erschienen, verstorben war. Auf dem Sterbebette hatte sie um ihn gejammert und vor ihrem Ende öfters ausgerufen: »Mein Bastian, mein Bastian!«

Der württembergische Magister Schölkopf, der im Jahre 1777 als Hallischer Missionar nach Ostindien ging, hatte mit seinem vertrauten Freunde Emendörfer verabredet, daß der, welcher zuerst sterbe, dem anderen erscheinen solle. Noch im selben Jahr lag der Freund in einer Nacht schlaflos; da ging die Türe auf, eine weißgekleidete Gestalt trat ein und sprach die Worte: »Ich bin dein Freund Schölkopf; ich fühle mich unaussprechlich selig, aber unsere Verabredung hat mir viele Seufzer ausgepreßt!« Nach einem halben Jahre kam aus Indien eine Anzeige, daß Schölkopf um jene Zeit in Madras gestorben sei. – Dieses Erlebnis zeigt noch beiläufig, daß eine derartige Verabredung uns Sterblichen nicht zusteht, ja, daß sie eine Vermessenheit ist.

Die Verfasserin der kleinen Schrift: »Aus dem Geisterreich« erzählt folgendes: Der General v. Th. war mit einer Tante der Verfasserin, Henriette v. St., verlobt. Weil er unerwartet zu den Waffen gerufen wurde, äußerte er den dringenden Wunsch, noch vor seinem Abmarsch der jugendlichen Braut angetraut zu werden. Die kirchliche Trauung war vollzogen, unter bangen Erwartungen das Hochzeitsmahl gehalten worden und die Abschiedsstunde gekommen. Im Schmerz der Trennung drückte der General sein junges Weib an sein Herz und ließ sich zu der Äußerung hinreißen; »Wenn ich bleiben (d. h. fallen) sollte, so erscheine ich dir.« Wochen und Monate vergingen. Henriette schlief mit ihrer Schwester Eleonore im gleichen Zimmer. Letztere schlief schon fest, als sie durch den Ruf ihrer Schwester geweckt wurde: »Lore, Lore, Th. ist da.« Sie wacht auf und sieht den General in voller Uniform* umgeben von einer Glorie. Sobald der mangelhafte Verkehr es gestattete, kam die Nachricht, daß er auf dem Felde der Ehren geblieben sei. Die Stunde der Erscheinung war die Stunde seines Todes.

Frau v. H. teilt uns folgendes Erlebnis mit. Sie war in ihrer Jugend mit einem talentvollen jungen Manne befreundet, und es war beiderseitiger Wunsch, daß es zu einer ehelichen Verbindung komme; aber durch Intrigen wurde dies vereitelt. Sie kamen auseinander und unterhielten keinerlei Verbindung mehr miteinander. Er verheiratete sich anderweitig und lebte mit Frau und Kindern als Professor in München; sie lebte als verheiratete Frau in einer Stadt in der Rheinprovinz. An einem Vormittage, als eben ihr Mann ausgegangen war, sah sie in ihrem Zimmer ihren ehemaligen Jugendfreund mit krankhaftem, wehmütigem Gesicht auf sich zukommen. Sie erinnerte sich, daß er Frau und Kinder habe, und wehrte ihm mit der Hand ab. Darauf entfernte er sich. Nun durchsuchte sie ihre Wohnung, fand aber keine Spur mehr von ihm. Nach zwei Tagen las sie in der Zeitung, daß Professor N. N. in München gestorben sei. Sein Todestag war der Tag, an dem er ihr erschienen war.

Der bei frommen Landleuten des Kantons Bern wohlbekannte Pfarrer Kuhnen berichtet von einer tugendhaften Tochter aus gläubiger Familie, die er noch als ledig kennenlernte, und deren Vater ihm nach ihrem Tode versicherte, sie habe ihm niemals widersprochen, habe ihm stets aufs Wort gehorcht und sich auch mit Entschiedenheit von der Welt abgewandt. Sie verheiratete sich mit einem gläubigen jungen Manne und lebte mit ihm sehr glücklich. Aber das Glück sollte nach Gottes Ratschluß nur kurze Zeit währen. Bei der Sprengung eines Felsblocks wurde sie (am 15. November 1895) tödlich verwundet und starb nach vier Stunden. Der junge Gatte war untröstlich und wagte von Gott zu erbitten, Er möchte ihm nur ein einziges Mal seine Frau erscheinen lassen. Nach ungefähr 14 Tagen sah er eines Morgens in seinem Zimmer die Verewigte als Lichtgestalt daherschweben. Sie befahl ihm, ihr die Hand zu geben, was er anfangs nicht wagte. Aber sie drang darauf

* Es ist auffallend, daß diese Erscheinung bekleidet ist, wie auch alle Erscheinungen von Verstorbenen oder Lebenden (die sog. Doppelgänger) in der Regel in der Bekleidung auftreten, die sie zu Lebzeiten gewöhnlich tragen oder trugen. Es läßt sich das nur dadurch erklären, daß die Bekleidung eben in unserer Einbildungskraft so sehr mit uns verwachsen ist, als ob sie zu unserem Selbst gehörte. Wir sehen auch im Traume alle Gestalten bekleidet. Verstorbene müssen auch in der gewohnten Bekleidung erscheinen, sonst wären sie den Lebenden in den wenigsten Fällen erkennbar. Außerdem ist zu sagen, daß die Verstorbenen, die sich zeigen, meist noch mit der irdischen Welt zusammenhängen. Je mehr sie sich von ihr gelöst haben, desto mehr wird auch ihre Bekleidung von der gewohnten abweichen. Zu der Art und Weise, wie sie sich die Erscheinungsform schaffen, vergleiche man das, was am Anfange des 9. Abschnittes gesagt worden ist.

und sagte ihm dann in feierlichem Ton, daß es eine ernste Sache sei, in der Ewigkeit vor Gott zu bestehen, und wie genau Er es nehme in Seiner Abrechnung mit den Menschen. Auf Fragen, die der junge Mann an die Verklärte richten wollte, ging sie nicht ein, sondern erklärte, sie müsse eilen und ermahnte ihn, ebenfalls zu eilen mit seiner Bereitschaft auf die Ewigkeit; damit eilte sie weg und verschwand.

Der fromme und evangelisch gesinnte Bischof Mich. Sailer (gestorben 1832) erblickte in einer Nacht seinen gleichgesinnten Freund Konrad Schmidt, der, einem Verklärten ähnlich, vor seinem Bette stand und sagte: »Der Tod des Christen ist nichts; es ist dem Erlösten wie dem Paulus, als er von der Stadtmauer herab ins Freie gelassen wurde, und wie dem Petrus, als ihn der Engel aus dem Gefängnis führte.« Sailer machte sogleich Licht und schrieb sich die Stunde auf; es war morgens 3 Uhr – wie sich hernach herausstellte, Schmidts Sterbestunde.

Besonders beachtenswert sind die Erfahrungen Pfarrer Oberlins, der in dem unwirtlichen Steintale so segensreich wirkte. Er war, wie Dr. Barth von ihm sagte, ein durch und durch klarer, nüchterner, scharfsinniger, klassisch gebildeter und sehr arbeitsamer Mann und konnte von der unsichtbaren Welt auf eine Weise reden, wie wenn er dort ebenso bekannt und zu Hause wäre wie in dieser. Wir beschränken uns auf das, was er dem Dr. Barth über den Umgang mit seiner verstorbenen Frau mitteilte. Sie war ihm völlig unerwartet durch den Tod entrissen worden. Gleich in der folgenden Nacht erschien sie ihm im Traume und sagte: »Ich werde erstaunlich viel um dich sein.« Von da an sah er sie neun Jahre lang fast alle Tage, im Traume und wachend, teils hier bei sich, teils drüben in ihrem Aufenthaltsort in der unsichtbaren Welt. Er erfuhr von ihr merkwürdige Dinge, auch politische Veränderungen, lange ehe sie eintrafen. Sie erschien aber nicht nur ihm, sondern auch seinen Hausgenossen und vielen Personen im Steintal, warnte sie oft vor Unglück, sagte voraus, was kommen werde, und gab Aufschluß über jenseitige Dinge. Nach neun Jahren wurde ihm durch einen Mann seiner Gemeinde, der auch oft Erscheinungen hatte, mitgeteilt, Oberlins verstorbener Sohn habe ihm gesagt, seine Mutter sei jetzt in einen höheren Zustand versetzt worden und könne fortan nicht mehr auf der Erde erscheinen; von da an sah er seine Frau nicht wieder. – Oberlin erblickte in dem Verkehr mit seiner verstorbenen Frau eine besondere Herablassung Gottes zu seiner Schwachheit, weil sich seine heftige Natur durch ein Übermaß von Schmerzen leicht hätte aufreiben können. Er kam nach dem Tode seiner Frau ganz von Kräften und mußte sich längere Zeit an den Wänden halten, um nicht umzusinken. Nur ganz allmählich vermochte er sich zu fassen. Beide empfanden es aber auch als einen Mangel, als eine Unvollkommenheit, daß sie so sehr aneinander hingen und deshalb das Band noch nach dem Tode fortbestand. Er fand, daß er seine Frau noch mehr liebe als Jesum Christum, und daß es seine Pflicht sei, sich loszumachen von den Banden irdischer, fleischlicher Liebe, und daß er nur dann auf eine gottgefällige Wiedervereinigung mit der Entschlafenen sich Hoffnung machen könne, wenn die Liebe zu Jesu den Sieg davongetragen hätte.

In der einsamen Laube einer kleinen Wirtschaft in der Nähe von Bonn saß ein schöner, junger Mann, Herbert Wenkstern, Marineoffizier, in tiefer Trauer versunken. Er hatte sich vor einigen Jahren mit einer jungen Dame verlobt; die Verlobung wurde jedoch geheimgehalten, weil die Jungfrau glaubte, ihren hochbetagten Vater nicht verlassen zu dürfen. Schließlich ließ sie durch eine Tante den Bräutigam um Rückgabe ihres Wortes bitten; denn sie hatte nicht den Mut, den alten Vater zu verlassen und ihrem Bräutigam über den Ozean zu folgen. Diese Botschaft war niederschmetternd für den jungen Mann; er nahm Urlaub von der amerikanischen Marine, in der er diente, eilte über den Ozean in die Heimat, um noch einmal den Ort zu besuchen, an dem er die junge Dame kennengelernt hatte, und dann in den Wogen des Rheins seinem Leben ein Ende zu machen. – Da, als er bei einer Tasse Kaffee saß, vernahm er ein Klirren des Kaffeelöffels. Als er aufsah, erblickte er seine vor 15 Jahren verstorbene fromme Mutter. Er sah wieder die schönen, seelenvollen blauen Augen, in die er einst als Knabe so gerne geschaut hatte, wenn sie ihr Lieblingslied: »Die Sach' ist Dein, Herr Jesu Christ«, zu singen pflegte, und er hörte sie ihn bitten: »Tue es nicht, es bringt dir Schweres, es bringt dich um die Ewigkeit.« Tränenüberströmt brach er zusammen und gelobte sich und seinem Gott, die furchtbare Sünde des Selbstmords nicht zu begehen und treu seinen Dienst wieder aufzunehmen und bis zu seinem Lebensende zu verrichten. Da war es ihm, als werde ihm ein Kuß auf seine Stirne gehaucht, und als er wieder aufblickte, war die Erscheinung verschwunden. Er eilte nach Bonn zurück und begab sich in das Hotel, in dem er sein Gepäck gelassen hatte, und wo er am Tage zuvor einen Abschiedsbrief an seine Braut geschrieben hatte. Diese, entsetzt über sein Vorhaben, bewog ihren Vater, eiligst mit ihr nach Bonn zu reisen, um ihn womöglich von dem verhängnisvollen Schritte zurückzuhalten. Auf merkwürdige Weise hatte sie das Hotel, in dem er eingekehrt war, in Erfahrung gebracht; aber anscheinend war sie zu spät gekommen, denn der Hotelier konnte keine Auskunft geben, wo der junge Herr zu finden sei. In Tränen versunken saß sie an der Seite ihres alten Vaters. Eben hatte dieser gesucht, seine Tochter zu trösten mit den Worten: »Ruhig, ruhig, mein Kind, vielleicht ist es noch nicht zu spät, es lebt ein barmherziger Gott!« – da öffnete sich die Türe, und herein trat Herbert Wenkstern. Welche Szene des Staunens und des Jubels es nun gab, wollen wir nicht zu schildern versuchen. Der alte Vater gab seinen Segen zur Verbindung seiner Tochter Carola mit Herbert und kaufte ihm ein großes Dampfschiff, dessen Kommandant er wurde – Diese wahre Geschichte ist uns ein Beweis, daß Verstorbene am Ergehen ihrer Hinterlassenen Anteil nehmen, und ihre Seelen von entscheidungsvollen Ereignissen derselben bewegt werden. Sie zeigt uns ferner, daß Verstorbene auf Lebende, mit denen sie innig verbunden waren, einen Einfluß auszuüben imstande sind, sei es durch Traumoffenbarungen oder auch, wie in unserer Geschichte, durch sichtbare und hörbare Kundgebungen, die jedoch ziemlich selten vorkommen. Hier war es durch Gottes Barmherzigkeit der verstorbenen frommen Mutter erlaubt, ihren würdigen und edelgesinnten Sohn vor unermeßlichem Schaden und dessen Braut vor lebenslänglichem Kummer zu bewahren.

Ein Schwager des Verfassers war medial beanlagt, d. h. er besaß die Fähigkeit, Geister zu sehen; selige sah er in leuchtender, unselige in finsterer Gestalt. Er hatte einen ungläubigen Vetter, namens A. L. in Basel, mit dem er zuweilen religiöse Gespräche führte, ohne ihn von der Wahrheit überzeugen zu können. Einst sah er ihn nun, anfangs der sechziger Jahre, in der Nacht in wachem Zustande in Begleitung zweier finsterer Geister an seinem Bette stehen; er streckte die Hand nach ihm aus, wie wenn er seine Hilfe begehrte und klagte: »Ich bin so unglücklich, ich bin in der Hölle; bete für mich.« Dabei hatte er das Aussehen, als triefe er vor Wasser, und der Seher schloß daraus, daß der Unglückliche durch einen Sturz in das Wasser sich das Leben genommen habe. Das bestätigte sich dann auch. Er war in einem Nachen in den Luzerner See hinausgefahren und hatte sich mit Gewichten beschwert in das Wasser gestürzt.

Erfahrungsberichte aus dem Jenseits

Was erwartet den Menschen nach dem Tod? In einer Vielzahl von Büchern älteren und jüngeren Datums versuchen Autoren diese bereits im Vorwort gestellte Frage zu beantworten. Doch die meisten der selbsternannten »Jenseits-Forscher« lassen ihre Quellen im Dunklen. Viele neigen dem Spiritismus und Okkultismus zu. Diese Praktiken werden zu wissenschaftlichen Forschungsmethoden erhoben und sollen Aufschluß über den transzendenten Bereich bringen. So verständlich die Suche der Menschen nach Erkenntnis erscheint, so sehr diskreditiert doch eine zweifelhafte Vorgehensweise, wie zum Beispiel Sitzungen in spiritistischen Zirkeln, das eigentliche Anliegen. Auch das angeblich »automatische Schreiben«, bei dem Verstorbene einem Medium buchstäblich die Feder führen sollen oder etwa vorgeburtliche »Erfahrungsberichte« unter Hypnose, hinterlassen nicht gerade den Eindruck seriösen Bemühens um Jenseitserfahrungen.

Nur in seltenen Fällen können Menschen ohne Medium und ohne Hypnose von dem Leben im Jenseits berichten. Diese Grenzgänger zwischen der Welt der Lebenden und der Toten sind in den letzten Jahren mehr und mehr ins Rampenlicht der Öffentlichkeit geraten.

Jene ernstzunehmenden Zeugen für das Weiterleben nach dem Tod sind sehr häufig Menschen, die kürzere oder längere Zeit klinisch tot waren, und sich an die Gratwanderung zwischen Leben und Tod erinnern können. Durch die geglückte Wiederbelebung wurden sie von ihrer Jenseitswanderung zurückgeholt. Weitere Berichte über das Jenseits sind in vielen Visionen enthalten.

Das Ende der Höllenqualen

Berichte und Bilder, die das Schicksal der Seelen beschreiben, lassen sich in der Literatur weit zurückverfolgen. Die alten Erfahrungen der christlich-abendländischen Kultur sind dabei häufig stark geprägt von religiösen Mythen. Eines der anschaulichsten Beispiele ist der Traum des Spaniers Francisco de Quevedo Villegas, den er 1625 niederschrieb und der 1787 in deutscher Übersetzung erschien. Der Schriftsteller, Dichter und Politiker, der allgemein als »universalster Geist des europäischen Barocks« gewürdigt wird, lebte von 1580 bis 1645.

Unter dem Titel »Reisen in eine andere Welt oder Über- und unterirdische Visionen und Phantasien verschiedener Geisterseher« berichtet Quevedo Villegas über einen Ausflug der Seele in die Hölle. Im Trancezustand erlebt der Autor die Qualen, die die Sünder dort erleiden müssen. Quevedo Villegas beschreibt im wesentlichen nach Berufsgruppen geordnet, wie die Menschen für ihre Sünden bestraft werden. Sehr anschaulich und bildhaft schildert er auch das harte Los der Ungläubigen. »Muslimen« und Protestanten stehen besonders schlimme Höllenqualen bevor.

Der Bericht über die Höllenwanderung ist vor allem auch als Ermahnung an die

Adresse der Gläubigen gedacht, »auf daß er nie in Verlegenheit komme, diese Örter selbst bestehen zu müssen«.

Der Traum von der Hölle

In dem Traum vom Jüngsten Gericht sah ich mancherlei, und in dem besessenen Algnazil, hörte ich vieles, was ich noch nicht gesehen hatte. Da aber die Träume größtenteils nur Phantasien sind, die aus dem Müßiggang der Seele entspringen, und der Teufel nie die Wahrheit sagt, weil er von demjenigen, was uns Gott aus weisen Absichten verbirgt, nichts weiß, so wurde mir durch eine besondere Gnade Gottes verliehen, unter Anführung meines Schutzengels, nachfolgende Dinge zu sehen, um mich dadurch zu belehren, worin die wahre Zufriedenheit des Menschen besteht.

Ich befand mich an einem mit allen Reizen der schönen Natur geschmückten Ort, wo sanfte Ruhe von außen und Stille von innen mich in den Stand setzte, alle diese Schönheiten ganz innig zu genießen. Die Quellen schlichen sich sanft zwischen den Kieseln hin; die Bäume rauschten mit ihren Blättern, und zuweilen ließen sich hie und da die Vögel mit ihrem lieblichen Gesang hören und wetteiferten miteinander, mein Ohr zu ergötzen; so wie aber der Mensch in seinen Wünschen unersättlich ist, so fand ich endlich auch hieran kein Vergnügen mehr, und sah mich um, ob ich nicht Gesellschaft entdecken könnte. Ich suchte lange mit den Augen und entdeckte endlich zwei Wege, die von einem Ort ausgingen und sich immer mehr von einander entfernten, gleich als wenn sie beide voneinander flöhen. Der Weg zur Rechten war so schmal, daß man kaum einzeln darauf gehen konnte, und weil er sehr selten und nur von wenigen betreten wurde, voller Hecken, holperig und ungangbar. Ich bemerkte demungeachtet einige, die ihn zu passieren versuchten, da sie aber nackt und barfuß gingen, so ließen sie mehrenteils die Haut, die Arme, die Köpfe, oder die Füße auf demselben zurück, und alle, so ihn betraten, waren äußerst abgezehrt und schwach; ungeachtet dessen richtete keiner von ihnen seine Augen rückwärts, sondern alle vorwärts. Ich nahte mich einem von denen, so darauf gingen, mit der Frage: ob man diesen Weg denn nicht reitend passieren könnte? erhielt aber zur Antwort: »Paulus selbst hätte sein Pferd verlassen, um diesen Weg zu Fuß anzutreten, es wäre demnach lächerlich und ungereimt, wenn andere ihn zu reiten gedächten, und als ich den Weg näher betrachtete, bemerkte ich auch weder die geringste Spur von den Fußstapfen irgend eines Tieres, noch Fahrgeleisen, noch irgend einige Nachricht von denen, so ihn ehemals zurückgelegt haben. Hierüber ganz erstaunt, fragte ich einen Bettler, der sich eben ein wenig gesetzt hatte, um Atem zu schöpfen, ob denn Gasthöfe oder Schenken auf diesem Weg anzutreffen wären? Weder eins, noch das andere, war die Antwort, wie wollt ihr hier Gasthöfe suchen, da es der Weg der Tugend ist? Auf dem Weg des Lebens, fuhr er fort, heißt geboren werden Aufbrechen; leben heißt Reisen, die Welt ist ein Gasthof, aber beim Ausgang aus derselben hat man nur noch eine einzige kurze Tagesreise, um entweder die Belohnung, oder die Strafe zu erreichen. Bei diesen Worten stand er wieder auf und sagte: Gott geleite euch! Ich muß weiter, denn jeder

Aufenthalt mit jemand anders auf dem Weg der Tugend ist Zeitverlust, und es ist sogar gefährlich, jemand zu antworten, der bloß aus Neugierde und nicht aus wahrem Verlangen nach dem Guten fragt. Er setzte seinen Weg schwankend und mit tiefen Seufzern fort, und es schien mir, als wenn zuweilen seine Tränen die Steine vor seinen Füßen benetzten. Als ich ihn nun so gehen sah, sagte ich bei mir selbst: ungeachtet dessen und obgleich dieser Weg so rauh und beschwerlich, und die, so ihn betreten, so elend und schwach sind, ist er deinem Humor ziemlich angemessen. Mit diesen Worten trat ich einen Schritt zurück und verließ den Weg des Guten, ohne mich indessen von der Tugend entfernen zu wollen, weil ich wohl weiß, daß sie den Menschen für alle sein Leiden reichlich belohnt und keinen sinken läßt.

Ich wandte mich also nach der linken Seite, und erblickte eine unzählige Menge Menschen, Kutschen und Wagen, viele Schönheit und Pracht, eine Menge Livreebediente, artige Kavaliere, Geistlichkeit und Ritter unter einander. Um nun zu erfahren, was dies für Leute wären, und in gute Gesellschaft zu kommen, trat ich an den Rand des Wegs, fand mich aber sogleich unmerklich in die Mitte desselben hineingezogen, so wie einer, der Schlittschuh läuft, immer etwas weiter gerät, als er anfangs will. Hier sah ich Tänze, Feste, Spiele und Maskeraden, da man auf dem andern Weg von alledem gar nichts fand, und aus Ermangelung der Schneider nackend und zerrissen einhergehen mußte; hier aber waren Kaufleute, Juweliere, Friseure und Putzhändler in Menge, ferner prächtige Gasthöfe und Quartiere in großer Anzahl. Ich freute mich nicht wenig, in so vornehmer Gesellschaft zu sein, obgleich der Weg so voller Menschen war, daß man sich durchdrängen mußte, denn die Ärzte auf ihren Maultieren, und eine ganze Schwadron Rechtsgelehrte, so vor einigen Richtern hermarschierten, vermehrten das Gedränge, auch fehlte es nicht an Gelehrten von allen Wissenschaften. Ich entschloß mich also, diesen Weg zu verfolgen, weil ich sah, daß eine so große Anzahl Menschen ihn mit dem größten Vergnügen und Munterkeit fortsetzen und auch einige von dem anderen Weg zu uns herüber gingen, manche aber durch geheime Fußstiege von dem unsrigen auf den andern übertraten.

Manche von den unsrigen konnten sich nicht recht auf den Beinen halten, und fielen, so erging es einer Legion Schankwirte, die in einen großen Bach von Tränen gerieten, die von andern auf dem Weg waren geweint worden, und da ihre Füße das Wasser nicht vertragen konnten, so sprangen sie haufenweise auf unseren Fußstieg herüber. Während dem Gehen sahen wir denen nach, so unter den größten Mühseligkeiten den Weg der Tugend fortsetzend. Wir machten uns über sie lustig, riefen ihnen zu, und schimpften sie Auswürfe der Erde und ausgeartete Menschen; einige von ihnen verstopften die Ohren und gingen weiter, andere standen von unserem Geschrei ganz betäubt still, und noch andere ärgerten sich über das Auslachen so, daß sie fielen und beschlossen umzukehren.

Ich erblickte auch einen Fußstieg, worauf viele Menschen auf dieselbe Art gingen wie die Guten, so daß es von weitem schien, als wenn sie einen Weg miteinander gingen, als ich aber näher hinzukam, bemerkte ich, daß sie mit uns gingen. Dieses, sagte man mir, wären die Heuchler, denen die Buße, das

Fasten und das Kasteien des Fleisches, so uns zum Verdienst angerechnet wird, zur größeren Verdammnis dient. Hinter ihnen drein lief eine Menge Weiber, so aus Ehrfurcht den Saum ihrer Kleider küßten, manche von ihnen aber schienen es mehr aus Lüsternheit zu tun, andere sammelten die Lappen ihrer Kleider als Reliquien auf, und manche rissen so sehr an ihnen, daß es schien, als täten sie es mehr, um sie nackt und bloß zu sehen, als aus Glauben an ihre guten Werke. Einige empfahlen sich ihrem frommen Gebet, welches eben so viel ist, als durch die dritte Person in die Hölle kommen; noch einige baten sie um Kinder, und sagten, ihre Männer würden sie, wenn sie von ihnen wären, für die ihrigen erkennen, kurz ich bemerkte, daß sie sich alle vor uns verhüllten, aber das Auge des Richters, dem nichts verborgen ist, und der in dem Innern der Seele liest, erkannte sie für das, was sie waren. Denn ob sie gleich immer Reue und Buße im Mund führen, und durch ein strenges Leben sich vor andern auszuzeichnen, so geschieht es bloß, um sich bei dem Volk in Ansehen zu setzen, sie nennen sich daher große und unwürdige Sünder und betrügen auf solche Art mit der Wahrheit selbst, weil sie das wirklich sind, was sie nur aus Ehrgeiz scheinen wollen. Solche Leute haben meiner Meinung nach ein schlimmeres Schicksal zu erwarten, als selbst die Heiden und Ungläubigen, denn da diese nichts von einem ewigen Leben wissen, so genießen sie das gegenwärtige, dagegen die Heuchler weder das eine genießen, noch das andere erhalten, indem sie sich hier quälen und dort gequält werden, so daß man in Wahrheit von ihnen sagen kann, daß sie sich mit vieler Mühe in die Hölle stürzen. So gingen wir miteinander unseren Weg fort, indem immer einer von dem anderen Böses redete, die Reichen folgten dem Reichtum, und die Armen den Reichen und forderten von ihnen, was sie ihnen genommen hatten; die Klügeren gingen, um sich nicht von den anderen regieren zu lassen, ihren eigenen Weg, und die Narren folgten jedem, der sie regieren wollte, ohne Unterschied nach; die obrigkeitlichen Personen hatten eine große Menge Kaufleute in ihrem Gefolge, und die ehrgeizigen und schlimmen Könige schleppten ihr ganzes Reich hinterdrein. Es fehlte auf dem Weg auch nicht an Geistlichen, sowohl von »hohem« als niederem Stand, einige, aber sehr wenige, Soldaten bemerkte ich auf dem anderen Weg, die in einer Reihe sehr schön einhergingen, und wegen ihres tapferen und zugleich menschenfreundlichen Betragens Belohnung zu erwarten hatten. Eine Menge anderer aber, so auf unserem Weg einherging, waren bloße Maulrenomisten, und wußten ihre Tapferkeit nur durch Großtun, Flüche und Schwüre zu beweisen, diese alle gingen beinah ganz nackt, wodurch sie der Lügen überführt wurden, indem man keine einzige Wunde an ihrem ganzen Körper sehen konnte. Diese erzählten sich unterwegs alle ihre Heldentaten und gefährliche Gelegenheiten, in denen sie sich befunden hatten, wovon ihnen aber, weil man sie für Großsprecher kannte, nicht ein Wort geglaubt wurde, bloß allein als der eine, um sich recht zu brüsten, zu dem anderen sagte: Kamerad, was meinst du, haben wir nicht vieles erobert und verschlungen? So glaubte man ihm das letztere auf sein Wort, weil alle das Ansehen hatten, daß sie größere Helden im Schlingen als im Krieg wären. Hierauf bemerkte ich einige Heerführer und Generäle so auf dem Weg zur Rechten mit vieler

Beschwerlichkeit gingen und einer von ihnen sagte, er könne es nicht ertragen, daß diese Leute mit leeren Patenten so viel Wesens machten, da es doch für einen Soldaten besonders unrühmlich sei, den rechten Weg aus Furcht vor den Schwierigkeiten zu verlassen, kommt, rief er ihnen zu, hierher, denn hier seid ihr wenigstens versichert, daß euch euer Lohn durch eitle Versprechungen der Könige nicht wird vorenthalten werden, denn zum wahren Streiter ist es nicht hinreichend, daß man seine Seele verkauft und bloß von Krieg und Tod träumt. Seht nicht auf den Sold, denn ein braver Mann tut alles bloß, um des Guten willen, wer es aber nicht tut, um seines Nutzens willen, kann eher ein Kaufmann, als ein tugendhafter Mann genannt werden; die Tugend allein belohnt sich selbst, und niemand folgt ihr, den sie nicht reichlich belohnt. Er erhob hierauf seine Stimme und sagte ferner: Wißt, daß das Leben des Menschen ein beständiger Krieg mit sich selbst ist, und daß wir beständig gegen die Feinde unserer Seele auf der Hut sein müssen, die uns eine schändliche Überwindung drohen; die Fürsten aber betrachten unser Leben und Blut als einen Zoll, der ihnen gehört, denn wenn wir es in ihrem Dienst verlieren, so sagen sie, sie hätten uns dafür bezahlt, um ihnen zu dienen; kehrt also um und kommt hierher. Die anderen, so bisher aufmerksam zugehört hatten, wurden darüber ärgerlich, und stürzten voller Wut in eine Schenke hinein. Auf ebendiesem Weg sah ich eine Menge Weiber, so die Männer bloß um des Geldes willen geliebt hatten, und die Männer liefen ihnen wieder nach, um das Geld, so sie ihnen abgenommen hatten, wieder zu erhalten, beide stießen im Laufen oft aufeinander, und gingen geraden Weges zur Hölle. Auch bemerkte ich, daß manche am Ende des guten Weges sich verirrten und auf den Weg des Verderbens gerieten, denn da sie wußten, daß der Weg des Himmels sehr eng und der der Hölle sehr breit war, und am Ende den ihrigen sich erweitern, den unsrigen aber sich verengen sahen, so glaubten sie, geirrt und den Weg verfehlt zu haben, und gerieten also von diesem auf jenen und von jenem auf diesen.

Unter anderem bemerkte ich auch ein vornehmes Frauenzimmer zu Fuße und wunderte mich, daß eine solche Person ohne Wagen oder Sänfte nach der Hölle zuging, ich sah mich also nach einem Gerichtsschreiber, Polizeidiener oder sonst jemand um, der mir Nachricht geben könnte, wer sie wäre, allein auf dem ganzen Weg konnte ich weder einen Gerichtsschreiber noch einen Algnazil erblicken, wodurch ich auf die Gedanken kam, ich wäre im Irrtum und unser Weg führte nach dem Himmel und der andere zur Hölle. Dies machte mir wieder einigen Mut, doch blieb ich noch in Zweifel, denn ich hatte gehört, daß der Weg des Guten sehr rauh und beschwerlich sei, und dennoch sah ich, daß auf diesem alles munter und guter Dinge war. Plötzlich aber wurde ich durch eine Menge Ehemänner aus meiner Ungewißheit gerissen, die ihre Weiber an der Hand führten, die Männer waren alle abgezehrt und schwach, während die Weiber munter waren und um sie zu reizen, ganz nackt neben ihnen hergingen; aus alldem erkannte ich, daß ein Ehemann an seiner Frau alle mögliche Gelegenheit hat, Märtyrer zu werden, und beide füreinander die Hölle auf dieser Welt sind, und diese Betrachtung bestärkte mich in der Meinung, daß ich auf dem guten Weg sei. Diese Freude dauerte indessen nicht lange, denn gleich darauf hörte ich hinter mir rufen, Platz! für die Apotheker! Was, dachte ich, Apotheker hier! nun sind wir gewiß nicht weit von der Hölle, und leider war es auch so; denn in eben dem Augenblick kamen wir durch eine Falltüre hinein, durch die man sehr leicht passieren, aber niemals wieder herauskommen konnte. Sonderbar genug war es, daß keiner auf dem ganzen Weg daran dachte, daß wir nach der Hölle gingen, nun aber, da wir einmal drinnen waren, riefen sie alle erstaunt: Wahrlich, wir sind in der Hölle! In der Hölle! sagte ich betrübt, das ist unmöglich, und so fing ich an, laut zu klagen und zu jammern, wegen allem, was ich in der Welt zurückgelassen hatte, als Freunde, Verwandte, Bekannte, Frauenzimmer usw., indem ich nun so weinte, so drehte ich mich mit dem Gesicht gegen die Welt, und sah auf denselben Weg, die meisten von ihnen in der größten Eile auf uns zulaufen. Dieser Anblick gewährte mir wieder einigen Trost, und da sie sehr schnell liefen, so waren sie bald hernach bei mir, bei alledem aber gefiel mir meine jetzige Wohnung und die Gesellschaft, in die ich geraten war, nicht im geringsten. Ich suchte nach und nach unter einem Trupp Schneider, die mit mir zugleich angekommen und voller Furcht vor den Teufeln waren, hineinkommen. Gleich beim ersten Eingang fanden wir sieben Teufel, so alle Ankommenden aufschrieben, ich wurde gefragt, wer ich wäre, und als ich meinen Namen gesagt, ließ man mich passieren, worauf es an meine Begleiter kam. Diese sagten, sie wären Schneider, worauf der Teufel erwiderte: die Schneider wissen, daß die Hölle nicht ohne sie bestehen könnte, deswegen kommen sie so fleißig hierher. Ein anderer Teufel fragte, wie viel ihrer wären? Hundert, war die Antwort; was, schrie er, hundert Schneider, das ist wenig, wir sind nicht gewohnt, unter achtzehnhundert anzunehmen und können diese paar nicht einlassen, bis mehrere dazukommen. Hierüber wurden sie sehr bestürzt, doch gelang es ihnen endlich, hineinzukommen; man sieht aber hieraus, was es für Leute sind, da sie sich sogar darüber betrüben, daß man sie nicht in die Hölle einlassen will. Der erste, ein kleiner, schwarzer Mann mit einem Kupfergesicht, tat vor Freuden einen großen Sprung hinein und sagte: endlich sind wir alle hier! ein angesehener, buckliger und hinkender Teufel, der in einer Ecke saß, kam hierauf zum Vorschein, und trieb sie zusammen in ein weites und tiefes Loch und sagte: Hierher gehört das Holz! Ich näherte mich ihm neugierig, zu erfahren, warum er hinkend und bucklig wäre, und er erwiderte sehr lakonisch, er wäre der Empfänger der Schneider gewesen und hätte sie immer von der Welt abgeholt, und bei diesem Geschäft sei er zum Krüppel geworden, nun aber hätte er Ruhe, weil er sähe, daß sie alle von selbst kämen, ohne daß er sie zu holen brauche. In eben dem Augenblick kam wieder ein Transport Schneider aus der Welt an, und weil ich vor ihnen keinen Platz mehr fand, ging ich tiefer hinein, der Teufel aber trieb sie so, wie die vorigen zusammen in das Loch, indem er sagte, dies sei das beste Brennholz für die Hölle.

Ich ging eben durch einen dunklen Gang, als mich jemand bei meinem Namen rief, ich drehte mich voller Furcht nach dem Ort, wo die Stimme herkam, und sah einen Menschen, den ich aber wegen der Dunkelheit nicht recht erkennen konnte. Kennen Sie mich denn nicht mehr? rief er mir zu, und sagte, er sei der und der Buchhändler. Ach! sagte ich, Sie hier, wer hätte das gedacht! Ich muß indessen gestehen, daß er mir auf der Welt immer verdächtig vorkam, denn sein Laden war ein wahres Bücherbordell und eine Sammlung der anstößigsten und schmuzigsten Schriften. Was soll ich Ihnen sagen, sagte er, als er mich in Gedanken vertieft da stehen sah, mein Unglück ist so groß, daß, da alle übrigen nur wegen ihren eigenen Werken verdammt werden, ich und alle übrigen Buchhändler wegen der Werke anderer büßen müssen, weil wir sie verbreiten, und sie aus einer Sprache in die andere übersetzen lassen, denn heutzutage begnügt sich niemand mit seiner Muttersprache, sondern verlangt französische, englische, italienische und andere Schriften, so daß noch neulich sogar der Horaz ins Spanische hat müssen übersetzt werden. Er wollte noch mehr sagen, als ein Teufel kam, um ihm seine Strafe zu geben, die darin bestand, daß er ihm verbranntes Papier von seinen eigenen Büchern unter die Nase hielt, und ihm aus einigen anderen etwas vorlas. Da ich nun merkte, daß er nicht weiterreden konnte, ging ich vorwärts, indem ich bei mir selbst sagte: Wie wird es denn denen ergehen, die eigene schlechte Werke auf dem Gewissen haben, da schon diejenigen so arg gestraft werden, die nur an denen der anderen Anteil genommen haben?

In diesen Gedanken wurde ich durch eine große Menge seufzender Seelen gestört, die von einigen Teufeln mit Haken und Peitschen vorwärts getrieben wurden. Ich fragte, was es für Leute wären und erhielt zu Antwort, es wären nur Kutscher; ein ganz kahler und über und über kotiger Teufel hub an: Nun darf man nicht mehr von dem Geiz der Bedienten reden, denn hier ist ein Kutscher, der sogar gefragt hat, ob er auch für die Strafe, so er ausgehalten hätte, ein Trinkgeld bekäme! Auch fürchten sie sich alle, daß man ihnen ihre Hiebe nicht gehörig zumessen werde, weil sie glauben, hierin die Lehrmeister der Teufel zu sein. Warum müssen denn, fragte ich, diese Leute büßen? Worauf ein alter schwarzer und schnurrbärtiger Kutscher vortrat und sagte: deswegen, weil wir Narren sind, kommen wir mit Pferd und Wagen in die Hölle; ein Teufel aber setzte hinzu, und deswegen, weil ihr das verschweigt, was ihr in der Welt getan habt, nämlich die Sünden, die ihr befördern helft, und mit lauter Lügen umgehet. Ein anderer Kutscher, so bei einem geheimen Rat gedient hatte und immer noch hoffte, daß sein Herr ihn durch seine Autorität erlösen würde, sagte, es gäbe in der ganzen Welt kein ehrenvolleres Geschäft, als das ihrige, denn man bekleidete sie mit kostbaren Röcken, Gold und Silber, großen Pelzen und Federhüten, auch könnten sie gute Beichtväter abgeben, denn sie erführen viele Dinge, so einem Beichtvater nicht gesagt werden. Wie will z. B. ein Beichtvater wissen, wodurch sich die Schneiderweiber am meisten versündigen? Dies aber wissen wir, denn es geschieht dadurch, weil sie eine unwiderstehliche Begierde haben, in Kutschen zu fahren, und manche sehr ehrbar scheinende von ihnen hat in unseren Wagen den Adel erhalten, denn das Niederlassen der Gardinen und eine halbstündige Spazierfahrt ist hinreichend, um alle Bürgerlichkeit zu vergessen und dem Teufel in den Rachen zu fahren. Wirst du einmal schweigen? rief hier ein Teufel; warum soll ich schweigen, sagte er, da ihr uns so schlecht behandelt, statt daß ihr uns hoch bewirten solltet, denn wir bringen euch keine hageren, armen, zerrissenen und zerlumpten Gäste in die Hölle, sondern lauter wohlverpflegte, schön gekleidete und reinliche, und noch dazu mit Kutsche und Pferden, wahrlich, ihr seid sehr unerkenntlich gegen uns! Vor allem aber verdiene ich eine bessere Begegnung, denn ich habe niemals weder Krüppel zur Kirche, noch Kranke zur Beichte, noch Nonnen in ihr Kloster gefahren, und kein Mensch ist mit einem guten Gedanken jemals in meine Kutsche gestiegen. Ja ich stand in solchem Ruf, daß, wer sich verheiraten oder von der Tugend eines Frauenzimmers überzeugt sein wollte, sich nur zu erkundigen brauchte, ob sie jemals meine Kutsche bestiegen hätte, so ein sicheres Zeichen der Liederlichkeit war sie; und nun erhalte ich von euch einen so schlechten Lohn! Fort und schweigt! rief hier ein Teufel, die Hiebe wurden also verdoppelt, und sie schwiegen; ich aber konnte den Pferdegestank der Kutscher nicht länger aushalten und ging weiter.

Ich kam nun an einige Höhlen, wo eine solche Kälte herrschte, daß ich anfing zu zittern und mit den Zähnen zu klappern, erstaunt darüber, daß in der Hölle eine solche Kälte herrschen könnte, fragte ich nach der Ursache, worauf ein krummbeiniger und über und über grindiger Teufel herauskam und sagte: Diese Kälte entsteht hier, weil hier der Aufenthalt der Narren, Windbeutel, Dummköpfe und der Schwätzer ist, eine Menschenrasse, wovon die Oberwelt wimmelt, hier aber werden sie in diesen Höhlen eingesperrt, weil, wenn sie frei herumgehen dürften, ihre Kälte sogar den Schmerz des Höllenfeuers lindern könnte. Ich bat um Erlaubnis, sie sehen zu dürfen, und erhielt sie, es kam mir eine fürchterliche Kälte entgegen, und ich erblickte die allerschändlichste Gruppe, so jemals gesehen worden, denn hier quälten sie sich untereinander mit dem Guten, so sie auf der Welt voneinander gesagt hatten. Unter den Narren traf ich einige sehr angesehene Männer an, die ich in der Welt für brave Leute gehalten hatte, und als ich nach der Ursache ihres Hierseins fragte, erhielt ich zur Antwort: es wären Schmeichler gewesen, und daher eingefleischte Narren; auf die Frage aber, wodurch sie verdammt würden? erwiderte man mir: andere würden verdammt, weil sie keine Gnade verdienten, diese aber, weil sie dieselbe entweder besitzen, oder doch zu besitzen glauben. Sie kommen so ungezwungen und unbekümmert hierher, als wenn sie hier zu Hause wären, und zum Teil sind wir ihnen auch günstig, weil immer einer des anderen Teufel selbst ist, wodurch sie uns viel Arbeit ersparen und sich selbst verdammen. Der größte Teil von ihnen trägt schon auf der Welt die Hölle in seinem Busen, denn keine Handlung ist ihnen zu schlecht, die sie nicht für Geld unternehmen, daher sie auch hier ihre Strafe mit ziemlicher Geduld ertragen.

Dieser hier war auf der Welt ein schlechter Richter, und wurde unter die Narren gesteckt, weil er die Gerechtigkeit nicht achtete, und alles, was vorkam, ohne Verstand und Billigkeit entschied. Jener andere ist ein bequemer Ehemann, und steckt auch unter den Narren, weil er es mit niemand verderben wollte, und alles, sogar seine Frau, für Geld preisgab. Das Weib dort wurde unter die Dummköpfe gesteckt, weil sie ihren Leib gleichsam zur öffentlichen Herberge machte, wo jeder nach Belieben einkehren konnte. Kurz, es gibt Narren in allen Ständen, und daher ist ihre Anzahl hier so groß, denn wenn man es beim Licht betrachtet, so seid ihr alle Narren in der Welt, und einer lacht immer über den anderen, nur mit dem Unterschied, daß einige geborene Narren und einige wenige Narren von Standes wegen sind. Hinter diesen stecken noch einige andere Narren, wovon die einen einzeln oder zu zweit in den Häusern großer Herren herumschmarotzen, die anderen aber sind die eigentlichen Possenreißer und Lustigmacher in Gesellschaften, von denen ich euch versichern kann, daß, wenn sie nicht von selbst zu uns kämen, wir keinen einzigen von ihnen zu holen uns die Mühe geben würden.

Es entstand ein Zank in der Hölle, und der Teufel verließ mich, um zu sehen, was es wäre; da ich mich nun allein sah, ging ich vorwärts durch einen Gang, wo mir ein abscheulicher Pechgestank entgegenkam. Ich will wetten, sagte ich bei mir selbst, daß, weil es so sehr nach Pech stinkt, hier der Aufenthalt der Schuster sein muß, und so war es auch, denn gleich darauf hörte ich den Lärm der Leisten und das Geräusch des Pechdrahts. Ich hielt die Nase zu und näherte mich der Höhle, worin ich eine unzählige Menge derselben erblickte. Der Aufseher der Höhle sagte mir, dies sind diejenigen, die in ihren eigenen Fellen hierher kommen, während daß die anderen fremde tragen müssen, und deswegen sind sie auch so leicht auf den Füßen. Ich sah auch keinen einzigen Baum, weder groß noch klein in der Hölle, ausgenommen in dem Quartier der Schuster. Dieses allein war voller Pantoffelholz, und also hat Virgil gelogen, als er sagte, daß der Aufenthalt der Verliebten mit Myrten beschattet sei, denn außer dem Quartier der Schuster ist weder Baum noch Strauch zu sehen. Alle diese Schuster mußten sich heftig erbrechen, als sie einige Pastetenbäcker erblickten, die sich an der Türe festhielten, um nicht in ein Loch zu fallen, worin ihrer so viele waren, daß tausend Teufel kaum hinreichten, sie in Ordnung zu erhalten. Ach! sagte der eine, wir werden wegen der Sünde des Fleisches verdammt, da wir uns doch mehr mit Knochen als mit Weibern beschäftigt haben. Er jammerte noch so fort, als ein Teufel zu ihm sagte: O ihr Spitzbuben! Wer verdient wohl die Hölle mehr als ihr? Habt ihr nicht den Menschen öfters allen Unflat zu essen gegeben, und eure Gerichte mit dem Inhalt alter Schnupftücher fettgemacht? Wie viele Magen würden, wenn sie wieder aufstehen könnten, wider euch zeugen, daß ihr ihnen Hundefleisch zu essen gegeben und wie viel Fliegen, Mäuse und anderes Ungeziefer habt ihr nicht in eure Pasteten gemischt? Wie viele Zähne sind durch eure Schuld nicht entzwei gebissen worden und wie oft habt ihr nicht den Menschenmagen zum Pferdemagen gemacht, indem ihr ihn mit Heu und Stroh gefüttert? Und nun wollt ihr euch noch beklagen, da ihr doch von eurer Geburt schon verdammt seid, und kein anderes Gewerbe treiben wollt? Von euren Fleischbrühen und Suppen mag ich gar nichts erwähnen und rate euch bloß zu schweigen und eure Strafe in Geduld zu ertragen, denn uns ist es weit beschwerlicher, euch zu quälen, als euch die Strafe zu ertragen. Ihr aber, sagte er zu mir, geht aus dem Weg, denn wir haben hier zu tun.

Ich ging also weiter und stieg eine Anhöhe hinauf, auf deren Gipfel einige Menschen in einem unauslöschlichen Feuer geröstet wurden, welches die Teufel statt der Blasebalge mit Häschern und Alguazils anfachten, die, obgleich das Einblasen ihr eigentliches Geschäft ist, doch wegen der Heftigkeit, mit der sie blasen mußten, einen abscheulichen Lärm machten. Einer von denen, die so geröstet wurden, rief zuweilen aus: Ich habe die Gerechtigkeit selbst verkauft, und doch verfolgen sie mich! Bei diesen Worten dachte ich nicht anders, als es sei Judas, und näherte mich ihm neugierig, um zu sehen, ob er einen roten oder schwarzen Bart hatte. Ich erkannte ihn aber für einen Kaufmann, der noch nicht lange gestorben war. Ach! sagte ich. Sie hier! Wäre es nur nicht besser gewesen, Sie hätten etwas weniger Vermögen gehabt und wären jetzt nicht an diesem Ort? Ein anderer von denen, so gequält wurden, nahm hierauf das Wort und sagte, die Spitzbuben haben nie genug und glauben, mit ihrer Elle alles zu bezwingen und zu erobern, gleich dem Moses, der mit seinem Stab Wasser aus den Felsen herauslockte; sie haben, gleich braven Rittern, ihre Hölle durch ihre Hände verdient, denn ihr Hauptgeschäft bestand bloß in der Fertigkeit ihrer Daumen, dachten aber nicht daran, daß die Dämmerung ihrer Läden sie in diese Finsternis bringen würde. Er fuhr ferner verdießlich fort, diese Schurken wollen sich Gott gleichstellen und ohne Maß sein, dafür aber erhalten sie hier ihren gebührenden Lohn. Sie allein befördern und erhalten mit Hilfe der Goldschmiede und Juweliere die Torheit unter den Menschen, denn wenn Gott es fügte, daß eines Morgens alle Menschen klug aufstünden, so würden alle Kaufleute bankrott werden, denn man würde alsdann einsehen, daß man alles Überflüssige, wie Diamanten, Perlen, Gold, Silber und Seide weit teurer bezahlt, als das ehrbare und Notwendige. Überhaupt wird in der Welt dasjenige, was am wenigsten wert ist, am teuersten bezahlt, nämlich die Eitelkeit, und diese zu nähren und zu befördern ist der Zweck aller Kaufleute.

Ich merkte wohl, daß er nicht so bald aufhören würde, und ging also weiter, weil eben ein großes Gelächter meine Neugierde rege machte; mir war es etwas Unerwartetes, ein solches Lachen in der Hölle zu hören, und wollte eben nach der Ursache fragen, als ich zwei ziemlich gut gekleidete Menschen erblickte, die gewaltig gegeneinander schrien. Der eine war mit Mantel und Hut, langen Manschetten und einer mächtigen Halskrause bekleidet; der andere hatte einen großen Ringkragen und hielt ein Pergament in der Hand, und bei jedem Wort, so sie gegeneinander ausstießen, schlug ein Chor Teufel ein helles Gelächter auf. Ich trat näher, um ihnen zuzuhören und erkannte den mit dem Pergament für einen Edelmann, der zu dem anderen sagte: Mein Vater war Don der und der, und ich bin ein Neffe von dem großen Stephan und habe in meiner Familie dreizehn der tapfersten Generäle; von seiten meiner Mutter Donna Rodriga aber zähle ich fünf der gelehrtesten Männer in der Welt in meinem Stammbaum, wie kann ich also verdammt werden, da ich meinen Adelsbrief aufweisen kann, und als Edelmann von allem frei bin und keine Sünden zu büßen brauche? So bezahlt, sagte ein Teufel, wenigstens das Ordensband, und mit diesen Worten versetzte er ihm vier Hiebe, so daß es auf die Erde herunterfiel. Um euch aber, fuhr er fort, nicht länger im Irrtum zu lassen, müßt ihr wissen, daß, wenngleich einer vom großen Eid, Bernard, oder Gottfried von Bouillon abstammt und dabei so liederlich und lasterhaft ist wie ihr, er seinen Adel vielmehr schändet als verdient. Der Adel zeigt sich allein durch gute Sitten; habt ihr diese, so räumen wir euch alle Vorzüge ein, wo aber nicht, so betrügt ihr euer ganzes Leben hindurch die Welt mit demselben, und in der Kanzlei der Hölle werden eure Adels- und Freiheitsbriefe zerrissen und verbrannt werden. Der geringste und unbekannteste unter den Menschen adelt sich und seine Nachkommen durch gute Sitten und ein untadelhaftes Leben, und wir müssen herzlich über euch lachen, daß ihr die gemeinen Leute, Bauern, Juden und Mohren verachtet, die doch öfters gerade die Tugenden besitzen, die euch mangeln. Es gibt überhaupt drei Dinge in der Welt, wodurch die Menschen gewöhnlich zu Narren werden, der Adel, die Ehrsucht und die Tapferkeit. Der Edelmann zum Beispiel glaubt, der Ruhm seiner Vorfahren hafte auch auf ihm, so wie ihr Adel, vernachlässigt dadurch alle gute Bildung und bleibt mit samt seinem Adelsbrief ein unnützer Tagedieb in der Gesellschaft; denn wie kann er verlangen, daß man ihm wegen der großen Taten seiner Voreltern, die vielleicht vor ein paar tausend Jahren geschehen sind, Achtung und Ehre erweisen soll, da er nicht den geringsten Anteil daran gehabt hat? Dem Edelmann wurde bei diesen Reden angst und bang, und der stattliche Ritter, so an seiner Seite stand, legte traurig seine Halskrause in Falten, zog seine Stiefel herauf und erwiderte kein Wort (...)

Da ich mich nun hier etwas lange verweilt hatte, und doch gerne mich noch weiter umsehen wollte, so ging ich weiter und traf auf meinem Weg eine große, unabsehbare, stinkende Pfütze an, wo ein so graulicher Lärm war, daß mir der Kopf davon betäubt wurde. Ich fragte, wer da wäre und erhielt zur Antwort, dies wäre der Bußeplatz der Weiber, so in ihrem Leben Gouvernantinnen gewesen wären; und so erfuhr ich, daß unsere alten Hofmeisterinnen in dieser Welt, in der Hölle die Stelle der Frösche verträten und gleich ihnen unaufhörlich sich in Sümpfen aufhalten und quaken, weil sie gleich den Fröschen, die weder Fisch noch Fleisch sind, ein gewisses Mittelding zwischen Weibern und Männern sind, ohne doch eines von beiden zu sein. Ich mußte herzlich lachen, als ich sie so als Ungeziefer mit ausgestreckten Beinen daherfahren sah, und ging weiter.

Ich ließ den Morast zur linken und kam auf einen großen Platz, wo eine Menge Menschen untereinander zankten und schrien, die von sechs Wächtern bewacht wurden. Ich fragte den einen, wer diese alten Leute wären, und warum sie in so großer Menge hier wären? Dies ist, sagte er, das Quartier der Väter, so ihren Kindern großen Reichtum hinterlassen, und deswegen verdammt werden, und man könnte es mit gutem Recht das Quartier der Narren nennen. Ach! rief hierauf einer, ich habe mir keinen Tag Ruhe gegönnt, beinah nichts gegessen und mich kaum bekleidet, um meinem Sohn ein großes Vermögen zu hinterlassen, und als ich es dahingebracht, starb ich, um nichts mehr davon zu verzehren, allein kaum war ich gestorben, als sich mein Sohn mit meinem Geld die Tränen trocknete, und da er wegen meines Geizes überzeugt war, daß ich in der Hölle sein müßte, so ließ er mir nicht einmal einige Seelenmessen lesen, und verachtete meine Befehle. Nun habe ich hier den Schmerz zu sehen, wie er mein mühsam zusammengescharrtes Geld verschwendet und sagt: Mein Vater ist verdammt worden, weil er so viel aufs Geld und so wenig auf seine Seele hielt; und so verdammt er sich nun selbst durch andere Dinge. Das ist die reine Wahrheit, sagte ein Teufel, und es ist jetzt bei solchen Verschwendern in der Welt schon zum Sprichwort geworden, zu sagen: Glücklich ist der Sohn, dessen Vater in der Hölle ist! Kaum hörten dies die Geizigen, als sie mit gräßlichem Geheul einander anfielen und miteinander rangen, so daß ich es aus Mitleid nicht weiter mit ansehen konnte und fortging.

Ich kam nun zu einem dunklen Gefängnis, wo ich ein großes Geräusch von Ketten, Feuer, Hieben und Schreien hörte, und auf die Frage, wer daselbst wäre? erhielt ich zur Antwort: es wären die O hätt ich doch! O wäre ich doch! Ich sagte hierauf, ich verstünde davon kein Wort, und man möge mir eine Erklärung darüber geben; worauf man mir berichtete, es wären törichte Leute, so in der Welt ein schlechtes Leben geführt hätten, und nun hier herumgingen und immer ausriefen: O wär ich doch in die Kirche gegangen! O hätte ich doch die Armen unterstützt! O hätte ich doch Buße getan! (...)

Sind denn, frug ich weiter, keine schlechten Alguazils in der Hölle? Nein! sagte der Teufel. Wie geht das aber zu, sagte ich, da es doch nicht lauter gute gibt? Es kommt keiner in die Hölle, erwiderte er, weil jeder schlechte Alguazil schon in der Welt die ganze Hölle mit sich führt. Wahrlich, sagte ich, ihr meint es nicht gut mit den Alguazils! Wie könnten wir das, erwiderte er, da sie noch schlimmer sind, wie wir selbst, und wir befürchten müssen, daß sie uns verdrängen? denn in dem Geschäft der Verführung greifen sie uns in unser Amt und übertreffen uns zuweilen; und kämen sie hierher, so könnte Lucifer leicht unsrer überdrüssig werden, und uns den Abschied geben, um sie an unsere Stelle zu setzen.

Ich ging vorwärts nach einem sehr angenehmen mit Gittern eingefaßten Platz, der voller Seelen wimmelte, die teils in tiefer Melancholie, teils mit Tränen ihr Schicksal bejammerten; und ich erfuhr, dies sei der Aufenthalt der Verliebten. Ich wurde darüber traurig, daß selbst hier ihre Seufzer noch nicht aufhörten; indessen sah ich einige, die einander, jedoch mit zweifelhaftem Mißtrauen, ihre Liebe erwiderten; eine unzählige Menge schob die Schuld ihrer Verdammnis auf ihre Wünsche, deren Heftigkeit ihnen die Schönheit ihrer Geliebten so überirdisch schilderte, daß keine Sprache und kein Pinsel stark genug war, sie auszudrücken. Die meisten, sagte ein Teufel, verließen sich in der Welt auf das Ich denke! Was ist das? frug ich, und der Teufel erwiderte lachend, es rührt daher, weil sie sich immer auf bloße Mutmaßungen verlassen und daher zu sagen pflegen: Ich denke nicht, daß sie mich hintergehen, daß sie mich quälen, daß sie mir untreu werden, daß sie mir einen anderen vorziehen wird. Ich denke, daß sie sich mit mir allein begnügt, daß sie mich anbetet usw., und auf diese Art kommen alle Verliebten durch das Ich denke in die Hölle. Diese Art Leute werden am stärksten von der Reue gequält, und sie kommen sehr selten zu sich selbst. Mitten unter ihnen stand die Liebe über und über voller Krätze, mit einem Zettel, worauf die Worte zu lesen waren:

> Reichtum, hoher und niederer Stand,
> alles wird von der Liebe entbrannt;
> unzählbar sind ihre Schätze

und sie beloht
wo nicht mit Neigung, doch mit der Krätze!

Was? sagte ich, als ich gelesen hatte, solche Verse hier in der Hölle! Oh! erwiderte man mir, nicht weit von hier sind die Dichter; und indem ich mich umdrehte, erblickte ich einen Trupp von wenigstens hunderttausenden, und man sagte mir, daß sie die Stelle der Hofnarren in der Hölle verträten. Ich näherte mich, um sie genauer zu besehen; und einer davon sagte, indem er auf die Frauenzimmer wies: Alle diese schönen Damen haben halbe Kammerdienerstellen bei den Männern vertreten, indem sie sie auszogen, aber nicht wieder bekleideten; ein anderer aber, der schwerer gefesselt war, und mehr zu leiden schien als die übrigen, nahm das Wort und sagte: Ich werde den, der die Konsonanten erfunden, noch vor Gott verklagen, denn um seinetwillen bin ich hier; hört nur einmal an:

Mädchen, keuscher wie Lukretia,
Voll unwiderstehlicher Zaubermacht,
Wurden des Reimes wegen zu Huren gemacht.
Leute von herrlichem großen Verstand,
Verloren ihren literarischen Glanz
Wegen einem lausigen Konsonant.
Ein trefflicher Ritter von edlem Geschlecht,
Mußte sich streichen lassen mit Ruten,
Damit der Reim sich könne endigen mit Juden.
Des Reims wegen wurde alles verkehrt,
Herodes der Fuchs für unschuldig erkannt,
Und was bitter war, süße genannt.
Die Konsonanten haben mir alles verdorben,
Wahrheit wurde zur Lüge, Weisheit zu Unsinn,
Daher ich auch hierher gekommen bin.
Ehrbare Frauen werden mir noch fluchen,
Denn um zu reimen auf Benedeien,
Machte ich ihre Männer zu Hahnreien.
Der verdammte Konsonant hat uns im Leben geplagt,
Und endlich noch gar hierher gebracht,
O Dichter, beklagt euer Geschick,
Eure Verse machen euer Unglück!

Wahrlich! sagte ich, ihr seid sehr scherzhaft, da euch sogar hier der Kitzel nicht vergeht. Oh, sagte ein Teufel, dies Völkchen besingt seine Sünden, statt daß die anderen sie beweinen, und ihre Mädchen machen sie in ihrer dichterischen Wut bald zu Schäferinnen, bald zu Königinnen, und halten die ganze Welt für einen Roman. Sind sie ihren Göttinnen geneigt, so überhäufen sie dieselben mit Liedern, Sonnetten und dergleichen; sind sie ihnen aber ungünstig, so ist das wenigste, was sie von ihnen zu erwarten haben, eine Satire; dabei sprechen sie immer von Smaragden, goldenen Haaren, Perlen des Morgentaus und kristallenen Quellen und haben öfters kaum ein ganzes Hemd auf dem Leibe. Von Gesetz und Religion wissen sie gar nichts, dem Namen nach sind sie Christen, in den Herzen Ketzer, den Gedanken nach

Narren, und in den Worten Heiden. Damit hatte ich genug, und um nichts Schlimmeres zu hören, ging ich weiter. (...)

Hierauf trat einer der Türsteher zu mir mit den Worten: Damit ihr etwas von uns in der Oberwelt wieder zu erzählen habt, so erlaubt euch Lucifer, seinen Palast zu besehen. Ich ging also hinein und kam in einen großen Saal voller merkwürdiger Dinge, denn es waren unter anderem allein sechs- bis siebentausend Hahnreihe und ebensoviele Alguazils daselbst. Wie, rief ich bei ihrem Erblicken aus, also hier trifft man euch an? Nun wundre ich mich nicht mehr, daß in der Hölle sich keiner von euch blicken ließ; ich sah auch ganze Kammern voll Ärzte; Chronikenschreiber und unverschämte sowohl als bescheidene Schmeichler. In den vier Ecken des Saals brannten vier schlechte Untersucher als Fackeln, und alle Zimmer waren voller spröder Frauenzimmer; und ein Teufel sagte mir: Alle diese kommen wegen ihrer Sprödigkeit und Kälte in die Hölle, und werden der Seltenheit wegen aufbewahrt. Ich bemerkte ferner eine Menge Sachwalter, die viele Arbeit hatten; und viele Seelen, die um Seelenmessen baten, obgleich der Wein dabei umsonst verschwendet wurde. Endlich war auch eine große Anzahl Stief- und böser Schwiegermütter vorhanden, die ihren Kindern und Schwiegertöchtern nicht günstig gewesen waren, und rings umher standen in den Nischen einige Bildsäulen, worunter ich vorzüglich die von einem gewissen General bemerkte, der gegen den Kaiser in Deutschland gefochten hatte, nachdem er vorher sein Bedienter gewesen war.

Ich würde kein Ende finden, wenn ich alles erzählen wollte, was ich auf diesem Weg der Hölle gesehen habe; ich ging also wieder heraus und überdachte mit großem Staunen alles dasjenige, was mir begegnet war. Den Leser aber muß ich vorzüglich bitten, daß er alles dieses, was ich geschrieben, zu seinem Nutzen anwenden möge, damit er nicht einmal in die Verlegenheit komme, diese Orte selbst besehen zu müssen. Denn ich bezeuge nochmals, daß ich keineswegs ein Ärgernis geben, noch irgend jemandem dadurch zu nahe treten wollte, vielmehr ging meine Absicht bloß allein dahin, die Laster, wodurch die Menschen sich unglücklich machen, in ihrer Häßlichkeit darzustellen, und niemand wird sich darüber beklagen können; denn die Schilderung derjenigen, so in der Hölle sind, kann unmöglich auf die Guten angewendet werden.

Die armen Seelen im Fegfeuer

In einer kleinen Schrift mit dem Titel »Erlöste Seelen«, die 1949 in Wien erschien, sind, wie es heißt, »Tagebuchaufzeichungen einer begnadeten Seele über jahrelange Erscheinungen Verstorbener« enthalten. Das durchaus als seriös einzustufende Werk, das mit kirchlicher Druckerlaubnis von der Missionsgesellschaft »Königin der Apostel« herausgegeben wurde, trägt daneben noch den weiteren Untertitel: »Büchlein zur Stärkung des Glaubens an das Fortleben nach dem Tode und an die Vergeltung aller unserer Handlungen, ob gut oder böse«.

Nach der katholischen Lehre handelt es sich bei den armen Seelen um jene, die sich im Zustand der Läuterung – im Fegfeuer – befinden. Es sind die Seelen der Menschen, die zwar im Stand der Gnade gestorben sind, denen aber noch die sündhafte Schuld anhaftet, die im Fegfeuer abgebüßt werden muß. Erst danach erfolgt die Anschauung Gottes.

Die genaue Quelle der Tagebuchaufzeichnungen wird von dem Verlag nicht preisgegeben. Er beruft sich dabei darauf, daß zum Zeitpunkt des Erscheinens noch Verwandte der Prinzessin am Leben seien. Die Berichte sollen nach den Angaben des Verlages von einer süddeutschen Prinzessin niedergeschrieben worden sein, die am 9. Januar 1929 starb. Ihr Ortsseelsorger habe die Berichte nach ihrem Tod als Manuskript gedruckt herausgegeben. Der Herausgeber der Neuauflage von 1949, Pater Paul Sonntag, betonte in seinem Vorwort: »Diese Erlebnisse mit den armen Seelen beweisen uns nicht bloß das Fortleben des Menschen nach diesem Erdenleben, sondern auch, wie genau Gott es nimmt mit den Handlungen der Menschen und wie alles, was noch sündhaft, an der Seele beim Tode haftet, im Fegfeuer, jahre- und jahrhundertelang abgebüßt werden muß.

In der Ich-Erzählung über die Begegnungen mit den armen Seelen beschreibt die Prinzessin deren Verfehlungen und deren Leiden im Fegfeuer. Vielen kann die fromme Prinzessin durch Gebete helfen.

Erscheinungen von armen Seelen

Die Mallersdorfer Klosterfrau

Am 9. August 1921, fünf Uhr nachmittags, sah ich im Garten zwischen zwei Bäumen eine Klosterfrau stehen. Weil sie den Anschein hatte, wie wenn sie auf mich warte, und ich meinte, es sei eine Klosterfrau, die ich von früher kannte, eilte ich ihr entgegen. Sie war auf einmal spurlos verschwunden. Ich ging den Weg zurück, um zu sehen, ob es eine Selbsttäuschung sein könnte; aber der Platz zwischen den Bäumen war wie immer.

19. August sah ich sie im Garten ganz an mir vorbeigehen, so, daß ich genau unterscheiden konnte, daß es der Mallersdorfer Habit war.

14. September im Oratorium. Vor der heiligen Messe sah ich etwas im Fenster vor mir sich abspiegeln; ich meinte, das Fenster hinter mir sei nicht eingehängt und daher die Bewegung vor mir, drehte mich also um. Da stand sie unmittelbar hinter mir, ich sah ihr Gesicht ganz deutlich, große, schwarze Augen mit einem traurigen Ausdruck, ganz wie jemand Lebender, nicht blaß, mir aber völlig unbekannt. Die Gestalt schien mir ohne Arme zu sein. Ich empfand ein greuliches Gefühl, weil sie mir so nahe war.

19. September spielte ich mit einem Kind Ball, da ging sie zwischendurch. Ich muß ein erschrockenes Gesicht gemacht haben, weil mich das Kind fragte, was ich gesehen habe.

2. Oktober beim Blumenpflücken, da stand sie übermenschlich groß vor mir. Immer konnte ich mich nicht entschließen, mit ihr zu reden, und bis ich den Mut gefaßt hatte, war sie immer wieder weg.

Am 7. Oktober kam sie leider auch in mein Zimmer; ich wachte mit einem unangenehmen Gefühl auf, machte Licht, da stand sie unmittelbar an meinem Bett. Ich hatte solche Angst, daß ich sie nicht ansprechen konnte, wehrte mich mit Weihwasser gegen sie, dann ging sie über mich weg in die Wand. Es war sehr arg.

11. Oktober. Als ich um zehn Uhr schlafen ging und gar nicht an sie dachte, machte ich in meinem Schlafzimmer Licht. Da war sie. Ich ging an ihr vorbei an den Weihwasserkessel, besprengte sie und fragte: »Was willst du von mir?« Sie sah mir scharf in die Augen und sagte, ohne den Mund zu bewegen: »Ich habe zwanzig Mark für die Missionen nicht geschickt.« Ich könnte nicht mehr sagen, ob ich ihr bejahend zugenickt oder es ihr zu tun versprochen habe; denn der Augenblick war zu beeindruckend, aber jedenfalls war sie zufrieden, denn sie kam ganz nahe an mich heran, wie wenn sie mir noch etwas sagen wollte. Das machte mir aber solche Angst, daß ich sie nur schnell mit Weihwasser anspritzte, worauf sie durch das Fenster verschwand. Obwohl es sehr verwirrend war, konnte ich nachher sehr gut schlafen. Die zwanzig Marken wurden den Missionen ersetzt, und es wurden für die armen Seelen heilige Messen gelesen.

Nun hatte ich Ruhe bis zum 3. November, wo ich eine große Freude erleben durfte. Als ich da um elf Uhr schlafen ging, sah ich mein inneres Zimmer erleuchtet. Ich dachte, man habe das elektrische Licht brennen lassen, und ging hinein. Da war die Klosterfrau genau am selben Platz wie bei der letzten Erscheinung, aber wie ganz anders! Es ging wie ein strahlendes Licht von ihr aus, ihr schwarzer Habit war wie mit Glanz unterlegt. Aber das Strahlendste war in ihrem Gesichtsausdruck! Sie sah mich lächend und glücklich an. Die Hände, die ich zum ersten Male an ihr sah, waren über die Brust gekreuzt. Ihr Gesicht war eigentlich nur mit einem Opal zu vergleichen; ich kann keinen anderen Ausdruck dafür finden. Ich empfand einen so freudigen Schrecken, daß ich wie starr war und mir nichts anderes zu fragen einfiel als: »Wie heißt du?« Darauf machte sie feierlich das Kreuzzeichen, es wurde finster, und sie war weg. Also hatte das elektrische Licht nicht gebrannt! Eine Täuschung scheint mir ausgeschlossen, denn von nichts kann man das nicht empfinden, was ich empfand. Die Erscheinung schien mir viel größer als sonst, auch stand sie zum erstenmal nicht auf dem Boden. Das war die letzte Erscheinung der Klosterfrau, aber für anderes Schauen hat sie mir vielleicht den Sinn erschlossen.«

»Niemand betet für mich!«

Im Sommer sah ich dreimal eine Frau an der Villa auf und ab gehen mit einem namenlos traurigen Ausdruck. Als ich sie fragte, war die Antwort: »Niemand betet für mich!« Sonst blieb sie auf alle Fragen stumm. Damals hatte man mir noch nicht gesagt, ich sollte mit ihnen beten. So war die Erscheinung auch immer kürzer. Das Beten ist auch eine Erleichterung für mich, ich habe dann weniger Angst.

Am 11. März 1923, kaum war ich um elf Uhr im Bett, kam etwas herein. Ich meinte, es sei meine Schwester, und ich machte nicht gleich Licht; aber dann fühlte ich schon, was es sei. Unter der Türe stand der Schreiner Michel, ein früherer Mesner, weiß nicht, wann er starb. Sagte ihm gleich: »Ja, Schreiner Michel, was willst du denn von mir?« Da schrie er kurz auf und war fort. Der ist nun mein Sorgenkind. Er kommt jetzt alle Nächte, ist schauerlich, da nichts mit ihm anzufangen ist. Er war eine halbe Stunde da, von vier bis halb fünf Uhr, läuft stöhnend im Zimmer herum und sieht nicht schön aus. Aber der liebe Gott wird mir schon helfen.

Am 15. März, halb zwölf Uhr in der Nacht, ist er wieder da. Ich sage: »Am Samstag ist eine heilige Messe für dich, laß mich in Ruhe, was hast du denn getan? Antworte doch einmal!« – »Gottesraub«, schreit er. Ich: »Kann ich dir helfen?« Er nickt mit dem Kopf und ist fort.

Babette

21. April 1923. Sah heute in der Kirche das zweite Mal zwei Frauen knien während des Samstagsrosenkranzes, sie verschwanden und kamen wieder. Als ich nachher mit dem Herrn Pfarrer hineinging, hoffend, daß auch er sie sehen würde (was aber nicht der Fall war), waren sie zwar da, aber als ich mit ihnen reden wollte, waren sie weg. Nikolaus viermal begegnet (war Kammerdiener bei meinem Großvater), er lief förmlich an mir vorbei. Ich hatte nun einige Tage Fieber und konnte nicht schlafen, da sah und hörte ich gar nichts. Jetzt, wo ich wieder wohl bin, scheinen sie wieder zu kommen.

26. April, ein Uhr nachts, kam die vor einem Jahr verstorbene »Hauserin«, weiß ihren Namen nicht. Sie sah sehr traurig aus, blieb nicht lang, ging immer auf und ab.

29. April. Die Hauserin von drei bis halb fünf Uhr bei mir, sehr traurig. Sie

möchte reden und kann nicht; ich habe sie nicht sehr gern, weil sie mich immer so anstiert.

1. Mai war sie schon in meinem Zimmer, als ich schlafen ging. Ich hielt ihr ein Tuch hin, damit sie ihre Hand abdrücke, sie kam ganz nah her, tat es aber nicht.

4. Mai kam sie zweimal in der Nacht, hat sich aber ganz über mich gebeugt, das habe ich sehr ungern. Auch Nikolaus wieder gesehen. Ich fragte die »Hauserin«, wie sie heiße; tat es schon oft, ohne Antwort zu erhalten. Ein abscheulicher Ton klang dann, wie Ba . . . e, sah sehr traurig aus. Weihwasser muß sie sehr gerne haben, denn sie ist unruhig, bis ich es ihr gebe.

5. Mai war sie wieder da, da weiß ich nun, daß sie Babette hieß. Sie macht mich sehr müde, weil sie immer so lange bleibt. Ich sah, daß sie ganz zerrissene Kleider hat, auch hat sie etwas am Mund, konnte es nicht deutlich sehen.

13. Mai, die Hauserin wieder da, sehr unangenehm, beugte sich über mich. Ihr Mund ist abscheulich wie ein Geschwür, die Unterlippe ganz schwarz. Auch sind ihre Augen sehr unangenehm, wäre so froh, wenn sie nimmer kommen würde, es ist nichts aus ihr herauszubringen. Sie möchte wohl reden, kann aber nicht.

14. Mai wieder, da hat sie die Türe aufgemacht, die ich eigens zur Probe schloß.

18. Mai war die Hauserin von eins bis halb vier Uhr bei mir, lief im Zimmer herum. Es ist gräßlich, weiß ja nicht, wie ich helfen kann. Habe gebetet, aber die ganze Nacht kann ich es doch nicht. Ihr Mund ist abscheulich.

21. Mai kam sie in der Dämmerung, halb vier Uhr weckte sie mich durch einen Lärm. Weil man mir es geraten hatte, hielt ich ihr einen Kreuzpartikel entgegen und fragte: »Bist du verdammt?« worauf sie verneinend mit dem Kopf schüttelte. Dann sagte ich: »Ich beschwöre dich, mir zu sagen, was du willst! Ich will dich nicht mehr sehen. Darauf kam in schwer zu verstehenden Tönen: »Pfarrer . . . immer gelogen.« Ich bat sie, es zu wiederholen wegen des schwer zu verstehenden Sinnes, aber sie ging verstört wie jemand, der vor etwas flieht, und machte wieder die Türe auf.

22. Mai kam sie wieder und sah ganz verstört aus, ganz abscheulich. Ich sagte: »Ich befehle dir, mir zu sagen, warum du immer zu mir kommst!« Da kam sie ganz an mich heran und zeigte auf ihren Mund. Ich hatte Angst, dann war sie weg.

23. Mai. Ich war noch kaum eingeschlafen, da war sie wieder. Ich sagte: »Wenn du mir jetzt nicht sagst, was du willst, so bete ich nicht mehr für dich.« Lange keine Antwort, dann unverständliches Gemurmel. Ich: »Sage mir noch einmal, was du vom Lügen gesagt hast!« Sie kommt ganz nahe und sagt deutlich: »Muß leiden, habe verleumdet, viel gelogen. Sage Pfarrer!« Ich: »Warum gehst du nicht zu ihm?« Keine Antwort.

24. Mai kam sie mit einer anderen Gestalt, die ich nicht erkennen konnte. Ich hatte so Angst, hielt ihnen den Kreuzpartikel entgegen und sagte: »Ich bitte euch, kommt nicht zu mir, ihr bekommt eine heilige Messe.« Sah die zwei Frauen in der Kirche wieder.

(Anmerkung: Die Babette lag noch kein Jahr unter der Erde und war dem Pfarrer sehr gut bekannt. Wie dieser bemerkt, sei diese eine ledige, scheinbar fromme, aber sehr hysterische und sinnliche Person gewesen. Sie habe den Geistlichen lange Briefe geschrieben und einen von ihnen in raffinierter Weise verleumdet. »Ihr Ende war schrecklich. Sie gebar ein Kind und starb daran.«)

»Ich war zu irdisch gesinnt.«

12. Oktober 1923. Als ich am Schreibtisch saß, umgab mich am Tag dichter Nebel oder geruchloser Rauch, ich konnte kein Bild mehr unterscheiden. Ich sprengte Weihwasser und alles war wieder klar. – In der Kirche wieder den Ritter gesehen, ich ging aus dem Oratorium zu ihm und fragte: »Kann ich etwas tun für dich?« Er betete, ohne mich anzusehen, weiter. Er sieht von der Nähe sehr gutmütig aus in der schönen Rüstung, wie ein Museumstück. Und das Jahrhundert festzustellen, bin ich leider zu ungebildet.

13. Oktober 1923. Recht bewegte Nacht gehabt, viel Lärm im Nebel. Im Krankenhaus Schwester Hedwig gesehen, auf der Stiege mit ihr gesprochen. Ich: »Warum bist du denn immer wieder da?« Sie: »Ich war zu irdisch gesinnt!« Dann ging sie in die Vorratskammer. Sie sieht nicht mehr so traurig aus.

19. Oktober über einen Schrei neben mir aufgewacht, dann ein Gewirr von Tönen und wieder Nebel.

21. Oktober. Die Nebelgestalten im Zimmer auf und ab gelaufen, kann nichts mit ihnen anfangen, sie laufen auch beim Beten herum. Ich kann eigentlich nicht beschreiben, wie sie sind. Nebel ist nicht das richtige Wort, vielleicht eher geformte Dämpfe. – Den Ritter wieder gesehen. Er gehört in eine andere Kategorie wie das bisher Gesehene, er sieht vollkommen glücklich aus und betet unentwegt.

24. Oktober. Die Erscheinung etwas klarer, es scheint mir eine weibliche Gestalt zu sein; von drei Nebelstreifen nichts mehr zu sehen.

Sterbende blicken ins Jenseits

Viele Zeugnisse belegen, daß manche Sterbende unmittelbar vor ihrem Tod einen Blick in das Jenseits erhalten. Der evangelische Pfarrer und Missionar Alexander Stern (1831 – 1914) hat in seinem bereits erwähnten Werk »Das Jenseits – Der Zustand der Verstorbenen bis zur Auferstehung« etliche Beispiele dieser jenseitigen Erfahrung im Angesicht des Todes dokumentiert. Allen Berichten gemeinsam ist ein Gefühl von Glückseligkeit und Herrlichkeit, von Freude und Erleichterung. Der Blick, den Sterbende ins Jenseits werfen, ist häufig kaum in Worten zu beschreiben. Von Verklärung und Verzückung ist da die Rede, ebenso wie von »unaussprechlichen Dingen«, die sich keiner vorstellen könne. Oft versagen sprachliche Bilder und Vergleiche. Sterbende nehmen Bilder und Geräusche wahr, die Angehörige und Freunde am Totenbett nicht sehen können.

Der Blick in die himmlische Welt

Der gottselige Johann Arnd, Verfasser der »Sechs Bücher vom wahren Christentum«, rief an seinem Sterbetag (im Jahr 1621), als er von einem Schlummer erwachte: »Wir sahen Seine Herrlichkeit, eine Herrlichkeit als des eingeborenen Sohnes vom Vater.« Von seiner Frau gefragt, wann er sie gesehen habe, erwiderte er: »Jetzt habe ich sie gesehen, ei, welch eine Herrlichkeit ist das! Die kein Auge gesehen, kein Ohr gehört hat und in keines Menschen Herz gekommen ist, diese Herrlichkeit habe ich gesehen.« Sein letztes Wort war: »Nun habe ich überwunden.« Nach einigen Stunden entschief er sanft und still.

Drei Jahre nach ihm entschlief der Schuster und Seher Jakob Böhme, nach Kurtz (Kirchengeschichte) »der größte, tiefste und geistreichste aller Theosophen«. An seinem Sterbetag rief er bald nach Mitternacht seinen Sohn zu sich und fragte ihn, ob er nicht auch die schöne Musik vernehme; er gebot ihm, die Tür zu öffnen, damit der Gesang besser hereindringen könne. Nach einigem Schweigen betete er: »Du gekreuzigter Herr Jesus Christus, erbarme Dich meiner, und nimm mich in Dein Reich!« Und nachdem er von seiner Frau und seinen Söhnen Abschied genommen und sie gesegnet hatte, rief er: »Nun fahre ich hin ins Paradies« und verschied bald darauf.

Ein hervorragender Streiter Gottes war Professor und Pastor Gottfried Arnold, »einer der frömmsten und tiefsinnigsten Liederdichter unserer Kirche« (nach Knapp). Als er 1714 im Alter von erst 48 Jahren auf seinem Sterbebette lag, sagte er seiner Frau: »Wie wohl, wie wohl, ach wie wohl ist mir! – Siehst du nicht die Engel? – Ach wie schön!« – Nachdem er eine Erquickung zu sich genommen, sprach er: »Ich esse Gott in jedem Bissen Brots.« – Aber so hoch er zu Gott emporgezogen war, in so tiefe Anfechtung geriet er noch. Er wurde nach »Gethsemane« geführt, und seine Gattin mußte ihm noch auf die Knie helfen, da er nicht rücklings liegend beten wollte, und so sprach er: »Vater, ist's möglich, so gehe dieser Kelch von mir! Doch nicht wie ich will, sondern wie Du willst.« Einige Stunden vor seinem Ende, da jedermann ihn schon für entschlafen hielt, richtete er sich in seinem Bette auf einmal ganz allein auf und rief mit lauter Stimme: »Frisch auf, frisch auf! die Wagen her und fort.« Darauf ward er ganz stille und verschied sanft unter dem Gebet und Gesang einiger treuen Freunde.

Sechs Jahre nach Arnold ging der bekannte Gottesmann August Hermann Francke, der Stifter des Hallischen Waisenhauses, heim. Als er auf seinem Sterbebette lag, vernahmen seine versammelten Angehörigen und Freunde eine liebliche, sanft tönende Musik, wie wenn die herrlichsten Instrumente mit einer silberhellen Stimme abwechselten; es war, als erklängen die Töne draußen an den Fenstern des Zimmers. Freudig leuchtete das Antlitz des scheidenden Greises; denn auch er vernahm diese Töne und sagte zu den Umstehenden, nun, da seine Zunge Gottes Lob nicht mehr singen könne, habe der Engel Musik begonnen, und er fühle nun die himmlische Erquikkung, nach der er sich so oft gesehnt habe. Mittags um 12 Uhr, den 8. November 1720, schied seine Seele von hinnen und folgte dem Zuge der himmlischen Jubelklänge.

Von dem 82jährigen Prälaten A. Hochstetter, der am 8. November 1720 in Bebenhausen verstarb, wird berichtet, daß auf seinem Sterbebette, da die Kräfte des Leibes schwanden, die Kräfte des Geistes und die Freudigkeit des Gemütes zunahmen, so daß er freudig bezeugte, wie mächtig die Tröstungen Christi in seiner Seele ausgegossen seien. An diesen Tröstungen sollten auch die an seinem Sterbebette anwesenden Angehörigen Anteil haben, denn sie hörten in der Nacht vor seinem Todestage zuerst abends um 9 Uhr, dann früh um 3 Uhr eine liebliche und sanftlautende Musik, zu deren Harmonien eine helltönende Stimme sang. Es war, als ob die Musik draußen vor den Fenstern des Zimmers ertönte. Das sanfte Lächeln auf dem Antlitz des Sterbenden, der Ausdruck der Freude, ja der Himmelswonne in allen seinen Zügen verriet den Anwesenden, welche selbst von den unbeschreiblich rührenden Tönen jener Stimme tief ergriffen waren, daß der Greis die Töne nicht bloß ebenso wie sie, sondern vielleicht noch viel besser als sie gehört habe.

Der bekannte Gottesmann Missionar Hebich, der am Morgen des Himmelfahrtsfestes 1868 entschlief, rief auf dem Sterbebette aus: »Ach, das ist ja herrlich; ich sehe wunderschöne Sachen.« Dann breitete er die Hände aus und rief: »Komm, mein Freund!« Lächelnd gab er den Geist auf, indem er noch selbst die Augen schloß.

Ähnlich war auch der Heimgang des liebevollen, inniggläubigen Gefängnispfarrers Michael Diemer, der in Straßburg während der Belagerung starb, und dessen Heimgang auf die Aufseher des Gefängnisses mächtigen Eindruck machte. Als sein letzter Kampf begann, wollte er noch ein frisches Hemd anziehen, um sich auch leiblich zu schmücken auf die Ankunft des Bräutigams. Seiner großen Schwäche wegen mußte er davon abgehalten werden und als man ihn dann mit einem weißen Tuch bedeckte, gab er sich zufrieden und lächelte froh. Bald hörte man ihn rufen: »Herr Jesu, Herr Jesu, komm doch, komm doch!« Dann mit dem Ausruf: »Er kommt, er kommt!« – schaute er nach oben, und eine selige Verklärung überzog sein Gesicht. Und nun rief er: »Entblößt mir mein Haupt; schnell, schnell, mein Heiland kommt!« Selig lächend schaute er erwartungsvoll in die Höhe, und nachdem er einige Augenblicke gewartet, grüßte er noch einmal feierlich, erhaben, tief ehrerbietig nach oben. Darauf veränderten sich seine Züge, die freundlichen Augen fingen an zu brechen, und er war verschieden.

Als der in Bern in gutem Andenken stehende Pfarrer O. von Greyerz auf dem Sterbebett lag (gestorben am 16. Januar 1882), kam er zuerst noch in eine schwere Anfechtung, indem eine Zeitlang sein Glaubensblick von Finsternis, die sich über seine Seele gelagert hatte, verdunkelt wurde. Als diese überwunden war, rief er aus: »Ich sehe Herrlichkeiten, von denen ihr euch keine Vorstellung macht!« Und als er Durst empfand, rief er aus: »Bald werde ich am Urquell trinken!«

Im Spital St. Lous zu Paris, in dem gegen 800 Kranke liegen, fand ein deutscher Stadtmissionar einst eine junge Kranke aus Hessen im Alter von 23 Jahren, die sich durch ihr Sündenleben die Krankheit zugezogen hatte, die sie zu einem Schmerzensbild ohnegleichen machte. Vom Schmerz geschüttelt schlugen die Zähne zusammen, der ganze Leib zitterte, und von Zeit zu Zeit stieß sie einen herzdurchdringenden Angstschrei aus. Die Vorsteherin des Saales erklärte, daß ihr ähnliche Schmerzen kaum je vorgekommen seien. Dazu kamen auch Beängstigungen aus der höllischen Welt, und dieser Jammer währte wochen-, ja monatelang. Dabei war sie finster und verschlossen, voller Anklagen gegen die Ihrigen, die sich nicht um sie bekümmerten, und gegen Gott, der auf ihr Schreien nicht hörte, und der ihr ihre Mutter genommen habe. Hätte sie diese behalten, so wäre sie vor der Sündenbahn bewahrt worden. Doch endlich brach der Trotz des Herzens, und nun brach sie in so erschütterndes Weinen aus, daß man spürte, der Seelenjammer müsse unendlich größer sein als die Schmerzen des kranken Leibes. Sich die Haare ausraufend klagte sie: »Ach, meine Sünden sind zu groß; sie können mir nicht vergeben werden.« Der Herr aber segnete den Zuspruch des Missionars; begierig erfaßte sie die Tröstungen des Wortes Gottes. Namentlich der Spruch: »Das Blut Jesu Christi, des Sohnes Gottes, macht uns rein von aller Sünde« gab ihr Friede und blieb ihre Waffe, mit der sie die wiederholten Angriffe Santans niederkämpfte. Eines Abends, als der Missionar sie wieder besuchte, erwachte sie aus einem sanften Schlaf, einer seit vielen Wochen unerhörten Erquickung. Plötzlich hob sie ihr todmüdes Haupt hoch empor, erhob die Hand und sagte: »Horchen Sie, wie schön sie singen! O, wie sie so schön singen!« Ihre sonst so betrübten Augen wurden hell und glänzend vor Freude. Dann brach sie mit einem leisen Schütteln zusammen, warf das Haupt rückwärts auf das Kissen, blickte mit den Augen aufwärts, streckte die Hände aus, und man sah, daß sie nicht mehr hier war; ihr Geist schien entflohen zu sein. Aber nach einigen Minuten ging wieder ein Schütteln durch den erstarrten Körper, und es war, als ob der abwesende Geist wieder Besitz nähme von seinem irdischen Haus. Sie hob den Kopf auf, schaute rechts und links um und fragte wehmütig: »Bin ich immer noch hier? O wie sie so schön gesungen haben! Ich war im Himmel, ich habe den Heiland gesehen, und meine gute Mutter war auch da. Ach, sie wollte mich gar nicht mehr fortlassen, und nun bin ich doch wieder hier.« Und schluchzend barg sie ihr Gesicht in dem Kissen. – Dieser Wechsel war in der Tat kein Kleines für sie. Die Marterqualen überfielen sie aufs neue und schüttelten ihren armen Leib, daß das ganze Bett zitterte. Der Leidenskelch war noch nicht geleert, wie man gehofft hatte; es ging noch in weitere Tiefen der Trübsal und der Anfechtungen, bis die Dulderin endlich nach dreimonatigem Leiden sanft und friedlich einschlafen durfte. – Der Missionar aber sagte: »Ich lasse es mir nicht nehmen, daß diese arme Seele wirklich in den Himmel entzückt war, den Engelgesang gehört und ihren Heiland geschaut hat. Solche herrliche Dinge spiegelt Satan nicht vor; Jesus aber betrügt die Seinigen nicht.«

Sterbenserfahrungen

Der dänische Theologe H. Martensen-Larsen lieferte mit seinem Buch »An der Pforte des Todes – Eine Wanderung zwischen zwei Welten«, das nach dem Ersten Weltkrieg erschien, einen wichtigen Beitrag über Todes- und Jenseitserfahrungen. Mit einer strengen Systematik versuchte er dem Thema gerecht zu werden. Freilich hindert ihn das nicht daran, bei Einzelthemen sich auch immer wieder in spiritistischen und okkultistischen Erklärungsversuchen zu verlieren.

Doch hat er eine Fülle von Fällen zusammengetragen, die er nach bestimmten Erscheinungen und Grundmustern ordnet. In der Darstellung scheint sein Bemühen durch, hinter die verschiedenen Phänomene zu schauen und den Lesern die Angst vor dem Tod zu nehmen.

Martensen-Larsen erschließt alte, längst verschollene Quellen und berichtet von »Veränderten Bewußtseinsformen«, die einen Blick ins Paradies ermöglichten. Im anschließenden Kapitel beschreibt er Visionen von Menschen, die an der Schwelle zum Tod standen.

Eigens widmet sich Martensen-Larsen auch den Todesvisionen. Er beschreibt, wie Menschen in Freude und Verzückung ihrem eigenen Tod entgegensehen.

Verklärung kann sich bei Sterbenden nach den Worten von Martensen-Larsen einstellen, wenn sie in Visionen bereits Verstorbene wiedersehen oder darin Christus zu ihnen tritt und spricht. Auch Engel können auf dem Weg ins Jenseits erscheinen.

Martensen-Larsen »An der Pforte des Todes – Eine Wanderung zwischen zwei Welten«

»Mein Vater war 12–13 Jahre alt, als er eines Tages vom Felde herrunterreiten wollte, auf eine tieferliegende Wiese. Es war ein ziemlich steiler Hang, das Pferd wurde scheu und warf Vater ab. Er blieb längere Zeit bewußtlos liegen, bis er so weit zu sich kam, daß er aufstehen und nach Hause gehen konnte. Vor dem Hofe stand sein Vater und hackte Holz. Vater ging zu ihm hin, legte beide Hände auf seine Schultern und sah zu ihm auf. Großvater konnte ihm sofort ansehen, daß er etwas Außergewöhnliches erlebt haben mußte und fragte: ›Wo bist du gewesen, Rasmus?‹ – ›Ja, wo bin ich gewesen?‹ antwortete er, und erzählt dann, daß er eine solche Freude und ein solches Glück erlebt hätte, daß er es in Worten gar nicht beschreiben könnte, es wäre für ihn wie ein Vorgeschmack der himmlischen Seligkeit gewesen, als ob er schon verstorben wäre.«

Wie wunderlich ist das! Wären wir vorbeigegangen und hätten den armen Jungen liegen sehen, so hätten wir voll von Mitleid gesagt: »Ach, der Unglückliche!« Und hätten ihn beklagt; und doch erlebte er gerade einen der reichsten Augenblicke seines Lebens! Auch die herrlichste Musik kann in der Seele des Sterbenden erklingen, und ihm eine Vorahnung der himmlischen Harmonien geben. Davon kann uns der finnische Schulmann Uno Stadius berichten. Als junger Student war er, nach wiederholten Operationen, von den Ärzten ganz aufgegeben. Sein Arzt teilte ihm mit, daß sein Zustand hoffnungslos wäre und ließ ihn Abschiedsgrüße an seine Angehörigen schreiben. Ja, so nahe war er den Tode, daß die Krankenschwester neben ihm saß und seinen Puls fühlte, um den Augenblick des Todes zu konstatieren. Er kam jedoch darüber hinweg und erwachte wieder zum Leben mit einem unbeschreiblichen Gefühl von Glück und Frieden. »In meinen Ohren erklang noch die für mein Gefühl überirdische Musik, die ich während meines Schlafes gehört hatte. Es war, als ob ein großes Orchester musizierte, ohne daß ich jedoch einzelne Instrumente unterscheiden konnte, auch war kein Leitmotiv in dem Ganzen, es war alles ein einziger harmonischer Wohllaut, eine Sphärenmusik von der höchsten Schönheit und Reinheit. Nie hatte ich eine Ahnung von solcher Musik gehabt.« Als der Oberarzt am nächsten Morgen mit seinen Kandidaten die Runde machte, sagte er: »Hier ist wirklich ein Wunder geschehen.« – Auch im Falle des Ertrinkens kann der Sterbende oder Scheintote wunderbare Erfahrungen machen. Von einer Aufwartefrau wurde mir erzählt, daß sie als 12jähriges Mädchen nahe am Ertrinken gewesen war, und es als unangenehm empfand, gerettet zu werden. Sie hatte die wunderbarste Musik gehört und im späteren Leben hörte sie noch öfters Nachklänge davon. – Einen ähnlichen Fall berichtet Splittgerber aus seinem eigenen Bekanntenkreis. Ein Bekannter war als Knabe beim Spielen in die Weichsel gefallen, und wurde scheinbar leblos herausgezogen. Nur nach den größten Bemühungen gelang es den Ärzten, ihn ins Leben zurückzurufen. Aber als er erwachte, war er außer sich, daß man ihn aus seinem Todesschlaf herausgerissen hatte. Denn in seinem scheintoten Zustand, oder, sollen wir lieber sagen, während seines Todesschlafes, war sein Geist in so unbeschreiblich schönen Gegenden, wo er so herrliche Dinge sah und sich so unbeschreiblich glücklich fühlte, daß er am liebsten dort geblieben wäre. Als er danach die Augen aufschlug und sah, daß er auf der Erde, in der alten Umgebung war, wurde er sehr betrübt und beklagte sich darüber, daß seine Angehörigen ihn zurückgerufen hätten aus der Seligkeit des Himmels in das Elend dieser Welt. Noch als alter Mann erinnerte er sich deutlich an alles, und wenn die Erinnerung daran wach wurde, konnte er das Heimweh nach dem himmlischen Leben, das er erschaut hatte, nicht unterdrücken. »Und niemand konnte an seiner Ehrlichkeit bei der Wiedergabe dieser Erlebnisse zweifeln, denn ein jeder kannte seinen lauteren Charakter und seine aufrichtige Frömmigkeit, und man sah, wie seine Augen strahlten, wenn er davon sprach.« – Es ist, als ob die Seele in Berührung gekommen wäre mit einer höheren Welt, mit ihrer wahren Heimat. Gleichzeitig muß aber mit vollem Ernst davor gewarnt werden, solche Erlebnisse oberflächlich aufzufassen und sie als

Garantie dafür zu nehmen, daß man Gott angehört und erlöst heimgehen kann. Es kann sein, daß ein solches Erlebnis einen Menschen vom Leben losreißen und ihn zu Gott führen soll und ihm eine Ahnung geben soll von der Herrlichkeit, die er noch nicht besitzt, die er aber erwerben soll. Wird dieses Letzte vergessen, so kann es dazu kommen, daß der Mensch doch einst mit leeren Händen dasteht.

Visionen

Die Gewißheit hierüber ist das innerste Geheimnis der nun folgenden schönen Vision, die ein Pfarrer auf der Schwelle der beiden Welten erlebte: »Im November 1902 wurde ich sehr krank (beiderseitige Pneumonie), und der Arzt hatte mich beinahe aufgegeben. Ich war bereits seit einer Reihe von Jahren Pfarrer gewesen, und zwar mit einem relativ guten Gewissen, d. h. ich glaubte selber an das, was ich verkündigte. Ich hatte natürlich auch oftmals an Sterbebetten gestanden, und hielt mich für vertraut mit dem Tode; aber jetzt, da es mir selber galt, war ich sehr bange, denn es schien mir, daß ich nicht bereit sei zu sterben. In meiner Not rief ich unseren Herrn Jesus an, und er half mir. Es kam so um mich zu stehen, daß ich bereit war, dieses Leben zu verlassen, ebenso meine Frau, meine Arbeit, was mir lieb war hier auf Erden – wenn er rief, so gab es nichts, was ich lieber wollte, als ihm zu folgen. Eines Nachts, gegen Morgen, war ich sehr krank und glaubte, daß ich jetzt sterben müßte. Ich nahm Abschied von meiner Frau und meinem Pächter, den ich sehr schätzte und bat diesen, meiner Frau beizustehen. Ich lag bei vollem Bewußtsein und beobachtete, wie der Herzschlag immer schwächer und schwächer wurde; ich wartete nur noch darauf, daß er ganz aufhören würde. Aber gleichzeitig erlebte ich noch etwas anderes: Ich stand an einem frühen Morgen am Strande des Meeres. Es war ganz still, nur schwach vernahm ich das Plätschern des Wassers gegen den Strand. Ein dichter, aber leuchtender Nebel lag über dem Ganzen, und ich stand in gespannter Erwartung, denn ich wußte, daß der Nebel in Kürze aufsteigen würde, und dann würde ich ihn sehen, dort, in dem Leuchten ... Da war es, als ob sich etwas in meinem Innern umwendete, mein Herz schlug stärker, und das Ganze war vorbei. Es erschien mir nun wie eine Pein und eine Enttäuschung, ins Leben zurückzukehren, und dieses Gefühl hielt sich viele Jahre – ja, eigentlich bin ich niemals ganz darüber hinweggekommen; ich konnte mich nie mehr in dieser Welt heimisch fühlen, so wie früher. Für mich bedeutet dieses Erlebnis, daß ich weiß, daß Jesus dem Sünder im Tode beistehen kann, und oft verspüre ich Heimweh nach jenem Morgen, wo der Nebel aufsteigen wird, und wo ich ihn sehen werde von Angesicht zu Angesicht.«

Ich weiß nicht, welcher am meisten erlebt und den tiefsten Eindruck empfangen hat, der, welcher in bebender Erwartung vor dem Tore stand, oder der, welcher weitergeführt wurde. Denn das Tor kann sich öffnen und der Bote von der anderen Seite kann hervortreten, oder der Mensch kann selbst, in dem Gesicht, durch das Tor hindurchgeführt werden. Ein Waldarbeiter aus

Seeland hatte etwas von dieser Seligkeit erlebt. Er schreibt mir: »Ich lag als Soldat im Jahre 1898 mit Lungenentzündung im Garnisonlazarett in Helsingör. Meine Temperatur war 41°, und ich war von den Ärzten aufgegeben. Ich entsinne mich nicht mehr genau, ob es Tag oder Nacht war. Plötzlich stand sowohl am Kopf- wie am Fußende meines Bettes ein Engel mit ausgebreiteten Flügeln. Beide standen und sahen auf mich. Gleichzeitig senkte sich ein Nebel über mein Bett und ich spürte dadurch einen himmlischen Frieden. Es war, als ob ich in den Himmel entrückt würde. Ich denke, es muß etwas Ähnliches gewesen sein, was Paulus widerfuhr. Paulus sagt ja, daß es keinem Menschen möglich ist, auszusprechen, was er da sah und erlebte. Das vermag ich auch nicht, selbst wenn ich es wollte. Das ist einfach unmöglich, es kann nur erfahren werden.«

Hier folgt ein Traum aus einer kritischen Zeit nach einer Operation, in welcher der Kampf zwischen Leben und Tod ausgefochten wurde, und wo der Umschlag durch eine Vision angezeigt wurde. Ein seeländischer Pfarrer berichtet ein Erlebnis seiner Frau, als diese todkrank war: »Meine Frau lag im März 1921 im Krankenhaus in R. Sie hatte eine sehr schwere Operation durchgemacht. Wegen ihres Herzfehlers machte die Narkose noch besondere Schwierigkeiten. Drei Tage hatte sie im Fieber gelegen. In der dritten Nacht während eines Ohnmachtszustandes hatte sie folgendes Erlebnis: Sie selber stand, wie es ihr schien, hier am Ort, nicht weit vom Pfarrhaus entfernt, an einer Stelle, von der drei Wege nach verschiedenen Richtungen ausgehen. Sie war in ratloser Angst, welchen Weg sie wählen sollte, weinte und betete. Da sah sie eine weiße Gestalt, die vom Pfarrhaus aus auf sie zukam. Sie sah sie ganz deutlich, bis auf das Gesicht, das sie nicht recht erkennen konnte. Allein schon die Nähe dieser Gestalt wirkte wohltuend und beruhigend auf sie. Still und sicher kam diese auf sie zu und fragte sie mit einer wunderbar milden, gütigen Stimme, deren Klang sie nie vergessen wird: ›Weißt du nicht, welchen Weg du gehen sollst?‹ ›Nein‹ – antwortete sie. ›So werde ich dir helfen, wenn du es willst, folge mir! – Du mußt zurück dorthin, von wo du gekommen bist, denn du hast hier noch vieles auszurichten.‹ Freudig und voll Vertrauen folgte sie der Gestalt nach, die ihr vorausging auf dem Wege, bis an die Stelle, wo dieser nach dem Pfarrhaus einbiegt. Da verschwand die Gestalt. Als meine Frau erwachte, merkte sie sofort, daß die Krisis überstanden war. ›Ich dankte Gott‹, sagte sie ›für diese Botschaft, und wußte nun, daß, wenn mein Mann mich morgen besuchen würde, ich ihm den Sieg des Lebens über den Tod und die Fortsetzung unseres Zusammenlebens verkündigen könnte.‹ Und so kam es, Gott sei gelobt. Von dem Tage an ging es aufwärts mit den Kräften meiner Frau. Zehn Tage später kehrte sie nach Hause zurück.« – Wem wird es bei diesem Erlebnis nicht klar, daß hier eine Botschaft des Höchsten der Menschenseele zuteil wird?

Todesvisionen

Was ist es wohl für ein Geheimnis, das sich hinter dem strahlenden Auge verbirgt? Es würde naheliegen, an ein Aufwallen von innerer Freude und eine Durchleuchtung mit der Kraft des Geistes zu denken. Ich selbst habe schwere, stumpfe Augen aufleuchten gesehen, wenn der Glaube durch den Zweifel hindurchbrach und Gottes Geist das bange Menschenherz mit seiner Kraft erfüllte. Und indem das Auge strahlte, erschien auch die äußere Welt in einem neuen Lichte. Vielleicht, daß das Aufleuchten des Auges beim Tode in gewissen Fällen dasselbe bedeutet. Aber nun haben wir oft, in Verbindung damit, noch die ausgestreckten Arme – und in diesen Fällen scheint noch etwas mehr stattzufinden. An den Durchbruch des Geistes schließt sich die Vision an. Weil er die Herrlichkeit erschaut, darum strahlt der Sterbende. – Es war ein frommer Mann, einer von den Stillen im Lande, der mit seiner erwachsenen Tochter in seinem kleinen, ärmlichen Heim wohnte. Nun war er alt, alle seine Lieben und seine Freunde waren nach und nach auf dem Kirchhof begraben worden. Er war allein mit seiner Tochter zurückgeblieben. Seit Wochen war er ans Bett gefesselt. Eines Tages bat er die Tochter, daß sie ihm reine Bettwäsche geben möchte und ihn selber sauber und ordentlich zurechtmachen möchte. Sie entgegnete ihm, es wären doch erst wenige Tage vergangen, seitdem er alles das bekommen hätte, was er jetzt wünschte. Aber er bestand auf seinem Wunsch, »denn«, sagte er, »heute werde ich Jesus und einigen von meinen Freunden begegnen.« Die Tochter tat nun nach seinem Willen und gab ihm das Gewünschte. Auch ein reines Taschentuch verlangte er noch. Dieses faltete er auseinander und hielt es in der Hand. So lag er lange still und wartete. Aber als die letzten Strahlen der untergehenden Sonne ins Zimmer fielen, rief er plötzlich seiner Tochter zu: »Hörst du etwas?« Nein, sie hörte nichts. »Hörst du denn gar nichts?« wiederholte er erstaunt. Nein, sie konnte nichts hören. Aber er lag in stiller freudiger Erwartung. »Siehst du nichts?« fragte er etwas später. Nein, sie schaute nichts. »Sieh ..., sieh ..., sieh doch!« rief er in steigender Erregung, während er sich im Bett halb aufrichtete, wie, um besser zu sehen und gesehen zu werden. »Siehst du nicht, siehst du nicht?« Und über sein Gesicht breitete sich eine unbeschreibliche Freude und Verzückung. Und dann winkte und winkte er mit seinem Taschentuch der Schar entgegen, die er auf sich zukommen sah ... Er winkte, bis der Arm ermüdet herabsank und das irdische Auge sich im Tode schloß.

Häufig, wenn auch nicht immer, geht die Seele in das Jenseits durch den Vorhof der Visionen. Sollte dieses im Zusammenhang stehen mit dem Physischen und sollten die Bedingungen, die solche visionären Zustände hervorrufen, in dem Todesprozeß selbst und seinen Stoffwechselverhältnissen gegeben sein, so wollen wir uns doch daran nicht stoßen. Ist es etwas, das zur natürlichen Ordnung gehört, so ist es ja doch Gott, der diese Ordnung geschaffen hat, und darum bleibt es nicht weniger merkwürdig. Wir glauben nicht, daß es darum, weil die Visionen subjetiv sind, ausgeschlossen ist, daß sie etwas Objetives enthalten. In bezug auf die Visionen gilt etwas Ähnliches wie das, was Heiberg in der Universitätskantate über die Gedanken sagt:

Der Gedanke erhob sich zur Höhe,
Als er niederstieg in sich selbst.

Indem die Seele in ihre eigene Innenwelt eingeht, ist sie just auf dem Wege aus sich selbst und über sich selbst hinaus. Indem sie untertaucht in die Tiefe, steigt sie zur Höhe empor. Die Welt, in welche der Sterbende nun eingeht, kann ganz verschiedene Formen annehmen. Sie erstreckt sich von des Himmels Höhen bis in den Abgrund der Hölle, von der Welt des Lichtes bis zur äußersten Finsternis, wo Heulen und Zähneklappern ist. Um nun vorläufig bei der Welt des Lichtes zu verweilen, so kann auch diese, soweit wir sehen können, auf verschiedene Weise in Erscheinung treten. Sie kann sich aufrollen als eine herrliche Landschaft, als ein »Sommerland«, wo Vögel lieblich singen, wo man schöne Wanderungen machen kann, und wo Gottes Engel zu dem Sterbenden herniederschweben und ihm Flügel geben.

Christusvisionen

Nicht selten ist es der Erlöser selbst, der der Seele des Sterbenden entgegentritt in einer Vision. Nun öffnet sich die Tür, nun steigt der Nebel – und da steht er selbst. Und in der Vision oder im Traum wird der Anfang der Erfüllung des Segenswunsches erlebt: »Der Herr lasse leuchten sein Angesicht über dir und sei dir gnädig; er erhebe sein Angesicht auf dich und gebe dir Frieden.«

Hier folgt das Erlebnis eines Knaben, welches mir von einer gläubigen Familie in Fühnen mitgeteilt wurde: »Es war im Jahre 1891. Ein großer Junge von 12–13 Jahren lag an Lungenentzündung im Sterben. Er war frühzeitig ein Kreuzträger gewesen und mußte wegen einer Rückenmarkskrümmung Bandagen tragen; dieses Leiden hatte zu seiner geistigen Entwicklung beigetragen. Als es ans Sterben ging, kam zuerst Angst über ihn. Er bat seine Lieben, mit ihm zu beten, daß er noch nicht zu sterben brauchte, sondern noch etwas leben dürfte. Dann lag er still, und es kam Frieden über ihn. Darauf sagte er zu seiner ungefähr gleichaltrigen Schwester, die neben ihm saß: ›Jesus ist gekommen und hat zu mir gesagt: Erst recht sollst du leben!‹.«

Hier hören wir von einem 50jährigen Mann aus Westjütland: »Er lag im Krankenhaus und mußte viel leiden. Ich besuchte ihn und reichte ihm das Abendmahl. Er schien sehr glücklich darüber zu sein und bat mich dringend, ihn bald wieder zu besuchen. Am nächsten Tage kam ich wieder und sprach mit ihm von der frohen Botschaft des Evangeliums. Er war fieberfrei. In einer Pause rief er aus: ›Sieh, dort steht Jesus, er will bei mir sein!‹ Indem er das sagte, zeigte er mit dem Finger vor sich, fiel aber dann zurück in die Kissen. Am selben Nachmittag kam ich wieder. Der Mann sagte mir, daß er jedesmal, wenn ihm angst ums Herz wurde, Jesus am Fußende seines Bettes stehen sähe. In der darauffolgenden Nacht starb er.

»Es war in der letzten Nacht vor dem Tode meiner lieben, frommen Schwiegermutter. Sie lag im Krankenhaus in Lyngby nach einer schweren Operation. Mitten in der Nacht wachte sie auf. Die Krankenschwester wollte sie gern zum Einschlafen bringen, aber das wollte sie nicht, ›Nein‹, sagte sie, ›Jesus hat mir eine so herrliche Geschichte erzählt, und nun muß ich darüber nachdenken.‹ Sie lag ganz still, fragte, was die Uhr wäre, bat um einen Schluck Wasser und hob die Hand, um der Pflegerin, die es ihr reichte, die Wange zu streicheln. Dann seufzte sie ein letztes Mal auf und starb, wie sie gelebt hatte, in Liebe und Glauben. Die herrliche Geschichte, die der Herr ihr erzählt hat, bekam niemand auf Erden zu hören – es bleibt ihr Geheimnis und das des Herrn.«

Die Seele auf dem Weg ins Universum

In der Literatur des zwanzigsten Jahrhunderts, die Erfahrungen aus dem Jenseits schildert, ist ein deutlicher Wandel der Vorstellungen festzustellen. Wo einstmals Himmel und Hölle eine vorrangige Stellung einnahmen, tritt jetzt ein universelles Bewußtsein. Die Vision eines Weiterlebens der Seele als Lichtkörper taucht bei den verschiedenen Autoren in ähnlicher Form auf.

Der Schritt ins Jenseits beginnt im Augenblick des klinischen Todes. Mediziner und Psychologen haben beobachtet und beschrieben, was der Mensch im Grenzbereich zwischen Leben und Tod erfährt. Das Bewußtsein scheint sich durch einen Tunnel auf ein Licht zuzubewegen, und gleichzeitig eine Phase der Selbsjustiz zu durchlaufen.

Was hinter dieser Grenzerfahrung liegt, darüber können nur Menschen berichten, die sich an frühere Lebens- und Todesphasen erinnern, beziehungsweise durch Hypnose in solche Zustände versetzt werden können. In diesen Bereich gehören die Darstellungen des Bewußtseins als Astral- oder Betakörper.

Direkten Kontakt mit dem Jenseits versuchen die Okkultisten aufzunehmen. Das prominenteste Beispiel einer solchen Kontaktaufnahme ist der »Bericht vom Leben nach dem Tode« von Arthur Ford. Für den Amerikaner Ford sind Diesseits und Jenseits nur zwei Sichtweisen ein und desselben Universums. Lebende und Tote trennt nach seiner Meinung nur eine überwindbare Mauer. Daß wir zur Welt der Verstorbenen keinen Zugang haben, führt er auf die lange Tradition materialistischer Denkweisen zurück. Sie habe unser Verständnis der Realität verfälscht. Während die Lebenden seiner Meinung nach den Kontakt mit dem Jenseits verdrängen, ist es den Toten ohne weiteres möglich, das Leben auf der Welt mitzuverfolgen. Hier setzten Fords Studien an. Er hielt über fünfzig Jahre okkulte Sitzungen ab und stellte eine Verbindung mit der Welt der Toten her.

Das größte Problem, das Ford zu überwinden hatte, war das Finden einer gemeinsamen Sprache, denn nicht alle Toten wollen oder können sich mit den Lebenden unterhalten: »Alle geben Kunde vom selben Universum. Doch die des Gebildeten wird anders sein als die des Ungebildeten. Der Lehrer wird das Jenseits nicht mit den selben Worten schildern wie der Opernsänger. Der Mensch, der gestern seinen irdischen Körper verlassen hat, wird nicht so frohgemut sein, wie derjenige, der bereits vor vielen Jahren in die neue Dimension eingetreten ist.« Es handle sich, so Ford, um normale Erscheinungen menschlicher Individualität. Daß die Kontaktaufnahme trotzdem gelingt, verdankt Ford seinem Kontaktmann Fletcher, der wie er, englisch spricht – wenn auch mit kanadischem Akzent. Dieser Tote zieht andere Verstorbene in kritischen Fragen zu Rate und gibt Auskunft über das Leben im Jenseits.

Daß es den Verstorbenen schwer fällt, Aussagen über ihr Dasein zu machen, führt Ford auf »terminologische Schwierigkeiten« zurück. Wer von den Toten Auskunft über Unbegreifliches wie Wahrheit, Sinn und Gewissen erwarte, der überfordere sich und die Verstorbenen. Zum Verständnis sei vielmehr notwendig, daß die Denkmuster geändert würden: »Es gibt im Grunde gar kein Jenseits, denn auch das Jenseits ist ein

Teil des großen Universums.« Der Schlüssel zum Begreifen des Unbegreiflichen ist nach Meinung Fords das Bewußtsein: »Wenn wir davon ausgehen, daß es nur ein Universum gibt, das wir durchschreiten, indem wir von einer Bewußtseinsebene zur andern gelangen, sind wir besser darauf vorbereitet, den Inhalt der Botschaft zu verstehen, die uns das schildert, was wir fälschlicherweise als Jenseits beschreiben.«

Wenn man, wie die Okkultisten den Tod nur als eine Bewußtseinsänderung annimmt, dann ist es nur noch ein kleiner Schritt zur erneuten Bewußtseinsverlagerung der Toten zum Lebenden und damit zur Reincarnation. Eine der prominentesten Studien zu diesem Thema ist Morey Bernsteins »Protokoll einer Wiedergeburt«. Der Autor bedient sich dabei hypnotischer Zustände, während derer sich der Klient an frühere Leben erinnert. Nach Meinung Bernsteins ist die Hypnose dabei nur ein Mittel, alltägliche Rückerinnerungserlebnisse, wie den »Déjà-vue«, zu verstärken.

Im »Protokoll einer Wiedergeburt« schildert Bernstein den Fall Bridey Murphy – ein chronologischer Lebenslauf, der bis ins Jahr 1798 zurückverfolgt wird. Bridey, geboren 1923, kann sich detailliert an ihr früheres Leben erinnern. Sie war 1864 an den Folgen eines Unfalls gestorben. Sie berichtet, wie sie den eigenen Tod mitangesehen hat und beobachten konnte, wie die Leiche verscharrt wurde. Dann sei sie sehr müde gewesen, habe aber nicht geschlafen, da sie kein Gefühl für Tag oder Nacht gehabt habe. Sie habe die Zeit damit verbracht, ihren lebenden Verwandten zuzusehen. Eine Unterhaltung sei aber nicht möglich gewesen. Auf die Frage, ob sie sich mit den Lebenden habe unterhalten wollen, antwortete Bridey: »Sie hören nicht hin.« Mit anderen Verstorbenen habe sie dagegen wie gewohnt gesprochen.

Brideys Erlebnisse im Jenseits decken sich mit Berichten, die der amerikanische Arzt Raymond A. Moody in »Leben nach dem Tod« zusammengestellt hat. Er berichtet von Unfallopfern und Selbstmördern, die nach einer Phase des klinischen Todes wiederbelebt wurden. Sie machten alle die Erfahrung einer Lösung vom Körper und beobachteten das irdische Geschehen. Meist lief ihre Vergangenheit wie ein Film vor dem Bewußtsein ab und die Befragten sehnten sich nach dem Leben auf Erden zurück.

Der Theologe Alfred Läpple beschreibt diese transzendenten Erlebnisse in seinem Buch »Der Glaube an das Jenseits«: »Moody berichtet, daß Sterbende ihr Bewußtsein behielten und zwar auch dann noch, nachdem sie für klinisch tot erklärt worden waren. Nach der Darstellung von R. A. Moody scheint sich in solchen Fällen eine Gemeinsamkeit von »Erfahrungen« abzuzeichnen. So steht in einem Bericht über die erfahrene Phase der Bewußtlosigkeit: »Über dem Tisch schwebend, konnte ich alles mit ansehen, was im Raum geschah. Ich wußte, daß es jetzt mit mir zu Ende ging, daß ich starb«. In einem anderen Bericht wird mitgeteilt: »Unter der Decke schwebend, sah ich zu, wie sie mich wiederbelebten. Als sie mir die Elektroden auf die Brust setzten und mein Körper sich aufbäumte, stürzte ich jählings wie ein Stein zu ihm hinunter. Das nächste, woran ich mich erinnere, ist, daß ich dann in meinem Körper erwachte«.

Auch *Dr. med. Elisabeth Kübler-Ross*, die in ihrem Buch »Interviews mit Sterbenden« (Stuttgart-Berlin 1974) aus der Fülle des ihr zur Verfügung stehenden Materials mehrere Erlebnisberichte von Sterbenden vorlegt und analysiert, meldet ähnliche Erfahrungen und schreibt in einer anderen Veröffentlichung: »Das Erstaunliche ist, daß alle Leute ein ähnliches Erlebnis hatten. Sie konnten sich, wie vom Körper losgelöst, entweder auf der Straße liegen sehen – nach einem Verkehrsunfall – oder im Krankenbett. Alle verspürten dieses Gefühl des Friedens, ohne Schmerzen, Angst und Panik, und alle hatten offenbar das Bedürfnis, den Ärzten zu sagen: Bitte, laßt mich doch in Ruhe, es ist so schön hier!«

Die von allen Autoren ähnlich beschriebenen Zustände nach dem Tod stellen für Arthur Ford nur einen Zwischenzustand dar. In seiner Beschreibung der verschiedenen Bewußtseinsstufen bezieht er sich auf die Ausführungen des Philologen Frederic Myers, der über Jahrzehnte Kontakte zum Jenseits pflegte und protokollierte. Der Tod wird von ihm als Lösung des Bewußtseins vom Körper interpretiert. Zunächst sehe der Verstorbene die Szenen seines Lebens blitzartig vor sich ablaufen. Nach dieser »Wanderung durch die Bildergalerie«, die mehr oder weniger erfreulich sein könne, versinke die Seele im Zustand der Zeitlosigkeit. Gleichzeitig sehne sie sich nach dem Erdenleben zurück. Erst auf einer höheren Bewußtseinsstufe beginne sie empfänglich zu werden für den »kollektiven Geist der Menscheit«. In diesem Zustand des »nie empfundenen Glücks« bilde sich ein neuer strahlender Körper, der dem irdischen nicht unähnlich sei. In einem letzten Schritt befreit sich der Geist von der letzten Erdverbundenheit und ist nun in der Lage, kosmische Bereiche kennenzulernen. Myers Vorstellungen über das Jenseits enden mit der höchsten Bewußtseinsebene, auf welcher der Geist ohne Form zu leben vermag »als weißes Licht in dem reinen Gedanken des Schöpfers«. Hier habe er das endgültige Ziel der Bewußtseinsevolution erreicht. Konkrete Erfahrungsberichte über das Dasein in diesen höheren Sphären des Jenseits fehlen sowohl bei Myers als auch bei Ford. Sein mitteilsamstes Medium, Betty, hat zwischen dem vergangenen und jetzigen Leben nur die zweite Bewußtseinsstufe erlangt und sich damit, wie die von Moody befragten Unfallopfer, lediglich in einem Schwebezustand zwischen Leben und Tod befunden. Nach Meinung des Parapsycho-Physik-Autors Werner Schiebeler reichten die Erfahrungen der Parapsychologie nur in den unmittelbaren Bereich nach dem Tode hinein.

Obwohl sich die Erfahrungsberichte aus dem Jenseits nicht mit den christlichen Vorstellungen der Auferstehung in Verbindung bringen lassen, liegt in ihnen doch eine Chance für die Betroffenen, die Transzendenz zu erfahren und zum Glauben in ein Fortbestehen nach dem Tod zu finden.

Literaturverzeichnis

Albert, Friedrich: Von den göttlichen Eigenschaften und der Seligkeit, zwei dem hl. Thomas von Aquin zugeschriebene Abhandlungen, Würzburg 1893.

Andrae, Tor: Die letzten Dinge, Leipzig 1940.

Andrejewskij, S.A. Das Buch vom tode, Stuttgart 1958

Apelt, Otto: Platons Dialog Phaidon, Leipzig 1913

Arnold, Paul: Das Totenbuch der Maya, München 1980

Beck, Hans-Georg: Die Byzantiner und ihr Jenseits, München 1979

Beckh, Hermann: Buddhismus, Berlin 1919/20

Bender, Hans: Verborgene Wirklichkeit, Olten 1973

Bernstein, Morey: Protokoll einer Wiedergeburt, München 1973

Bock, Emil: Wiederholte Erdenleben, Stuttgart 1932

Brier, Robert: Zauber und Magie im alten Ägypten, Augsburg 1990

Büchner, Ludwig: Kraft und Stoff, Leipzig 1894

Cullmann, Oscar: Unsterblichkeit der Seele oder Auferstehung der Toten, Stuttgart 1962

Dam, Willem Cornelis van: Tote sterben nicht, Augsburg 1989

Dethlefsen, Thorwald: Das Leben nach dem Leben, Gespräche mit Wiedergeborenen, Gütersloh 1974

Deußen, Paul: Vier philosophische Texte des Mahabharatam, Leipzig 1906

Evans-Wenz, W.Y.: Das Tibetanische Totenbuch aus der englischen Fassung des Lama Kazi Dawa Samdup, Zürich 1935

Fink, Eugen: Methaphysik und Tod, Stuttgart 1969

Fischer, Eugen: Begegnungen mit Toten, Freiburg 1959

Flasch, Kurt: Geschichte der Philosophie, Mittelalter Band 2, Stuttgart 1982

Foerst-Crato, Ilse: Ausblicke ins Paradies, München 1958

Ford, Arthur: Das Leben nach dem Tod, München 1978

Frieling, Rudolf: Christentum und Wiederverkörperung, Stuttgart 1974

Glasenapp, Helmut von: Die fünf Weltreligionen, Köln 1985

Glasenapp, Helmut von: Hinduismus, München 1922

Glasenapp, Helmut von: Pfad der Erleuchtung, Düsseldorf 1956

Grabinski, Bruno: Diesseits und jenseits des Grabes, Waldsassen 1937

Grabinski, Bruno: Was wissen wir vom Jenseits, Gröbenzell 1976

Grabmann, Martin: Thomas von Aquin, München 1914

Haas, Hans: Amida Buddha, unsere Zuflucht, Leipzig 1910

Haas, Hans: Textbuch zur Religionsgeschichte, Leipzig 1922

Harrington, M.R. Religion and Ceremonies of the Lenape, New York 1921

Hartmann, Otto: Wir und die Toten, Frankfurt a.M. 1955

Heiler, Friedrich: Unsterblichkeitsglaube und Jenseitshoffnung in der Geschichte der Religionen, München 1950

Hemleben, Johannes: Jenseits, Reinbek bei Hamburg 1975

Henry, Maurice: Der wissenschaftliche Beweis unseres Weiterlebens nach dem Tode, Bopfingen 1964

Hiebel, Friedrich: Die Botschaft von Hellas, Bern 1953
Hildmann, Gerhard: Jenseits des Todes, Stuttgart 1970
Hoffmann, Ludwig: Im Traumlicht der Ewigkeit, Kempten 1954
Holböck, Ferdinand: Die Theologin des Fegfeuers, Stein am Rhein 1980
Hummel, Reinhardt: Reinkarnation, Mainz 1988
Husemann, Friedrich: Vom Bild und Sinn des Todes, Dresden 1938
Jacobson, Nils-Olaf: Leben nach dem Tod, Düsseldorf 1972
Jüngel, Eberhard: Tod, Stuttgart 1971
Kautzsch, E.: Die Apokryphen und Pseudoepigraphen des Alten Testaments, Tübingen 1900
Kees, Hermann: Totenglaube und Jenseitsvorstellungen der alten Ägypter, Leipzig 1926
Kehl, Menard: Eschatologie, Würzburg 1986
Kellerhals, Emanuel: Der Islam, Basel 1957
Kolpaktchy, Gregorie: Ägyptisches Totenbuch, München 1970
Körner, Theo: Totenkult und Lebensglaube bei den Völkern Ost-Indonesiens, Leipzig 1936
Lafit, Gaston: Aus dem Jenseits zurück, Büdingen-Gettenbach 1951
Läpple, Alfred: Der Glaube an das Jenseits, Aschaffenburg 1978
Luckner, Manfred: Das Ägyptische Totenbuch in Bild und Deutung, München 1977
Lüscher, Max: Der Vier-Farben-Mensch, München 1977
Martensen-Larsen, H.: An der Pforte des Todes, Berlin 1931
Megerlin, David Friedrich: Die türkische Bibel oder des Korans allererste deutsche Übersetzung, Frankfurt 1172
Moody, Raymond A.: Leben nach dem Tod, Hamburg 1977
Moor, Paul: Die Freiheit zum Tode, Reinbek bei Hamburg 1973
Myers, Frederic: Cross Correspondence, Journal of the Society for Physical Research, London 1906-1938
Naville, Edouard: Das Ägyptische Totenbuch der XVIII. bis XX. Dynastie, Berlin 1886
Neun, Manfred: Tatsache Tod, Stuttgart 1974
Oberbrenner, Max: Platons Phaidon, Leipzig 1878
Otto, Walter: Vishnu – Narayana, die Religion des alten Indien, Jena 1917
Peter, Josef: Erscheinungen der Toten, Pfullingen 1922
Pfannmüller, Gustav: Tod, Jenseits, Unsterblichkeit, München 1953
Quevedo, Franz: Reisen in eine andere Welt, Leipzig 1782
Reinhardt, Karl: Platons Mythen, Bonn 1927
Roeder, Günther: Urkunden zur Religion des Alten Ägypten, Jena 1923
Roesermueller, Wilhelm Otto: Unsere Toten leben, Freiburg i. Br. 1951
Rolfes, Eugen: Die Philosophie des Thomas von Aquin, Hamburg 1920
Rolfes, Eugen: Thomas von Aquin, Leipzig 1924
Rosenberg, Alfons: Die Seelenreise, Bietigheim 1971
Rosenberg, Alfons: Leben nach dem Sterben, München 1974
Rudolph, Hermann: Das Leben nach dem Tode, Leipzig 1916
Schick, Erich: Vom Zustand nach dem Tode, Basel 1940
Schiebeler, Werner: Der Tod, die Brücke zum neuen Leben, Melsbach 1988
Schulz, Chr.: Blicke ins Jenseits, Bamberg 1940